Kohlhammer
Urban-
Taschenbücher

W0066899

Band 50

H. Ehrmann

Hans Freiherr von Campenhausen

Lateinische Kirchenväter

Sechste, unveränderte Auflage

Verlag W. Kohlhammer
Stuttgart Berlin Köln Mainz

Umschlagbild: Christus, der Lehrer, thront zwischen den Zwölf
im himmlischen Jerusalem (Ausschnitt).
Theodosianischer Sarkophag, um 380. Mailand, S. Ambrogio.

CIP-Kurztitelaufnahme der Deutschen Bibliothek

Campenhausen, Hans Frhr. von:
Lateinische Kirchenväter / Hans Frhr. von Campenhausen.
– 6., unveränd. Aufl. –
Stuttgart; Berlin; Köln; Mainz: Kohlhammer, 1986.
    (Urban-Taschenbücher; Bd. 50: Theologie, Religionswissenschaft)
    ISBN 3-17-009386-X
NE: GT

6. Auflage 1986
Alle Rechte vorbehalten
© 1960 Verlag W. Kohlhammer GmbH
Stuttgart Berlin Köln Mainz
Verlagsort: Stuttgart
Umschlag: hace
Gesamtherstellung:
W. Kohlhammer Druckerei GmbH + Co. Stuttgart
Printed in Germany

VENERANDO ORDINI THEOLOGORUM
UNIVERSITATIS OSLOENSIS
HOC LIBELLO GRATIAS TESTATUR MAXIMAS AUCTOR
PIE MEMOR
PRIORIS COMMERCII QUO CUM ILLO AMICE ERAT
CONIUNCTUS HONORISQUE SUMMI QUO FACTUS EST
THEOLOGIAE DOCTOR

INHALT

DIE LATEINISCHEN KIRCHENVÄTER
UND DIE GRIECHEN

Ein früheres Bändchen dieser Reihe war den griechischen Kir=
chenvätern gewidmet. Das, was über den Begriff des Kirchenvaters
und der Väterkunde dort gesagt ist, soll hier nicht wiederholt wer=
den. Der vorliegende Band ist für sich lesbar, bildet aber der
Sache nach die Fortsetzung des älteren. Die lateinische Väterlitera=
tur beginnt fast hundert Jahre nach der griechischen. Die lateinischen
Väter sind die jüngeren Schüler der Griechen; diese sind zunächst
die Lehrer ihres christlichen Glaubens und Denkens, ihrer gesamten
Theologie. Bei der üblichen rein chronologischen Anordnung, die
die griechischen und lateinischen Kirchenväter zusammenfaßt, wird
dieses Verhältnis oft nicht genügend deutlich. Wie durch die gesamte
Kulturwelt fließt auch durch die Kirche des Altertums ein ununter=
brochener Strom geistiger Anregung von Ost nach West; einer rei=
chen lateinischen Übersetzungsliteratur im wörtlichen wie im über=
tragenen Sinne entspricht keine vergleichbare Rückwirkung von
Westen nach Osten. Dennoch entwickelt sich im Abendland sehr
schnell eine neue, kräftige und eigenartige Form kirchlichen Lebens
und christlicher Theologie, die hinter der griechischen schließlich nicht
zurücksteht und sie in ihrer weltgeschichtlichen Wirkung vielleicht
sogar überflügelt hat. Die Entstehung dieser lateinischen Kirchlich=
keit ist die erste Umschmelzung in neue geistige Formen, die das
Christentum im großen erfahren hat, und schon darum beachtens=
wert.

Obschon Jesus und seine ersten Jünger nicht griechisch, sondern
aramäisch gesprochen haben, ist das Christentum keine „jüdische
Religion". Die Kirche erwächst aus „Juden und Griechen", und die
griechischen Väter waren durchaus im Recht, wenn sie ihren Glauben
als eine neue Wahrheit verstanden, die das Judentum wie das Grie=
chentum übersteigt. Das Neue Testament ist griechisch geschrieben,
und wie stets so ist auch in diesem Falle die Sprache mehr als ein
äußerliches Gewand. Griechischer Geist hat das Christentum schon
im Entstehen berührt und mitbestimmt. Dieses Element hat die
weitere Entwicklung auf Kosten der alttestamentlich=hebräischen
Grundlagen nicht ohne Einseitigkeit weiter verstärkt. Auch dort,
wo die alte Kirche über die Reichsgrenzen hinaus missionierend in
den Osten drängt und sich scheinbar reorientalisiert, bleiben die
griechischen Voraussetzungen des Bibeltextes, der Bekenntnisse und
des gesamten theologischen Denkens bestehen und erweisen sich
als unverwischbar. Es gibt auch orientalische Kirchenväter; aber sie
haben die lateinischen an selbständiger Kraft und Bedeutung nicht
von ferne erreicht.

Das „lateinische" Abendland — im wesentlichen kommt für die
alte Kirche nur dieses in Betracht — war beim Eindringen des Chri=

stentums von der griechischen Kultur und vom griechischen Denken selbst schon seit langem beeinflußt und durchdrungen; dadurch ist die schnelle geistige Entwicklung der westlichen Kirche erst möglich geworden. Aber so gut das Römertum im Hellenismus nicht einfach untergegangen ist, sondern in der ständigen Auseinandersetzung mit ihm seine Eigenart bewahrt, ja überhaupt erst eine eigene geistige Form gewonnen hat, gilt dies entsprechend und sogar in noch höherem Maße auch von der lateinischen Kirche und von ihrer theologischen Selbständigkeit. Die lateinischen Kirchenväter sind, wie gesagt, durch ihre griechischen Lehrer unterwiesen und gebildet worden; aber sie besitzen von Anfang an ihren eigenen Zugang zur Bibel und hier vor allem zum Alten Testament. Gegenüber der philosophischen Gesinnung und den metaphysisch=spekulativen Tendenzen des Griechentums zeigen sie eine Sprödigkeit und Zurückhaltung, die erst am Ende des vierten Jahrhunderts überwunden wird. Dies führt dann zur großen Blüte der lateinischen Väter= theologie, vor allem durch Augustin. Aber auch diese neue, „philo= sophische" Theologie gibt die Grundlagen des lateinischen Denkens darum nicht preis. Sie verbindet sich nicht zufällig mit einer Wiederentdeckung des Paulus und einer Aufnahme der für Paulus charakteristischen Frage nach dem Glauben im Gegensatz zum „Ge= setz". Das ist ein Gesichtspunkt, den die griechische Theologie kaum je beachtet hatte, der ihr in seiner ursprünglichen Bedeutung jedenfalls ganz fremd geblieben war. Die merkwürdige Wahlverwandt= schaft, die das römische Wesen mit dem Judentum besitzt, machte die lateinische Kirche gerade durch ihre „Nüchternheit" und prak= tische Gesetzlichkeit dazu fähig zu begreifen, was für sie das „Evan= gelium" bedeutete.

Indessen wird von diesen Dingen im vorliegenden Bändchen nicht ausführlich die Rede sein. Es bietet wieder nur eine Reihe biogra= phischer Skizzen und möchte keine Theologie= und „Dogmen"= geschichte ersetzen. Auch die Auswahl der geschilderten Persön= lichkeiten ist wieder eng begrenzt. Sie reicht nicht über das Ende der alten Kulturwelt hinaus (deren Untergang hat auch kirchen= geschichtlich Epoche gemacht). Doch steht hinter meinem Versuch die Überzeugung, daß sich das geschichtliche Leben selbst vorzüg= lich durch Persönlichkeiten verwirklicht oder zum mindesten in sol= chen am unmittelbarsten zu fassen und am deutlichsten zu begrei= fen ist.

Wie bei den griechischen Kirchenvätern seien auch hier einige allgemeine literarische Hinweise hinzugefügt:

Seit 1866 müht sich die Wiener Akademie der Wissenschaften um eine kritische Ausgabe sämtlicher lateinischer Kirchenväter im „Cor= pus scriptorum ecclesiasticorum Latinorum" (CSEL). Bis jetzt sind 75 Bände erschienen. Ihr ist seit 1953 das schneller arbeitende „Cor= pus Christianorum (Series latina)" der St. Peters=Abtei in Steen= brugge (Belgien) an die Seite getreten (CC). Daneben muß die um= fassende, bis Innozenz III. reichende Sammlung von J. P. *Migne*

„Patrologiae cursus completus, Series latina" (Migne), Paris 1844 ff. noch immer benutzt werden. Sie wird jetzt von A. *Hamman* durch kritische Ergänzungsbände („Supplementum") vervollständigt: 1958 ff.

Eine Übersicht über das ganze Material (Titel und Verzeichnis der besten Ausgaben und der kritischen Ergänzungen dazu) bieten E. *Dekkers* und E. *Gaar*, Clavis patrum Latinorum (= Sacris Eruditi III, 1951). Eine größere Auswahl deutscher Übersetzungen findet sich in der zweiten Auflage der Kemptener „Bibliothek der Kirchen= väter" (1911 ff.), neuerdings auch in den zweisprachigen Texten der Darmstädter „Wissenschaftlichen Buchgesellschaft" (1956 ff.).

Die stoffreichste „Geschichte der altkirchlichen Literatur" in fünf Bänden (1913²–1932) stammt von O. *Bardenhewer*. Im Rahmen des von W. *Otto* neu herausgegebenen „Handbuchs der klassischen Al= tertumswissenschaft" ist die lateinisch=christliche Literatur von G. *Krüger* behandelt worden (III³ 1922; IV 1–2 1914/20). Eine knappe, aber vorzügliche Gesamtdarstellung von „Leben, Schriften und Lehre der Kirchenväter" (mit weiteren Literaturangaben) findet man bei B. *Altaner*, Patrologie, 1960⁶).

Die wichtigsten Darstellungen der alten Dogmengeschichte in deutscher Sprache sind: A. v. *Harnack*, Lehrbuch der Dogmenge= schichte I/III (1932⁵=1909/10⁴); R. *Seeberg*, Lehrbuch der Dogmen= geschichte I–II (1953⁴); Fr. *Loofs*, Leitfaden zum Studium der Dog= mengeschichte I–II (1959⁶, herausgegeben von K. *Aland*). Seit 1951 erscheint (in thematischer, nicht chronologischer Anordnung) das katholische „Handbuch der Dogmengeschichte", herausgegeben von M. *Schmaus*, P. *Geiselmann* und H. *Rahner*.

Von allgemeinen Darstellungen der alten Kirchengeschichte seien genannt: K. *Müller*, Kirchengeschichte I 1 (1941³ in Gemeinschaft mit H. *v. Campenhausen*); H. *Lietzmann*, Geschichte der alten Kirche I–IV (1953²/³); die ersten vier Bände des Sammelwerkes „Histoire de l'Eglise" (Paris 1935 ff.), herausgegeben von A. *Fliche* und V. *Martin*.

Bei den Zitaten aus den Schriften der Väter habe ich ältere Über= setzungen oft stillschweigend genutzt. Ich bitte meine Vorgänger, dies nicht als Diebstahl anzusehen. Auch sonst wäre es natürlich möglich gewesen, an unzähligen Stellen ältere Autoren zu nennen, denen ich bewußt und unbewußt gefolgt bin. Doch halte ich es lieber mit Cervantes, der in der Vorrede zu seinem „Sinnreichen Junker Don Quixote von la Mancha" auf Zitate, Noten und andere vor= nehme Dinge dieser Art ausdrücklich Verzicht leistet, „teils, weil ich mich nicht für geschickt und gelehrt genug halte, und teils, weil ich zu faul bin, um dasjenige bei andern Schriftstellern aufzusuchen, was ich selbst ohne sie wohl sagen könnte."

1. Kapitel

TERTULLIAN

Eine Christengemeinde in Rom gab es schon zur Zeit des Apostels Paulus, aber eine römische Gemeinde war sie damals noch nicht. Die Weltstadt umschloß Zugezogene aus aller Welt, nicht zuletzt aus dem griechisch redenden Osten. Von da stammten auch die ersten Missionare und Anhänger des neuen Glaubens. Jedenfalls war und blieb die Sprache der Christen im ganzen Abendland über hundert Jahre lang ausschließlich das Griechische. Dies war nicht nur die Folge des östlichen Ursprungs der Kirche; es spiegeln sich darin auch die allgemeinen Verhältnisse des Reiches wider, das zu einem einzigen Reich des Mittelmeeres und seiner Kultur geworden war. Griechisch war nicht nur die Sprache der Gebildeten, wie früher bei uns das Französische; es war zugleich die bevorzugte Sprache des Handels und Verkehrs. In jeder größeren Stadtgemeinde des Westens wurde das Griechische nicht nur verstanden, sondern wohl auch als Umgangssprache gesprochen. Für eine von vornherein von nationalen Bindungen gelöste, den Einzelnen in eine neue Gemeinschaft einfügende Religion der Stadtleute wie das Christentum war die griechische Kultus= und Kirchensprache somit das Gegebene.

Wenn sich dieser Zustand gegen Ende des 2. Jahrhunderts lang= sam zu ändern beginnt, so merkt man daran das Breiterwerden der geistigen und sozialen Basis, das Volkstümlich= und Bodenständig= Werden der abendländischen Kirche. Die Gemeindeglieder reden untereinander Latein und höchstens mit den führenden Geistlichen griechisch. Die lateinische Predigt beginnt, und wir stoßen auch schon auf die Anfänge einer bescheidenen lateinisch=christlichen Gebrauchsliteratur: Bibelübersetzungen, Märtyrerberichte, ein Ka= nonsverzeichnis sind uns erhalten. Wann und wo aber beginnt die selbständige höhere Entwicklung? Als erstes lateinisches Dokument von Rang gilt einigen Gelehrten der Dialog „Octavius", nicht zufällig eine „Apologie", die außerchristliche Leser ins Auge faßt. Sie hat einen römischen Rechtsanwalt namens Minucius Felix zum Verfasser. Es sieht wenigstens so aus, als neige sich die Waage im alten Prioritätsstreit heute zu seinen Gunsten und gegen den Vor= rang seines Berufskollegen Tertullian. Wir beginnen trotzdem mit diesem und können den sonst unbekannten Minucius getrost bei= seite lassen. Der erste lateinische Theologe, die erste profilierte christliche Persönlichkeit, die wir im lateinischen Abendland wirk= lich kennen, ist auf jeden Fall Tertullian, und Tertullian erhellt mit der Fülle seiner lebhaften und originellen Schriften zugleich die ganze Welt, in der er lebt und wirkt. Insofern steht er am Beginn der gesamten lateinischen Kirchengeschichte.

Tertullian ist Afrikaner, d. h. ein Bürger der römisch besiedelten Provinz Afrika, des heutigen Tunis. Hier ist Quintus Septimius Flo= rens Tertullianus bald nach der Mitte des zweiten Jahrhunderts in der Hauptstadt Karthago geboren. Sein Vater war Subalternoffizier; das Römische ist ihm von Haus aus selbstverständlich — wiewohl in jener charakteristisch afrikanischen Form des Römertums, das die Disziplin mit Kritik, den Ordnungssinn mit Spott und Leidenschaft zu verbinden liebt und in der Bereitschaft zur Selbsthilfe eher rebellisch wird, als daß es blindlings folgt und gehorcht. Der junge Tertullian erhält eine gute rhetorische und juristische Ausbildung, hält sich zeitweise auch in Rom auf und mag eine Anwaltspraxis eröffnet haben. Daß er mit dem berühmten, in den Digesten zitierten Juristen Tertullianus identisch wäre, ist wenig wahrscheinlich. Tertullian ist kein Gelehrter, obwohl er vieles liest und weiß und seine Leser gerne mit entlegenen Kenntnissen verblüfft; er ist, mit Harnack zu reden, „ein philosophierender Advokat", in dessen Munde auch die exakte Sprache der Juristen zu einem Mittel der Rhetorik wird. Sein scharfer Intellekt ist ständig in Bewegung; aber für ein beschauliches Leben ist er verloren. Alles, was Tertullian denkt, sagt und tut, hat die wirkliche Welt im Auge und drängt auf eine praktische Entscheidung zu. Das bestimmt ihn auch in seinem geistigen Wesen. Tertullian ist stürmisch, heißblütig, mitunter gewollt rücksichtslos; er klagt selbst darüber, daß er die edle Tugend der Geduld niemals erlernen könne, und Hieronymus, der in mancher Hinsicht eine verwandte Natur gewesen ist, nennt ihn einmal einen Mann, der immer in Glut war (vir ardens). Aber Tertullian hat gleichwohl nichts Primitives an sich; er verliert nie die Herrschaft über sein Temperament, vielmehr: je mehr er sich in Zorn redet, je leidenschaftlicher und persönlicher er sich für das einsetzt, was ihm richtig erscheint, umso geschliffener werden seine Gedanken und sein Stil, umso raffinierter wirkt seine Taktik, und umso sprühender wird sein grausam treffender Witz. Römische Zucht, juristische Klarheit und militärische Disziplin sind im heißen, hochstrebenden Sinn und Herzen Tertullians in ein Element des Geistigen und des Gewissens verwandelt worden.

Wir kennen die Umstände nicht, die Tertullian zum Christentum hingeführt haben. Gewöhnlich denkt man vor allem an die Wirkung der christlichen Martyrien, die nach seinem eigenen Zeugnis die stärkste Werbekraft besitzen, überhaupt den moralischen Eindruck, welchen die unerschütterliche, in sich geschlossene Gemeinde inmitten der sie umbrandenden Welt großstädtischer Zügellosigkeit ausübte. Aber sicher darf man auch das geistige Gewicht der christlichen Lehre und Verkündigung daneben nicht übersehen. Die Botschaft von dem einen, schaffenden und gebietenden Gott, der kein Gedankenwesen ist, sondern den ganzen Weltlauf regiert, der die Dämonen durch Christus um ihre Macht gebracht hat und jetzt alle Menschen zur letzten Entscheidung ruft, ist Tertullian zum bestimmenden Erlebnis geworden. Dagegen gehalten enthüllt sich die gebildete Theorie und Weisheit der Philosophen als ein nichtiges, unwirksames Geschwätz. Die Wahrheit Gottes kann im Grunde kein vernünftiges Wesen leugnen, und doch ist sie offensichtlich nur den

Christen wahrhaft offenbart und wirklich bekannt geworden. Sie kennen Gottes Sohn, und durch ihn, seine Lehre und sein Wort kennen sie Gottes ganzen Willen, Wesen und Gesetz. Tertullian muß schon früh auf die Bibel gestoßen sein, und sie ist es, an die er sich zeitlebens hält. Er kennt sie sozusagen in= und auswendig, er zieht sie bei jeder Gelegenheit ausdrücklich heran und legt sie, gegebenenfalls nach dem griechischen Urtext, selbständig aus. Darin, daß er in den Worten der Propheten, in den Worten des Heilands und seiner Jünger durchweg die unmittelbare Stimme Gottes vernimmt, ist Tertullian natürlich nicht originell; den Glauben an die „Schrift" teilt er mit den Christen seiner Zeit. Aber weit mehr als alle Zeitgenossen hat er auch ein unmittelbares Gefühl für die wirkliche Eigenart der Bibel. Er weiß es und spricht es immer wieder aus, daß sie ganz und gar anders ist als aller Geist und alle vornehme Weisheit dieser Welt. Sein schroffer, kantiger Realismus entdeckt mit kongenialem Spürsinn die unklassische Glut und harte Nüchternheit der heiligen Schrift, ihren konkreten, paradoxen und keiner religiös=ästhetischen Idealisierung zugänglichen Charakter, und indem er sie in dieser ihrer Eigenart annimmt und in ihrer Fremdheit liebt, wird er zum originellsten und in vieler Hinsicht eindringlichsten Exegeten der ganzen alten Kirche, dessen Genauigkeit und Verständnis im einzelnen von keinem späteren Theologen übertroffen wird. Die Grenzen, an die er zuletzt stößt, sind die Grenzen seiner religiösen Gesamtauffassung des Glaubens, d. h. die Grenzen seiner stolzen, an die eigene Strenge erbarmungslos gebundenen Natur.

Zur Zeit, da wir Tertullian kennen lernen, ist er bereits ein angesehenes Glied der karthagischen Christengemeinde. Er steht in den besten Jahren, ist glücklich verheiratet und befindet sich in einer wirtschaftlich vielleicht nicht glänzenden, aber doch unabhängigen und sicheren Position. So hat er sich für den Unterricht der Katechumenen, der Taufanwärter und Neuchristen, zur Verfügung gestellt. Er mag auch sonst gelegentlich „gepredigt", d. h. geistlich belehrende Ansprachen vor der Gemeinde gehalten haben. Aber vor allem betätigt sich Tertullian als freier Schriftsteller und setzt sich so vor Christen und Heiden zum Besten der christlichen Sache ein. Z. T. hat er seine Schriftstellerei noch auf Griechisch betrieben — „unseren Theaterästheten zuliebe", wie er selbst ironisch bemerkt (coron. 6); aber es ist bezeichnend, daß sich keine seiner Schriften in griechischer Fassung erhalten hat. Für einen Autor, der so wie Tertullian auf die unmittelbare Wirkung und Anrede aus war und appellierend und dozierend vor allem seine nächsten Brüder und Mitbürger erreichen wollte, war der Übergang zum Latein das Gegebene. Aber was ist das für ein Latein, das Tertullian auf einmal zu schreiben wagt! Etwas Derartiges war auf dem literarischen Felde bis dahin unerhört. In Tertullians Schriften stoßen wir auf die lebendige Sprache der damaligen Christen, das Latein der werdenden lateinischen Kirche, eine Sprache, in der es dementsprechend von Lehnworten und Neubildungen wimmelt, um die neuen Dinge

und Vorstellungen des christlichen Alltags zu bezeichnen, und zu=
gleich bis ins Grammatische hinein die wirklich gesprochene Sprache
der Gesellschaft und des Volkes von Karthago, das Tertullian kennt,
beobachtet und sucht. Vor allem aber: es ist die eigene Sprache Ter=
tullians, Ausdruck seiner gewalttätigen Gestaltungskraft, die nichts
unerprobt läßt, um das neue, selbstgesteckte Ziel zu erreichen.

Tertullian versteht sein Handwerk von Grund auf. Er verzichtet
auf kein Kunstmittel der bewährten Rhetorik, die er mit den fein=
sten Überraschungen, Wortspielen, Reimen, Stabreimen und rhyth=
mischen Klauseln, allen Eigenarten und Unarten der modernen
Schule zu verbinden weiß. Er erscheint seinem älteren Zeitgenossen
und afrikanischen Landsmann Apuleius darin einigermaßen ver=
wandt. Mit der glatten, klassizistischen Eleganz eines Minucius
Felix, der seine christliche Schutzschrift im Stile Ciceros dargeboten
hatte, hat Tertullian jedenfalls nichts zu tun. Er will die Wirklich=
keit seiner Zeit treffen und entlarven, er will seine Hörer vor allem
fassen, fesseln und festnageln. Darum drückt er sich lebendig, an=
schaulich und oft über die Grenze des Geschmackvollen hinaus dra=
stisch aus. Aber sein Vulgarismus ist gleichwohl nie einfach gemein,
weil er von der Sache her, im Sinne Tertullians: durch die Wahrheit
selber gefordert ist. Das verleiht dem Krassen, scheinbar Vulgären
seiner Rede die Würde eines höheren Auftrags und die Weihe des
wirklichen Ernsts. Dieser Eindruck eines unnachgiebigen, heroischen
Realismus steigert noch das gewollt Gedrängte, kurz Abgehackte
und dann wieder sich stoßweise Entladende seiner Sätze. Fast jedes
Wort Tertullians wird nach dem Ausspruch eines altkirchlichen Kri=
tikers zur Sentenz, und diese aphoristisch=sentenziöse, politurlose
Knappheit kann mitunter an Tacitus erinnern. Aber „das Pathos,
das Tacitus mit vornehm verhaltener Indignation zurückdämmt,
wird bei ihm zu einer alles Widerstrebende mit sich wirbelnden
Sturmflut". Kein anderer antiker Autor, sagt Eduard Norden in die=
sem Zusammenhang, hat „das höchste Gesetz antiker Kunstan=
schauung, die Unterordnung des Individuellen unter das Traditio=
nelle", so unaufhörlich verletzt wie Tertullian, dem sich Christus,
wie er einmal sagt, eben „nicht als Gewohnheit, sondern als Wahr=
heit" offenbart hatte (virg. vel. 1, 1). Das Schwerverständliche sei=
ner Schriften ist schon im Altertum beklagt worden, und für uns er=
gibt sich als weitere Folge seines Stils, daß Tertullians Sätze
schlechterdings in keine moderne Sprache, nicht einmal ins Englische,
angemessen zu übersetzen sind. Nur das ursprüngliche Latein be=
wahrt den harten Stoß und Klang dieses Funken sprühenden Me=
talls.

Es gibt in der damaligen Kirche kaum eine Frage, zu der Ter=
tullian nicht Stellung genommen und sich irgendwie geäußert hätte.
Die etwa dreißig verschiedenen Schriften, die wir heute von ihm be=
sitzen, sind denkbar vielseitig. Tertullian liebt es, thematisch zu ge=
stalten und seinen bestimmten Gegenstand ohne Weitschweifigkeit
zu erschöpfen. Die damals aufkommende Form des gleichmäßig

fortlaufenden Bibelkommentars hat er sich nicht angeeignet. Seine Publikationen reichen vom kurzen, geistreich=krausen Flugblatt oder Essay bis zu umfangreichen theologischen Abhandlungen, die auch nach modernem Verständnis „Bücher" darstellen und durchaus wissenschaftlichen Charakter tragen. Immer sind sie vorzüglich disponiert und behalten das vorgesetzte Ziel scharf im Auge. Sie orientieren den Leser in geschickter Weise, kommen seinen möglichen Einwänden zuvor, machen ihn auf die Tragweite und Bedeutung bestimmter Gedanken aufmerksam und reißen ihn unaufhaltsam mit sich fort. Tertullian besitzt eine unter Theologen seltene Eigenschaft: er versteht nicht, langweilig zu sein. Das gilt auch für die rein erbaulich=unterweisenden Abhandlungen, die zumeist wohl den Niederschlag katechetischer Erfahrungen darstellen. So schreibt er einen berühmten Traktat über das Gebet, „das allein Gott besiegt", mit einer schönen und eindringlichen Auslegung des Vaterunsers, oder er belehrt seine Leser über den Sinn und die rechte Übung der Taufe oder der Buße; er beschreibt, wie eine christliche Ehe zu führen ist, oder er preist in einem eigenen Schriftchen die — ihm selber fehlende — Geduld. Was er so vorträgt, kann nicht immer neu sein; aber immer ist es selbständig durchdacht, in neuer Weise angefaßt und so dargestellt, daß jedermann die Aktualität der Frage begreift. Tertullian ist auch dort, wo er fremde Arbeiten nutzt, niemals ein bloßer Abschreiber, sondern stellt sich auf die wirklichen Leser ein, und das gibt seinen Schriften für das damalige kirchliche Leben den unvergleichlichen Quellenwert.

Die große Masse seiner Schriften trägt indessen einen anderen Charakter; sie sind polemisch und wenden sich kämpfend nach außen gegen die Feinde und Verfolger, die Irrlehrer und Verführer der Kirche, und hier erst kommen all seine Gaben und überlegenen Fähigkeiten zur vollen Entfaltung. Tertullian weiß, wie man als Redner seine Hörer überzeugt, für sich gewinnt und gegen andere aufbringt. Er erscheint überall als der Mann, der wirklich Bescheid weiß, während seine Gegner lauter bösartige, verstockte und bornierte Gesellen sind, die vor einem urteilsfähigen Publikum kaum der Widerlegung bedürfen. Aber gleichzeitig spielt er gerne den noblen Polemiker, der seine Fechterstöße zurückhält, weil er nichts ungeprüft verurteilen möchte und jedem Andersdenkenden zunächst sein Recht, ja mehr als sein Recht zu lassen bereit ist. Er bringt seine Gründe nacheinander ins Spiel, er weiß, sie eindrucksvoll zu steigern, und gibt sich dabei immer den Anschein, als böte er nur eine Auswahl dessen, was er auf Lager hat. Oft läßt er den schon geschlagenen Gegner noch einmal frei, gönnt ihm scheinbar noch eine Chance, indem er seine schon als falsch erwiesenen Thesen unter Vorbehalt dennoch akzeptieren will, um seine Position auch so noch zum zweiten, dritten und vierten Mal unter dieser und unter jeder denkbaren Voraussetzung immer weiter zu zertrümmern und ihn zuletzt der Verachtung und völliger Lächerlichkeit preiszugeben, während die siegreiche Wahrheit unverletzt wie ein Phönix aus der Asche steigt. Es kann nicht ausbleiben, daß sich eine der= artig advokatorisch geübte Beweistechnik auch überschlägt, und da Tertullian seine überscharf formulierten, angeblich ganz unver= brüchlichen Grundsätze je nach seinen Absichten stets neu zu ar= rangieren pflegt, gerät ein Leser, der bei ihm nach wirklich bestim= menden logischen, hermeneutischen und theologischen Prinzipien fahndet, leicht in Verzweiflung. Sein geistreicher Scharfsinn ver= führt dazu, ihn ernster zu nehmen, für tiefsinniger und tiefer zu halten, als er in Wirklichkeit ist. Aber dies bedeutet trotzdem nicht, daß es Tertullian mit dem, was er verficht, nicht ernst gewesen wäre. Die antike Rhetorik hält in der Polemik auch sonst vieles für erlaubt, was uns heute als illoyal oder bloße Spiegelfechterei erscheint. Tertullian nutzt die Möglichkeiten, die ihm seine Schu= lung und sein unvergleichliches Talent bieten, nur bis zum äußer= sten aus. Er ist kein Zyniker; aber er ist ein Meister der geriebens= sten Dialektik und spitzfindiger Ironie. Jedesmal, wenn er nach sol= chen Ausfällen mit einem oft prachtvollen, niemals schwülstigen Pathos zu seinem eigentlichen Gegenstande zurückkehrt, fühlt auch der moderne Leser unmittelbar, daß der ganze Mann mit Herz und Willen hinter seinem Zeugnis steht, und er begreift auch, warum er sich so schroff und hitzig, in so wilder Maßlosigkeit dafür ein= gesetzt hat.

Die frühesten Schriften, die wir von Tertullian besitzen, gelten der Verteidigung des Christentums gegen das heidnische Mißtrauen, gegen die Verleumdung und die blutige Verfolgung. Das war da= mals die erste, sozusagen klassische Aufgabe eines christlichen Li= teraten. Seit der Mitte des zweiten Jahrhunderts verfaßten die grie= chischen „Apologeten" ihre mehr oder weniger umfangreichen „Schutzschriften" an die Kaiser, die in Wirklichkeit wie alle solche Literatur natürlich viel mehr von den Christen als von den Heiden gelesen wurden, für die sie bestimmt waren. Ihnen hatte sich noch Minucius Felix angeschlossen. Tertullian hat seine verschiedenen Vorgänger offenbar gründlich studiert und den Grund ihrer Er= folglosigkeit sofort erkannt: sie alle stellen sich nicht wirklich auf ihren Gegner ein, sie wollen zu viel auf einmal und konzentrieren sich nicht auf die sachlich und psychologisch entscheidenden Punkte. Außerdem erreichen sie auch literarisch und geistig nicht das für eine solche Auseinandersetzung erforderliche Niveau. Wir können noch die Etappen verfolgen, durch die Tertullian seiner Aufgabe in einem neuen Stil zu entsprechen sucht. Wir haben einen ersten An= lauf, den er liegen läßt, in dem zweigeteilten Werk „an die Hei= den"; dann folgt das große „Apologeticum", nicht mehr wie sonst an die unerreichbaren Kaiser, sondern an seine unverständigen Statthalter und Beamten gerichtet, in einer früheren und vielleicht in einer von ihm selbst nochmals überarbeiteten Fassung; schließ= lich noch originelle Variationen von Einzelthemen aus späterer Zeit.

Die große „Schutzschrift" gilt mit Recht als das unübertroffene

Meisterwerk der frühchristlichen Apologetik. Sie wurde alsbald sogar ins Griechische übersetzt, eine Auszeichnung, die auch in späterer Zeit nur ganz wenigen Schriften lateinischer Kirchenväter zuteil geworden ist. Tertullian wählt für die Apologie mit Bedacht die Form einer durchgeführten Gerichtsrede, wie sie den Christen zu halten in Wirklichkeit längst nicht mehr möglich war. Schon dieser Umstand, meint er, zeige die ganze Verwerflichkeit des gegen sie befolgten unwürdigen Verfahrens. Aber: „Die Wahrheit sucht nicht, ihre Lage durch Bitten zu ändern. Sie wundert sich auch gar nicht über ihr Schicksal. Sie weiß, daß sie auf Erden nicht zu Hause ist und unter einem Volk, das ihr fremd ist, bald genug auf Feinde stoßen muß, und weiß auch, daß sie ihren Ursprung, ihre Heimat, Hoffnung, Ehre und Würde im Himmel besitzt. Vorläufig verlangt sie nur eins: man soll sie kennenlernen, ehe man sie verurteilt". Das ist, fügt Tertullian sarkastisch hinzu, für das herrschende Recht wohl kein Schade: vielleicht bilden sich die Machthaber noch mehr darauf ein, wenn sie die Wahrheit sogar gehört und dann trotzdem verdammt haben (apol. 1, 2 f.).

So beginnt die Verteidigung. Tertullian zerpflückt auf seine Weise das ganze juristische Vorgehen und zeigt, daß es Wahnsinn sei, die vertrauenswürdigsten Bürger des Reiches im Namen einer Religion zu verfolgen, die, selbst auf Lug und Trug gegründet, sonst nirgends mehr wirklich befolgt und ernstgenommen wird, und er wird nicht müde, den Nachweis zu führen, daß all die Scheußlichkeiten und Verbrechen, die man den Christen fälschlich zuschreibt, bei den Heiden von jeher geübt und geduldet wurden. Aber er unterläßt jetzt den ungeschickten Versuch, diese Polemik mit einer ausdrücklichen Werbung für das Christentum und zum Übertritt zu verbinden. Diese Folgerung mag der Leser von sich aus ziehen, wenn er die Lehre, die sittlichen Ordnungen und das Verhalten der Christen so kennengelernt hat, wie sie wirklich sind. Die dazu erforderlichen Nachweise und Aufklärungen werden jeweils an ihrer Stelle geboten. Tertullian hat nichts von dem Material fallen lassen, das die alte Apologetik zu bieten pflegte, er hat es sogar wesentlich erweitert; aber indem er den Rahmen einer fingierten Gerichtsrede bis zum Schlusse festhält, erscheint jetzt alles viel knapper und übersichtlicher, spannend und klar. Der Leser folgt den überraschenden Darlegungen und Enthüllungen mit angehaltenem Atem, und ehe er sich's versieht, ist er beim Schlußwort angelangt, mit dem Tertullian, als hielte er weitere Bemühungen für zwecklos, scheinbar vorzeitig das Plädoyer abbricht: „Aber nur zu, ihr prächtigen Männer der Regierung, macht euch nur beim Volk beliebt, indem ihr ihm Christen schlachtet! Quält, foltert, verurteilt, vertilgt uns — euer Unrecht ist der beste Beweis unserer Unschuld. Darum duldet ja Gott, daß wir dies alles erdulden . . . Und doch: die ausgeklügeltste Grausamkeit nützt euch gar nichts. Ihr macht nur Reklame für unsere Vereinigung. Wir nehmen zu, weil ihr uns immer von neuem niedermäht: ein Same ist das Blut der

Christen (semen est sanguis Christianorum)". Wir sind euch nur dankbar, daß ihr den Prozeß so schnell zu Ende bringt. Es stehen sich gleichsam zwei Gerichtshöfe im Kampfe Gottes und der Men= schen gegenüber, und „wenn ihr uns verurteilt, spricht Gott uns frei" (apol. 50, 12 ff.).

Der entscheidende Gedanke, mit dem Tertullian das staatliche Verfahren aus den Angeln hebt, ist danach nicht juristischen, sondern theologischen Ursprungs. Es ist die Überzeugung von der Nichtigkeit der Vielgötterei und von der Wirklichkeit des einen, offenbarten Gottes. Was die Machthaber und die besessenen Mas= sen verehren, beruht auf Lüge, Menschenanbetung und leerem Wahn; dahinter aber stehen die gefährlichen Dämonen als die eigentlich treibende, verblendende und verführende Macht. Sie sind die natürlichen Feinde der Wahrheit und haben das irrsinnige Vor= gehen gegen die Christen darum auch in Gang gebracht. Damit stürzt das religionspolitische System, die bisherige selbstverständ= liche Geltung einer herrschenden Staatsreligion, mit einem Schlage zusammen. Wie kann man denen, die den wahren, allmächtigen Gott erkannt haben, das verderbliche Götzen= und Dämonenopfer immer noch abverlangen? Wie kann man denen mangelnde Loyali= tät und Treue vorwerfen, die nur die offizielle Lüge nicht mitmachen wollen und, statt den Kaiser mit einer teuflischen Anbetung zu schädigen, vielmehr den wahren Gott zu seinen Gunsten anrufen und ihm selbst in allen Stücken wahrhaft ergeben sind? Darum wa= ren die guten Herrscher von jeher den Christen auch wohlgesinnt, und nur die schlechten haben sie verfolgt. Diese alte Tendenz= legende, die einen unerfüllten Wunsch der Christen zur Wirklich= keit machen will, gewinnt im Munde Tertullians insofern doch et= was mehr an Wahrscheinlichkeit und Gewicht, als er jetzt über die unteren Verwaltungsstellen hinweg in aller Loyalität an die guten Kaiser appellieren kann, die über das Vorgehen ihrer ausführenden Organe und den Mißbrauch, der mit ihrem Namen getrieben wird, vielleicht gar nicht richtig ins Bild gesetzt sind.

All diese taktischen Deklamationen haben indessen eine noch weiter greifende, grundsätzliche Bedeutung. Wir stehen hier bei den Anfängen eines neuen Staats= und Gehorsamsbegriffs, den es vor dem Einbruch des Christentums in der Welt nicht gegeben hatte und der in eine ferne, fürs erste noch ganz unerreichbar scheinende Zukunft vorausweist. Die Herrscher und das staatliche Wesen über= haupt verlieren ihre unmittelbare religiöse Gewalt. Dafür bildet sich ein neuer Begriff des konkreten, innerweltlichen Gehorsams, der als solcher im Namen des wahren Gottes in neuer Weise ver= pflichtend und unausweichlich wird. „Was den Menschen fördert, das ist Gottesdienst" (paen. 2, 7). Das bisherige, bei allem praktischen Liberalismus grundsätzlich sakrale, direkt religiöse Verständnis des Staates wird im Lichte des neuen, radikalen Glaubens und Glau= bensgehorsams entdämonisiert und erscheint jetzt als eine einzige Unwahrhaftigkeit und Heuchelei. Wer, fragt Tertullian, hält denn den Kaiser in einem ernsthaften, d. h. christlich radikalen Sinne noch für einen Gott? und wer hält ihm noch von Herzen die Treue, wenn es nicht die Christen tun? Er scheut sich nicht, auf die ständigen Palastrevolutionen und Morde anzuspielen, und meint, wenn die Brust der Bürger und Politiker aus durchsichtigem Glase gemacht wäre, bekäme man ohne Zweifel recht unerwünschte Dinge zu sehen. Und ist es nicht überhaupt ein Unding, von Staats wegen Gesinnungen vorzuschreiben? ist der Glaube nicht seinem Wesen nach frei? Der Versuch, eine Gottesverehrung mit Gewalt zu fordern, ist wider menschliches und natürliches Recht, „und es ist auch nicht religiös, Religion erzwingen zu wollen" (ad Scap. 2, 2). Man spürt hier die Berührung mit den Gedanken der philosophischen Aufklärung. Aber der neue Glaube an einen wirksam in der Welt offenbarten Gott befreit nicht nur den einzelnen von der äußeren Autorität des „Tyrannen" — er droht, die gesamte religionspolitische Ordnung in Frage zu stellen und von der Wurzel her in einer Weise zu verändern, wie es die philosophische Staatslehre und Kritik weder gewollt noch jemals gekonnt hätte.

Im übrigen stellt es Tertullian so dar, als bedeute die Anerkennung der Christen durch das Reich überhaupt kein praktisches Problem. Sie sind ja nicht, wie man behauptet, „die Feinde des Menschengeschlechts, sondern nur die Feinde des Irrtums" (apol. 37, 10). Es gibt darum gar keine besseren Untertanen als sie. Christen begehen keine Verbrechen, nicht einmal solche, die das Gesetz frei läßt; sie gehorchen jedem gerechten Befehl, zahlen ohne Unterschleif ihre Steuern und machen bei den politischen Umtrieben nicht mit. Auch was man über die sozialen und wirtschaftlichen Gefahren ihrer Lebensweise verbreitet, ist völlig kindisch. Die Christen nehmen selbstverständlich am gesamten bürgerlichen Dasein in allen Zweigen des Geschäfts= und Erwerbslebens wie jedermann teil. Überall — nur nicht gerade im Tempel! — sind sie zu finden. „Wir sind doch keine Brahmanen oder indische Gymnosophisten, keine Waldmenschen oder Sonderlinge, die das Leben fliehen!" Wer an den Schöpfer glaubt, verschmäht nicht seine Gaben, sondern nur die Ausschweifung und das Übermaß. „Wir sollen euren Handel zerstören, obgleich wir mit euch und von euch leben — das begreife ein anderer!" (apol. 42, 1 f.). Theologisch sind solche Sätze interessant; aber in der konkreten politischen Situation zeigen sie Tertullian — als Apologeten. In Wirklichkeit weiß er sehr wohl, daß die von ihm behauptete Lebensgemeinschaft mit der heidnischen Gesellschaft keineswegs so einfach zu haben, ja daß sie, strenggenommen, für den Christen eine Unmöglichkeit ist. Das heidnische Leben ist nun einmal der Wirkbereich der Dämonen; man kann nicht daran teilnehmen, ohne auf Schritt und Tritt ihrem Einfluß, ihrem Kultus und ihren Symbolen zu begegnen. Wo Tertullian zu Christen spricht, sucht gerade er ihr Gewissen gegen alle Kompromisse, die leider versucht werden, aufs äußerste zu schärfen, und schreckt vor keiner Konsequenz zurück. Nur für den heidnischen Lehrbetrieb macht er eine bezeichnende Ausnahme. „Hier dient der Notstand als Entschuldigung." Die Christen können den weltlichen Unterricht nicht vermeiden, weil auch die religiöse Bildung ohne ihn nicht auskommen kann und weil sie, über den wahren Gott belehrt, das heidnische Gift um so bestimmter zurückweisen werden. Aber auch hier gilt die Entschuldigung nur für die Schüler, nicht für die Lehrer, die die mythologischen Stoffe und alles, was damit zusammenhängt, unmöglich behandeln könnten (idol. 10). Die Grenzen des Erlaubten sind überall so eng wie nur möglich gezogen. Ein christlicher Handwerker oder Kaufmann darf nichts herstellen und nichts verkaufen, was auf irgendeinem Wege vielleicht dem Götzendienst, dem Opferwesen oder auch nur dem Luxus und heidnischer Sittenlosigkeit zugute kommen mag. Ein öffentliches Amt darf man unter gar keinen Umständen annehmen; denn wie will man dort den vorgeschriebenen Zeremonien und Feierlichkeiten, den Libationen und dem Weihrauchdampfe entgehen, die immer mit ihm verbunden sind? Wie will man vollends als Soldat es vermeiden, der Götzenstandarte die geforderte Verehrung zu erweisen? Ein Richter muß überdies noch Foltern verhängen und Todesurteile vollstrecken lassen. Tertullian will damit nicht sagen, daß diese Berufe schlechterdings ungerecht wären und reformiert oder abgeschafft werden sollten. Die Welt muß so sein, wie sie ist, und „die Römer, das heißt: die Nichtchristen" (apol. 35, 9), brauchen natürlich ihre Verwaltung, ihre Beamten und ihre Kaiser. Aber was geht das die Christen an, die keine Kaiser werden, so wie die Kaiser notwendigerweise keine Christen sind (apol. 21, 24)?! Mag man sie weiter verfolgen und zu Märtyrern machen — am Tage des jüngsten Gerichts wird sich's zeigen, wer den klügeren Entschluß gefaßt und zur besseren Fahne geschworen hat!

Es sind alte, urchristliche Gedanken von der Fremdlingschaft der Christen, von der Notwendigkeit ihres Leidens in der Welt und der alles bestimmenden Zukunft Gottes, die bei Tertullian mit neuer Kraft zum Leben erwachen — nur gewinnen sie jetzt einen einseitig polemischen, grimmigen und unversöhnlichen Ton und einen unüberhörbaren, fast politisch drohenden Akzent. Das geschieht z. T. mit Absicht — Tertullian möchte die Verfolger durch seine Warnungen womöglich zurückschrecken; aber es entspricht doch zugleich auch seiner inneren Wesensart, die weniger lieben als kämpfen, lieber brechen als biegen will und die den „Dienst", die militia Christi, die er gerne in kriegerischen Bildern beschwört, gerade darum mit Freuden ergriffen hat, weil es hier nicht um Ausgleich, sondern um Entscheidung geht. Das Heidentum ist für Tertullian keine Torheit, die sich aufklären, kein Vorurteil und keine Verirrung, die sich zerstreuen oder positiv zurechtbringen ließe, sondern es ist „die Welt" und als solche eine große, dämonische Einheit, die man als Ganzes erkennen, zurückstoßen und verwerfen muß.

So ist es kein Zufall, daß Tertullian in den letzten Kapiteln des

Apologeticum auch noch eigens auf die Philosophie zu sprechen kommt, die höchste und scheinbar ideale Verkörperung des antiken Geistes und Lebens. Auch hier, wo sich die griechischen Apologeten fast durchweg bemüht hatten, eine gewisse Verständigungsbereit= schaft zu zeigen, eine positive Gemeinsamkeit in den sittlichen Maß= stäben und in der Erkenntnis der Wahrheit herauszuarbeiten, sieht er nur den Gegensatz und die gesteigerte Gefahr einer Verführung und Verwirrung in dem, worauf es ankommt. Philosophen sind für Tertullian „Sophisten", die nicht die Wahrheit suchen, sondern den eigenen Ruhm und Erfolg. Ihre dialektischen und rhetorischen Künste sind eitel und verwickeln sie selbst in immer neue Wider= sprüche und Uneinigkeiten. Ihre Erkenntnis ist trügerisch und ihr Lebenswandel mangelhaft. Selbst das heiligste Symbol der philo= sophischen Unabhängigkeit und Freiheit, der Tod des Sokrates, flößt Tertullian keine Bewunderung ein: der Gleichmut vermeintlicher Weisheit war erkünstelt und floß nicht aus der Gewißheit eines wirklichen Wahrheitsbesitzes (anim. 1, 2 ff.). Es gibt keine Ge= meinsamkeit „zwischen einem Philosophen und einem Christen, zwischen einem Schüler Griechenlands und dem Schüler des Him= mels" (apol. 46, 18) oder, geschichtlich formuliert, zwischen „Athen und Jerusalem, Akademie und Kirche" (de praescr. 7, 9).

Natürlich übersieht auch Tertullian nicht die Übereinstimmungen, die sich damals für jeden gebildeten Christen zwischen seinen Überzeugungen und vielen überlieferten, insbesondere platonischen Lehren zu zeigen schienen. Er „will sie nicht leugnen" (anim. 2, 1) und ist viel zu sehr ein Apologet, um sich nicht mitunter auf sie auch zu berufen. Aber er erklärt sie dann, einer älteren, ursprüng= lich jüdischen Theorie gemäß, aus der Benützung des Alten Testa= ments durch die Philosophen, dem „Diebstahl", den die Hellenen an Gottes Weisheit begangen hätten; oder er führt sie im Sinne der Stoiker auf die „sensus communes" zurück, die Elemente ver= nünftiger Einsicht, an denen von Natur aus jedermann teilhat. Was sich so ergibt, ist dann regelmäßig eine neue Bestätigung der christ= lichen Offenbarung und beileibe keine Empfehlung der Philosophen oder der Philosophie. Die Philosophen haben die Wahrheit immer auch mit ihren Irrlehren und Irrtümern vermengt. Es wäre ein durchaus verkehrter, gefährlicher Umweg, das Richtige bei ihren Mutmaßungen lernen zu wollen, statt es dort anzunehmen, wo die Wahrheit vollständig und lauter gegeben ist. Wer von Gott reden will, muß von Gott gelehrt sein. Ein Christ soll seinen Glauben darum „nicht auf fremdem, sondern auf dem eigenen Grund er= bauen" (anim. 26, 1).

Was den modernen Leser immer wieder in Verwirrung bringt, ist der Umstand, daß Tertullian trotz dieser radikalen Ablehnung der Philosophie, doch immer wieder von seinem eigenen philoso= phischen Schulsack Gebrauch macht, sogar dort, wo er sich auf durchaus theologischem Gebiet bewegt. Er beruft sich auf „Ver= nunft" und „Natur", spricht von Substanz, Akzidenz und „status" eines Gegenstandes, er stellt methodische Grundsätze auf und gibt dialektische Unterscheidungen — nicht zu reden von den zahllosen Fällen, da er die Voraussetzungen seines Beweises bewußt oder unbewußt der philosophischen, besonders der stoischen Schultradition seiner Zeit entnimmt und sie für mehr oder weniger selbstverständlich hält, wie z. B. die stoische Lehre von der Körperlichkeit alles Wirklichen, die „Person" Gottes nicht ausgenommen. Allein der Widerspruch, der sich so zu ergeben scheint, beruht auf einem Mißverständnis dessen, was Tertullian unter Philosophie versteht. Für Tertullian bezeichnen Glaube und Philosophie einen vor allem inhaltlich unterschiedenen Besitz prinzipiell gleichartiger Erkenntnis, die auf verschiedenen Wegen gesucht und angeeignet wird. Der Glaube hält sich an das, was Gott offenbart hat, während der Philosoph in der Einbildung lebt, auch solche Fragen, die über den menschlichen Horizont hinausreichen, von sich aus ergründen zu können. Was Tertullian fordert, ist nicht eigentlich das „sacrificium intellectus", sondern eine sachgemäße Begrenzung der intellektuellen Hybris des Menschen, nach dem Maßstab von Gottes Wort. Gott tut gewiß nichts Unvernünftiges (paen. 1, 2); aber der Mensch ist vor allem zum Hören und zum Gehorchen geschaffen (paen. 4, 4 ff.). Es handelt sich im Verhältnis von Offenbarung und Philosophie noch nicht um die spätere, formale Unterscheidung von Glaube und Vernunft oder „Glauben und Denken". Der Glaubende denkt unter Anerkennung der göttlichen Offenbarung nicht weniger logisch, vernünftig und „wissenschaftlich" wie ein Philosoph; nur daß er das Ziel auf seinem Wege auch tatsächlich erreicht. Insofern kann man das Christentum auch als die wahre oder „bessere Philosophie" bezeichnen (pall. 6, 2), obschon Tertullian dieser den Apologeten sonst geläufigen Vorstellung für gewöhnlich aus dem Wege geht. Keinesfalls aber läßt sich eine Philosophie, die Gottes Weisheit nicht annehmen will, mit der „natürlichen Vernunft" gleichsetzen; denn die unverbildete Natur stimmt in der Anerkennung Gottes gerade mit dem Christentum überein. In einer kleinen apologetischen Abhandlung über „das Zeugnis der Seele", der liebenswürdigsten Schrift, die Tertullian geschrieben hat, sucht er diesen Gedanken des näheren zu illustrieren. Aus den „Selbstverständlichkeiten" des gesunden Menschenverstandes, bis hin zu den unwillkürlichen Ausrufen und Redensarten, läßt sich, meint er, ohne weiteres zeigen, daß die „Seele" in Wahrheit nur einen Gott kennt, daß sie sein Gericht fürchtet und daß sie bei ihm vor der Gewalt der Dämonen Schutz suchen möchte. Sie gibt dem Glauben damit ein wirksameres Zeugnis, als es alle gelehrte Apologetik vermag. Aber wohlgemerkt: es handelt sich nur um die Seele, die noch „schlicht und roh, ungebildet und einfältig" ist. Eine Seele, die bereits geschult und gebildet, die akademischen Weisheiten Attikas „aufstößt", ist keine Christin mehr, und mit ihr ist dann auch nichts Vernünftiges mehr anzufangen (test. an. 1, 6 f.).

Es ist zum Verständnis solcher Anschauungen nützlich, daran zu erinnern, daß Tertullian ein Abendländer war. Im lateinischen Abendland hatte die Philosophie niemals die öffentlich anerkannte Stellung und unabhängige Wirksamkeit gefunden wie in der griechischen Welt. Hier konnte sie in der Tat viel leichter als tote Schulweisheit und bloße Rhetorik, als leere Halbbildung und dekoratives Geschwätz erscheinen. Aber will man den ganzen Zorn Tertullians richtig verstehen, so darf man dabei nicht stehenbleiben. Man muß die eigentlichen, theologischen Gegner ins Auge fassen, an die er unwillkürlich denkt, sobald von der nichtsnutzigen Hohlheit der Philosophie die Rede ist. Das sind die Irrlehrer, die aufgeblasenen Schulhäupter und Phantasten einer „gebildeten", vermeintlich höheren Weisheit und Erkenntnis, die selbst Christen verführt und allen Glauben verdirbt. Die Philosophen sind die „Erzväter der Ketzer" (anim. 3, 1); erst damit wird die letzte Scheußlichkeit des philosophischen Unwesens endgültig offenbar.

Schon dem Umfang nach macht die Bekämpfung der Irrlehre den größten Teil von Tertullians Hinterlassenschaft aus. Es sind zugleich Schriften, in denen sein Ernst und sachliche Beteiligung bei aller polemischen Unruhe und Übertreibung am klarsten hervortritt. Der heutige Leser stößt sich freilich leicht an der Maßlosigkeit dieser Polemik. Tertullian bemüht sich nicht darum, seine Gegner von ihren eigenen Voraussetzungen her zu verstehen und ihren jeweiligen „Anliegen" gerecht zu werden; er will sie bloßstellen und übergießt sie immer wieder mit seinem ätzenden Hohn. Aber er selbst hätte in dieser Feststellung schwerlich einen Vorwurf gesehen. Gerade darum will er ja die Ketzer mit allen verfügbaren Waffen schlagen und vernichten, weil es ihm wirklich um die Sache, um die Wahrheit und den Bestand des christlichen Glaubens geht. Die Frage, auf die es ankommt, kann unter diesen Umständen nur die sein, ob die Karikatur der Ketzer, um die es sich zweifellos handelt, als solche „richtig" ist, d. h. ob sie die wesentliche Schwäche der gegnerischen Position enthüllt und trifft und dadurch auch tiefere, grundsätzliche Bedeutung gewinnt. Diese Frage läßt sich bejahen. Tertullian ist kein Verleumder, kein gemeiner Pamphletist, der sich beliebige Vorwürfe aus den Fingern saugt, sondern hat die wesentlichen, gemeinsamen Elemente der gegnerischen Position begriffen und unter großen Gesichtspunkten dargestellt und bekämpft — längst ehe die moderne Wissenschaft die zahllosen Gruppen und Richtungen der damaligen Ketzerei unter der einheitlichen Bezeichnung „Gnosis" zusammenfaßte. Was ist für Tertullian die Gnosis? Sie ist der auflösende Synkretismus, wie ihn die natürliche Geistigkeit des Menschen liebt, die spiritualistisch-idealistische Selbstüberschätzung, die die feste Grenze verwischt, welche die Kreatur von der Gottheit scheidet; und sie ist darin zugleich die „nihilistische" Feindschaft gegen den Gott der Wirklichkeit, der die Welt geschaffen und sich konkret im Fleische offenbart hat.

Voran steht, wie bei den griechischen Vorgängern, die starke Betonung der kirchlichen und dogmatischen Unbeständigkeit, des ständigen Schwankens und Fließens gnostischer Gemeinschaften und ihrer Spekulation. Die Ketzer verlassen sich eben auf ihre eigenen Einfälle und nicht auf Gottes Wort. Dieser Grundzug der unermüd= lichen Neugier und Eitelkeit, die curiositas, begründet die innere Verwandtschaft und Verbundenheit mit der Philosophie. Nicht um= sonst hat schon Paulus die Christen vorausschauend vor der Philo= sophie gewarnt (Kol. 2,8). Sie sollen nach Salomos Lehre „mit ein= fältigem Herzen den Herrn suchen" (Weish. 1,1), nicht aber ein neues „stoisches, platonisches oder dialektisches Christentum" er= finden (praescr. 7,11). Die Phantastereien, die dabei herauskom= men, sind dann schlimmer als alle Philosophie. Es kann einem geradezu weh tun zu sehen, wie ein Plato jetzt herhalten muß, jedes Süppchen der häretischen Küche mit seinen Gedanken zu „würzen" (de an. 23,5). Auch Seneca gehört mit dem, was er vernünftig sagt, nicht auf ihre Seite, vielmehr, wie so oft, „zu uns" (de an. 20,1). — Kein Wort des Neuen Testaments führen die Irrlehrer so gerne im Munde wie die Weisung Jesu, man solle „suchen, um zu finden" (de praescr. 8,2). Aber sie selbst berufen sich darauf nur, um ihre „endlosen Fabeln und Genealogien (1. Tim. 1,4), unfruchtbaren Fra= gen und krebsartig fortschleichenden Reden" auszubreiten und arg= lose Hörer damit zu verwirren (praescr. 7,7). Die Ketzer wollen nicht hören und begreifen, daß es sinnvoller Weise nur dort im Su= chen gibt, wo man die Wahrheit noch nicht kennt, und daß wir bei Christus und bei seinem Evangelium darum ans Ende alles Suchens, nämlich ans Ziel gelangt sind. Der wahre Glaube ist immer einfältig (adv. Marc. V 20): Tertullian empört die spekulierende und proble= matisierende Grundhaltung der Ketzerei, die das Eine, was not ist, nicht halten kann. „Jeder christliche Handwerker" weiß genau, wo= rum es geht und worauf es jetzt für ihn ankommt; „er findet Gott und zeigt ihn an und besiegelt alle theoretischen Fragen nach Gott dann auch praktisch mit der Tat" (apol. 46,9). Aber Christus hatte sich offenbar schwer geirrt, als er „lieber einfache Fischer als Sophi= sten zur Verkündigung aussandte" (anim 3,3).

Der Ketzer weiß nicht, was glauben heißt. Er setzt seinen Stolz darein zu erkennen, er will wissen, statt sich von Gott lehren zu lassen, und folgt lieber menschlichen Lehrern, als sich dort zu be= scheiden, wo Gott nicht mehr reden will, sondern schweigt. Dabei meint er immer schon zu wissen, wer Gott ist, was Gott tut, kann und darf und was Gott demnach angemessen ist und was nicht. Da= rum begreift er auch nicht, was das heißt, daß Gottes Sohn Mensch geworden ist. Tertullian trifft den entscheidenden Punkt der dama= ligen Diskussion: der gnostische Spiritualismus leugnet die Inkar= nation. Sie erscheint ihm überflüssig und Gottes unwürdig. Der Gnostiker kann nur einen scheinbaren („doketischen") Eingang Jesu in das Fleisch zugestehen; denn er kennt nur den erdachten, un= wirklichen, nichts wendenden und nichts rettenden „Gott der Philo= sophen" — der Ausdruck stammt von Tertullian (adv. Marc. II 27,6) —, der in Weltferne und Transzendenz verharrt. Ihm ist die häßliche, erniedrigte, ruhmlose Gestalt des Heilands ein Ärgernis, er hält diese Form der Offenbarung und Nähe Gottes für eine Beleidigung göttlicher Majestät. Er begreift nicht, daß Gott auf anderen Wegen nicht wirklich zu uns gelangt wäre und daß seine Würde anderer Art ist als der menschliche Ruhm. „Nichts ist Gottes so würdig wie des Menschen Heil" (adv. Marc. II 27,1). Die Menschwerdung und nicht minder die Kreuzigung Christi, die den doketisierenden Theologen zur Verlegenheit werden, sind das eigentliche Geheimnis unserer Rettung. Für sie — und ausdrücklich nicht für die allgemeine Verkündigung Gottes und seiner Gebote — beruft sich Tertullian darum mit vollem Recht auf die paulinischen Sätze von Gottes „Torheit", die die menschliche „Weisheit" zu schanden macht. Seine berühmte Behauptung des „Credo, quia absurdum est" wird meist nicht wörtlich zitiert und vor allem nicht in dem Zusammenhang verstanden, den er im Auge hat: „Gottes Sohn ist gekreuzigt — das ist nicht beschämend, weil es eine Schmach ist; und Gottes Sohn ist gestorben — das ist glaubwürdig, weil es eine Torheit ist; und er ist begraben und auferstanden — das ist gewiß, weil es unmöglich ist" (carn. Chr. 5,4). Die scharfen Paradoxien sind mit Fleiß so provozierend formuliert: so kennen und so wollen die Christen ihren Gott — und dieser Gott läßt sie auch nicht im Stich, gerade dann nicht, wenn sie ihn in scheinbar hoffnungsloser Lage bekennen dürfen und äußerlich unter Martern zugrunde gehen.

Religion — das ist für Tertullian das Leben in der Wirklichkeit. Für den Ketzer ist sie dagegen ein Bereich des selbstgefälligen Tiefsinns und der erbaulichen Träumerei. Damit kann der Glaube nichts anfangen. Wer Christus im Leben wie im Sterben nachfolgen soll, der verlangt nach einem wirklichen, geschichtlich begegnenden, gestorbenen und in Ewigkeit lebenden Gott. Die Leibhaftigkeit, die volle Realität des „Fleisches" Christi ist die Garantie der Wirklichkeit und Ernsthaftigkeit unserer Erlösung, so wie unsere Körperlichkeit zugleich die Unausweichlichkeit unserer persönlichen Verantwortung in dieser Welt bestimmt. Wer die Wirklichkeit des Fleisches Christi leugnet und wer sich selbst nicht fleischlich, sondern in der Unabhängigkeit einer überweltlichen Geistigkeit zu begreifen wünscht, wird ganz von selbst dazu gebracht, im konkreten Ernstfall der Anfechtung und Versuchung mit der Welt zu paktieren — mit der Weisheit, mit der Sittenlosigkeit und mit den Göttern und Dämonen dieser Welt. Die Martyriumsscheu so vieler Sekten ist die Probe aufs Exempel. Tertullian verfaßt eine eigene Schrift, „Das Gegengift gegen den Skorpionenstich", in der er den mancherlei Ausreden begegnet, die das Blutzeugnis zugunsten eines jenseitigen oder innerlichen Zeugnisses im Geiste zu entwerten suchen. Für ihn ist jeder Gnostiker ein potentieller Verleugner, ein laxer Drückeberger und hochnäsiger Verächter des kirchlichen Gebots. Das ist gewiß eine Übertreibung und eine unerlaubte Verallgemeinerung. Aber die Geschichte der Gnosis zeigt, daß Tertullian mit dem, was er behauptet, trotzdem nicht einfach unrecht gehabt hat: fast all ihre Gemeinschaften sind mit der Zeit in einem unbestimmten Syn= kretismus zugrunde gegangen, wie er der Unbestimmtheit und Un= begrenztheit ihres fleisch= und geschichtslosen Offenbarungsbe= griffes entsprach.

Für die katholische Kirche ist die Offenbarung auch äußerlich klar und verpflichtend gegeben: sie lebt von dem Einen, Bestimmten und Gewissen, das Christus angeordnet hat und die Heilige Schrift ent= hält. Sie besitzt das zweischneidige Schwert des Gotteswortes in Ge= setz und Evangelium, die göttliche Weisheit, „den Feind des Teu= fels, unsere Rüstung gegen die geistlichen Feinde, alle Bosheit und fleischliche Begier, das Schwert, das um des Namens Gottes willen uns auch von denen abschneiden kann, die uns die liebsten sind" (adv. Marc. III 14,3). Wer die Wahrheit nicht verstehen will, mit dem soll man auch nicht disputieren. Die Kirche kennt Gottes Wort und braucht sich mit den Markioniten, Valentinianern und sonsti= gen Gnostikern, die es verdrehen, nicht über seinen Sinn zu strei= ten. Diesen Gedanken hat Tertullian in einer eigentümlichen Schrift, der „Prozesseinrede gegen die Häretiker", in eine streng juristische Form zu bringen gesucht. Sie ist für die spätere Entwicklung des Katholizismus höchst folgenreich geworden. Die katholische Kirche, heißt es hier, hat ihre Lehre wie die Heilige Schrift unmittelbar von den Aposteln empfangen — zu einem Zeitpunkt, wo all die heutigen Ketzereien noch gar nicht entstanden waren. Sie hat die ursprüng= liche Wahrheit treu bewahrt und kann dies gegen spätere Abwei= chungen auch beweisen; denn sie steht ja noch heute mit den alten, apostolischen Gründungen in Kleinasien, Griechenland usw. oder, für das Abendland, mit Rom in ungestörter Gemeinschaft. Und wo= her sollte die Übereinstimmung der Rechtgläubigen in aller Welt überhaupt kommen, wenn sie nicht ursprünglich gegeben war? Hier= gegen verfängt auch nicht die beliebte gnostische Verdächtigung der Apostel, als hätte ihnen Christus nicht alles anvertraut oder als hät= ten sie seine Lehre mißverstanden oder gefälscht. Sie konnten doch nicht alle auf die gleiche Weise die Wahrheit verwirren. „Was bei so vielen Gemeinden immer als ein= und dasselbe erkennbar ist, kann nicht irrig, es muß überliefert sein" (praescr. 28,3). Es ge= nügt also, wenn man der kirchlichen Lehre treu bleibt und die Bibel so versteht, wie es dem Bekenntnis entspricht. (Bei Tertullian taucht das Apostolicum zum ersten Mal in diesem normativen Sinne auf, als eine die Gemeinden verpflichtende „Glaubensregel"). Die Ketzer dagegen haben auf dem Boden der Kirche nichts zu suchen und be= rufen sich zu Unrecht auf die Schrift. „Wer seid ihr, seit wann und von wo kommt ihr eigentlich her? Was treibt ihr in meinem Eigen= tum, ohne zu mir zu gehören? Wer gibt dir, Markion, eigentlich das Recht, meinen Wald zu fällen? Wie kommst du dazu, Valentin, mei= ne Quellen abzuleiten? Woher dein Anspruch, Apelles, meine Mar= ken zu verrücken? ... Mein ist der Besitz; ich besitze ihn von jeher, besitze ihn vor euch und habe sichere Beweistitel von den Eigen=

tümern selbst, denen das Objekt gehört hat. Ich bin der Erbe der Apostel" (praescr. 37,3 ff.).

Das ist ein echt tertullianisches Vorgehen: es wird nach allen Seiten hin, so viel nur irgend möglich ist, bewiesen. Tertullian beansprucht zunächst einmal jedes Recht für sich allein und streitet den Gegnern nicht weniger als alles ab. Aber wir hätten es nicht mit Tertullian zu tun, wenn er sich mit einer solchen äußersten, formalen Sicherung begnügt hätte. So schließt er schon diese „summarische" Prozeßeinrede mit der Versicherung ab, er werde, so Gott will, auf die ketzerischen Irrlehren auch noch im besonderen zurückkommen, und dieses Versprechen hat er im Lauf seines Lebens tatkräftig eingelöst. Vor allem wäre hier das fünfteilige Riesenwerk „gegen Markion" zu nennen. Hier hat Tertullian all seine Kräfte und Fähigkeiten zusammengenommen; denn in Markion hatte er seinen gefährlichsten Gegner gefunden. Es ist bewunderungswürdig, wie er die schärfste Logik und Dialektik, alle Künste der Rhetorik, der Ironie, die echte, erbitterte Leidenschaft und die feinste Sorgfalt und erschöpfende Gründlichkeit in der Sache in diesem polemischen Meisterwerk miteinander zu verbinden weiß. Markion ist für Tertullian der Erzketzer. In der Tat hatte dieser schon in der Mitte des zweiten Jahrhunderts eine eigene Kirche gegründet, die jetzt überall verbreitet war. Markion war Tertullian darin seiner Art nach verwandt, daß er gleichfalls immer die radikalsten Lösungen und die strengsten Positionen für die besten und für die eigentlich christlichen hielt. Er mißachtete dabei, wie die Katholiken, alle schweifende Ungebundenheit und Phantastik der gewöhnlichen Gnostiker und wollte auch seinerseits nichts als ein treuer Jünger Jesu und Schüler seines größten Apostels, Paulus, sein. Aber Markion und die Markioniten leugneten jeden Zusammenhang der christlichen Botschaft mit der früheren jüdischen Offenbarung des Alten Testaments, hinter der ein anderer, enger und feindseliger Gott stehen sollte, eben der moralische, „gerechte" Gott dieser Welt, mit dem das echte Evangelium darum seinem Wesen nach gar nichts zu tun haben kann. Unter diesem Leitgedanken hatte Markion seine eigene Bibel geschaffen, die nur aus entsprechend verstümmelten Texten des Lukasevangeliums und der paulinischen Briefe bestand. Dagegen beweist jetzt Tertullian mit einer Klarheit, die jedem modernen Theologen Ehre machen würde, die Unhaltbarkeit dieser Redaktion; er erklärt sich gleichzeitig seiner Art gemäß sofort auch bereit zu zeigen, daß sogar das verfälschte markionitische Testament noch immer Markion widerlege und für die christliche Wahrheit zeuge, und er begründet die eigene Position und das Bekenntnis zur Einheit Gottes auch auf systematischem Wege durch den Nachweis, daß Gerechtigkeit und Güte, daß die souveräne Überweltlichkeit des Schöpfers und seine barmherzige Hinwendung zur Welt innerhalb des christlichen Gottesgedankens ihrem Wesen nach nicht zu scheiden seien.

Wir gehen auf die antignostischen Schriften Tertullians nicht im einzelnen ein. Ihre Fragestellung ist uns insofern fremd geworden, als das gnostische Denken das Problem der Wirklichkeit und der Offenbarung Gottes sozusagen von der entgegengesetzten Seite angreift und auflöst, als wir es gewohnt sind. Die Gnostiker insgesamt leugnen nicht die Transzendenz und Wirklichkeit des göttlichen Geistes, sondern Wirklichkeit und Sinn der materiellen, irdischen Welt; sie bezweifeln nicht die Notwendigkeit einer Erlösung, sondern den göttlichen Ursprung der Schöpfung und leugnen dementsprechend auch nicht die göttliche, sondern gerade die menschliche Seite des Erlösers, seine körperliche Natur und sein Fleisch. Auch auf diesem Wege ergibt sich zuletzt ein gewisser „Nihilismus" als sittliche Konsequenz, und wir begreifen es wohl, daß die Gnosis keinen erbitterteren Gegner finden konnte als gerade Tertullian. Tertullian ist alles nur Geistig=Theoretische, Poetisch=Ästhetische, praktisch und moralisch nicht unmittelbar Faßbare schon als solches ein Greuel, weil er als Denker, wie wir sahen, Materialist und als Christ vor allem ein Mann des Gesetzes, des göttlichen Gebotes und des bedingungslosen Gehorsams ist. Was er verteidigt, ist die katholische Kirche und die christliche Glaubensforderung in ihrer unerbittlichen Realität; aber — man begreift es wohl, daß der schroffe Rigorismus einer solchen Persönlichkeit, gerade in ihrer geistigen Überlegenheit, auch für die eigenen Glaubensgenossen nicht immer bequem und leicht zu ertragen war. Vor allem in den praktischen Fragen der Gemeindedisziplin und der alltäglichen Sittlichkeit mußte es mit der Zeit zu Reibungen kommen.

Wir lernten Tertullians schwierigen Standpunkt schon kennen, wo es um das Verhältnis der Christen zur Welt und ihren Sünden ging. „Es verleugnet jeder, der sich bei irgendeinem Anlaß nicht offen zeigt und für einen Heiden halten läßt" (idol. 22,4), und jeder, der in irgendeiner Form vom heidnischen Kultus und heidnischer Sittenlosigkeit einen Gewinn zieht. Man fragt sich, welchen Beruf ein ärmerer Christ eigentlich noch ergreifen kann, ohne daß Tertullian den Vorwurf einer indirekten Beihilfe zum Götzendienst erhübe, der aller Laster Anfang ist. Er wettert in der gleichen Weise gegen alle heidnischen Vergnügungen, die städtischen Wettkämpfe, Zirkusveranstaltungen und das Theater, das nicht nur, wie er mit archäologischer Gelehrsamkeit nachweist, den Götzen zu Ehren begründet wurde, sondern auch heute noch eine Brutstätte aller Unsittlichkeit und Ausschweifungen geblieben ist. Ebenso soll ein Christ auf allen Luxus verzichten, auf Schminke, Putz und kostbare Geräte. Hätte Gott an bunten Kleidern Gefallen — warum hat er dann nicht purpurne und himmelblaue Schafe geschaffen? Die christlichen Theaterfreunde scheinen in ihrem Widerstand besonders hartnäckig gewesen zu sein. Sie versuchten es sogar mit biblischen Begründungen: wo steht denn geschrieben, daß Gott die Spiele verurteilt, die er doch duldet und stattfinden läßt? Hat nicht auch David vor der Bundeslade getanzt, und ist Elias nicht im feurigen Wagen gen Himmel gefahren? Aber mit solchen Zweck=Exege=

sen ist Tertullian nicht beizukommen. Er zerpflückt sie mit grau=
samem Hohn und läßt zuletzt nur ein Schauspiel gelten, das für
alle irdischen Entbehrungen entschädigen wird, das Schauspiel des
jüngsten Gerichts! „Das wird eine Vorstellung von noch ganz ande=
rem Ausmaß geben! Da werden wir staunen, da werden wir lachen!
Welch ein Spaß, welch ein Vergnügen, wenn ich die Menge der
Könige sehe, von denen es hieß, sie seien im Himmel aufgenom=
men, wie sie zusammen mit Jupiter und den angeblichen Zeugen
dieser Vorgänge im Abgrund der Finsternis seufzen müssen! — Wie
aber auch die Statthalter, die den Namen des Herrn verfolgt haben,
in gräßlicheren Flammen zergehen, als die waren, mit denen sie
fröhlich gegen die Christen gewütet haben! Ja, wer noch? Auch jene
weisen Philosophen, die zu erzählen wußten, Gott kümmere sich
um nichts in der Welt, es gäbe bestimmt keine Seele oder sie kehre
jedenfalls niemals in ihren Körper zurück, sie werden da im An=
gesicht ihrer Schüler, die mit ihnen brennen, hübsch rot werden! ...
Da müßt ihr erst die großen Tragöden hören — ihr Organ klingt
noch weit schöner, wenn sie ihr eigenes Elend bejammern! Da müßt
ihr die Mimen beobachten — das Feuer macht sie noch ganz anders
gelenkig! Da muß man sich die Wagenlenker ansehen — sie sind
im Flammenrad vom Scheitel bis zur Sohle rot geworden!" Und
dann erscheint der verhöhnte, geprügelte, bespuckte, mit Galle und
Essig getränkte Herr in seiner Herrlichkeit, inmitten der Engel und
auferstandenen Heiligen, vor den falschen Juden und sonstigen Ver=
folgern! Solch ein Spiel richtet kein Prätor, kein Konsul und kein
Priester auf Erden aus, und in gewisser Weise haben wir es doch
schon heute im Geiste vor Augen — noch ehe schließlich das, „was
kein Auge gesehn und kein Ohr gehört hat" (I. Kor. 2,9), im ewigen
Gottesreich seinen Anfang nimmt. „Ich denke, das wird doch noch
etwas erfreulicher sein als Zirkus und Bühne!" (spect. 30,3 ff.).

So etwas schreibt nur Tertullian. Kein Grieche, aber auch kein mit=
telalterlicher Christ hat etwas derartig bis zum Sadismus Wildes,
Grausig=Grandioses je wieder zu Papier gebracht. Tertullian ist durch
nichts zu erschüttern. Auch die wirtschaftlichen Sorgen derer, die er
mit seinen rigorosen Forderungen um ihren Lebensunterhalt zu
bringen droht, weist er kurzerhand ab: „Was sagst du da? ‚Ich
komme ins Elend!' Aber der Herr preist doch die Armen selig ...
Die Jünger, die er berief, erklärten niemals: ‚Ich habe aber nichts
zum Leben.' Der Glaube fürchtet den Hunger nicht; er weiß, daß
er den Hungertod um Gottes willen genauso verachten muß wie
jede andere Todesart" (idol. 12,2.4). Solche schneidenden Ant=
worten bringen die Hörer wohl zum Schweigen; aber ihr dumpfer
Widerstand läßt sich damit doch nicht überwinden. Tertullian fühlt
das selbst. Er beklagt sich ironisch=bitter über das gewohnte, „ihm
eigentümliche" Schicksal, mit seinen Schriften keinen Erfolg zu ha=
ben. Und doch verficht er nichts, wozu nicht die Wahrheit selber er=
mahnt, gegen deren Zeugnis keine Verschiedenheit der Zeiten, keine
Menschen=Autorität und keine Landesgewohnheit etwas bedeuten

sollte! (virg. vel. 1,1). Aber das Schlimmste kann er nicht einmal aussprechen: Tertullian ist selbst ein viel zu guter Dialektiker, um die Lücken seiner Beweise nicht zu sehen, die Einwände nicht im voraus zu hören, die sich gegen jedes seiner Argumente erheben lassen — wenn man das Rechte aus Trägheit, Feigheit oder Unverstand eben nicht annehmen will. Im Grunde versucht Tertullian etwas Unmögliches: er will die letzten Fragen der Bekenntnispflicht und des geistlichen Gehorsams auf dem Weg der gesetzlichen Normierung zur Entscheidung bringen. Darum schraubt er seine Forderungen immer höher und höher hinauf und möchte zuletzt alles für verboten erklären, was die Schrift nicht ausdrücklich erlaubt hat (coron. 2,4). Aber er fühlt es selbst, daß keine noch so strikte Auslegung der Schrift, keine Bindung an das Bekenntnis und die Überlieferung seiner Kirche, erst recht nicht die viel zu allgemeine Erkenntnis eines noch nicht von der Offenbarung erhellten „Naturrechts" (de spect. 2,5) jemals den Punkt der vollen Gewißheit erreichen kann, deren ein Christ doch bedarf, wenn er in den jede Stunde neu aufbrechenden Schwierigkeiten seines Alltags mit Bestimmtheit Stellung nehmen und sich behaupten soll. Diese quälende, „ihm eigentümliche" Erfahrung bildet den Hintergrund für die letzte verhängnisvolle Wendung im Leben Tertullians.

In der zweiten Hälfte des zweiten Jahrhunderts war tief im Inneren Kleinasiens, in Phrygien, eine enthusiastisch-apokalyptische Erweckungsbewegung zum Durchbruch gekommen. Ihre Propheten, Montanus und die ihn begleitenden Frauen, verstanden sich als Werkzeuge einer neuen Geistesausgießung, des im Johannes-Evangelium geweissagten „Trösters", und verkündigten die baldige Herabkunft des Gottesreichs auf die Berge ihrer Heimat. Sie forderten Buße, Erneuerung und Überbietung der bisherigen Sittlichkeit und zeichneten sich durch eine glühende Martyriumsbereitschaft besonders aus. Die Bewegung verbreitete sich schnell und hatte zu Beginn des dritten Jahrhunderts auch Afrika erreicht. Tertullian trat ihr bei und wurde alsbald der feurigste Vorkämpfer der „neuen Prophetie". Wie manche zum Rationalismus neigenden und zur Tat drängenden Naturen besaß er von jeher eine gewisse Vorliebe für die parapsychologischen, visionären und ekstatischen Phänomene des religiösen Lebens. Jetzt glaubte er in den Offenbarungen, Dämonenaustreibungen und sonstigen Wunderzeichen der Montanisten dem lebendigen Geist des Urchristentums in gesteigerter Kraft von neuem zu begegnen. Und hier, in den montanistischen Zirkeln fand er endlich auch die ganze Entschlossenheit, sich für Gottes Sache ohne Vorbehalt einzusetzen, die unnachsichtige Strenge gegen alle Sünder und laxen Glieder in der Gemeinde, neue Vorschriften für die Gestaltung des sittlichen Lebens und vor allem: eine letzte geistliche Autorität, die dies alles mit ihrem inspirierten Zeugnis zu decken vermochte. Die Orakel des Montanus und der Prophetinnen waren damals schon gesammelt und besaßen für ihre Anhänger eine unbeschränkte, sozusagen kanonische Gültigkeit.

Als Tertullian den Montanisten beitrat, war ihre kirchliche Stellung noch nicht klar entschieden. Die Abendländer zögerten noch, bis zuerst der Bischof von Rom, dann auch der von Karthago und die übrigen Afrikaner dem Beispiel ihrer kleinasiatischen Kollegen folgten und die „Kataphryger" zur Sekte erklärten. Damit war ihr Schicksal auf weitere Sicht entschieden. Die Bewegung besaß nicht genug religiösen Gehalt und Originalität, um sich aus eigener Kraft durchzusetzen. Sie bildete hinfort eine Splitterkirche, die die moralisch intransigenten, reaktionären Kreise bei sich sammelte — die erste der Erscheinungen dieser Art, wie sie die „volkskirchliche" Entwicklung der antiken Großkirche von nun an begleiten werden. Tertullian blieb der Gemeinschaft selbstverständlich treu. Ihn focht der äußere Mißerfolg nicht an, und er machte den montanistischen Konventikel alsbald zur Basis eines neuen, um so sichereren Vorgehens gegen seine alten Gegner. Nur durch ihn und seine Schriftstellerei hat der Montanismus überhaupt so etwas wie eine Theologie und ein geistiges Gesicht gewonnen.

Im Grunde ist Tertullian als Montanist kein anderer geworden, als er immer schon war. Man sieht das an den Themen, die er jetzt behandelt, und ebenso an den Resultaten, zu denen er gelangt. Aus dieser zweiten Periode seines Schaffens stammt beispielsweise die berühmte Streitschrift gegen Praxeas. Praxeas war als „Monarchianer" bei der Abwehr gnostischer Spekulationen in der Betonung der göttlichen Einheit so weit gegangen, daß er die Verschiedenheit von Gott=Vater und Sohn überhaupt in Abrede stellte. Tertullian führt dagegen den Schriftbeweis und schlägt dem Gegner vor allem die Berufungen auf die „monarchianisch" klingenden Stellen des Johannesevangeliums wirksam aus der Hand. Er sucht in diesem Zusammenhang die systematischen Vorstellungen der werdenden Trinitätslehre nun auch des näheren zu klären und prägt die Bilder und Begriffe, die für die weiteren christologisch=trinitarischen Auseinandersetzungen, besonders im Abendland, maßgebend geworden sind. Seine Formeln erweisen sich gerade darum als so brauchbar und bequem, weil sie in der juristisch=logischen Exaktheit ihrer Bestimmungen und Unterscheidungen doch gänzlich formal bleiben. Sie gehen den eigentlich theologischen und metaphysischen Problemen, die sich hier ergeben müssen, nirgends auf den Grund. Tertullian hat es ausschließlich mit der Frage der Einheit in der Dreiheit, noch nicht mit dem späteren Problem der Ranggleichheit zwischen den göttlichen Personen zu tun, und insofern haften seinem Entwurf, am fertigen Dogma gemessen, noch einige Mängel an. Aber für jene Zeit stellte seine Trinitätslehre gleichwohl eine rechtgläubige Leistung dar. Die Verknüpfung der antimonarchianischen mit der montanistischen Polemik, die Tertullian am Rande versucht, bleibt ganz äußerlich und hat die Verbreitung seiner Gedanken hier auch nicht weiter gehindert.

Es ist übrigens auch Tertullians eigene Überzeugung, die er wiederholt zum Ausdruck bringt, daß der Paraklet die alten Glaubens=

lehren der Kirche nirgends verändert, sondern nur bestätigt und eben dadurch seine Legitimität gerade bewiesen habe. Ein wirk= licher Fortschritt erfolgt — wie schon früher vom Alten zum Neuen Testament — nur in sittlicher Hinsicht, insofern die neue Offen= barung jetzt endlich die letzte Heiligkeit und uneingeschränkte Er= füllung aller Gebote verlangt, auf die die Apostel in den Anfängen der Kirche noch verzichten mußten. Von hier aus entwirft Tertullian ein neues, nicht mehr zwei=, sondern dreistufiges Schema der Heils= geschichte. So wie die neutestamentliche Offenbarung im alten Bunde geweissagt ist und ihn dann in einem sowohl bestätigt wie übertrifft, so „überbaut" jetzt auch die neue Prophetie die ältere Ordnung und bringt sie gleichzeitig ans Ziel. Wir kommen damit zur typischen Vorstellung einer dritten Offenbarung und eines „dritten Reiches" der Kirche, wie sie im hohen Mittelalter von Joachim von Fiore wieder aufgebracht und seitdem noch oft erneuert worden ist. Sie ist immer nur dort möglich, wo man eine höhere, „geistliche" Lebensordnung (oder Erkenntnis) als Hauptsache in den Blick nimmt und die geglaubte Heilstat Christi allein nicht mehr zu genügen scheint. Dies ist offensichtlich auch schon bei Ter= tullian der Fall.

Sieht man seine montanistischen Schriften durch, so stößt man hier des öfteren auf den Lobpreis der Offenbarungen und Wunder= taten, die der neue Geist weckt — „den Ungläubigen zum Zeichen, den Gläubigen zum Heil" (pass. Perp. 1), und in einer verlorenen Schrift „über die Ekstase" hat Tertullian den Geist der „neuen Pro= phetie" gegen ihre kleinasiatischen Gegner (darum wieder auf Grie= chisch) noch eigens in Schutz genommen. Aber im übrigen geht es immer wieder um Fragen der sittlichen Entscheidung. Jetzt endlich ist es für Tertullian ausgemacht, daß die mehr als einmalige Ehe, der er schon immer widerraten hatte, dem Christen schlechterdings verboten und geradezu der Unzucht gleichzuachten sei. Die neuen montanistischen Fastensitten müssen gehalten werden, weil sie die Freßlust bändigen, die schon im Paradiese zur Ursache des Falls und der Erbsünde geworden ist. Früher hatte Tertullian ein Aus= weichen vor der Verfolgung selbst gebilligt; aber „niemand schämt sich, wenn er weiterkommt" (pudic. 1,12): jetzt gilt solch ein Ver= halten nur noch als feige Verleugnung und Flucht. All diese Forde= rungen werden mit dem aufgeregten Pathos ständiger sittlicher Entrüstung geltend gemacht. Tertullian schreibt, wie er es einmal von Paulus behauptet, „nicht mehr mit Tinte, sondern mit Galle" (pudic. 14,4). Die Folie des neuen, „geistlichen" Ideals bildet eine bis zur Unflätigkeit drastische Karikatur des faulen katholischen Lebens, wo die Liebe nur noch im Kochtopf zu sieden scheint und Glaube und Hoffnung aufs Menu zielen, wo die Drückeberger sich als Märtyrer hätscheln und mästen lassen und Brüder und Schwe= stern nach ihren Liebesmahlen miteinander schlafen gehn. Eines aber ist das Ärgste und das Entscheidende: die katholische Kirche nimmt, indem sie die alte Zucht verläßt, auch die Verwaltung des

Schlüsselamtes nicht mehr ernst. Hiergegen richtet sich die letzte Schrift, die wir aus Tertullians Feder besitzen. Ihr äußerer Anlaß ist eine gewisse Lockerung, die die Bußordnung für die Fleisches= sünden in der katholischen Kirche erfahren hatte. Die Einzelheiten sind umstritten und hängen mit der schwierigen Frage der Bußent= wicklung im ganzen zusammen. Uns geht es hier nur um die grund= sätzliche Einstellung Tertullians, der als Montanist die Vergebungs= möglichkeit für die schwersten Sünden, sofern sie von Christen be= gangen sind, überhaupt bestreitet. An der Frage der konkre= ten Vergebung wird zu allen Zeiten das innerste Verständnis des Christentums und der durch Christus gewirkten „Heiligkeit" un= mittelbar offenbar.

„Was will Gott anderes, als daß wir wandeln nach seiner Zucht?" (orat. 4,2). Um dieses Zieles, der „disciplina" willen, muß die Kirche gegebenenfalls hart sein im Versagen. Denn „wo das Ver= zeihen anfängt, da hört die Furcht auf" (pudic. 16,14), und „wo die Furcht fehlt, bleibt die Besserung aus" (paen. 2,2). Diese Logik erscheint Tertullian zwingend; nur ist sie das Gegenteil des Verfahrens, das Jesus Christus selber an Zöllnern und Sündern ge= übt hatte. Aber waren, replizierte Tertullian, diese Leute etwa schon Christen? hatten sie sich schon wie wir zur Nachfolge verpflichtet und in der Taufe den heiligen Geist als starken Helfer in Empfang genommen? Und wenn man irrtümlich meinen sollte, die Apostel hätten eine Vergebung für die Todsünden gekannt, so ist darauf zu erwidern, daß sie eine andere Vollmacht besaßen als ein be= liebiger heutiger Christ. Will man sich aber dagegen auf die Voll= macht des Geistes berufen, so hat uns eben jener Geist in der neuen Prophetie gelehrt, daß er diese Vollmacht niemals zugunsten der Sünder mißbrauchen wird; denn er ist heilig. Ein Kirchenmann der geist=losen katholischen Kirche, der anders entscheidet, macht sich der Amtsanmaßung schuldig und pfuscht Gott ins Handwerk, der die strengsten Gebote erlassen hat. Diese Ausführungen richten sich ganz besonders gegen einen bestimmten Bischof, den Tertullian um seiner frivolen Nachgiebigkeit und Anmaßung willen als heid= nischen Pfaffen (pontifex maximus), „Bischof der Bischöfe" und wahrhaft gesegneten Vater (papa) verhöhnt. Damit zielt er jedoch nicht, wie man vielfach gemeint hat, auf den fernen „Papst" in Rom, sondern auf den katholischen Bischof seiner eigenen Heimatstadt Karthago. Tertullian beruft sich gegen ihn auf die Freiheit der Ge= meinde — sie und nicht eine Handvoll Bischöfe bilden die Kirche, die im Geiste lebt und im Gehorsam gegen Gottes Wort. Wir stoßen bei Tertullian zum ersten Mal auf eine antiklerikale Polemik, die mit ihrer Berufung auf das allgemeine Priestertum fast „protestan= tischen" Klang hat, aber trotzdem ganz und gar nicht „evangelisch" gedacht ist. Was Tertullian mit seinem Appell an die Laien errei= chen will, ist ja gerade die unverbrüchliche Bindung an das angeb= lich biblische „Gesetz". Gewiß, auch Tertullian kennt Gottes Barm= herzigkeit oder „Güte" neben seiner Gerechtigkeit: sie hat uns ein=

mal, beim Eintritt in die Kirche, dem Machtbereich der Dämonen entrissen und alle früheren Sünden getilgt. Er weiß auch, daß der Christ der täglichen Vergebung für kleinere Verfehlungen um seiner Schwäche willen leider nicht entraten kann. Aber in erster Linie „ruht der ganze Heilsstand doch auf der Festigkeit der Zucht" (paen. 9, 8). Gottes Güte zeigt sich vor allem darin, daß er seinen Willen offenbart, uns durch seinen Geist erweckt und zur eigenen Verantwortung aufgerufen hat. Der Mensch lebt gerade als Christ weniger von Gottes Barmherzigkeit und Vergebung, die ihre Grenzen hat, als von Gottes Gebot und von seinem Gehorsam, der die Zucht annimmt.

Das Lebensende Tertullians verliert sich für uns im Dunkel. Es heißt, er habe noch lange gelebt und sei erst spät, im „hinfälligen Greisenalter" gestorben. Aber hat er darum Ruhe und Ausgleich gefunden? Man kann es sich schwer vorstellen. Der Ungestüm und die Ungeduld des Wollens gehören zu seinem Wesen und sind nicht der vorübergehende Ausdruck einer zähmbaren Leidenschaft. Es scheint, daß Tertullian zuletzt auch mit den Montanisten gebrochen und eine eigene Sekte begründet hat. Augustin ist jedenfalls noch anderthalb Jahrhunderte später in Karthago auf eine eigene Gruppe von „Tertullianisten" gestoßen, die er für die katholische Kirche gewann. Augustins Bemerkungen über den „Ketzer" Tertullian lauten nicht freundlich, und Vinzenz von Lerinum formuliert wenig später (434) das allgemeine Urteil dahin, Tertullian sei für die Kirche eine schwere Anfechtung gewesen und sein späterer Irrtum hätte auch den früheren, anerkannten Schriften das Vertrauen entzogen. Aber Tertullian ist trotzdem der einzige nicht=katholische Theologe geblieben, dessen Hinterlassenschaft im Altertum nicht untergegangen, sondern fast vollständig auf uns gekommen ist. Er hat das wohl verdient. Zwar blieb er ein Abtrünniger; aber die alte lateinische Kirche besitzt trotzdem keinen geschulteren, unermüdlicheren und bei aller Übertreibung redlicheren Kämpfer gegen ihre Feinde als ihn, und auch keinen, der seinem Wesen nach mehr zu ihr gehört hätte als gerade er. „In ihm spricht sich der abendländische Geist zum erstenmal deutlich aus" (Holl). Zwar hat man Tertullian auch den letzten der griechischen Apologeten genannt; aber das gilt nur für den Stoff und manche übernommene Fragestellung seiner dogmatischen und apologetischen Schriftstellerei. In der kraftvoll=nüchternen und praktischen Orientierung seiner Theologie, in der realistischen, juristischen und psychologischen Richtung des Verstandes, in der Wendung zum Sozialen, zur Gemeinde und zur Kirche als fester politischer Körperschaft und in der Betonung des Willens, der Norm und der Zucht erscheint Tertullian durchaus als der erste lateinische Kirchenvater. Er ist es auch in seiner Bejahung der Schriftautorität, in seinem Verständnis für die geistige Eigenart der Schrift und in seiner Liebe zum Apostel Paulus. Tertullian hat — selbstloser und reiner als Gregor VII. — zeitlebens „die Gerechtigkeit geliebt und das gottlose Wesen gehaßt"; aber er ist in dem allen doch mehr ein Christ des Alten als des Neuen Testamentes geblieben; er ist, theologisch geurteilt, beinahe ein Jude.

Die kritische Ausgabe der Werke Tertullians im CSEL ist noch nicht ganz abgeschlossen; die jüngste, vollständige erschien im „Corpus Christianorum" (Turnhout 1954). Dazu treten die zahl= losen Einzelausgaben, von denen J. H. *Waszinks* „De anima" mit seinem ausführlichen Kommentar besonders genannt sei, (Amster= dam 1947) sowie C. *Beckers* lateinisch=deutsche Ausgabe des „Apo= logeticum" (1952). Einen endgültigen Text wird es für Tertullian niemals geben können; seine Schriften sind dafür zu schwierig und auch zu schlecht überliefert. Eine Auswahl in deutscher Übersetzung bringt die BKV (1912/15.) Außerdem ist Aug. *Neanders* exzerpie= rende und interpretierende „Einleitung" in die Schriften des „Anti= gnostikus" (Geist des Tertullianus, 1849²) immer noch hilfreich und lesenswert.

Eine wirkliche Biographie, wie sie früher z. B. von *Noeldechen* (1890) versucht wurde, läßt sich über Tertullian kaum schreiben: wir kennen ihn und seine Geschichte im wesentlichen nur aus seinen Werken, die dazu nicht ausreichen. Neuere Gesamtdarstellungen stammen von P. *Monceaux* (im ersten Bande seiner „Histoire lit= téraire de l'Afrique chrétienne", Paris 1901), Adh. *d'Alès* („La théologie de Tertullien", Paris 1905) u. a.; die glänzendste Charak= teristik von K. *Holl,* Tertullian als Schriftsteller (1897, Ges. Aufs. III 1 ff.). Zu Tertullians Stil ist — neben verschiedenen Spezialarbeiten — vor allem Ed. *Norden,* Die antike Kunstprosa II (1959³) 606 ff. 943 f. zu vergleichen sowie die gründliche Orientierung durch Hugo *Koch* bei Pauly RE V A (1934) 822 ff. Wichtige Teilgebiete behandeln u. a. Jos. *Lortz,* Tertullian als Apologet (1927/28); Andr. *Labhardt,* Ter= tullien et la philosophie, Mus. Helv. 7 (1950) 159 ff.; Heinr. *Karpp,* Schrift und Geist bei Tertullian (1955); über die Bußfrage H. *v. Campenhausen,* Kirchliches Amt und geistliche Vollmacht in den ersten drei Jahrhunderten (1953) 243 ff..

2. Kapitel

CYPRIAN

Durch Tertullian hatte das christliche Afrika eine Stimme ge=
wonnen. Jetzt ist dieses Gebiet zu einem neuen, starken Leben er=
wacht. Die afrikanische Kirche bleibt für das Abendland geistig
Jahrhunderte lang führend; erst bei ihrem Untergang in den Stür=
men der arabischen Eroberung ist sie für immer verstummt. Schon
die nächste, auf Tertullian folgende Generation bringt wieder eine
Persönlichkeit von außerordentlicher Bedeutung hervor, deren Wir=
kung weit über den afrikanischen Raum hinausgeht: Caecilius Cy=
prianus. Cyprian ist Bischof von Karthago und hat den abtrünnigen
Theologen Tertullian niemals namentlich erwähnt; aber die innere
Beziehung zu ihm ist gleichwohl überall in seinen Schriften zu spü=
ren. Sein Schreiber berichtete später, es sei kein Tag vergangen, da
Cyprian nicht nach der Lektüre seines Tertullian verlangt hätte; er
habe ihn dabei kurzweg „den Lehrer" genannt. Der Vergleich zwi=
schen beiden ist in vieler Hinsicht lehrreich. Die Unruhe, der Ra=
dikalismus, der unausgeglichene Nonkonformismus der tertulliani=
schen Schriftstellerei ist bei Cyprian ins Gleichgewicht und unter die
kirchliche Regel gebracht. Seine Gedankenwelt besitzt eine ruhige
Würde, Stetigkeit und Mäßigung, wie sie jener weder besessen noch
erstrebt hatte. Im Blickfeld des führenden Kirchenmannes erschei=
nen die gleichen Fragen in einem anderen Licht als in der leiden=
schaftlichen Parteinahme des einzelgängerischen, unverträglichen
Literaten, der keine Rücksichten kennt. Auch die Verhältnisse haben
sich entwickelt: die Kirche ist in ganz Afrika schnell weiter ge=
wachsen, ihr organisatorischer Ausbau hat sich gefestigt; sie bejaht
überall eine ausgeprägte, die Bischöfe und Gemeinden verbindende
und verpflichtende Tradition. Und dieser Verschiedenheit der Lage
und der persönlichen Stellung entspricht nun auf Seiten Cyprians
auch ein völlig anders gebauter und gerichteter Charakter, der in
seiner Weise nicht weniger bestimmt und entschieden, römisch und
afrikanisch ist.

Wir wissen über Cyprians Entwicklung vor seiner Bischofswahl
leider nichts Zuverlässiges. Aber es ist deutlich, daß er im Gegen=
satz zum genialen Soldatenkinde Tertullian aus Kreisen der Ge=
sellschaft stammt und von vornherein an große Verhältnisse ge=
wöhnt ist. Cyprian besitzt persönliche Beziehungen zu den maß=
gebenden Behörden; wir hören von seinen Gütern und Gärten in
der Umgebung von Karthago, und er selbst beherrscht die Formen
der großen Welt mit ruhiger Selbstverständlichkeit. Ohne Zweifel
hatte er auch eine gute und gründliche Ausbildung genossen. Sein
Stil zeigt — ohne die tertullianische Originalität und Eigenwilligkeit
— Vertrautheit mit allen Erfordernissen der „Schule". Seine Schrif=
ten erinnern wieder besonders an den afrikanischen Landsmann
Apuleius; aber auch die Schriften Senecas und die gängigen Sätze

der stoischen Philosophie sind Cyprian geläufig. Nur unterläßt er es, heidnische Autoren ausdrücklich anzugreifen. „Es ist ein großer Unterschied zwischen Christen und Philosophen" (ep. 16, 55): ein neuer, kirchlicher Stolz läßt es unter der Würde erscheinen, sich in eine direkte Auseinandersetzung einzulassen, in die sich Tertullian mit so viel geistigem Feuer gestürzt hatte; neben den biblischen Zitaten erscheint keine weitere „Literatur". — Hieronymus meint, Cyprian hätte als Lehrer der Rhetorik begonnen. Vielleicht läßt sich noch eher vermuten, daß er die Laufbahn eines höheren Verwaltungsbeamten im Auge hatte. Er zeigt sich mit allen staatsrechtlichen Ordnungen und politischen Vorstellungen wohl vertraut und überträgt sie später wie selbstverständlich in den Bereich seiner kirchlichen Tätigkeit. Mit Cyprian beginnt die Reihe der „kurialen" Bischöfe, die ihren geistlichen Auftrag im magistratischen Stil der Konsuln und Prokonsuln zu erfüllen suchen, mit denen er auch den direkten Vergleich nicht scheut (ep. 37, 2). Das ist, am griechischen Osten gemessen, ein neuartiger, spezifisch abendländischer Typus katholischer Geistlichkeit. Sehr weit kann Cyprian in seiner weltlichen Karriere indessen keinesfalls gelangt sein — seine Bekehrung zum Christentum machte all solchen Bestrebungen ein Ende und lenkte seine Wünsche und Fähigkeiten ganz und gar in die neue, kirchliche Bahn.

Ein Presbyter namens Caecilius (oder Caecilianus) soll Cyprian für die Kirche gewonnen haben; ja es heißt, dieser habe das „cognomentum" Caecilius überhaupt erst um dieser persönlich=geistlichen Beziehung willen angenommen (während die Herkunft seines Beinamens „Thascius" gänzlich ungeklärt bleibt). Trifft das zu, so steht schon die Hinwendung zum Christentum im Zeichen einer engen Verbundenheit mit führenden kirchlichen Kreisen. Bald danach erscheint bereits ein erster literarischer Versuch des neubekehrten Gemeindeglieds, an einen nicht näher bekannten Freund Donatus gerichtet. Hier werden in konventionell=rhetorischer Weise mit viel gekünsteltem Schwulst die Gründe des Übertritts ausgebreitet. Die von Kriegen zerfleischte Welt liegt im Argen; die scheußlichen Gladiatorenkämpfe, das sittenlose Schauspiel und die Ausschweifungen im öffentlichen und privaten Leben zeigen dem, der sehen kann, klar genug, wie es um sie steht. Die Machthaber sind zügellos, auch die Justiz ist korrumpiert, und die gesellschaftlichen und sozialen Ordnungen sind ohne Gehalt und Zucht. Es gibt nur einen Port des Friedens, im Jenseits, und es gibt nur einen Weg, der dorthin führt: die von Gott offenbarte, reine und schlichte Tugend der Christen. Der Getaufte ist allen heidnischen Greueln mit einem Schlage entrissen; er fühlt den Strom der himmlischen Gnadenkräfte über sich ausgegossen und kann, wenn er sie wahren und mehren will, wohlausgerüstet dem jüngsten Tage entgegengehn. Es handelt sich bei diesen Deklamationen, die z. T. an Minucius Felix erinnern, um Gemeinplätze der Apologetik, nur gleichsam ins Individuell=Biographische umgewendet. Über Cyprians innere Er=

lebnisse und Vorsätze läßt sich daraus kaum Bestimmtes entnehmen. Aber es ist doch auffallend, wie stark die politisch-moralische Betrachtung im Vordergrund steht; im engeren Sinne theologische Fragen werden nicht aufs Tapet gebracht.

Bezeichnender in theologischer Hinsicht ist eine weitere Arbeit, die bald darauf entstanden sein wird, die zwei ersten Bücher „an Quirinus", die später so genannten „Beweisstellen" (testimonia). Es handelt sich um eine biblische Spruchsammlung oder „Blütenlese", unter kurze Satz-Überschriften thematisch gruppiert für den praktischen Gebrauch. Man sieht, daß für Cyprian die Theologie im Grunde in der Schriftauslegung besteht. Dabei gibt es für ihn keine besonderen Probleme und Schwierigkeiten. Später hat er das letzte Blatt eines Traktats einmal einfach mit Bibelsprüchen ergänzend aufgefüllt. Es genügt, wenn Gottes Wort nur stets gehört, gelernt und gewußt wird. Dabei fühlt sich Cyprian schon in der Rolle des überlegenen, schriftkundigen Lehrers, der diese Arbeit ausgesprochenermaßen nicht nur für sich, sondern für andere zu leisten sucht. Das erste Buch sammelt Material für die immer aktuelle Auseinandersetzung mit den Juden, das zweite stellt die christologisch wichtigen Texte zusammen. Offenbar kamen solche „Eselsbrücken" einem weit verbreiteten Bedürfnis entgegen. Später hat Cyprian seinem Kompendium noch einen dritten Teil hinzugefügt, der die praktische Sittenlehre der Kirche betrifft, und nach dem Ausbruch der Verfolgungen hat er ein weiteres biblisches Hilfsbuch geliefert, das die Sprüche über die Nichtigkeit des Götzendienstes, die Pflicht des Bekennens und die Verheißungen für die Märtyrer in ähnlicher Weise zusammenfaßt. Aus nachcyprianischer Zeit sind noch mehrere Zitatenbücher dieser Art überliefert. Die damalige juristische Literatur scheint ähnliches zu kennen. Die Anfänge der kirchlichen Spruchsammlungen dürften bis in das zweite Jahrhundert zurückreichen; sie führen die Tradition der ältesten christlichen Polemik gegen das gelehrte rabbinische Judentum fort. Aber durch Cyprian hat das alte Genus jetzt eine wesentliche Erweiterung erfahren und wird so zum ersten Mal in die christliche Öffentlichkeit eingeführt.

Obgleich Cyprian, wie er in seinem ersten Vorwort sagt, lediglich andern die Predigtarbeit und -vorbereitung erleichtern will, war er damals doch gewiß schon zum Presbyter, vielleicht sogar zum Bischof geweiht. Es heißt, er wäre bei seiner Erhebung noch beinahe ein Neuling in der Kirche gewesen; und wenn dies auch übertrieben sein mag, so bleibt sein schnelles Aufrücken bis zum Bischof der ersten und größten afrikanischen Gemeinde doch in höchstem Maße ungewöhnlich und überraschend. Hatte Cyprian bei seiner Stellung und geistigen Überlegenheit von Anfang an mit etwas Derartigem gerechnet und womöglich selbst darauf hingearbeitet? Wir wissen es nicht; aber fest steht, daß seine Wahl im Kreise der älteren, durch ihn übergangenen Glieder des karthagischen Klerus Mißstimmung hervorrief. Und unglücklicherweise war dem jungen

Kirchenmanne wenig Zeit gegönnt, um sich in Ruhe durchsetzen und bewähren zu können. Kaum ein Jahr lang war er im Amt, als die erste umfassend geplante Christenverfolgung begann und die gesamte kirchliche Ordnung aufs schwerste durcheinanderbrachte. Cyprians Autorität mußte ihre Feuerprobe bestehen, noch ehe sie wirklich gegründet war.

Die vom neuen Kaiser Decius 249 ins Werk gesetzte Verfolgung gab sich nach außen hin zunächst nur als eine allgemeine Bittlei=stung und Opferfeier zum Besten von Kaiser und Reich, an der sich jeder Untertan zu beteiligen hatte. Wer sich entzog, sollte durch gewaltsame Maßnahmen, Degradierungen, Konfiskationen und Fol=tern unter allen Umständen dazu gezwungen werden. Für das ge=leistete Opfer wurden entsprechende Bescheinigungen ausgestellt. Offenbar hatte diese Verfügung von Anfang an die Christen im Auge. Decius hoffte, sie so zum Abfall und die Kirche zur Auflösung zu bringen. Zwei Gründe vor allem haben den Erfolg verhindert. Einerseits hatte das militärisch=bürokratische „Erfassungs"=System unvermeidlicherweise seine Lücken, und da die Verfolgung schon nach einem Jahr durch den Tod des Kaisers zum Erliegen kam, ge=lang es nicht, die Gemeinden völlig zu zersprengen. Andererseits zeigte die Kirche im kritischen Augenblick eine elastische Anpas=sungsfähigkeit an die neue Lage, mit der man gleichfalls nicht ge=rechnet hatte. Der ganze Plan ruhte auf der Voraussetzung, daß ein Christ, einmal zum Abfall gebracht, der Kirche unwiederbringlich verloren wäre; in Wirklichkeit strebten die zum Opfer Gezwunge=nen jedoch augenblicklich in ihre alten Gemeinden zurück, und hier fand man alsbald auch Mittel und Wege, um sie sich — erst als Büßer, dann sogar als vollberechtigte Gemeindeglieder — von neuem einzugliedern. Im Rückblick erscheint die Entwicklung verhältnis=mäßig einfach und beinahe notwendig; erst wenn man Cyprians Briefe aus dieser Zeit liest, begreift man alle konkreten Schwierig=keiten, die menschlichen Klemmen und Verlegenheiten und die scheinbar ausweglose Dunkelheit der Situation, welche die Mitle=benden zu bestehen hatten. In diesen Krisen und Kämpfen ist auch der junge Bischof und Rhetoriker endgültig zum Manne gereift und zum überlegenen, allen Nöten und Sorgen begegnenden Führer der Kirche geworden.

Wie überall war auch in Karthago nach dem plötzlichen Einsetzen der Verfolgung der Abfall erschreckend groß gewesen. „Gleich bei den ersten Worten des drohenden Feindes verriet ein großer Teil der Brüder seinen Glauben; sie wurden nicht durch den wilden Zu=griff der Verfolgung geworfen, sondern warfen sich selbst freiwillig zu Boden" (laps. 7). Andere wanderten sogleich ins Gefängnis; wie=der andere suchten, in entfernte Orte zu entweichen. Die noch in Freiheit befindlichen Presbyter hatten alle Hände voll zu tun, um ihre erschreckten Schäfchen zusammenzuhalten, zu beruhigen und nach Möglichkeit zu schützen. Cyprian befand sich nicht mehr in ihrer Mitte. Er hatte von den drohenden Ereignissen offenbar recht=

zeitig Kenntnis erhalten und sich mit ein paar ausgewählten Beglei=
tern aufs Land zurückgezogen. Von hier aus suchte er die Fäden in
der Hand zu behalten. Während das Volk mit Geschrei „Cyprian
vor den Löwen" forderte, mußten sich die Behörden mit einer wir=
kungslosen Proskription seiner Person begnügen und leiteten durch
öffentlichen Aufruf eine Beschlagnahme seiner Güter in die Wege.
Er selbst war in Sicherheit. Dieser Entschluß, dem Unwetter vor=
her auszuweichen, war folgenschwer — die meisten Schwierigkeiten
in Cyprians weiterer Amtszeit stehen irgendwie damit in Zusam=
menhang. Wie ist der Schritt zu beurteilen?

Zweifellos war Cyprian vor anderen bedroht. Überall suchten
die Behörden zuerst und vor allem der Bischöfe habhaft zu werden
und sie zum Abfall zu bringen; die Gemeinden sollten der Führung
beraubt werden. Auf diese Weise waren in Rom, in Antiochien, Je=
rusalem und Caesarea die Bischöfe gleich zu Beginn der Verfolgung
Märtyrer geworden; nur in Alexandrien hatte Bischof Dionysios
noch nach der Verhaftung wie durch ein Wunder entkommen kön=
nen. Wäre Cyprian in Karthago geblieben, so hätte ihn ohne Zwei=
fel das gleiche Schicksal ereilt. Aber wäre es nicht trotzdem seine
Pflicht gewesen, das Martyrium dann eben auf sich zu nehmen? Die
Flucht in der Verfolgungszeit galt zwar grundsätzlich als erlaubt;
der entgegengesetzte, strengere Standpunkt Tertullians und der
Montanisten hatte sich nicht durchgesetzt. Aber durfte ein Hirte und
Seelsorger der Gemeinde seine Herde darum im Stich lassen?
Mußte er nicht gerade in der Notzeit bei ihr ausharren und, wenn
er ihr sonst nicht mehr nützen konnte, noch durch sein Sterben ein
Vorbild des Bekennermuts und der Treue zurücklassen? Dies war
offenbar nicht nur die Meinung einiger Heißsporne und persönlicher
Gegner Cyprians. Auch dem Schreiben, das das römische Diakonen=
kollegium nach dem Heimgang seines eigenen Bischofs damals nach
Karthago richtete, merkt man die Verlegenheit an. Cyprian wird in
der Adresse nicht genannt. Der Brief begnügt sich einleitend mit der
Bemerkung, „Papst" Cyprian möge für sein Verhalten als Standes=
person seine Gründe gehabt haben; die römischen Kleriker wüßten
sich jedenfalls nach dem Wort und Gebote Jesu zu unbedingtem Aus=
harren verpflichtet (ep. 8,1). Man möchte das Urteil über den frem=
den Bischof also in der Schwebe lassen; aber es ist doch spürbar, daß
man Bedenken hat und der Lauterkeit seiner Motive mißtraut.
Cyprians Reaktion ist nicht minder deutlich. Er bestätigt den Ein=
gang des Schreibens und gratuliert den Römern „mit Frohlocken"
zu der glanz= und ruhmvollen „Vollendung" ihres Bischofs, der ja
von jeher untadelig gelebt und regiert habe. Dann aber merkt er an,
daß das römische Schreiben auf ihn nach Form und Inhalt einen so
seltsamen Eindruck gemacht habe, daß er an seiner Echtheit zwei=
feln und es den Absendern zur Prüfung zurückschicken müsse (ep.
9,2). Erst später folgt ein weiterer Brief, in dem er des näheren aus=
einandersetzt, warum er es für richtig gehalten habe, sich nicht um
seinetwillen, sondern um der öffentlichen Beruhigung willen im

Interesse der Gemeinde zu entfernen. Die Römer seien (durch einen karthagischen Subdiakon!) offenbar „nicht ganz treu und korrekt" unterrichtet worden (ep. 20,1). Cyprian duldet nicht, daß seine Autorität auch nur von ferne in Zweifel gezogen wird — schon die ausdrückliche Verteidigung wäre ein Zeichen der Unsicherheit gewesen — und wahrt mit Bestimmtheit sein volles Recht. Diesem zweiten Brief liegt ein Bündel von dreizehn Briefen seiner Korrespondenz mit Karthago als Dokumentation bei. Es beweist, daß Cyprian durch seine Flucht sich nicht selbst das Leben retten wollte, sondern gerade so instand gesetzt war, „nur leiblich, aber nicht im Geiste abwesend", seine Amtspflichten zu erfüllen.

Auf den festen Zusammenhalt mit der fernen Gemeinde kam nun in der Tat alles an. Wir verfolgen, wie die Boten zwischen Karthago und Cyprians Versteck ständig hin und her gehen. Die Briefe, die sie mitnehmen, beschränken sich von Cyprians Seite nicht auf fromme Ermahnungen und das reichlich strömende Lob für die standhaften Bekenner; es gilt, auch praktische Entscheidungen zu fällen und dringend notwendige Maßnahmen zu veranlassen. Schon vor seiner Abreise hatte Cyprian aus seinem Privatvermögen Geldmittel bereitgestellt; jetzt schickt er von dem „wenigen", was er verfügbar hat, neue, erhebliche Summen, aus denen die treugebliebenen Gemeindearmen — und diese allein — unterstützt werden sollen. Sie dürfen nicht in Not geraten, damit das, was der unmittelbare Sturm der Verfolgung nicht erreichen konnte, zuletzt nicht der Hunger womöglich doch noch zu Wege bringe. Die Brüder in den Gefängnissen müssen von den Diakonen regelmäßig besucht werden — aber vorsichtig, in umschichtigem Wechsel, damit es niemandem auffällt. Die Freigekommenen brauchen Kleidung, Nahrung und Arbeit. Die Leiber der Märtyrer sollen geborgen und die Daten für die künftige, liturgische Feier ihres Gedächtnisses vollständig gesammelt werden. — Es scheint, daß sich der kirchliche Apparat zunächst durchaus bewährte und den mancherlei Aufgaben gewachsen blieb. Die eigentlichen Schwierigkeiten begannen bei der Frage, wie man sich zu denjenigen Gemeindegliedern stellen sollte, die dem Terror und der Angst erlegen waren und das staatliche Gebot in der einen oder anderen Form erfüllt hatten. Die frühere Praxis der Kirche war in dieser Hinsicht meist sehr streng verfahren. Aber ließ sich der vereinzelte leichtfertige oder schwächliche Abfall von ehedem mit den Anfechtungen überhaupt noch vergleichen, die jetzt ein raffiniertes staatliches Vorgehen über alle Christen gebracht hatte? Wie stets stumpfte die Allgemeinheit der Verfehlung auch das Gefühl für ihre Verwerflichkeit ab, und die unglücklichen Verräter selbst verlangten überall mit Ungestüm nach Vergebung und Wiederaufnahme in die Gemeinde. Die maßgebenden Männer des Klerus zeigten sich unsicher, und die Lage verwirrte sich noch mehr durch die Rolle, die die standhaften Bekenner alsbald zu spielen begannen. Sie galten ja allgemein als Heilige, die der Heilige Geist selbst zu ihrem ruhmvollen Widerstande befähigt hatte. So wurden auch ihre

Entscheidungen als wunderbare Zeugnisse des inspirierenden Got=
tesgeistes begrüßt, und bei ihnen zuerst fanden die Hilfe suchenden
Büßer ein offenes Ohr. Wie nicht anders zu erwarten, ging es dabei
vielfach auch recht menschlich zu. Die neuen Heiligen, unter denen
sich auch zweifelhafte Gestalten befanden, waren viel zu gerne be=
reit, die ihnen angetragene Rolle unfehlbarer Richter anzunehmen
und sich durch eine billige Milde ohne weitere Prüfung beliebt zu
machen. Echte, evangelische Vergebungsbereitschaft verband sich
mit naivem, wichtigtuerischem Geltungsdrang, frommer Ahnungs=
losigkeit und z. T. noch schlimmeren Dingen. Man holte sich die
„Friedensbriefe" zur kirchlichen Wiederaufnahme in den Gefäng=
nissen bei seinen Freunden und Verwandten, sogar in fremden
Gemeinden; man berief sich auf die mündliche Absolution eines
schon „vollendeten" Märtyrers und wies pauschale Erklärungen vor,
die einzelnen Sündern gleich für ihren ganzen Anhang mit zur Ver=
fügung gestellt waren. Jede Übersicht und Kontrolle ging verloren,
die Verhältnisse drohten unhaltbar zu werden.

Cyprian war sich des Ernstes der Lage durchaus bewußt. Er be=
griff, daß ein gewisses Entgegenkommen unvermeidlich sein würde.
Aber so, wie die Dinge im Augenblick lagen, erschien es ihm un=
möglich, sich endgültig festzulegen. So suchte er die Entscheidung
der Bußfrage bis auf spätere Zeit, nach Schluß der Verfolgung, hin=
auszuschieben. Er verfügte, daß man die Abtrünnigen nicht aus den
Augen verlieren, aber einstweilen als Büßer behandeln und keines=
falls wiederaufnehmen sollte. Ähnliche Regelungen waren auch in
Rom getroffen worden, mit dessen Klerus Cyprian nun wieder im
besten Verhältnis stand; und um sich der dortigen Ordnung anzu=
passen, gestattete er als äußerstes Entgegenkommen die ersehnte
kirchliche Wiederaufnahme reuiger Büßer auf dem Totenbett. Die
heiligen Bekenner suchte Cyprian über dem allen nach Möglichkeit
zu schonen; er bat sie nur, etwas mehr Überlegung und Vorsicht
walten zu lassen, und verstand ihre Entscheidungen grundsätzlich
nicht mehr als Zulassungen, sondern nur noch als fromme Empfeh=
lungen für eine künftige Zulassung, die der verantwortlichen kirch=
lichen Leitung, d. h. dem Bischof, überlassen blieb. Aber es war
natürlich mißlich, solche Entscheidungen aus der Ferne und lediglich
brieflich treffen zu müssen. Je länger die Verfolgung anhielt, um
so schwieriger mußte es für Cyprian werden, die Zügel der Leitung
festzuhalten. Vielleicht wäre es ihm trotzdem gelungen, seine Richt=
linien durchzusetzen, hätte er sich ganz auf die Loyalität seines Kle=
rus verlassen können. Aber in diesem gespannten Augenblick er=
wachten auch die alten Verärgerungen und Rivalitäten zu neuem
Leben. Ein Teil der Kleriker versagte ihm die Gefolgschaft und
machte mit den Bekennern gemeinsame Sache. Die Gefallenen selbst
erlaubten sich, Cyprian namens der Kirche einen Brief mit ihren
Forderungen zu übersenden, den er sofort mit Schärfe zurückwies:
die Bischöfe und sie allein seien nach den Worten des Herrn dazu
berufen, im Namen der Kirche zu handeln. Sie und mit ihnen der

Klerus und die noch aufrecht stehenden Christen machten die Kirche aus. Er wundere sich über die anmaßende Frechheit solcher Leute, für die ein demütiges, stilles und beschämtes Verhalten allein passend gewesen wäre (ep. 26,1). Die Lage spitzte sich zu. Cyprian konnte die gegen seine ausdrückliche Weisung vollzogenen Aufnahmen nicht anerkennen, ohne sich selbst aufzugeben. Aber sein Versuch, zwei befreundete Bischöfe nach Karthago zu entsenden, die dort beruhigend eingreifen und insbesondere die Verteilung der Unterstützungen in seinem Sinne vornehmen sollten, bewirkte das Gegenteil. Ein gewisser Felicissimus, der gegen Cyprians Willen zum Diakon befördert war und die Gemeindekasse übernommen hatte, wagte es, in aller Offenheit gegen ihn Stellung zu nehmen, und als ihn Cyprian daraufhin exkommunizieren ließ, traten mit der Zeit noch fünf Presbyter auf die feindliche Seite. Nun mußte Cyprian seinerseits Neuernennungen vornehmen und die Gemeinde zur Gehorsamsverweigerung gegen ihre eigenen aufsässigen Seelsorger aufrufen. Er weist unter diesen Umständen immer wieder auf das Bischofsamt als das eine, entscheidende, die Kirche tragende Amt. Wer den heiligen Altar des Bischofs verläßt und zur ruchlosen Partei des Felicissimus hinüberwechselt, ist verloren und wird dem Volke Christi nie wieder beitreten können. Doch das Auseinanderbrechen der Gemeinde ist nicht mehr zu verhindern; die abtrünnige Gruppe behauptete sich, und schließlich kam es sogar zur förmlichen Wahl eines Gegenbischofs. Aber dies geschah schon als ein letzter, verzweifelter Schritt nach dem Ende der Verfolgungszeit, als Cyprian nach fünfvierteljähriger Abwesenheit wieder zurückgekehrt war und Sammlung und Aufbau der Gemeinde von neuem beginnen konnten.

Entscheidend für seinen Sieg wurde eine Bischofssynode, die er wohl noch im Frühjahr 251 um sich versammeln konnte. Sie gab Cyprian nicht nur persönlich recht, sondern stellte auch die Grundsätze in der Gefallenenfrage in einer Weise fest, die sein bisheriges Verhalten bestätigte. Gegen die offene Opposition von „links", die allen Gefallenen Aufnahme gewährt hatte, und gegen die Bedenken von „rechts", die ursprünglich auch Cyprian geteilt hatte, einigte man sich auf einer mittleren Linie. Man suchte die Bußstrafen nach der Schwere des Abfalls zu staffeln. Diejenigen Christen, die nicht wirklich geopfert, sondern sich durch Bestechung nur die entsprechenden Bescheinigungen zugelegt hatten, galten durch die bisher geleistete Buße als hinlänglich gereinigt und wurden wieder angenommen. Wer das Dämonenopfer dagegen tatsächlich vollzogen hatte, sollte in der Buße verharren; die Friedensbriefe der Märtyrer wurden nicht weiter beachtet. Aber auch diesen Büßern sollte bei Lebensgefahr die Vergebung gewährt und im Falle einer Genesung nicht wieder entzogen werden. Die dogmatische Seite dieser Entscheidungen blieb im wesentlichen ungeklärt. Die Bischöfe wünschten offenbar eine gewisse Bewegungsfreiheit zu behalten, und als zwei Jahre später eine neue Verfolgung heraufzog, entschloß man sich kurzerhand, alle Büßer, die sich bewährt hatten, in die Gemeinschaft aufzunehmen. So konnte man der drohenden Gefahr in geschlossener Front begegnen. Cyprian betonte besonders, daß die Büßer der heiligen Speise und des in der Kirche lebenden Geistes nicht länger beraubt bleiben dürften, wenn sie die neuen Anfechtungen bestehen sollten. Zur weiteren Sicherung bezog er sich bei solchen Entscheidungen, wie auch sonst gerne, auf ihm zuteil gewordene himmlische Zeichen oder Erleuchtungen.

Den grundsätzlichen Ertrag dieser stürmischen Zeit hatte Cyprian schon früher in zwei wichtigen Schriften zusammengefaßt: „Über die Gefallenen" und „Die Einheit der Kirche". Dies Büchlein war vielleicht noch im Versteck begonnen worden; die Gefallenen-Schrift muß unmittelbar nach seiner Rückkehr in Karthago entstanden sein. Sie gibt die zusammenfassende Begründung für Cyprians wiederholt vertretenen Standpunkt in dieser Frage, und jetzt noch etwas deutlicher und entschiedener als zuvor. Cyprian gehört nicht zu den weichherzigen Naturen, die sich darauf einlassen, eine mühsam behauptete Stellung aus Nachsicht oder Ungewißheit dann wieder zu verlassen oder zurückzustecken, wenn der Sieg und Erfolg beginnt. Aber es sollte ein sachlicher Sieg sein, kein persönlicher Triumph seiner Person. Ein treuer Seelsorger „weint mit den Weinenden" und fühlt sich durch die Niederlage der eigenen Gemeinde selbst mit getroffen und gebeugt. „Ich leide, meine Brüder, ich leide mit euch und vermag es für meine Schmerzen nicht als lindernden Trost zu nehmen, daß ich fehlerfrei und persönlich unverletzt geblieben bin" (laps. 4). Der Ruhm der standhaften Gemeindeglieder bleibt unverkürzt, und Cyprian versäumt es nicht, allen Bekennern und „aufrechten" Brüdern noch einmal Bewunderung und Lob zu zollen; aber die Haltung weiter Kreise hat bitter enttäuscht. Das schlimmste ist jedoch, daß einige ihre Schuld noch immer nicht wirklich erkannt haben, ja daß es Verführer gibt, die sie darin noch bestärken und sie mit unwahren Schmeicheleien und Beteuerungen um ihr wahres Heil betrügen. Nur die sofortige Buße und Umkehr kann sie noch retten. Die widerspenstigen Presbyter und Bekenner „sind für die Gefallenen das, was der Hagel für die Frucht, das Unwetter für die Bäume, für die Herden die verheerende Pestilenz und für die Schiffe das wilde Unwetter bedeutet" (laps. 16). Nur beim Bischof ist Rettung und nicht bei den Unberufenen, die sich leichtfertig anmaßen, Sünden zu vergeben, die Gott sich vorbehalten hat. Selbst kleine Kinder, die ihren Bischof zu hintergehen suchten und unversühnt zum Abendmahl kamen, sind von Gott furchtbar gestraft worden. Andere hielten, als sie die heilige Speise empfangen wollten, anstatt dessen nur Asche in der Hand (laps. 26). Cyprian wendet alle Mittel an, um die Gefahr für die Verstockten so schwarz wie möglich zu schildern und mit dem Ruf zur geistlichen Verantwortung und Unterwerfung Gehör und Gehorsam zu finden. Weithin hat er sich damit durchgesetzt.

Geschichtlich noch bedeutsamer ist die Schrift über die Einheit

der Kirche, in der Cyprian die Auseinandersetzung mit den Schis=
matikern zu Ende führt. Hier bedarf es für ihn keiner taktischen
Rücksichten, hier gibt es auch keine Zweifel und Unklarheiten: die
Sicherheit der amtlichen Kirche ist für Cyprian die Sicherheit des
Heils und des christlichen Glaubens selbst, für den er leidet, lebt
und kämpft. Die Kirche ist die Braut Christi, die „Mutter Kirche"
für alle Gläubigen; „niemand kann Gott zum Vater haben, der die
Kirche nicht zur Mutter hat" (un. 6). Außerhalb ihrer gibt es kein
Heil. Es gibt aber nur die eine Kirche, die Christus gegründet und
den Aposteln zur Leitung übertragen hat. Sie bleibt auch eine, nach=
dem sie sich durch alle Welt verbreitet hat — „so wie die Sonne
viele Strahlen hat und dennoch ein Licht ist, wie am Baume viele
Zweige wachsen und doch ein Stamm bleibt, der mit fester Wurzel
den Halt gibt, so wie einem Quell unzählige Bäche entströmen"
(un. 5). Das sind Bilder, die Tertullian gebraucht hatte, um das Ge=
heimnis des dreieinigen Gottes verständlich zu machen; sie werden
nun auf die in ihrer Vielfalt ewig eine Kirche übertragen, um die
Unmöglichkeit einer schismatischen „Kirche" von hier aus zu erwei=
sen: man kann keinen Strahl vom Lichte, keinen Zweig vom Baume,
kein Bächlein von der Quelle abtrennen, ohne daß sie verschwinden,
verdorren, versiegen. Diese Einheit der Kirche besteht aber durch das
Bischofsamt. Die Kirche ist im Bischof, wie der Bischof in der Kirche
ist (ep. 66,8). Weh denen, die das nicht erkennen wollen! Sie sind
zur Rotte Korah geworden und zerreißen den ungenähten Rock des
Herrn. Der Satan ist der Erfinder der Schismen, und die Schismati=
ker stehen in seiner Gewalt. Cyprian zögert nicht, jeden, der die
„katholische" Gemeinschaft verläßt, sofort auch als ein moralisch
verkommenes Individuum zu brandmarken, das unzählige Sünden
auf seinem Kerbholz habe; ein Christ kann sich nur mit Abscheu von
ihm abwenden.

Die tragende Einheit des Bischofsamts ist für Cyprian keine blo=
ße Vorstellung oder religiöse Idee. In der verwirrten Lage, die jetzt
nach Verfolgung und Abfall überall in den Gemeinden herrschte,
kam es wirklich darauf an, daß wenigstens die Bischöfe zusammen=
standen, untereinander einig blieben und die gleichen praktischen
Grundsätze befolgten. Cyprian versammelt seine Amtsbrüder auf
verschiedenen Konzilien, er schickt ihnen seine Boten, Briefe und
Rundschreiben. Er sorgt für Austausch, gemeinsame Stellungnah=
men und wechselseitiges Vertrauen. Nicht nur die afrikanischen Kol=
legen scharen sich um ihn und decken sich so gegenseitig in ihren
Entschlüssen. Cyprian korrespondiert im gleichen Sinne auch mit
dem neugewählten Bischof von Rom, Cornelius, der sich gegen eine
rigoristische Opposition (von „rechts") zu behaupten hatte, die
von einem bedeutenden Theologen, dem ehemaligen Presbyter No=
vatian, geführt wurde. Namens des priesterlichen Kollegiums hatte
Novatian vordem selbst Briefe an Cyprian gerichtet und zustim=
mende Antwortbriefe erhalten. Jetzt aber hat sich die Situation ge=
wandelt: Cyprian hält zu demjenigen Bischof, für den sich die Mehr=

heit entschieden hat, und sucht ihn nach allen Seiten als den einzig würdigen, allein in Betracht kommenden Inhaber des „Stuhles Petri" zu empfehlen. So wird die Einheit der katholischen Kirche zu einer greifbaren, festen, rechtlichen und kirchenpolitischen Wirklichkeit, die die Ordnung der westlichen Kirche bis nach Spanien und Gallien hin bestimmt.

Cyprians Willenskraft und -vermögen erschöpfen sich indessen nicht in den Sorgen seiner kirchlichen Regententätigkeit. In diesen Jahren wendet er sich mit verstärktem Erfolg auch der literarischen Arbeit wieder zu. Er wird zu einem fruchtbaren Erbauungsschriftsteller, zum Muster eines bischöflichen Lehrers und Predigers. Die Themen und auch die Gedanken seiner Schriften stammen vielfach von Tertullian. Aber der ungeduldige, feurige Schwung, der sittliche Radikalismus und Enthusiasmus des „Meisters" ist verflogen, und systematische oder dogmatische Probleme von Bedeutung tauchen nicht mehr auf. Geblieben ist ein handfester Rationalismus und Moralismus, eine praktische Vernünftigkeit des Argumentierens, die einfach, verständlich und volkstümlich wirkt. Vorherrschend ist dabei der Ton lehrhafter Überredung, beweglicher Ermahnung und ein lebendiger Ernst, voll Nachdruck und Würde. Cyprians Rede ist niemals schroff oder spitz, sondern feierlich und getragen; sie fließt nach den Worten eines Späteren lieblichem Öle vergleichbar stets angenehm dahin (Cassiodor). Sie liebt es, dieselbe Sache mit gleichbedeutenden Worten zwei- und dreimal zu umschreiben, und bestimmte Wendungen, Bilder und Gedanken wiederholen sich leicht. Kurz, Cyprian spricht die Sprache des erfahrenen Gemeindepredigers, der er ist. Das rhetorische Pathos klingt jetzt nicht mehr gemacht und hohl. Es hat sich im praktischen Gebrauch des kirchlichen Alltags gefestigt und mit der klaren Ausdrucksweise des geschulten Beamten und mit der kräftigen Anschaulichkeit der afrikanischen Bibel zu einem neuen Stil der lateinischen geistlichen Rede verbunden, deren festen Schritt und Klang wir von nun an durch die Jahrhunderte hindurch immer wieder vernehmen werden.

Neben den konkreten kirchlichen Forderungen und Entscheidungen, die dem „Kirchenvolk" zu erläutern sind, behandelt Cyprian in seinen Hirtenschreiben und Traktaten mit Vorliebe praktische Lebensfragen der geistlichen Bildung und einzelne „Tugenden". Die Bibel dient ihm dabei immer als unerschöpflicher Beispielschatz. Die Fragestellung ist einfach und schlicht, ohne jede Individualisierung und Verfeinerung. Dem asketischen Bemühen der gottgeweihten Jungfrauen in der Gemeinde, dem Preis der Enthaltsamkeit überhaupt und dem ruhmvollen Vorbild der heiligen Märtyrer gilt Cyprians besondere Verehrung. Friedfertigkeit, Demut und Bescheidenheit sind hoch geschätzte Tugenden; denn sie erhalten den Frieden in der Gemeinde. Auch die „Liebe" gewinnt von hier aus den Charakter einer sozialen und kirchlichen Haupttugend, die durch den Hochmut, die Streitsucht und Unbotmäßigkeit der Schismatiker am schlimmsten verletzt wird. Der Nutzen guter Werke wird über=

all mit verblüffender Unbefangenheit herausgestrichen. Gott hat den Menschen „seiner Freiheit überlassen und auf seinen eigenen Willen gestellt; er soll sich selbst um seinen Tod oder um sein Heil bemühen" (ep. 59,7). Dazu ist es notwendig, daß man unter Fasten und Beten „gerechte Werke" zustande bringt, die von den Strafen der Hölle erretten. Besonders die Almosen ersticken die Flammen der Christensünden, so wie die Taufe die früheren Verbrechen des heidnischen Lebens abgewaschen hat. Solche Mahnungen werden gehört. Als Cyprian von Bischöfen aus Numidien, das durch feind= liche Einfälle verwüstet war, um Hilfe für ihre Gemeinden gebeten wurde, veranstaltete er eine Kollekte, als deren Ergebnis hundert= tausend Sesterzien zum Loskauf von Gefangenen übersandt werden konnten. In den Zeiten des Hungers und der großen Pest bewährte sich die Opferwilligkeit der Gemeinde in ebenso glänzender Weise. Das „praktische Christentum" ist in der Kirche Cyprians gewiß keine Redensart.

In diesen Notzeiten hat Cyprian auch apologetische Schriften ver= faßt. Die alten Anklagen gegen die Christen erwachten zu neuem Leben; und schwächere Christen bedurften dawider der Stärkung, Belehrung und Ermunterung. „Wir müssen es, geliebte Brüder, wohl erwägen und immer wieder bedenken, daß wir dieser Welt doch schon abgesagt haben und nur noch ein wenig wie Gäste und Fremdlinge hienieden zu leben haben. Laßt uns mit Freuden den Tag begrüßen, der einen jeglichen in seine Heimat weist und dieser Umgebung entführt, von den Stricken der Welt löst und dem Para= dies und dem Gottesreich wiedergibt ... Unser Vaterland erblik= ken wir ja im Paradies, wir haben doch jetzt schon die Patriarchen ein wenig zu unsern Vätern. Warum eilen und laufen wir also nicht dahin, wo wir unser Vaterland schauen und unsere Väter begrüßen können?" (mort. 26). Dieser politisch=eschatologische Sehnsuchts= klang ist echt cyprianisch. Die alte, urchristliche Erwartung des kommenden Gottesreichs verbindet sich mit dem Bewußtsein, einer verlorenen und vergreisten Welt gegenüberzustehen, der nicht mehr zu helfen ist. Auch die Natur ist alt geworden, Regen und Sonnen= schein bleiben aus; die Erde hat sich erschöpft, die Menschen sind weniger geworden und sterben eher, Handel und Wandel stockt, und Staat und Gesellschaft, Künste und Wissenschaften befinden sich in Verfall (Demetr. 3 f.). Das alles sind die Zeichen des göttlichen Zor= nes über die Gottlosen, an dem die Christen, die man verdächtigt, am wenigsten Schuld tragen. Für sie muß auch die Notzeit als Zeit der Bewährung willkommen sein.

Cyprians kirchliche Stellung hat sich während dieser schweren Jahre weiter gefestigt. Er ist eine Autorität geworden, weit über die Grenzen der afrikanischen Kirche hinaus. Überall im lateinischen Westen werden seine Briefe und Schriften gelesen; von fern her wendet man sich an ihn um Auskunft und Rat. Die Antworten, die er gibt, sind immer in kollegialem, höflich=bestimmtem Tone ge= halten; aber man merkt es ihnen an, daß Cyprian jetzt gewohnt ist, auch mit einer Befolgung seiner Richtlinien zu rechnen. Es kann nicht ausbleiben, daß in einer solchen Korrespondenz die Verschie= denheit der kirchlichen Grundsätze zwischen den Provinzen zur Sprache kommt. Cyprian vermeidet es, in solchen Fällen Unmög= liches zu verlangen. Er vertraut auf den „Kitt der Eintracht", der die Bischöfe in der gesamten „Catholica" trotzdem verbindet und gegen die äußeren und inneren Feinde der Kirche zusammenstehen läßt. Wir haben damit den Hintergrund zu dem schweren kirchlichen Konflikt, der jetzt noch einmal ausbrechen und Cyprians letzte Le= bensjahre verbittern sollte. Sein Gegenspieler dabei war der einzige Bischof des Abendlandes, der es auf Grund der traditionellen Be= deutung und Macht seines Stuhles immer noch wagen konnte, dem „Papst" von Karthago die Spitze zu bieten: es war der neu gewählte Papst Stephan I. von Rom.

Bis dahin hatte die kirchliche Führung in Karthago und in Rom, wie wir gesehn haben, gut zusammengearbeitet. Cyprian konnte sich bei seiner Regelung der Bußfragen auf das entsprechende rö= mische Vorgehen berufen; Cornelius hatte darüber hinaus in seiner angefochtenen Stellung Cyprian auch persönlich viel zu danken und scheint die geistige Überlegenheit seines dienstälteren Kollegen ohne weiteres anerkannt zu haben. Aber Stephanus, der jetzt das Steuer seiner Kirche ergriff, war ein anderer Mann. Er empfand die Beratung durch Cyprian offenbar als unerwünschte Bevormundung und hielt es wohl für an der Zeit, die Selbständigkeit und alte Über= legenheit der römischen Kirche wieder kräftig zur Geltung zu brin= gen. Dazu trat eine sachliche Meinungsverschiedenheit von erheb= lichem Gewicht. Schon früher war die Gültigkeit der außerhalb der wahren Kirche gespendeten Taufen gelegentlich erörtert worden. Die Spaltungen und Verwirrungen, welche die Verfolgungszeit nach sich gezogen hatte, machten jetzt die Stellung zur „Ketzertaufe" von neuem zum Problem. Für Cyprian war die Entscheidung nach seinem ganzen Begriff der Kirche eindeutig gegeben: alle sakramen= talen Handlungen, die außerhalb der einen, katholischen Heilsge= meinschaft vollzogen werden, sind seiner Meinung nach schlechter= dings nichtig. Wie sollen abtrünnige, vom Teufel besessene Perso= nen die Gaben des heiligen Geistes vermitteln können, den sie sel= ber verloren haben? Cyprian befand sich mit dieser Meinung in Über= einstimmung mit der alten Tradition seiner Heimat. Schon Tertul= lian hatte die Taufe der Ketzer gefordert; ein Menschenalter zuvor hatte Cyprians bischöflicher Vorgänger Agrippinus auf einem kar= thagischen Konzil von 70 afrikanischen Bischöfen im gleichen Sinne entschieden. Dagegen war man in Rom schon eher dazu übergegan= gen, die Gültigkeit ketzerischer Taufe grundsätzlich zu bejahen. Jetzt erklärte man sich sogar noch darüber hinaus bereit, auch Ordi= nationen, die die „Novatianer" vorgenommen hatten, im Fall eines Übertritts gelten zu lassen. Das hatte den großen Vorteil, daß den schismatischen Klerikern die Rückkehr nicht wenig erleichtert wur= de. Stephan setzte sich mit aller Entschiedenheit für die römische

Praxis ein, die er höchst unbefangen für die alte — das konnte be=
stenfalls heißen: die in Rom gewohnte — Übung erklärte. „Keine
Neuerungen — es bleibe bei der Überlieferung" war das wirksame
Schlagwort, das er in Kurs setzte.

Das Beunruhigende dieses Vorgehens lag für Cyprian vor allem
darin, daß es nicht auf Rom oder auf Italien beschränkt blieb. Auch
in Afrika gab es Bischöfe, die unter dem Druck der Not bereit wa=
ren, den Schismatikern entgegenzukommen oder sich bereits in die=
sem Sinne entschieden hatten. Durch Stephan wurde ihnen jetzt
— mindestens mittelbar — gegen Cyprian der Rücken gestärkt. Aber
noch hoffte dieser, ohne seine eigene, bestimmte Meinung im ge=
ringsten zu erweichen, in der Sache wenigstens praktisch zu einem
Ausgleich gelangen zu können. Er versammelte in Karthago ein
Konzil seiner Gesinnungsgenossen, das die bisherige afrikanische
Praxis bestätigte und an Stephanus ein Schreiben richtete, das ihn
von den Beschlüssen wie üblich in Kenntnis setzte. Man sprach die
Erwartung aus, Stephanus werde, bekannt als frommer und wahr=
heitsliebender Mann, gleichfalls dem zustimmen, was sich den
versammelten Bischöfen eindeutig als wahr und fromm erwiesen
habe. Aber Cyprian, der diesen Brief natürlich verfaßt hatte, fügte
sogleich hinzu, man wisse wohl, daß es manchen Amtsbrüdern sehr
schwerfalle, eine einmal ergriffene Meinung zu ändern, und daß
sie es dann vorzögen, „unter Wahrung des Friedensbandes kollegia=
ler Einmütigkeit" bei der nun eben bestehenden Ordnung zu blei=
ben. „Unsererseits wünschen wir nicht, irgend jemand unter Druck
zu setzen oder ihm Vorschriften zu machen. Jeder Vorsteher hat das
Recht, sich in der Leitung seiner Gemeinde nach eigenem Gutdün=
ken frei zu entscheiden; er wird über sein Tun nur dem Herrn der=
einst Rechenschaft zu geben haben" (ep. 72, 3). Cyprian war sich
also von vornherein im klaren, daß er weder die Möglichkeit noch
auch das Recht hatte, seinen Standpunkt unbedingt zum Siege zu
führen, und darin lag, wenn man so will, eine dogmatische
Schwäche seiner Position. Tatsächlich gab es damals nach Lage der
Dinge aber gar keinen anderen Weg, um den „Frieden" und die
Einheit der Kirche zu wahren.

Stephan war anderer Meinung. Man kann bezweifeln, daß er
die sachliche Tragweite der Entscheidungen theologisch besser über=
sah als Cyprian; man gewinnt vielmehr den Eindruck, daß es ihm lieb
war, nun seinerseits dem Kollegen etwas am Zeuge flicken zu kön=
nen: er ging zum direkten Angriff über. Wir kennen seine Äuße=
rungen freilich nur aus dem Widerhall, den sie in der cyprianischen
Korrespondenz gefunden haben; aber es ist jedenfalls deutlich, daß
Stephanus unter anderen, wie es heißt, „anmaßenden, nicht zur
Sache gehörigen, in sich widerspruchsvollen Dingen", die er „un=
wissend und leichtfertig zusammenschrieb" (ep. 74,1), auch die For=
derung vorbrachte, man habe in Afrika bei Behandlung der Ketzer
das „traditionelle" römische Verfahren zu befolgen. Und zur Be=
gründung berief sich Stephanus auf den „Erstlingsrang" (primatus),

den er als Inhaber des Stuhles Petri zu beanspruchen habe. Die übrigen Bischöfe wurden somit ausdrücklich in eine niedrigere, dem römischen Bischof nachgeordnete Stellung verwiesen und sollten ihm gegenüber zur Gefolgschaft verpflichtet sein.

Das war eine bis dahin unerhörte Forderung, und man begreift es, daß Cyprian über das „unverschämte und anmaßende" Auftreten seines jüngeren Kollegen empört war. Schon die unverfrorene Inanspruchnahme der „Tradition" empfand er in diesem Falle als eine Ungehörigkeit. Es geht doch, meint er in stillschweigender Anlehnung an Tertullian, nicht an, daß man unter Berufung auf die bloße „Gewohnheit" beliebige Vorschriften erläßt; man hat sie mit vernünftigen Gründen zu vertreten. Vor allem kränkte ihn die mißbräuchliche Berufung auf Petrus, der sich niemals auf einen „Primat" berufen noch von seinen jüngeren, später hinzutretenden Mitaposteln einfach Parition verlangt habe (ep. 71,3). Petrus war für Cyprian — wie für die ganze alte Kirche — der erste Träger und Repräsentant des allgemeinen Bischofsamts, an dessen Vollmacht alle Bischöfe je in ihrem Bereich „solidarisch" teilhaben (un. 5). Wenn der Herr das Bischofsamt zunächst allein auf den einen Felsen Petrus gegründet hatte, so wollte er damit nur die notwendige Einheit und Einigkeit des Gesamtepiskopats symbolisch hervorheben. Aber die anderen Jünger waren darum nicht weniger als Petrus und besaßen die gleiche Vollmacht und die gleiche Würde wie er (un. 4). Die Vorstellung eines rechtlichen Vorrangs für einen lokalen römischen „Nachfolger" Petri paßte in diesen Gedankengang nicht hinein. Wenn sie uns in einer auffallenden Sonderfassung von Cyprians Schrift über die „Einheit der Kirche" heute trotzdem zu begegnen scheint, so handelt es sich hierbei schwerlich um einen cyprianischen Text, sondern um eine tendenziöse Korrektur, die später im römischen Sinne erfolgt ist. Doch brauchen wir uns auf diese vielumstrittene Spezialfrage nicht weiter einzulassen; denn das Bild dessen, was Cyprian, aufs Ganze gesehen, meinte, ist in jedem Falle klar. In Stephan und Cyprian treten zwei grundsätzlich verschiedene Auffassungen vom Wesen der katholischen Hierarchie und Kirche erstmals einander entgegen. Stephan ist mit seiner „monarchischen" Auffassung der Gesamtkirche sozusagen der erste Papst; dagegen ist Cyprian mit der Vorstellung eines festen, aber freien Liebesbundes der gleichberechtigten Bischöfe der klassische Vertreter des „Episkopalismus". Man sieht schon jetzt, wie leicht eine so gedachte Einheit der organisierten Kirche bei Konflikten zwischen den Kirchenmännern tatsächlich gestört werden kann. Aber man darf die eigentümliche Größe dieser Anschauung darum nicht verkennen. Die Einheit der Kirche ist für Cyprian keine einfache, sichere Gegebenheit, sondern erscheint als geistliche Berufung und zugleich als sittliche Aufgabe ihrer Führer, die den Glauben an die Kirche im Ernstfall mit ihrer persönlichen Entscheidung auch zu erproben und zu bewähren haben.

Cyprian zeigte sich der schwierigen Lage gewachsen. Am 1. September 256 tritt in Karthago ein neues Konzil zusammen, zu dem er nicht weniger als siebenundachtzig Bischöfe zusammengebracht hat. Es entwickelt sich zu einer groß angelegten Kundgebung gegen die Ketzertaufe. Niemand spricht vom römischen Bischof, seine Erklärungen werden als Luft behandelt; und doch ist es deutlich, wen die ganze Demonstration kirchenpolitisch im Auge hat. Wir besitzen noch das Protokoll mit den Voten der einzelnen Teilnehmer. Nachdem die maßgebenden Briefe Cyprians verlesen sind, fordert dieser als Leiter die Versammelten auf, zur Schlußabstimmung zu schreiten. Jeder solle seine Überzeugung offen bekunden; es würden ihm daraus keinesfalls Unannehmlichkeiten erwachsen. „Denn von uns hat sich keiner zum Bischof der Bischöfe gemacht oder sucht seine Amtsbrüder mit tyrannischem Druck gewaltsam zu einem unweigerlichen Gehorsam zu drängen. Jeder Bischof besitzt ja die Freiheit und das Recht, seine eigene Meinung nach Belieben festzuhalten und darf so wenig von einem anderen verurteilt werden, wie er ihn seinerseits verurteilen kann. Vielmehr warten wir alle miteinander auf das Urteil unseres Herrn Jesu Christi, der einzig und allein Macht hat, uns zu Leitern seiner Kirche zu erheben und über unser Tun zu Gericht zu sitzen". Alle versammelten Bischöfe treten darauf mit kürzerer oder längerer Begründung Cyprians Standpunkt bei, der — unter Berufung auf seine früheren Erklärungen — selbst seine Stimme als letzter abgibt.

Die Gesandtschaft, die den Konzilbeschluß nach Rom überbringen sollte, wurde von Stephanus nicht einmal empfangen und ohne Quartier gelassen. Die Gemeinschaft mit den afrikanischen Kirchen galt ihm als abgebrochen. Stephanus scheute sich nicht, Cyprian auch persönlich als falschen Christus, falschen Propheten und trügerischen Arbeiter (2. Kor. 11,13) zu beschimpfen. Aber nun blieb auch dieser nicht länger in der Defensive und leitete eine scharfe und weitausholende Propaganda für seinen Standpunkt ein und gegen das unbrüderliche Verhalten seines rücksichtslosen römischen Kollegen. Selbst der griechische Osten wird in die Auseinandersetzung hineingezogen, und da man auch hier die Ketzertaufe vielfach verwarf und einen kirchlichen Zentralismus im römischen Stile erst recht nicht kannte, fand Cyprian z. T. Unterstützung. Unter seinen Briefen findet sich, sicher von ihm selber übersetzt und verbreitet, ein Schreiben des Bischofs Firmilian von Caesarea in Kappadokien, das ihm in der sachlichen Frage völlig beipflichtet und sich im übrigen mit starken Worten über die „offenbare und handgreifliche Torheit" des Stephanus empört, der mit den Vorzügen seines Bischofssitzes renommiere und die Nachfolge Petri zu besitzen meine (ep. 75, 17). Schließlich suchte sich der einflußreiche Bischof Dionys von Alexandrien ins Mittel zu legen und mahnte Stephanus zum Frieden, aber vergebens. Der Streit wurde von außen beendet. Im Sommer des Jahres 257 setzte die staatliche Verfolgung von neuem ein. Stephanus starb den Märtyrertod, und im Jahr darauf ereilte seinen Nachfolger Xystus das gleiche Schicksal. Damals war auch

Cyprian schon nicht mehr frei. Der blutige Ernst der lebendigen kirchlichen Wirklichkeit drängte den Zank der Parteien beiseite und machte ihn zu einer nebensächlichen Angelegenheit. So stellte sich die Gemeinschaft zwischen Rom und Karthago, wie es scheint, von selbst wieder her; von den Verschiedenheiten der Taufpraxis war nicht weiter die Rede. Das war der Sache nach ein voller Sieg Cyprians, der ja nie etwas anderes gefordert hatte. Erst lange später, in einer veränderten Zeit ist es der römischen Kirche mit staat= licher Gewalt gelungen, ihre Grundsätze hinsichtlich der „Ketzer= taufe" auch in Afrika zum Gesetz zu erheben. Hier hat sich die Kirche darüber dann noch einmal gespalten. Es ging in diesen „do= natistischen" Streitigkeiten noch immer um das Erbe Cyprians; aber Cyprian selbst und sein allgemeines kirchliches Ansehen wurden davon nicht mehr berührt. —

Alles in allem hat Cyprian sein Bischofsamt höchstens ein Jahr= zehnt lang ausgeübt — zehn Jahre voll Sorgen und beinahe unaus= gesetzter Kämpfe und Schwierigkeiten von außen und innen. Aber Cyprian gehört nicht zu den Naturen, die sich in solchen „Anfech= tungen" aufreiben und verbrauchen. Im Gegenteil — er fühlt sich am rechten Platz und wird unter der Last und in der Bemeisterung aller Schwierigkeiten nur immer deutlicher und bestimmter er selbst. Cyprian weiß sich bei seinem Tun mit Gott im Bunde, der seine Kirche erhält; er zweifelt nicht an seinem Recht und weiß auch in undurchsichtigen Situationen stets, worauf es ankommt und was zu geschehen hat. So hatte er sich behauptet und durchgesetzt. Anfangs ein Neuling auf dem schnell gewonnenen Bischofsstuhl, von den eigenen Mitarbeitern nur lau und unzulänglich unterstützt, verfolgt und in freiwilligem Exil verborgen, während in seiner Ge= meinde „Rebellen" um die Führung streiten — zuletzt der geist= liche Führer der ganzen afrikanischen Kirche, Vertrauensmann weit entfernter Kollegen, ein „Lehrer" des gesamten Abendlandes und selbst im Osten geachtet und gerühmt. Durch Cyprians Briefe, schreibt ihm ein numidischer Bischof, werden die Bösen gebessert und die Frommen gestärkt. Seine Schriften vermehren den Glauben und bekehren die Ungläubigen und stellen dem Leser — ungewollt — das Vorbild des eigenen Charakters vor Augen. „Denn mehr als alle andern bist du groß in der Predigt und ein Meister der Rede, weise im Rat und einfältig in deiner Weisheit, freigiebig in deinen Werken und selbst voll heiliger Enthaltsamkeit, voll demütigen Ge= horsams und voll selbstloser Bereitschaft zu jeder guten Tat" (ep. 77, 1). Es fehlt ihm nur noch eines: der Ruhm und die Krone der höchsten Vollendung, die er selbst von jeher im Martyrium erblickt hatte. Jetzt sollte ihm auch diese zuteil werden.

Am 30. August 257 war Cyprian verhaftet worden; aber man be= gnügte sich damit, ihn aus Karthago zu entfernen: er wurde nicht allzuweit nach dem kleinen Orte Curubis verbannt. Es scheint, daß er einige Zeit danach ein Gnadengesuch an den Kaiser richten konnte, das auch Erfolg hatte: Cyprian empfing durch ein Hand=

schreiben die Erlaubnis, nach Karthago zurückzukehren, und erhielt hier seine eigenen Gärten, die er nicht verlassen durfte, als Auf= enthalt angewiesen. Diese milde Haft dauerte längere Zeit. Dann aber änderte sich die Lage. Ein neues Edikt Kaiser Valerians befahl überall ein schärferes Vorgehen; insbesondere das Leben der Geist= lichen sollte nicht länger geschont werden. Cyprian hatte durch Bo= ten, die in seinem Auftrag nach Rom gegangen waren, rechtzeitig — vielleicht noch vor dem Prokonsul, der mittlerweile auch gewechselt hatte — von dem, was bevorstand, Nachricht erhalten; er sah nun klar. Schnell und ruhig traf er die letzten Anordnungen. Nicht nur der eigene Klerus, auch die bischöflichen Kollegen mußten benach= richtigt werden, „damit sie die Brüder mit ihren Mahnungen stär= ken und auf den geistlichen Kampf vorbereiten. So trage jeder von uns weniger sein Sterben als die Unsterblichkeit im Sinn und emp= finde bei seinem Bekenntnis mehr Freude als Furcht, in der ganzen, uneingeschränkten Kraft des Glaubens dem Herrn geweiht" (ep. 80, 2). Von einer Flucht ist jetzt nicht mehr die Rede. Sie wäre Cyprian ohne Zweifel möglich gewesen; aber diesmal kann er seiner Ge= meinde gewiß sein. Er ist entschlossen, ihr ein Beispiel zu geben, wie man als Christ und Bischof das Martyrium erleidet, und ver= läßt sich ganz auf den barmherzigen Beistand seines Herrn. Der neue Prokonsul wollte, wie es scheint, Unruhen vermeiden und Cy= prian zur Hinrichtung nach Utica schaffen lassen. Als dies bekannt wurde, verließ Cyprian heimlich seinen Zwangsaufenthalt, um sich erst später wieder zu stellen. „Denn es ziemt sich, daß ein Bischof dort, wo er des Herrn Kirche vorsteht, auch sein Bekenntnis zum Herrn ablege und die ganze Gemeinde durch das Bekenntnis des Führers in ihrer Mitte verherrlicht werde. Die Worte, die der Bekenner=Bischof im Augenblick seines Bekenntnisses ausspricht, spricht er nämlich durch Gottes Eingebung" in aller Namen und wie „durch aller Mund". Die Kleriker werden noch angewiesen, im Sinne der oft empfangenen Belehrung darauf zu achten, daß völlige Ruhe bewahrt wird „und keiner der Brüder einen Aufruhr erregt oder auch sich selbst aus freien Stücken den Heiden stellt" (ep. 81).

Cyprian wurde durch zwei hohe Beamte in aller Form verhaftet und abgeholt. Die Gemeinde folgte ihm, und das Haus, in dem er für eine Nacht untergebracht wurde, blieb von einer riesigen Menge umlagert, die „mit ihm sterben" wollte. Das Verhör am fol= genden Tage war förmlich und kurz; das Urteil sollte sofort voll= streckt werden. Am Richtplatz angekommen, legte Cyprian den Mantel ab und kniete sich auf ihn zu einem letzten Gebet. Als er sich vollends entkleidet hatte, stand er schweigend da, den Blick zum Himmel gerichtet, bis der Henker zur Stelle war. Cyprian ließ ihm — eine letzte, stolze Geste der Überlegenheit — für seine Mühe fünfundzwanzig Goldstücke auszahlen, und dann verbanden ihm zwei Kleriker die Augen, während das Volk Leinentücher ausbrei= tete, um das kostbare Märtyrerblut zu empfangen. Der Leichnam wurde, „um der Neugier der Heiden zu entgehen", zunächst an der

Hinrichtungsstätte beerdigt, aber noch in derselben Nacht mit Fakkeln und Kerzen eingeholt und „unter Gebet und lautem Jubel vieler Brüder" feierlich beigesetzt.

Bis hin zu Augustin kann sich kein lateinischer Kirchenvater mit Cyprian an Beliebtheit vergleichen. Der Bericht seines Todes lief alsbald in mancherlei Fassungen und Abschriften um. Eine panegyrische Beschreibung seines Lebens und Sterbens, angeblich von seinem Diakon Pontius verfaßt, ist die älteste christliche „Biographie". In verschiedenen Sammlungen und Gruppierungen sind uns all seine Schriften und die Briefe erhalten — die römischen Sammlungen verzichten allerdings mitunter auf die peinlichen Stücke, welche auf den Ketzertaufstreit Bezug haben. Ein altes Verzeichnis schließt Cyprians Werke unmittelbar an die Schriften der Bibel an. Noch bezeichnender ist die große Zahl von Büchern, die zu Unrecht unter seinen Namen gestellt sind, oft freilich auch seinen Geist atmen und seinen Einfluß deutlich erkennen lassen. Der nüchterne Biblizismus und der handfeste Moralismus im Verein mit der betonten Kirchlichkeit seiner Schriften entsprachen offenbar weithin dem, was die lateinische Christenheit damals vor allem als erbaulich und christlich empfand. Cyprian wirkt in seiner gläubigen Rechtschaffenheit wie die Verkörperung der kirchlichen „Disciplina"; er ist in seiner hierarchischen Treue und Unerschütterlichkeit das Urbild eines unabhängigen Bischofs der altkatholischen Zeit. Seine Hingabe an die neue christliche Lebenswirklichkeit entbehrt nicht der Wärme; sie ist echt und von packendem praktischen Ernst. Es ist, kann man sagen, der Ernst des Christ gewordenen römischen Beamten, der die Heilsbotschaft einfältig und unproblematisch bejaht und ergriffen hat, um seine Mannespflicht hinfort in der kirchlichen Gemeinschaft gerecht und vorbehaltlos zu erfüllen. Wir sind überrascht, wie „fertig" uns das kirchlich=katholische Denken in Cyprian zu einer Zeit entgegentritt, da in den älteren und reicher entwickelten Gemeinden des Ostens noch so vieles unklar, umstritten und im Flusse war. Aber eben diese bodenständige Genügsamkeit erklärt die schnelle Ausbildung und die Geschlossenheit dieser kirchlichen Welt. In Wahrheit steht das lateinische Christentum bei Cyprian nicht in der Reife, sondern erst im Anfang seiner Entwicklung, noch diesseits seiner eigentlichen, künftigen Möglichkeiten.

Die überreiche und z. T. auch komplizierte Überlieferung der Briefe und Schriften Cyprians machte eine kritische Ausgabe sehr schwierig. Die überalterte und von Anfang an mangelhafte Edition *Hartels* im CSEL (1868/71) ist auch heute noch nicht im ganzen ersetzt. An Übersetzungen in neuere Sprachen ist kein Mangel, deutsch z. B. von Jul. *Baer* in der BKV (1918/28).

Von Gesamtdarstellungen Cyprians seien genannt: E. W. *Benson*, Cyprian. His Life, his Time, his Work (London 1897); P. *Monceaux*, Saint Cyprien, évêque de Carthago (Paris 1914[2]); Jos. *Ludwig*, Der Hl. Märtyrerbischof Cyprian von Karthago (1951), und besonders die Cyprian betreffenden Kapitel bei H. *Achelis*, Das Christentum in den ersten drei Jahrhunderten II (1912) 387 ff. und H. *Lietzmann* II (1953²) 229 ff.; 261 ff. Der beste Kenner des cyprianischen Schrifttums, das er in seinen Aufsätzen immer wieder behandelt hat, war Hugo *Koch;* vgl. besonders: Cyprianische Untersuchungen (1926), und: Cathedra Petri. Neue Untersuchungen über die An= fänge der Primatslehre (1930). Über den Amts= und Kirchenbegriff Cyprians vgl. H. *v. Campenhausen,* Kirchliches Amt und geistliche Vollmacht (1953) 292 ff.

3. Kapitel

LACTANTIUS

In der ganzen alten Kirche bedeutet Christ und Katholik sein so=
viel wie in der Kirche sein, und in der Kirche sein bedeutet in der
Regel das Stehen in einer bestimmten kirchlichen Provinz und Ge=
meinde. Im lateinischen Christentum fehlen die Vertreter desjeni=
gen Standes, der sich im Osten sozusagen von Berufs wegen stets
eine gewisse kirchliche Unabhängigkeit und Freizügigkeit bewahrt
hatte: die christlichen „Philosophen" und Gelehrten vom Schlage
eines Justin und Klemens von Alexandrien oder auch eines Julius
Africanus und Methodius. Das hängt mit dem geringeren morali=
schen Gewicht zusammen, das die höhere Bildung und die Philoso=
phie, aufs Ganze gesehen, in der lateinischen Welt besaß. An Stelle
der Philosophen erscheinen hier öffentlich wirkende Literaten und
Rhetoren, und deren philosophisches Wissen ist meist sehr oberfläch=
lich. Werden sie zu Christen, so besitzen sie für ihren bisherigen Be=
ruf keine rechte Achtung mehr; sie treten als Katecheten oder Kleri=
ker in den Dienst der Kirche über oder binden sich wie Tertullian
wenigstens innerlich ganz an die neuen Aufgaben, die ihnen die
Gemeinde stellt. Darauf beruht dann auch die straffe Einfachheit
der abendländischen theologischen Tradition. Wir kennen aus der
vorkonstantinischen Periode nur eine einzige Ausnahme — und diese
befindet sich nicht zufällig schon im Übergang zur neuen Zeit; das
ist Laktanz. Auch Laktanz ist wie Tertullian und Cyprian ein Afri=
kaner; aber er wird noch als Heide in den Osten verschlagen und er=
lebt hier nach seinem Übertritt die Anfänge des „konstantinischen"
Umschwungs. Die neue Lage der Christenheit bietet gerade einem
Apologeten und Rhetor neue Möglichkeiten. Laktanz ist u. W. der
erste Theologe, der sie wahrgenommen hat. Durch Konstantin er=
hält er eine ausgezeichnete, unabhängige Stellung und einen neuen
Wirkungskreis. Unter Verfolgungen Christ geworden, genießt er im
Alter als kaiserlicher Günstling zuerst die Vorteile des beginnenden
Bundes von Staat und Kirche, Christentum und herrschender Kultur.
Dabei bleibt Laktanz äußerlich das, was er gewesen war: ein Lehrer
oder Professor, ein Schöngeist und christlicher Schriftsteller, ohne
kirchliche Bindung und Amt. Dieses Lebensschicksal gibt seiner
Person und seiner Entwicklung ein kirchen= und geistesgeschicht=
liches Interesse; trotz seines ungewöhnlichen literarischen Talents
und seines achtenswerten, lauteren Charakters kann man Laktanz
sonst nicht eben zu den „Großen" zählen.

Das wenige, was wir über sein äußeres Leben wissen, verdanken
wir so gut wie ausschließlich einem kurzen Bericht und gelegent=
lichen Bemerkungen des Hieronymus. Aus seinem Namen Lucius
Caecilius Firmianus — Lactantius ist der persönliche Rufname — ist
wenig zu entnehmen. Lactanz genoß in Sicca Veneria, einer größe=
ren Landstadt im Gebiete von Karthago, den rhetorischen Unter=

richt des Arnobius, eines seiner Zeit angesehenen Lehrers, der später ebenfalls zum Christentum übertrat. Er besaß auch gute juristische Kenntnisse, ist aber nach eigenem Zeugnis niemals als praktischer Anwalt oder Redner öffentlich aufgetreten. Laktanz bemühte sich um die rhetorische Bildung um ihrer selbst willen, d. h. in der Absicht, ein sozusagen „akademischer" Lehrer der Rhetorik zu werden. Er hatte Erfolg. Kaiser Diokletian berief ihn schon zu Ende des Jahrhunderts in seine Residenz Nikomedien, die Vorläuferin Konstantinopels am Marmarameer, damit er hier als „rhetor Latinus" zum Glanz der jungen Hauptstadt seinen Beitrag leiste. Damit war er in eine rein griechische Umgebung versetzt; aber man bedurfte seiner, weil das Lateinische immer noch die maßgebende Sprache des Reiches und seiner Gesetzgebung war: wer Karriere machen wollte, mußte sie wenigstens einigermaßen erlernen.

Wie Laktanz damals in religiöser Hinsicht stand, können wir nur mutmaßen. Seine Jugendschriften sind verloren; nur die Titel sind uns überliefert. Das „Symposium" dürfte irgendwelche Themen des Unterrichts in der üblichen Weise diskutiert haben; eine Reisebeschreibung „von Afrika bis Nikomedien" war in Hexametern abgefaßt — denn auch das „Dichten" stand einem Vertreter der höheren rhetorischen Bildung damals wohl an. Von einem christlichen Einfluß war in diesen Werken gewiß noch nichts zu spüren. Trotzdem ist es möglich, ja wahrscheinlich, daß Laktanz seine ersten kirchlichen Eindrücke schon in Afrika gewonnen hat. Die Christen waren hier schon seit langem unübersehbar geworden; auch der heidnische Spott und die Polemik nahmen auf sie Bezug. Laktanz hat zu ihnen vielleicht niemals in echtem Gegensatz gestanden; denn die Grundzüge seiner heidnischen religiösen Weltanschauung hat er auch als Christ festgehalten. Er lebt in der Tradition eines mehr erbaulich als philosophisch verstandenen Platonismus, der alle Weisheit auf höhere Offenbarung und Erleuchtung gründen will und Gotteserkenntnis und Gottesverehrung zum wahren Ziele menschlichen Lebens erhebt. Die aus dem Griechischen übersetzten, vermeintlich uralten Schriften des „göttlichen" Hermes sind die wichtigsten Zeugnisse dieser Frömmigkeit, die in gewisser Weise schon Apuleius, dann auch Arnobius gepflegt haben. Es ist gewiß kein Zufall, daß so wie Arnobius auch Laktanz und ein gleich diesem nach Nikomedien berufener Grammatiker Flavius nacheinander alle zu Christen geworden sind: erst in der Kirche fand die religiöse Sehnsucht der frommen, philosophisch gefärbten Bildung und Halbbildung, wenn es ernst wurde, die eindeutig offenbarte Lehre und die konkrete, sittliche Gemeinschaft, die zugleich verpflichtete und half. Diese weltanschauliche Herkunft erklärt wohl auch die allmähliche, schrittweise Annäherung, die wir für Laktanzens „Bekehrung" voraussetzen müssen. In seinen eigenen Augen gilt allerdings erst die Taufe, die er in Nikomedien empfangen haben wird, als das entscheidende, heilsvermittelnde Ereignis seines Lebens.

In Nikomedien mag sich der arrivierte Rhetor zunächst etwas

einsam und isoliert gefühlt haben. Es scheint, daß Laktanz nie=
mals richtig Griechisch gelernt hat. Seine Studien beschränken sich
auf „unsere", d. h. die lateinischen Autoren, und so hat er auch aus
der christlichen Literatur später nur von den lateinisch schreibenden
Vätern Notiz genommen. Auch die klassische Philosophie kennt
Laktanz bloß in lateinischer Vermittlung. Er kennt „den scharfsin=
nigsten aller Stoiker" (inst. II 8,23), Seneca, und er kennt vor allem
seinen Cicero, „den Fürsten der römischen Philosophie" (inst. I 17,3),
in= und auswendig. An Cicero hat er sich in erster Linie gebildet, so
daß seine Schriften nach Hieronymus (ep. 70,5) förmlich als ein
„Auszug" aller ciceronischen Dialoge gelten können. Cicero bleibt
auch in stilistischer Hinsicht zeitlebens das Ideal. Arnobius wird
ihm Cicero als Muster empfohlen haben; seine eigene zuchtlose
Leidenschaftlichkeit ist Laktanz immer fremd geblieben. Laktanz
bemüht sich um einen edlen, lebendigen und zugleich im traditionel=
len Sinne „vornehmen" Stil. Er ist Klassizist und darin eigentlich
kein „Afrikaner". Von der unbekümmerten Volkstümlichkeit und
Drastik eines Tertullian rückt er bewußt ab — dessen sprachliche
Haltung erscheint ihm nur schwierig, dunkel und ungepflegt. Aber
auch Cyprians glänzende Beredsamkeit wird getadelt, weil sie in
der Wahl der Worte auf nichtchristliche Leser zu wenig Rücksicht
nähme. Laktanz hat es nicht vergessen, daß ein ausgezeichneter
heidnischer Rhetor diesen ersten Lehrer der Christen einmal kurz=
weg als einen „Coprianus", d. h. als Schmierfinken, verspottet hatte
(inst. V 1,27). Natürlich kann auch Lactantius dort, wo er auf
christliche Vorstellungen und Dinge zu sprechen kommt, den barba=
rischen Lehnworten und Neubildungen nicht ganz aus dem Wege
gehen. Aber er bringt sie so selten wie möglich und, wenn er ihre
Fremdheit empfindet, sucht er sie korrekt zu umschreiben und zu
erläutern. Hier verrät sich der Schulmann und der eifrige Apologet,
der im Blick auf sein gebildetes Publikum ausdrücklich die geringe
Literaturfähigkeit der christlichen Werbung beklagt. Allein es ist
darum keine bloß gewollte Taktik, keine gewaltsame Neueinklei=
dung seiner Gedanken, die er versucht: die kultivierte, wohlausge=
glichene Sprechweise ist Laktanz natürlich; sie entspricht seiner ei=
genen unaufdringlichen, kühlen und beherrschten Art und erscheint
in seinen Schriften darum sachgemäß und angenehm.

Mit diesen Bemerkungen haben wir dem zeitlichen Ablauf vor=
gegriffen. Zunächst bildete Laktanz in Nikomedien wie vorher in
Afrika nach seinen eigenen Worten die Jünglinge weiter „nicht zur
Tugend, sondern vielmehr in der ränkevollen Bosheit" aus (inst. I
1,8), d. h. er brachte ihnen das heidnische Bildungswissen und die
üblichen Künste und Kniffe des rhetorischen Vortrags bei. Das ent=
sprach seinem Lehrauftrag. Erst die ausbrechende diokletianische
Verfolgung führte zur Wende. Gleich das erste Edikt gegen die
Christen vom Februar 303 sprach ihnen alle öffentlichen Ämter und
Würden ab und stellte damit auch Laktanz die Entscheidungsfrage.
Sie wurde noch unausweichlicher, als der antichristliche Propaganda=

feldzug alsbald auf seine nächste Umgebung übergriff. Nicht nur Sossianus Hierokles, der Statthalter von Bithynien, sondern auch ein ungenannter Philosoph, wie es scheint, ein unmittelbarer Kollege, stellten sich dem Kampf der Regierung zur Verfügung und unter= stützten ihn mit schnell verfaßten Pamphleten gegen die nunmehr öffentlich verfemte Sekte der Christen. Das war ein Verhalten, wel= ches angesichts der brutalen staatlichen Maßnahmen z. T. auch in heidnischen Kreisen als unschön empfunden wurde. Trotzdem mag Laktanz noch eine Weile gezögert haben; aber dann zog er die Konsequenzen. Eine förmliche Verleugnung seiner Überzeugun= gen wäre für ihn nie in Betracht gekommen; jetzt wollte er auch nicht mittelbar als „Sklave seiner Zeit" erscheinen (inst. V 2,10) und verzichtete auf das Lehramt. Auf die folgenden Jahre ist die Mit= teilung über seine bedrängte wirtschaftliche Lage und den Mangel an Kolleggeld wohl in erster Linie zu beziehen, die Hieronymus ganz allgemein macht: Laktanz, sagt er, sei trotz seiner glanz= vollen Rednergabe im irdischen Leben stets so arm geblieben, daß es ihm oft am Nötigsten gefehlt habe. Man darf dem die ernsten Worte hinzufügen, die dieser selbst für die Gefahren des Reich= tums gefunden hat: Menschen, die ihren Begierden, ihrem Ehrgeiz und ihrer Habgier ungestört fröhnen könnten und niemals in Not geraten seien, träten nicht auf den Weg der Wahrheit. Und „so kommt es, daß die Armen und Demütigen Gott eher Glauben schenken" (inst. VII 1,19); denn sie brauchen nicht das Gepäck zu tragen, das die Reichen belastet und marschunfähig macht. Aus sol= chen Sätzen spricht vielleicht nicht nur die Erfahrung der Verfol= gungszeit, sondern ganz allgemein die Überzeugung eines Men= schen, der sich mehr um sittliche als um materielle Werte beküm= mert und gerade von hier aus für die christliche Botschaft ein Ohr hat. Jedenfalls bleibt die Hilfs= und Leidensbereitschaft für Laktanz zeitlebens eine Grundforderung des Christentums: wollen wir Got= tes Willen wirklich tun, so müssen wir „das Geld verachten und in die himmlischen Schätze ‚überweisen'; dort gräbt es kein Dieb aus, dort frißt es kein Rost und raubt es kein Tyrann, sondern es bleibt uns unter Gottes Hut zum ewigen Reichtum aufgehoben" (epit. 60,9).

Man darf es sich nicht so vorstellen, als hätte Laktanz mit seinem Abgang eine geräuschvolle Demonstration veranstalten wollen. Da= gegen spricht schon der eine Umstand, daß er, obschon persönlich bekannt und in gewisser Weise prominent, doch unbehelligt in der Hauptstadt bleiben konnte. Laktanz bejaht ausdrücklich den kirch= lichen Grundsatz, wonach sich niemand in Verfolgungszeiten selber stellen und zum Martyrium drängen dürfe; es genügt, wenn er sei= nem Glauben treu bleibt und „dem nicht ausweicht, was er dann zu leiden und zu ertragen hat" (inst. IV 18,2). Es scheint, daß er sich selber meint, wenn er im Blick auf jene staatshörigen, habgierigen Philosophen davon spricht, die anwesenden Christen hätten sich mit Rücksicht auf die Verhältnisse damit begnügt, ihn in ihrem Inneren zu „verlachen", äußerlich also keine klare Scheidung vollzogen (inst.

V 2,9). Aber wie dem auch sei — jedenfalls fand Laktanz, seines Lehramts ledig, jetzt um so mehr die Zeit, sich literarisch zu betäti= gen. Nun erst beginnt seine christliche Schriftstellerei. Die erste Ab= handlung, die wir von ihm besitzen, handelt über die Vorsehung in „Gottes Schöpfungswerk". Sie ist einem Schüler namens Demetria= nus gewidmet. Er soll erfahren, welcher Beschäftigung sein einstiger Lehrer in dieser Notzeit nachgeht, und so des Unterrichts nicht völ= lig entbehren. Dieser Unterricht erfolgt jetzt „in einer edleren Sache und in einer besseren Lehre" als zuvor (opif. 1,1). Offenbar ist auch Demetrianus Christ geworden; aber im Gegensatz zu Laktanz hat er seine Stellung beibehalten. Um so eindringlicher wird er er= mahnt, nicht um irdischer Güter willen unmerklich den Verfüh= rungskünsten zu erliegen, die der Widersacher jetzt allenthalben ins Werk setzt.

Nach außen gibt sich die Abhandlung als bloße Ergänzung zu Ciceros Schrift vom Staate, und stofflich gesehen enthält sie ledig= lich eine ausführliche Beschreibung des menschlichen Leibes und sei= nes Verhältnisses zur unsterblichen Seele. Aus der Herrlichkeit des Geschöpfs erhellt die Fürsorge und Vorsehung Gottes, die die Epi= kureer lächerlicher und lästerlicher Weise dennoch zu bestreiten wa= gen. Das ist nicht originell; Laktanz schöpft das Material für seine Ausführungen wahrscheinlich aus den gängigen medizinischen und philosophischen Handbüchern, und man könnte fast meinen, er habe mit dieser kleinen Anthropologie überhaupt noch keine eigent= lich christliche Absicht verfolgt. Allein das wäre ein Mißverständnis. Die Vorsehung ist für Laktanz zu allen Zeiten ein Zentralpunkt seiner christlichen Lehre geblieben und insofern ein theologischer Begriff. In Wirklichkeit will er den christlichen Schöpfungsglauben verteidigen und den mißachteten „Philosophen unserer Schule" (opif. 1,2) gegen alle anderen in Schutz nehmen, einschließlich des freilich nur mit höchstem Respekt genannten „Marcus Tullius"; denn auch Cicero ist von gewissen ungelehrten Leuten, die keine Beredsamkeit besaßen und trotzdem für die Wahrheit zu kämpfen wußten, d. h. von den Christen, „schon oft geschlagen worden" (opif. 20,5). Es ist nur Rücksicht auf die gefährlichen Zeiten, die den Verfasser, wie er selbst gesteht, dazu nötigt, manches „vorerst knap= per und undurchsichtiger zum Ausdruck zu bringen", als eigentlich recht wäre (opif. 20,1). Laktanz hat jetzt seinen Beruf und seine Le= bensaufgabe gefunden und fühlt sich ihrer gewiß: es geht nun nicht mehr um Beredsamkeit, sondern um etwas Ernsteres, nämlich um die Wahrheit und um das Leben selbst. Er weiß, er hat nicht umsonst gelebt und gewirkt, wenn es ihm gelingen sollte, auch nur „ein paar Menschen vom Irrtum zu lösen und auf den Weg zu weisen, der gen Himmel führt" (opif. 20,9).

Die Schrecken der Verfolgung nehmen unterdessen ihren Lauf. Laktanz hat längere Zeit auch außerhalb Nikomediens geweilt, wir wissen nicht wo; aber bald nach 310 finden wir ihn als Zeugen der letzten Unterdrückungsmaßnahmen wieder hier, in „Bithynien".

Während dieser Jahre hat er sein Hauptwerk ausgearbeitet, das er in jener ersten Abhandlung bereits ins Auge faßt. Es sieht so aus, als wäre es aus einer ganzen Anzahl derartiger thematisch begrenz= ter Einzelstudien nach und nach zusammengebaut; ist es auf diese Weise zuletzt doch ein wohlgeordnetes Ganzes geworden. Die Divinae institutiones, „Sieben Bücher göttlicher Unterweisungen" sind ein Riesenwerk, auch in modernem Druck ein stattlicher Band von vielen hundert Seiten Umfang, die umfassendste Apologie, die das Christentum vor Abschluß der Verfolgungszeit überhaupt ge= funden hat. Es lehnt sich als „Handbuch der Religion" schon im Titel an die „Institutionen" Ulpians oder ähnliche Handbücher der Juristen an; auch hier geht es ja um „Gerechtigkeit" und um das christliche Recht. Als Leser werden gebildete Heiden ins Auge ge= faßt, Vertreter eben jener Kreise, denen Laktanz selber angehört hat und die sich im dünkelhaften Gefühl ihrer Überlegenheit jetzt darin gefallen, das Christentum verächtlich zu machen. Ihnen wird das Werk ausdrücklich zugeeignet. Laktanz weiß, es ist nicht leicht, sich in dieser Gesellschaft Gehör zu verschaffen. Er „kennt den Ei= gensinn der Menschen", die viel lieber recht behalten als die Wahr= heit lernen wollen und sich „eher am Blut= als am Redefluß der Ge= rechten erfreuen" (inst. V 1,8). Aber die Wahrheit ist doch stärker als alle Lügen, man darf nicht kleinmütig verzweifeln: wenigstens einige, wenigstens die Besseren unter den Lesern müssen sich gewin= nen lassen. Wie stets denkt der christliche Apologet jedoch auch an die eigenen, noch schwankenden oder unsicheren Glaubensgenossen, denen geistige Hilfe not tut. Gerade dann, wenn sie anfangen, in die Bildungsschichten aufzusteigen, wenn sie an der Lektüre der heidni= schen Philosophen, Redner und Dichter bereits Geschmack gefunden haben, sind sie besonders gefährdet. Sie sollen lernen, daß wahre Erkenntnis den Menschen nicht mit Notwendigkeit zugrunde rich= tet wie der bisherige, falsche Unterricht, sondern ihn vielmehr weise und gerecht macht. Es gilt, die alte gute Form mit der neuen guten Sache zu verbinden, durch Erkenntnis fromm und durch wahre Frömmigkeit gelehrt zu machen.

Laktanz beginnt wie üblich mit der Widerlegung der falschen, heidnischen Religion. Der Monotheismus ist für ihn die einzige wahre und vernünftige Gestalt des Gottesglaubens; schon der all= gemeine Begriff der Vollkommenheit schließt die Vorstellung meh= rerer göttlicher Wesen mit Notwendigkeit aus. Dazu besitzt der Mensch seine Vernunft, dazu hat ihn Gott im Gegensatz zu den Tieren aufrecht mit gen Himmel gerichtetem Angesichte geschaffen, daß er seinen allmächtigen Schöpfer erkenne, ihn allein anbete und seiner Vorsehung und Führung vertraue und folgsam sei. Der Vor= sehungsglaube ist für Laktanz, wie gesagt, eine Grundwahrheit, die nur Epikur und seine Schule zu leugnen wagen. Sooft er auf ihn zu sprechen kommt — und dazu findet sich gleich zu Beginn des Wer= kes Gelegenheit —, scheidet er sich mit Entrüstung von diesem reli= giösen „Erzpiraten und Räuberhauptmann" (inst. III 17,41). Auch der Monotheismus sollte den Menschen natürlich sein; Sibyllen und Propheten haben immer wieder für ihn gezeugt. Trotzdem ist die Vielgötterei ein allgemeines Übel geworden. Laktanz erklärt sie im Sinne der aufgeklärten Kritik des Euhemeros (um 300 v. Chr.) aus der Vergottung verstorbener Führer und Herrscher und sodann aus der Arglist bösartiger Dämonen, die ihr Wesen in den Greueln der antiken Kulte hinlänglich zu erkennen geben. Hier folgt er bis in Einzelheiten seiner Darstellung der christlich=apologetischen Tradition. Dabei sucht er aber, mehr als seine Vorgänger, die Macht des Bösen als Einheit zu begreifen, als ein einziges großes Prinzip der Verkehrung, „das der Wahrheit immerdar feind" ist und nur das eine Ziel kennt, den Sinn der Menschen zu verfinstern, damit sie nicht darauf kommen, „endlich den Himmel anzuschauen" und ihrer Natur gemäß leben zu wollen (inst. II 1,13).

Das dritte Buch, „Die falsche Weisheit", führt ins Zentrum der Auseinandersetzung: es bringt die Widerlegung der Philosophie. Laktanz unterscheidet die ernsthafte philosophische Forschung von der bloßen Rhetorik. Diese ist nur auf äußerliche Schönheit und irdische Erfolge gerichtet und darum kein Gegner, mit dem sich's zu streiten lohnte. Aber auch die Philosophie hält nicht, was sie verspricht. Schon in der Bibel wurden ihre Gedanken mit Recht als töricht verworfen. Zwar verdient der Eifer, mit dem sich manche Philosophen um Wahrheit bemüht haben, durchaus keinen Tadel, und es ist auch zuzugeben, daß einige von ihnen für die Tugend wirkliche Opfer gebracht haben, indem sie auf Lust und Reichtum verzichteten. Aber die Wahrheit fanden sie trotzdem nicht — höchstens Splitter der Wahrheit, die sich ohne einen sicheren Maßstab niemals zu einem Ganzen zusammenfügten (inst. VII 7,4 f.). Das verhinderte überdies auch schon der ewige Streit der philosophischen Schulen. Der Grund des Mißerfolges ist einfach: menschliche Bemühungen konnten hier von vornherein nicht zum Ziel führen; denn „die Wahrheit, das Geheimnis des höchsten Gottes, der alle Dinge geschaffen hat, kann mit eigenen Sinnen und Verstand nicht ergriffen werden" (inst. I 1,5). So konnten die Philosophen „als gebildete Menschen wohl geschickte, aber darum noch keineswegs wahre Reden führen; denn sie hatten die Wahrheit nicht von dem gelernt, der allein ihrer mächtig ist" (inst. III 1,14). Diese Antwort wird unerschütterlich festgehalten und immer aufs neue wiederholt. Laktanz ist Offenbarungstheologe. Auch dort, wo er sich auf die Natur und Vernunft des Menschen beruft, ist es immer wieder Gott, der den Zugang zur wirklichen Erkenntnis erschließen muß. Der Mensch ist ein religiöses Wesen: er findet seine Wahrheit nur, indem er Gott findet und verehrt. Ohne Gott ist auch keine Selbsterkenntnis möglich, und die „Unkenntnis seiner selbst" bleibt die Quelle allen Verderbens (inst. I 1,25). Diese Richtung auf offenbarte Wahrheit war Laktanz, wie wir sahen, durch seinen heidnischen Religionsbegriff vorgegeben. Aber jetzt kennt er darauf nur noch die eine christliche Antwort. Alle Philosophen haben geirrt, weil sie mit ihrem Fragen, Lehren und Wollen der Erde verhaftet blieben. Selbst Plato erscheint gelegentlich geradezu als Atheist (inst. II 4,26), und Sokrates, der anerkanntermaßen Weiseste von allen, endete trotz= dem mit dem „verzweifelten" Bekenntnis, daß er weiter nichts als sein eigenes Nichtwissen erkannt habe (inst. III 28,17). Das Chri= stentum gilt nicht mehr, wie es im Frühwerk scheinen konnte, als eine neue oder vollkommenere Philosophie, sondern ist dazu be= rufen, alle Philosophie zu überholen und als die Wahrheit selbst an ihre Stelle zu treten.

Gott hat die Menschheit nicht ihrem selbstverschuldeten Elend überlassen; er hat ihr den Weg des Lebens gezeigt und zwar so, daß er jetzt wirklich jedermann offen steht — ohne Unterschied des Al= ters, der Bildung und des Geschlechts. „Es gibt nur eine einzige Le= benshoffnung für die Menschen, einen Port des Heils, eine Burg der Freiheit": man muß die Augen aufschlagen und Gott anschauen, „der die einzige Heimstatt der Wahrheit ist"; man muß das Irdi= sche verschmähen und die Philosophie für nichts achten — so ge= winnt man Weisheit und durch die Weisheit, „d. h. durch Frömmig= keit", die Unsterblichkeit selbst (epit. 47,1). Die Unsterblichkeit er= scheint bei Laktanz überall als das eigentliche Heilsgut, philoso= phisch ausgedrückt: das höchste Gut (summum bonum, inst. III 12,18), das Gott den Frommen schenkt als Lohn und Erfüllung ihres Lebens. Zugleich ist die Unsterblichkeit aber auch eine Eigenschaft jeder geschaffenen Seele, die durch ihr geistiges Wesen unvergäng= lich ist. Ein·voller Ausgleich zwischen diesen zwei Gedankenreihen, zwischen der biblisch=christlichen und der philosophischen religiösen Überlieferung, ist Laktanz an dieser Stelle wie so oft nicht gelungen.

Das folgende Buch „Die wahre Weisheit und Frömmigkeit" (sie gehören unscheidbar zusammen!) zeigt noch seltsamer das Neben= einander von philosophischen Schulerörterungen in ihren traditio= nellen Formen und der ganz andersartigen, z. T. phantastisch ausge= bauten christlichen Heilslehre und Mythologie — überdeckt und in scheinbare Harmonie gebracht durch den gleichmäßig fortströmen= den Fluß einer stets korrekten, ciceronianischen Eloquenz. Der himmlische Ursprung und das Erlösungswerk Christi werden ge= schildert und die heidnischen Einwände gegen Sinn und Möglichkeit der Inkarnation und besonders der Kreuzigung auf mannigfache Weise widerlegt. Im allgemeinen erscheint Christus bei Laktanz vor allem als Lehrer der wahren Religion und Tugend. Man kann ihm um so sicherer trauen, als er zugleich auch durch sein Vorbild und Beispiel überzeugt. Das fünfte und sechste Buch handeln von der christlichen „Gerechtigkeit" und vom wahren Gottesdienst. Das goldene Zeitalter, von dem die Dichter künden, bestand so lange, als die Menschen noch den einen Gott verehrten. Mit dem Polytheis= mus ist dann auch die Gerechtigkeit entflohen, und die einzigen Ge= rechten, die Christen, werden in unerhörter Verblendung verfolgt. Und doch widerlegen die Christen alle Anklagen schon durch ihre heroische Geduld. Laktanz redet von den Martyrien mit dem stoi=

schen Pathos eines Seneca, aber betont zugleich, daß es überhaupt nur durch Gottes Beistand möglich sei, solche Qualen zu überwinden. Das Vorgehen der Verfolger ist jedenfalls das Gegenteil aller echten Gottesverehrung. Gott will die brüderliche Liebe und Humanität, die fromme Gesinnung und den moralischen Wandel unter den Menschen. Dem entspricht auf religiösem Gebiet der Verzicht auf jeden widerstrebend geleisteten Gottesdienst, also die praktische Haltung der Toleranz. Laktanz findet noch einmal Gelegenheit, gegen den äußerlichen Kultus der Heiden zu polemisieren, die Torheit des Bilderdienstes und der Opfer, bei denen man Gott mit vermeintlichen Kostbarkeiten eine Wohltat zu erweisen glaubt, wenn die Altäre vom Blute triefen. Der wahre Dienst „kommt nicht aus den Portemonnaies, sondern aus dem Herzen, wird nicht mit Händen, sondern mit dem Geiste dargebracht, und das wahrhaft angenehme Schlachttier ist dort zu finden, wo es die Seele aus eigenem Besitz opfert" (epit. 53,3). Dies ist der Gottesdienst, den die Christen kennen. Von der sozialen und sakramentalen Seite des kirchlichen Wesens ist hier wie auch sonst bei Laktanz so gut wie gar nicht die Rede.

Das letzte Buch handelt „vom seligen Leben" und geht noch einmal systematisch auf die Frage der Unsterblichkeit ein. Zum Schluß kommt die christliche Lehre von den „letzten Dingen" zur Darstellung. Staunend gewahrt der Leser, mit welcher Leidenschaft unser scheinbar so aufgeklärter Autor an allen Einzelheiten des kosmischen Enddramas hängt. Er ist weit davon entfernt, die Angaben der Offenbarung Johannis ins Spirituelle zu deuten und fügt ihnen weitere, apokalyptische Stoffe noch hinzu. In spätestens zwei Jahrhunderten wird das tausendjährige Reich seinen Anfang nehmen. Christus steigt mit seinen Engeln vom Himmel herab und schlägt in der Erdenmitte seinen Herrschersitz auf. Er bekleidet die auferstandenen Gerechten mit neuen Leibern und legt den Antichrist in Fesseln. Aber gegen Ende des siebenten Jahrtausends gewinnt dieser seine Freiheit zurück, es kommt zu einem furchtbaren Kampf um die Gottesstadt, bis der „jüngste Zorn" Gottes entbrennt und alles zum Abschluß bringt: der Himmel wird eingerollt, die Erde verwandelt, und die Ungerechten werden zu ewigen Qualen verdammt, während die Gerechten nunmehr, „blendend wie der Schnee", die Gestalt der Engel gewinnen (inst. VII 26,5). „Also laßt uns der Gerechtigkeit nachstreben; denn sie allein wird uns als treuer Begleiter zu Gott führen. Wir wollen, ‚solange der Geist noch regt diese Glieder' (Aeneis IV 336), Gott unermüdlichen Kriegsdienst leisten, Posten stehen und Wache halten, und mit dem wohlbekannten Feinde wacker den Kampf aufnehmen, auf daß wir als Sieger und Triumphatoren dann auch den Preis der Tugend vom Herrn erlangen, den Gott uns selber verheißen hat" (inst. VII 27,16).

Überblickt man das Ganze, so merkt man wohl, wer dieses weitschichtige Werk gestaltet hat: ein alter, erfahrener Schulmann, der in der lateinischen Literatur völlig zu Hause ist und jetzt alle Fähig-

keiten einer langjährigen rhetorischen Erfahrung in den Dienst der
christlichen „Wahrheit" stellt (inst. I 1,10). Gottes Geist, sagt Lak=
tanz, steht mir bei; denn ohne ihn könnte die Wahrheit überhaupt
nicht erkannt oder dargestellt werden (inst. VI 1,1). Aber das Ma=
terial, mit dem er arbeitet, ist zum größeren Teil trotzdem nicht
christlichen, sondern heidnischen Ursprungs. Bei dem Weissagungs=
beweis, auf den er selbst den größten Wert legt, springt dies be=
sonders in die Augen: er ist fast ausschließlich auf wirklich oder ver=
meintlich heidnische Zeugnisse, vor allen Dingen auf die (jüdisch
oder christlich interpolierten) Sibyllinen, aufgebaut, auf die Offen=
barungen des „Hermes" und auf Orakel= und Dichterworte beliebi=
ger Provenienz. Später hat Laktanz auch Vergil als Propheten be=
handelt, der die letzten Christenverfolgungen schon vorausgesehen
und geweissagt habe. Er steht somit am Anfang der christlichen Ver=
gilinterpretation. Nur in den christologischen Partien des vierten
Buches, wo es ganz unumgänglich war, zitiert Laktanz in stärkerem
Maße das Alte Testament, und hierbei folgt er meist der Testi=
moniensammlung Cyprians. Aber man darf daraus nicht ohne wei=
teres auf eine entsprechend oberflächliche Schriftkenntnis schlie=
ßen: wer die göttliche Autorität der heiligen Schriften so entschie=
den anerkennt, wie Laktanz es tut, hat sie gewiß auch gelesen und
gekannt. Aber Laktanz schreibt jetzt, um ein heidnisches Publikum zu
gewinnen. Er weiß, welchen Widerwillen die „vulgäre und gewöhn=
liche" Sprache der Bibel gerade „bei den weisen, gelehrten und maß=
gebenden Persönlichkeiten" erregt, und sucht daher lieber an be=
kannte und anerkannte Texte anzuknüpfen. Sie stimmen ja mit der
Bibel überein und sind daher ebenso wahr. Schließlich vermag die
Wahrheit wohl auch dort, „wo sie nicht mit göttlichen Zeugnissen
belegt werden kann, kraft ihres eigenen Lichts zu erleuchten" (inst.
VII 7,5).

Das Ganze, das Laktanz auf diese Weise zustande bringt, ist
mehr als eine bloße Apologie. Sein Werk soll, wie er selbst betont,
nicht bloß abwehren, sondern auch unterweisen (inst. V. 4,3). Dazu
ist es nötig, den ganzen Inhalt des christlichen Glaubens und Lebens
darzustellen; es mußte gleichermaßen „von der Hoffnung, vom Le=
ben, vom Heil, von der Unsterblichkeit und von Gott" darin die
Rede sein (inst. I 1,12). Eine solche Gesamtdarstellung hatte die
Kirche in lateinischer Sprache bis dahin nicht besessen; auch das am
ehesten vergleichbare systematische Frühwerk des Griechen Orige=
nes ist anders orientiert und bleibt, an den „Institutionen" gemes=
sen, in einem viel strengeren, philosophisch=esoterischen Sinne
„Dogmatik". Man könnte an Klemens von Alexandrien erinnern,
der in seiner großen Trilogie Ähnliches erstrebt, aber nicht vollen=
det hatte. Ein Vergleich mit diesem ist auch sonst lehrreich; denn
er zeigt die ganze Andersartigkeit der lateinischen theologischen
Haltung — auch dort, wo beide durch verwandte gnostisch=platoni=
sche Traditionen miteinander verbunden sind. Schon dies ist be=
zeichnend, daß Klemens seine heidnischen Vorläufer als solche auch

anerkennt, liebt und bis zu einem gewissen Grade bejaht; dagegen begnügt sich Laktanz damit, nur immer wieder das Scheitern und letzte Versagen aller Philosophen herauszustreichen. Der Ton, in dem er von ihnen spricht, ist selten achtungsvoll, niemals freundlich und jedenfalls in der Sache so gut wie überall entschieden pole= misch. Ebenso verschieden ist die Art, in der beide für die christliche Lehre zu werben suchen. Klemens wagt sich der geheimnisvollen Wirklichkeit Gottes überhaupt nur zögernd, auf verschiedenen We= gen in einer gewissen schwebenden Dialektik zu nähern; er betont, daß es der inneren Reife und eines besonderen Verstehens bedürfe, um sie wirklich zu begreifen. Solche Schwierigkeiten und Umwege sind dem durch und durch handfesten Offenbarungsrationalismus eines Lactantius gänzlich fremd. Das Christentum ist die Wahrheit, d. h. es müßte eigentlich jedem Gutwilligen ohne weiteres ein= leuchten. Gott hat sie gegeben, man braucht sie bloß zu lernen und kann sie dann auch vernünftig verteidigen. Der entscheidende Be= weis liegt in den moralischen Wirkungen, die sie zu Wege bringt. Wozu bedarf es dagegen einer Philosophie, wenn sie die Menschen, wie das Leben der Philosophen zeigt, keineswegs „besser" macht (inst. IV 3,2)? Hier liegt der Punkt, an dem die vermeintliche Weis= heit der Welt ihre Probe bestehen soll, und hier zeigt das Christen= tum endgültig seine Überlegenheit. Das ist ein Gedanke, der auch Klemens nicht fremd und mehr oder weniger jedem christlichen Apologeten vertraut ist. Aber bei Laktanz ist er die Krönung seiner theologischen Verkündigung: dort, wo Klemens die freie, verklä= rende „Gnosis" eines liebenden und schauenden Umgangs mit Gott alles menschliche Erkennen überhöhen und vollenden läßt, meldet sich bei ihm die eindeutige Forderung der „Gerechtigkeit", die ja „die höchste Tugend oder der Quell der Tugend selber ist" (inst. V 5,1). Diese Gerechtigkeit ist ein ausgesprochen moralischer und so= zialer Begriff. Die religiösen Ideale des späteren Platonismus wer= den so von dem praktischen Pathos der stoischen und zwar der aus= gesprochen römisch=stoischen Tradition durchkreuzt. An sie lassen sich dann die alten Forderungen kirchlich=christlicher Sittlichkeit ohne weiteres anschließen. Die fünf vornehmsten Gebote einer wah= ren Humanität heißen jetzt Gastfreundschaft, Auslösung Gefange= ner, Sorge für Witwen und Waisen, Krankenpflege und Bestattung der Armen und Fremden! Die Tugend der Gerechtigkeit schließt vor allem die „Menschlichkeit" ein, ja sie wird bei Laktanz mitunter fast gleichbedeutend mit der „Barmherzigkeit". Das Christentum kommt den traurigen Wandlungen der erstarrten und pauperisierten spätantiken Gesellschaft offenkundig entgegen. Die neue Tugend= lehre wurzelt nicht zufällig im religiösen Bereich; „fast alle Bande der Menschlichkeit", sagt Laktanz, die uns gegenseitig verpflichten, entspringen ja „der Furcht und dem Bewußtsein der eigenen Ge= brechlichkeit" (opif. 4, 18).

Fragt man dagegen nach den im engeren Sinne theologischen An= schauungen, so ist das Ergebnis enttäuschend. Alles, was Tertullian und Novatian für eine systematische Trinitätslehre geleistet hatten, ist bei Lactantius vergessen. Was er anstatt dessen zu bieten hat, ist eine massiv=mythologische Götter=Genealogie. Wir hören, daß Gott — noch ehe er die Vielzahl der Engel erschuf — als „Zweiten" einen innig geliebten Sohn hervorbrachte. Das heißt: die Christen ver= ehren „zwei Götter"; aber das braucht niemanden zu verwirren, weil ein „Vater" und ein „Sohn" überall ihrem Wesen nach zusammen= gehören und zwischen diesen beiden stets die vollkommene Über= einstimmung herrscht. Schließlich spricht ja auch Plato, von Hermes belehrt, fast „wie ein Prophet" von einem ersten und einem „zwei= ten Gott" (epit. 37,4). Gott schuf indessen noch einen dritten Geist, in dem sich die „Wesensart seines göttlichen Geschlechtes" aber nicht mehr dauernd behauptete (inst. II 8,4). Er empörte sich aus Eifersucht gegen den Zweiten und wurde so, von einem Teil der Engel gefolgt, zu einem bösen Widergotte, dem „antitheus" (inst. II, 9,13). Dieser Zwist in der göttlichen Familie wird von Laktanz mit Hilfe der stoischen Elementenlehre „religionsphilosophisch" inter= pretiert. Die Verwerfung des Teufels war kein bloßes Schicksal, das er sich zuzog, sondern war auch von Anfang an durch Gott voraus= gesehen und geplant. So wie Gott durch seinen Sohn alles Gute schaffen und wirken wollte, bestimmte er den Dritten von vornher= ein zu dessen Gegenspieler. „Der eine Geist ist seine Rechte, der andere ist seine linke Hand" (inst. II 8,6 LA 2). Denn es gibt kein Leben ohne Gegensatz; zwei Prinzipien durchwalten die Welt, und das Gute hat das Böse zu seiner unumgänglichen Voraussetzung. Es gibt kein Warmes ohne das Kalte, kein Licht ohne Finsternis und auch im sittlichen Leben keinen Sieg ohne Widersacher und voraus= gegangenen Kampf. Wie töricht sind die Leute, die Gottes Weltord= nung der Mangelhaftigkeit und Ungerechtigkeit beschuldigen! Ge= rade der Mensch ist, solange er lebt, mit gutem Grunde in die Ent= scheidung gestellt: sein Körper ist irdisch, und in ihm wohnt das Böse — seine Seele ist himmlisch und soll sich in ihrer Freiheit be= währen. Gewiß bringt der Böse viele zu Fall; aber er wird auch sei= nerseits von vielen besiegt und zu Boden geworfen (opif. 19,8 LA5). Die ganze in sich zwiespältige Welt ist ja nur um des Menschen wil= len geschaffen, damit er — nicht ewig ein Kind — durch Kampf die Tugend erlerne „und ihm diese seine Tugend die Unsterblichkeit schenke" (inst. VII 5,27 LA 17). Wie man sieht, empfindet Laktanz als Schüler der römischen Stoa keine Schwierigkeit, wenn er seine monistische Theologie mit einer schroff dualistischen Ethik in sol= cher Weise zusammenschließt — und diese Theodizee dient nun der überkommenen mehr jüdischen als christlichen Spekulation über den Kampf und Fall der Engel zur Rechtfertigung! Vielleicht sind ihm später aber doch theologische Bedenken gegen diese kühnen Be= hauptungen aufgestiegen: ohne daß die Gesamtanschauung verän= dert wäre, sind die gewagtesten Partien dieser Art in der Mehrzahl der Handschriften heute gestrichen.

Vom Heiligen Geiste als einer eigenen Größe ist in Laktanzens

Schriften überhaupt nicht die Rede; der „Dritte" war ja der Teufel. Ja, in einem Brief soll er später die „Substanz" des Geistes sogar ausdrücklich geleugnet und ihn einfach auf die Person des Vaters oder des Sohnes bezogen haben, deren „Heiligung" jeweils unter diesem „Namen" bezeichnet würde (Hieron. ep. 84, 7). Solche Ent= gleisungen wurden Laktanz in späteren Zeiten begreiflicherweise übel vermerkt: ein Index aus dem frühen sechsten Jahrhundert rech= net seine Bücher ausdrücklich zum „apokryphen", d. h. zum mehr oder weniger anrüchigen, kirchlich nicht approbierten Schrifttum. In Wahrheit handelt es sich hier aber doch nur um die Schwächen eines Autodidakten, der sich seine theologischen Anschauungen beliebig zusammensucht oder auch selber gebildet hat, ohne daß ihm, dem Moralisten und praktischen Apologeten, an den Einzelheiten seines „Systems" besonders viel gelegen wäre. Jedenfalls fühlt sich Lak= tanz, der Heimat fern und in der griechischen Umgebung erst recht sich selbst überlassen, persönlich völlig orthodox. Es kränkt ihn als guten Katholiken, daß „die Eintracht des heiligen Leibes" (der Kirche) durch leichtfertige, ehrgeizige oder auch lediglich törichte und urteilslose Sekten zerrissen wird, und zeitweilig plante er dar= um ein eigenes Werk zu ihrer Widerlegung (inst. IV 30, 14). Zum Glück für seinen Nachruhm ist es unausgeführt geblieben. Selbst Hieronymus, der Laktanz wohl will, kann einen Seufzer darüber nicht unterdrücken, daß ein so erfolgreicher Bekämpfer des heidni= schen Irrtums bei der Bekräftigung des eigenen Glaubens so wenig Geschick gezeigt habe (ep. 58, 10). Einer so heiklen Aufgabe wäre seine oberflächliche, mehr rhetorische als philosophische Theologie bestimmt nicht gewachsen gewesen.

Trotzdem darf man den christlichen Gehalt seiner Überzeugungen nicht unterschätzen. Es gibt zwischen den antiken und den christ= lichen Elementen seines Denkens mitunter interessante Übergänge. Eine kleine, nach den Institutionen entstandene Spezialabhandlung über „Gottes Zorn" zeigt dies besonders anschaulich. Sie behandelt wieder ein apologetisches Problem. Das leidenschaftliche, persön= lich=temperamentvolle Handeln Gottes, wie es besonders das Alte Testament schildert, war einem griechisch bestimmten Empfinden an der kirchlichen Verkündigung von jeher anstößig gewesen. Ist es nicht das Wesen der Gottheit, gerade keine „Affekte" zu haben wie der Mensch? Tertullian hatte demgegenüber mit Recht den Heilswillen seines Gottes und die damit gebotene Hinwendung zur Welt und ihren „Leiden" hervorgehoben; der Zorn ist bei ihm gleichsam nur die Kehrseite des göttlichen Erbarmens. Laktanz hat die tertullianischen Ausführungen gekannt, nähert sich dem Pro= blem aber in charakteristisch verschiedener Weise. Er sieht im Zorn vor allem den Ausdruck der strafenden Gerechtigkeit, der in all seinen Werken so stark betonten „iustitia". Gott ist in seinen Augen gerade darum „Vater", weil er zugleich „dominus", der Herr, ist und als solcher das „Imperium" ausübt. Insofern muß sein gü= tiges und gerechtes Regiment gegebenenfalls auch Übel verhängen und den Herrscherzorn walten lassen. Das ist eine Interpretation des biblischen Gottesgedankens, wie sie gerade dem römischen Empfinden entsprach, ja man darf es wohl noch schärfer ausdrücken: wir stoßen hier auf eine weitgehende, echte „Kommensurabilität" des biblischen und römischen Denkens (Kraft). Die römische Vorstellung des gesetzlichen Herrentums und Herrschertums, wie sie auch dem „pater familias" eignet, wird in der Übertragung auf den souveränen Gott im Christentum völlig zu Ende gedacht. Die Bibel, auf die sich Laktanz hierbei stützt, ist dabei immer noch in erster Linie das Alte, und zwar das moralistisch verengte Alte Testament. —

Die christenfreundlichen Vereinbarungen der Kaiser Konstantin und Licinius und der Untergang des letzten Verfolgers Maximin machten der Unterdrückung ein Ende (313). Laktanz muß damals bereits ein alter Mann, vielleicht, wie Hieronymus meint, schon ein „Greis" gewesen sein. Konstantins Sieg und Aufstieg wurde von ihm wie von allen Christen mit Jubel begrüßt. Er sah in ihm — zunächst wohl neben Licinius — den gotterwählten Retter der Ordnung und Gerechtigkeit, den Beschützer und Befreier der so lange zu Unrecht bedrängten Christen und pries ihn alsbald selbst als Anbeter des wahren Gottes. Wahrscheinlich war er schon von früher her mit ihm bekannt. Noch vor dem Ausbruch der großen Verfolgung weilte Konstantin einige Zeit als eine Art Geisel für den Vater am Hofe Diokletians in Nikomedien. Die Vermutung liegt nahe, daß der junge Prinz dem gleichfalls landfremden, angesehenen Rhetor hier zum mindesten schon begegnet war. Jetzt berief er ihn zum Erzieher seines ältesten Sohnes Crispus, und Laktanz folgte mit Freuden dem ehrenvollen Rufe, der ihn wieder in den lateinischen Westen, nach Gallien brachte. Der lange Jahre verfemte, mittellose Schriftsteller befand sich nun mit einem Mal wieder in einer Stellung, wie sie glänzender für einen Mann seines Schlages nicht gedacht werden konnte. Konstantin legte Wert darauf, als Gönner der Christen und als Förderer der geistigen Bildung und Kultur zu gelten. Man mag es sich ausmalen, wie Laktanz in den Palästen Triers als Celebrität empfangen wurde oder in einer der schönen Villen des Moseltales seinem kaiserlichen Zögling Vortrag hielt. Trier dürfte für gewöhnlich sein Wohnsitz gewesen sein; aber es ist nicht ausgeschlossen, daß er gelegentlich Konstantin selbst auf seinen Reisen begleitet hat. Wir können darüber keine näheren Angaben machen, weil es nicht in Laktanzens Art liegt, in seinen Büchern von sich selber zu reden, und andere Nachrichten nicht zur Verfügung stehen.

In seiner neuen Stellung hatte Laktanz auch Muße genug für seine literarischen Arbeiten. Vielleicht hat er die „Institutionen" erst jetzt zum Abschluß gebracht oder hat sie mit den schwungvollen Anreden an seinen kaiserlichen Herrn neu herausgegeben. Später, als ein Alterswerk, erschien noch eine Kurzfassung des Buches in einem einzigen Bande. Dieser „Auszug" (Epitomé) ist durch die Straffung der Hauptgedanken, unter Verzicht auf alle krausen Ein=

zelheiten und Wiederholungen eine besonders gelungene Leistung, die Laktanzens sicheres Talent und seine ruhige Wesensart in einem besonders sympathischen Lichte zeigt. Das Werkchen ist einem „Bruder Pentadius" gewidmet, der darauf Wert legte, von dem hochgestellten, berühmten Manne in dieser Weise genannt zu wer= den. Sicher stammt auch ein Teil der sozusagen beruflichen, nicht eigentlich christlichen Schriftstellerei des Rhetors Lactantius aus dieser Zeit. Laktanz ist der erste christliche Epistolograph, der eine Reihe von Briefsammlungen veröffentlicht hat, gewiß nicht nur um ihres Inhalts willen, sondern auch als Muster des guten brieflichen Stils. Hieronymus standen diese Sammlungen neben einem „Gram= maticus" und den schon genannten Jugendschriften noch zur Ver= fügung. Allerdings war in den Briefen auch von theologischen Din= gen die Rede — aber doch nur „selten", in einem bunten Vielerlei weiterer wissenswerter Dinge, wie sie die spätantike Bildung schätzte. Papst Damasus, der sich den Codex von Hieronymus aus= lieh, fand ihn jedenfalls weitschweifig und langweilig, mit seinen Philosophenanekdoten und seinen metrischen und geographischen Mitteilungen höchstens für Schulmeister interessant. Auch als Dich= ter hat sich Laktanz noch einmal versucht: er behandelte den tra= ditionellen Stoff vom Vogel Phoenix in einer Weise, die von ihm selbst wohl christlich=allegorisch gemeint war, einem Außenstehenden in dieser Beziehung aber kaum verständlich sein konnte. Übrigens scheint eine unter dem Namen „Firmianus" überlieferte Vergil= konjektur gleichfalls auf unseren Firmianus Lactantius zurückzu= gehen.

Allein Laktanzens weiteres Leben erschöpfte sich nicht in der Pflege seiner alten Interessen in einem neuen nunmehr christenfreundli= chen und für ihn völlig störungsfreien Milieu. Tatächlich hat sich sein Gesichtskreis in der neuen Lage und Umgebung geweitet: der Christ und Theologe beginnt, sich für das Schicksal des Reiches zu interessieren. Der alte, gelehrte Apologet zeigt noch immer eine überraschende Aufgeschlossenheit und innere Beweglichkeit. In ge= wisser Weise war Laktanz schon immer ein bewußter, praktischer Römer gewesen. Wenn er in seinem Hauptwerk die römische Ver= gangenheit angreift, wenn er hier den Christen Kriegs= und Justiz= dienst verbietet (inst. VI 20, 16), so hat das traditionelle und spe= ziell theologische Gründe und ist kein Ausdruck einer besonders staatsfernen oder weltflüchtigen Gesinnung. Laktanz zeigt gleich= wohl Interesse für soziale und politische Probleme und findet es auch sehr richtig, daß Cicero „die Männer des öffentlichen Lebens höher stellt als die Lehrer der Philosophie" (inst. III 16, 2). Er miß= traut der leichtfertigen, geschwätzigen Art philosophierender Grie= chen, die es von jeher geliebt haben, „die nebensächlichsten Dinge besonders wichtig zu nehmen" (inst. I 18, 7), und hält auf öffent= liche Ordnung und Gerechtigkeit. Es ist kaum zufällig, wenn sich diese Richtung seines Wesens in dem jüngeren „Auszug" seines Handbuchs noch zu verstärken scheint. Nun kommt die Tapferkeit, die das Vaterland schützt, wieder zu ihrem gewohnten Recht (epit. 56, 4), und die Lehren mancher Philosophen werden auch politisch kritisiert. „Wie sollten die Staaten bestehen können", wenn z. B. die Grundsätze der Kyniker allgemeine Gefolgschaft fänden (epit. 34, 5)! Laktanz lebt jetzt eben in der Umgebung eines christen= freundlichen Kaisers; da erscheinen die politischen Aufgaben wie von selbst in einem neuen Licht — und es bleibt nicht bei solchen theoretischen Erörterungen.

Mit der Abhandlung über „die Todesarten der Verfolger" (de mortibus persecutorum) vollzieht Laktanz zum ersten Mal den Schritt in die aktuell=politische Schriftstellerei. Solange die Christen vom öffentlichen Leben noch ausgeschlossen waren, war etwas Der= artiges für sie natürlich nicht in Betracht gekommen. Laktanz schreibt freilich auch jetzt als Theologe, wenn man will: als erster Vertreter einer lateinisch=christlichen Geschichtstheologie. Inhaltlich gesehen, stellt sein Buch ein Stück „Gegenwartsgeschichte" dar. Nach einer kur= zen Einleitung über die älteren Verfolger schildert es die christenfeind= lichen Maßnahmen aller Kaiser seit Diokletian und beschreibt die furchtbaren Strafen, die sie ausnahmslos damit zugezogen ha= ben. Das Glück verließ sie regelmäßig dann, wenn sie sich hinrei= ßen ließen, „ihre Hände mit dem Blute der Gerechten zu beflecken" (9, 11); selbst ihre Frauen und Töchter traf das Verderben, und nur die frommen, von Gott erweckten Herrscher haben sich behauptet und dürfen sich heute eines ungestörten Friedens und strahlenden Glückes erfreuen. Die Lehre, die sich daraus ergibt, liegt auf der Hand und wird hervorgehoben. Es ist die besondere Pflicht des Ge= schichtsschreibers, der Nachwelt die Wahrheit zu überliefern, damit sie künftigen Generationen zur Warnung gereicht: Gott schützt die Gerechtigkeit und führt alle Gottlosen und Verfolger unweigerlich der verdienten Bestrafung zu! Das ist ebensowohl eine theologische wie eine politische Wahrheit. Laktanz hat sein Buch einem über= lebenden Märtyrer gewidmet, den er persönlich kennt; aber es ist klar, daß er nicht nur christliche Leser im Auge hat, ja er denkt wohl nicht zuletzt an den Kaiser Licinius selbst, der sich damals der christenfeindlichen Partei von neuem zu nähern begann. Leider kön= nen wir die Schrift nicht sicher datieren; aber sie gehört jedenfalls in die Jahre der beginnenden Entfremdung zwischen Konstantin und Licinius, der mit spürbarer Kritik geschildert wird, des beginnenden „kalten Krieges" zwischen der westlichen und östlichen Reichshälfte, der einige Jahre später in den heißen Krieg überging und 324 mit Konstantins Alleinherrschaft endete. Man darf wohl annehmen, daß Laktanz dieses Buch nicht ohne jede Abstimmung oder wenig= stens indirekte Fühlungnahme mit Konstantin veröffentlicht hat. So gesehen, gewinnt die apologetische Flugschrift fast den Charakter eines gezielten religionspolitischen Pamphlets.

Aufs Ganze gesehen, erweisen sich die historischen Angaben des Büchleins als durchaus zuverlässig. Laktanz schreibt wohl polemisch und parteiisch, wie das in solchen Fällen üblich ist, aber er hütet sich, die Wahrheit irgendwo bewußt zu entstellen. Auch in formaler Hinsicht ist das Schriftchen durchaus gelungen. Die starke persön= liche Anteilnahme am Geschehen bringt den steifen, akademischen Stil mehr als sonst in Bewegung; mitunter gewinnt die Darstellung fast dramatisches Leben. Trotzdem ist sie für moderne Leser par= tienweise schwer zu ertragen. Die Verherrlichung der blutrünstigen Martyrien wirkt abstoßend, und der mitleidlose Triumph über die grausam gestürzten Feinde hat etwas Gehässiges; er erinnert uns an Nietzsches Deutung des christlichen „Ressentiments". Früher suchte man, das Buch vielfach Laktanz ganz abzusprechen, um es dann mit der gewohnten Notauskunft der Philologen auf irgend= einen unbekannten „Schüler" abzuwälzen. Der „Fanatismus" und der feindselige Ton schienen nicht zur edlen Humanität, Kultur und Feindesliebe zu passen, die Laktanz sonst zu erkennen gibt. Aber Laktanz ist nicht der letzte christliche Humanist, der auf den Boden der Politik und der aktuellen Gegensätze übertretend in die= ser Weise sein Gesicht verändert oder verliert. Er steht mit seiner natürlich=vernünftigen Moral und der ihr gemäßen politischen Theologie, ohne es selbst zu ahnen, schon auf der Schwelle zur neuen Zeit mit einer „herrschenden" Kirche, für die die Forderung der Toleranz und der geistigen Achtung des Gegners praktisch kaum mehr Gewicht haben wird.

Am interessantesten ist sein Buch, wenn man es so, als Doku= ment des werdenden politischen Bewußtseins einer zur Herrschaft berufenen Kirche versteht. Der Grundgedanke ist in der älteren Apologetik bis zu einem gewissen Grade schon vorbereitet: „Wer die Gerechtigkeit verfolgt, kann nur ein Bösewicht sein" (mort. 4, 1). Tertullians These, daß die toleranten Kaiser stets glücklich re= giert hätten, während alle Verfolger als Menschen und Regenten gleich unselig gewesen wären, wird von Laktanz aufgenommen und zum ersten Mal mit einer entsprechenden historischen Darstellung fundiert. Aus einem mehr taktisch=polemisch vorgebrachten Argu= ment des apologetischen Kampfes ist damit ein geschichtstheologi= scher Grundsatz geworden, auf den sich die Christen hinfort berufen und erbaulich verlassen werden. Sie sind es ja, die die Gerechtigkeit auf Erden vertreten, und wer sie angreift, macht sich Gott selber zum Feinde und muß die Folgen zu spüren bekommen. In dieser verdiesseitigten Fassung gewinnt der christ= liche Gerichtsgedanke nun aber auch unmittelbar Anschluß an die ältere römische politische Ideologie. Die Siege Roms waren danach von jeher die Folge der römischen Tugend und Gerechtigkeit ge= wesen. Jetzt ist es aber der eine, wahre Gott der Christen, der diese sittlich=religiöse und politische Gerechtigkeit in der Person der frommen Kaiser in seinen Schutz nimmt. Die Hand Gottes be= schirmt Konstantin (mort. 24, 5), während die bösen, christenver= folgenden Kaiser durchweg als unfähige „Tyrannen" erscheinen, die zugleich mit dem Christentum auch das Recht unterdrücken und „barbarische" Sitten einführen, üble „Bestien", die die Wahrheit

Gottes so wenig ertragen können wie die alte römische Freiheit, Tugend und Zucht. Man darf solche übertreibende Behauptungen nicht als Schmeichelei und Heuchelei beurteilen; sie sind im Munde eines Christen, der die konstantinische Wende erlebt hat, begreif= lich genug. Aber Laktanz steht hier als „Theologe" zugleich im Schatten einer uralten heidnischen Tradition, gegen die sein Chri= stentum kein Gegengewicht besitzt. Noch ist der Umschwung kaum vollendet, und schon ist die alte Märtyrer= und Verfolgungsideologie der Kirche wie weggeblasen und fast in ihr Gegenteil verkehrt. Die Christen sind nicht mehr Fremdlinge in der Welt und leiden nicht für eine wesenhaft andere Wahrheit, als sie die Welt fordert und kennt. Nur die heroisierende Erinnerung an die alten Kämpfer und ihre Leiden verbindet noch mit einer Vergangenheit, die, wie man hoffen möchte, nie mehr wiederkehren wird. Aber man darf neben dem kurzschlüssigen Optimismus und Moralismus dieser Betrach= tungsweise auch ihre positiven Elemente nicht übersehen: sie ver= bindet sich mit einer selbstverständlichen Bereitschaft zur politi= schen Mitarbeit und einer Bejahung des staatlichen Lebens im Rah= men einer sehr bestimmt verstandenen neuen „Gerechtigkeit".

Das alles beginnt sich in diesem letzten Werk, das wir von Lac= tantius besitzen, eben erst abzuzeichnen. Noch ist die Drohung und der Triumph über die „Verfolger" weit stärker als Verheißung und Lobpreis des frommen, die Christen achtenden Kaisers, und das traditionelle römisch=politische Pathos ist deutlicher erkennbar als ein christliches Reichsideal. Die neue Linie des politischen Denkens kündet sich gleichwohl an: im Gedanken der „Gerechtigkeit", wie ihn Laktanz schon in den „Institutionen" entwickelt hatte, ist der gemeinsame Nenner für Staat und Kirche, wie es scheint, gefunden. Für solche Ausführungen hatte Konstantin ein offenes Ohr. Auch die im engeren Sinne theologischen Grundgedanken des Laktanz kamen seinen eigenen religionspolitischen Absichten weit entgegen. Das Pathos des monotheistischen Vorsehungsglaubens und der sitt= lichen Kultur, die Forderung der religiösen Duldsamkeit und einer besseren Moral, auch die Betonung der alten römischen Größe und Tradition paßten zu seiner Politik der Reichserneuerung, die die Christen fördern und die heidnische Mehrheit doch nicht vor den Kopf stoßen wollte. Konstantins Erlasse und Reden stimmen im Grundsätzlichen und mitunter auch in der Formulierung so stark mit Lactantius überein, daß es kaum ein Zufall sein kann. Allem Anschein nach hat er den Hofmeister seines Sohnes gelegentlich auch zur eigenen Unterrichtung herangezogen. Wenn dessen mis= sionarische Predigt in Konstantins Fassung gelegentlich etwas neu= traler, unbestimmter und allgemeiner klingt, so ist das nach Lage der Dinge verständlich und muß nicht als mangelnde innere Zu= stimmung gedeutet werden. Vielleicht war Konstantin in seinem po= litischen Wollen sogar mehr Theologe, als Laktanz an seinem Hof zum Politiker geworden war.

Wir wüßten von diesen Dingen wahrscheinlich mehr, wenn die

Entwicklung nicht über diese abendländischen Anfänge der neuen, noch nicht im späteren Sinne staatskirchlichen Politik so schnell hin= ausgeführt hätte. Laktanz ist dem Kaiser nicht mehr in den Osten gefolgt. Hier traten mit den neuen kirchlichen und theologischen Problemen alsbald neue Berater an seine Stelle. Die ausgeführte Theologie des christlichen Kaiserreichs hat erst Eusebios geschaffen; er hat auf diesem Gebiet seinen älteren Vorgänger darum auch im Be= wußtsein der Nachwelt fast völlig verdeckt. Wir wissen nicht, wie sich Laktanz zu den arianischen Streitigkeiten gestellt hätte und zu den kirchenpolitischen Entscheidungen, die sie nach sich zogen. Ein Athanasios wäre er gewiß nicht geworden; dazu fehlten ihm schon die theologischen Voraussetzungen. Aber vielleicht hätte er sich den „zeitgemäßen" Forderungen auch nicht so unbedenklich gefügt wie Eusebios, dem er in seiner politisch=apologetischen Grundhaltung sonst nahe steht. Laktanz war seiner ganzen Art nach kein Kirchen= politiker und gehörte einer älteren Generation an. Wir kennen üb= rigens weder die genaue Zeit noch die näheren Umstände seines Todes. Das furchtbare Ende seines Zöglings, den der eigene Vater zum Tode verurteilte (326), hat er wahrscheinlich nicht mehr erlebt. Andernfalls könnte man die Tilgung der begeisterten Anreden an Konstantin mit diesem Geschehen in Verbindung bringen; sie geht den schon erwähnten dogmatischen Streichungen völlig parallel. Doch dies sind vage Vermutungen, die wir auf sich beruhen lassen. Ein öffentlicher Bruch mit Konstantin ist gewiß nicht erfolgt. Lak= tanz war kein Hofmann und kein Streber; aber von jeher eher vor= sichtig als tollkühn, ruhig und überlegt in seinem Verhalten, wird er es vorgezogen haben, seine Tage in stiller Zurückgezogenheit zu beschließen.

Seine unmittelbaren Nachwirkungen sind zunächst gering. Nur Hieronymus kommt, wie wir gesehen haben, einige Male mit Sym= pathie auf ihn zu sprechen; auch Augustin muß ihn gut gekannt ha= ben und hat seine Schriften benutzt. Die große Laktanz=Begeisterung beginnt erst mit dem Humanismus des fünfzehnten Jahrhunderts. Die editio princeps seiner Werke von 1465 in Salerno ist das erste in Italien gedruckte Buch, und noch im selben Jahrhundert folgt ein gu= tes Dutzend weiterer Ausgaben. Pico rühmt die vollendete sprachliche Form des „christlichen Cicero"; Erasmus und Zwingli schätzen ihn, weil sie die ideale Vereinigung von Christentum und Antike in sei= nen Schriften erreicht sehen. Bis in die Aufklärung hinein bleibt Laktanz ein viel gelesener Schriftsteller. Es ist freilich nicht dasselbe, ob man sich jetzt unter Berufung auf die antike Humanität von dem Ballast theologischer Überlieferungen zu lösen sucht oder ob man wie Laktanz der antiken Gesellschaft, der er selbst angehörte, entgegenkommt, um sie zum neuen, christlichen „Wege" zu bekeh= ren. Von den Schwierigkeiten dieses Unterfangens besaß Laktanz frei= lich kaum eine Vorstellung. Die geistige Großmacht der Philosophie nimmt er nicht ernst, und den weltgeschichtlichen Umschwung, des= sen Zeuge er geworden war, meint er mit einer allgemeinen Ver=

geltungslehre theologisch zu bewältigen. So spiegelt er gleich=
sam nur die ersten naiven Reaktionen, mit denen die gebildeten
christlichen Kreise dem neuen Zeitalter damals begegnet sind. Sie
sind ebenso oberflächlich und unbesonnen wie ehrlich und ernst gemeint. Es bedurfte fast zweier Menschenalter Zeit, neuer Erfahrun=
gen und einer tieferen Theologie, als sie Lactantius besaß, um der
neuen Lage gerecht zu werden.

Die kritische Gesamtausgabe der prosaischen Werke hat s. Zt.
Sam. *Brandt* im CSEL geliefert (1890/97). Dazu treten jetzt einige
Sonderausgaben, so besonders von J. *Moreau* (mit Kommentar)
für De mortibus persecutorum (1954), H. *Kraft* und A. *Wlosok* für
De ira Dei (1957) und M. C. *Fitz=Patrick*, De ave Phoenice (1933).
Eine Auswahl von Übersetzungen findet man in der BKV 1919.
Die grundlegende Biographie stammt von R. *Pichon*, Lactance
(1901); dazu P. *Monceaux*, Histoire littéraire de l'Afrique chré=
tienne 3 (1905) 287—371. Förderliche neue Untersuchungen zur
äußeren und inneren Biographie Laktanzens bieten u. a. S. *Prete*,
Der geschichtliche Hintergrund zu den Werken des Laktanz, in:
Gymnasium 63 (1956) 365—382; J. *Stevenson*, The Life and Literary
Activity of Lactantius, Studia patristica I = Texte und Unter=
suchungen 63 (1957) 661—677; J. *Moreau* und H. *Kraft* in den Ein=
leitungen zu ihren genannten Ausgaben; A. *Wlosok*, L. und die phi=
losophische Gnosis (1960).

4. Kapitel

AMBROSIUS

Mit der Alleinherrschaft Konstantins (324) und der Gründung Konstantinopels verlagert sich das Gewicht der kirchlichen Entscheidungen wieder ganz in den Osten. Hier wird in den nächsten Jahren das Bündnis zwischen Kaisertum und Kirche fest geschlossen, hier beginnt der arianische Streit mit seinen schweren Erschütterungen; hier kommt es aber gleichzeitig auch zu einem allgemeinen Aufschwung des kirchlichen und theologischen Lebens. Das Abendland nimmt daran nicht teil und bringt von sich aus nichts Vergleichbares hervor. Von jeher gegenüber dem Osten „verspätet" und geistig im Rückstand, scheint die Entwicklung der lateinischen Kirche nach dem Tode von Laktanz fast ein Menschenalter zu stagnieren. Erst nach der Mitte des Jahrhunderts beginnt es langsam wieder zu erwachen. Den Anstoß bieten die äußeren kirchenpolitischen Verhältnisse, die den Westen von neuem mit der griechischen Kirche in Verbindung bringen.

Nach dem Tode Konstantins des Großen (337) war die Verwaltung des Reiches unter seine Söhne geteilt worden. Die relative politische Selbständigkeit des Abendlandes verstärkte noch seine geistige Isolierung gegenüber den östlichen Vorgängen. Man hatte sich zwar für Athanasios entschieden; aber selbst gebildete Christen hatten Jahrzehnte später noch nichts von Nicäa (325) und seinem Christusbekenntnis gehört. Die Lage änderte sich erst, als Konstantius, der Beherrscher des Ostens, 353 auch das Abendland in Besitz nehmen konnte und alsbald den Versuch machte, sein gegen Athanasios und das Nicaenum gerichtetes Kirchenregiment auch hier durchzusetzen. Äußerlich hatte er Erfolg: nur wenige standhafte Bekenner mußten in die Verbannung geschickt werden. Aber die Mehrheit der abendländischen Kirche wollte trotzdem bei der „Rechtgläubigkeit" bleiben. Der Druck, den sie durch die neuen kaiserlichen Bischöfe hie und da erdulden mußte, bestimmte die weitere Entwicklung. Der arianische Streit, von dessen theologischen Voraussetzungen man kaum etwas ahnte, erschien im Abendland von vornherein als Kampf um die Selbständigkeit der Kirche und um die Freiheit ihrer bekenntnismäßigen Entscheidung. Unter Julian dem Abtrünnigen (361—363) wurden alle Richtungen freigegeben, und die nicänische Partei gewann schnell wieder die Oberhand. Trotzdem glückte es auch unter seinem persönlich rechtgläubigen Nachfolger Valentinian I. noch nicht, die volle Einheit zurückzugewinnen. Die „arianischen" Bischöfe des Konstantius blieben im Amt; die synodalen Entscheidungen, die man gegen sie zustande brachte, wurden nicht vollstreckt. Die Regierung war der kirchlichen Streitigkeiten müde, und es schien am einfachsten, sie zu ignorieren und „einfrieren" zu lassen.

Zu der Verworrenheit der kirchlichen Verhältnisse kam die fortdauernde Ungeklärtheit der geistigen Lage. Der arianische Streit wurzelte in den Gegebenheiten der griechischen Theologie, wie sie besonders Origenes hundert Jahre zuvor geschaffen hatte. Es ging darum, die Gottheit Christi mit dem Monotheismus zusammen=zudenken und in ein metaphysisches Weltbild vernünftig einzuord=nen. Das war eine systematische Aufgabe, bei der sich das Abend=land bis dahin kaum beteiligt hatte. Auch jetzt bestand hier weit=hin die Neigung, sich mit einem einfachen Bekenntnis zur „Wesens=einheit" des Vaters und des Sohnes zu begnügen und weitere Fra=gen, die sich ergeben mußten, unter Berufung auf das Nicaenum kurzerhand abzuschneiden. Der Verzicht auf eine theologisch ver=antwortbare Lösung der Probleme drohte das Abendland auch von den gleichgesinnten nicänischen Kreisen des Ostens zu trennen, die ihrerseits mit den dort immer noch herrschenden „arianischen" Parteien in schwere Kämpfe und Auseinandersetzungen verwickelt waren. Alte Gegensätze, verrottete Mißverständnisse, unzählige praktische und theologische Schwierigkeiten standen einer allgemei=nen, „katholischen" Beendigung des Kirchenkampfes überall ent=gegen und wollten den Weg zum ersehnten „Frieden" nicht freige=ben. Nur so viel war klar: eine endgültige Bereinigung der Lage mußte auf einer festen dogmatischen Grundlage vollzogen werden und konnte ohne ein positives Verhältnis zur politischen Gewalt, ohne Neubegründung der staatskirchlichen Ordnung unmöglich gelingen.

Ambrosius ist der Mann, der diese Aufgabe geistig und kirchen=politisch bewältigt hat. Vor ihm ist nur einer zu nennen, der das=selbe Ziel in ähnlicher Weise wenigstens erkannt und angestrebt hat: Bischof Hilarius von Poitiers. Er ist in vieler Hinsicht ein Vorläufer, dessen Werk Ambrosius vollendet hat. Hilarius gehörte zu den unbeugsamen Nicänern, die von Konstantius in den Osten verbannt worden waren. Hier war ihm — jenseits der abendländi=schen Vorurteile — die ganze Bedeutung und theologische Kompli=ziertheit des Streites allmählich klar geworden, und seitdem suchte er seine westlichen Kollegen mit immer neuen Abhandlungen, Weißbüchern und Pamphleten über die bestehenden kirchlichen und theologischen Zusammenhänge aufzuklären und zwischen ih=nen und den „jungnicänischen" Führern des Osten zu vermitteln. In die Heimat zurückgekehrt, begann er auch die praktisch=kirch=liche Sammlung und drängte die übrig gebliebenen „Arianer" mehr und mehr in die Verteidigung. Aber auch Hilarius scheiterte zuletzt an dem Widerstand und der Gleichgültigkeit der staatlichen In=stanzen. Sein Versuch, den einflußreichen Bischof Auxentius von Mailand zu stürzen, endet mit seiner Ausweisung aus Italien, und bald danach ist er gestorben. Die Neuordnung der Staatskirche auf nicänischem Grunde ist erst Ambrosius geglückt. Er hat auch die geistige Auseinandersetzung mit den Arianern zu Ende geführt. Aber auch er hat sein Ziel nur schrittweise und nur mit Hilfe des Staates erreichen und in immer neuen, aufreibenden Kämpfen behaupten können, bis die neue Ordnung dann zuletzt für alle Folgezeit feststand. —

Ambrosius ist der erste lateinische Kirchenvater, der nicht als Heide, sondern als Christ geboren, erzogen und aufgewachsen ist. Er ist zugleich der erste Sproß aus der hohen stadtrömischen Aristokratie, der sich öffentlich für die Kirche eingesetzt und seinen Lebensberuf in ihr gefunden hat. Beides ist für seine geschichtliche Stellung bezeichnend und für sein Wirken selbst bestimmend geworden. In Ambrosius lebt eine innere Sicherheit und Unerschütterlichkeit der Artung, die durch alle Krisen und Stürme seines äußeren Lebens nur immer klarer zum Vorschein kommt. Überlegen klug, energisch, ein geborener Diplomat und gegebenenfalls ein äußerst gewandter Taktiker, scheint er in seinem eigentlichen Wollen und in seinen religiösen und sittlichen Überzeugungen niemals geschwankt zu haben. Er wirkt durch und durch echt in dem, was er fordert, und ist bei aller Härte seines Handelns niemals starr, unmenschlich oder gewissenlos. Man mag seine Ziele und die Art seines Vorgehens verabscheuen, der Mann selbst bleibt achtunggebietend, so wie ihm schon zu Lebzeiten auch seine Feinde Achtung und Anerkennung nicht versagen konnten. Die gleiche Klarheit und Lauterkeit zeichnet Ambrosius als theologischen Lehrer aus. Seine zahlreichen praktischen, erbaulichen und dogmatischen Schriften sind weder besonders originell noch besonders geistreich; aber sie haben in ihrer Sachlichkeit und Geradheit etwas Ernstes und Vertrauenerweckendes, das überzeugt. Ambrosius ist wie alle Väter der alten lateinischen Kirche rhetorisch wohl gebildet; er spart, wo es ihm geboten scheint, nicht mit den entsprechenden Künsten pathetischer Übertreibung, zur Schau gestellter Empfindungen und wort- und figurenreicher Deklamation. Aber keiner ist im Grunde so wenig Rhetoriker wie er. Man merkt es Ambrosius an, daß er unter der doppelten Verantwortung des Predigers und des politischen Führers seiner Gemeinde steht. Seine Rede zielt immer auf das Wesentliche und auf das praktisch Entscheidende. Sie ist unkompliziert, eher handfest als raffiniert; aber sie faßt den Hörer als ganzen Menschen ins Auge, ihr Ernst trifft ins Gewissen und zeigt trotz eines begründeten und mit den Jahren wachsenden Selbstbewußtseins keine Spur persönlicher Gefallsucht und Eitelkeit.

Ambrosius ist 339 in Trier geboren. Hier residierte sein Vater, Aurelius Ambrosius, der es bis zum hohen Rang des gallischen Präfekten gebracht hatte. Ein früher Tod beendete die Laufbahn, und seine Witwe zog mit drei Kindern wieder nach Rom. Hier besaß Ambrosius noch in späteren Jahren unter den ersten Familien Freunde und Verwandte; vielleicht gehörte er, wie der Familienname nahelegt, wirklich dem altberühmten Geschlecht der Aurelier an. In den Kreisen des römischen Hochadels lebte damals immer noch eine Bildung und Kultur, wie sie sonst im Abendland selten geworden war. So erklärt es sich, daß Ambrosius die griechische

Sprache wirklich und nicht nur schulmäßig erlernte — ein Gewinn, der ihm in seinem späteren Leben sehr zustatten kam. Zunächst schlug er, wie es für einen Mann seiner Herkunft nahelag, die Staatslaufbahn ein. Gegen Ende der sechziger Jahre finden wir ihn mit seinem Bruder Satyrus als „advocatus" beim zentralen Gerichtshof in Sirmium tätig, damals der wichtigsten Metropole des Balkangebiets. Um 370, also etwa dreißigjährig, ist er bereits zum Statthalter der oberitalienischen Provinzen Ligurien und Ämilien ernannt. Sein Amtssitz war Mailand, die Hauptstadt Oberitaliens, die den Kaisern des Westreichs schon wiederholt als Residenz gedient hatte.

Kirchlich wurde Mailand immer noch durch den Bischof Auxentius geleitet, einen geborenen Kappadokier, der nach Entfernung seines rechtgläubigen Vorgängers Dionys seinerzeit von Konstantius ins Amt gebracht war. Auxentius lehnte es zwar — wie seine ganze Partei — entschieden ab, „Arianer" zu sein; aber dem nicänischen Bekenntnis verweigerte er die Anerkennung, und dessen Anhänger in Mailand ließ er nicht hochkommen. Im übrigen suchte er dogmatischen Auseinandersetzungen möglichst aus dem Wege zu gehen und so seine kirchliche Machtstellung zu behaupten; aber seinen Gegnern galt er schon damals als ein „toter Mann". Wir wissen nicht, wie sich Ambrosius zu ihm gestellt hat. Seine Beamteneigenschaft verbot ihm ein allzu rücksichtloses Hervorkehren der persönlichen Überzeugung; andererseits ist seine streng nicänische Rechtgläubigkeit während der Mailänder Jahre gewiß nicht ganz unbekannt geblieben. Als Auxentius 374 starb, glaubten die Nicäner ihre Stunde gekommen: jetzt endlich sollte die Ketzerei für immer verschwinden. Gegen sie kämpften die Anhänger des Auxentius nicht minder leidenschaftlich um ihre kirchliche Existenz. Der Wahlkampf drohte in einen Tumult auszuarten, und Ambrosius eilte in die Kirche, um für die nötige Ordnung zu sorgen. Da, heißt es, habe gänzlich unvorhergesehen ein Kind seine Stimme erhoben und „Bischof Ambrosius" in den Raum gerufen, und wie durch ein Wunder hätten sich daraufhin alle Anwesenden spontan und einmütig auf seine Kandidatur geeinigt (vita 6). Die prophetische Kinderstimme mag eine legendarische Zutat sein; sonst erscheint es wohl denkbar, daß den streitenden Parteien die Erhebung einer zwar nicänischen, aber bis zu einem gewissen Grade dennoch „neutralen", durch den bisherigen Streit nicht vorbelasteten Persönlichkeit in diesem kritischen Augenblick als beste Lösung einleuchtete. Ambrosius versichert, er sei völlig überrascht gewesen, und suchte sich der Wahl zunächst zu entziehen. Nach seiner bisherigen Laufbahn konnte er für das hohe geistliche Amt gewiß nicht als vorbereitet gelten — er war damals noch nicht einmal getauft —, und ohne kaiserliche Zustimmung durfte er die Berufung keinesfalls annehmen. Er bat, seine Ordination wenigstens hinauszuschieben; aber als die uneingeschränkte Zustimmung Valentinians I. aus Trier eingetroffen war, sträubte er sich auch nicht länger.

Noch vor Ablauf des Jahres 374 wurde der fünfunddreißigjährige Staatsbeamte zum Bischof von Mailand geweiht.

Wenn die Regierung und das Volk von ihm vor allem die Wahrung kirchlichen Friedens erwartet hatten, so hat sie Ambrosius nicht enttäuscht. Er bestand zwar darauf, nur von den Händen eines Nicäners erst die Taufe und dann die Weihe empfangen zu wollen, und eine seiner ersten Amtshandlungen war die feierliche Heimholung der Gebeine seines Vorvorgängers, des in der Verbannung verstorbenen Bischofs Dionys. Der Umschwung zugunsten des nicänischen Bekenntnisses wurde also in aller Öffentlichkeit dokumentiert. Aber andererseits zeigte sich Ambrosius doch auch bereit, den ganzen Klerus des Auxentius in seine Dienste zu übernehmen. So vermied er es, mit Streit zu beginnen und den Gegensatz auf die Spitze zu treiben. Die Folgezeit hat seinem großzügigen Vorgehen Recht gegeben: von nun an steht der Mailänder Klerus in allen Kämpfen fest und treu zu seinem bischöflichen Herrn.

Der jähe Übergang „von den Tribünen dieser eitlen Welt und dem Geschrei öffentlicher Ehrungen zum Sange des Psalmisten" (paen. II 8, 72) erinnert ein wenig an den ähnlich schnellen Aufstieg Cyprians; aber die Zeiten hatten sich seitdem geändert. Für Ambrosius bedeutete dieser Wechsel im christlich gewordenen Römerreich weit weniger als für Cyprian eine Verleugnung seiner früheren Interessen. Das Amt eines Bischofs von Mailand stand dem eines Provinzialstatthalters an öffentlichem Einfluß, Ansehen und Verantwortung gewiß nicht nach. Und für seine römisch-adligen Traditionen konnte er im Raum der Kirche ein zwar neues, aber durchaus angemessenes Tätigkeitsfeld finden. Andererseits ist es nicht zu bezweifeln, daß Ambrosius schon vor seiner Wahl ein überzeugter und entschiedener Christ gewesen ist. Die Rechtgläubigkeit gehörte zur Überlieferung seiner Familie. Eine Märtyrerin zählte zu seinen Vorfahren, und die einzige Schwester Marcellina hatte schon vor seiner Bischofswahl das Gelübde ewiger Jungfräulichkeit abgelegt. Es wird auch schwerlich Zufall sein, daß er selbst und sein Bruder selbst noch unverheiratet waren. Das ehelose Leben gilt Ambrosius zu allen Zeiten als eine höhere, dem christlichen Ideal vorzüglich angemessene Lebensform; deren Bewahrung hat ihm, wie es scheint, niemals Schwierigkeiten gekostet. Wenn Ambrosius damals gleichwohl noch ungetauft war, so war dies nichts Unerhörtes und spricht eher für als gegen den Ernst seiner Gesinnung. Ein Beamter mußte unter Umständen blutige Verfügungen treffen oder auch Anschauungen und Bräuche in seiner Umgebung dulden, die mit einem vollkommenen Christentum unvereinbar erschienen. Möglicherweise hat sich Ambrosius auch schon vor seinem Berufswechsel mit theologischen oder mindestens halbtheologischen Gegenständen beschäftigt. Es spricht einiges dafür, daß eine lateinische Bearbeitung von Josephus' Judenkrieg und eine dort erwähnte, aber nicht mehr erhaltene Paraphrase der biblischen Königsbücher ihn zum Verfasser haben. Sie gehören dann in seine Jugendzeit. Die

Wahl des politisch=historischen Gegenstandes würde gut zu Am=
brosius passen, und die frühe literarische Beschäftigung würde zu=
gleich erklären, wie es der junge Bischof fertig brachte, schon so
schnell nach seiner Erhebung als bedeutsamer Schriftsteller hervor=
zutreten.

Die wesentlichste Aufgabe eines Bischofs war für Ambrosius zu
allen Zeiten die biblische Unterweisung und Verkündigung. So viele
Aufgaben ihm sein Amt im Laufe der Jahre aufgebürdet hat, Auf=
gaben der Verwaltung und der Seelsorge, der Erziehung seines Kle=
rus, der Kirchenpolitik und der Politik — die Predigtpflicht hat Am=
brosius niemals vernachlässigt oder versäumt. In ihr vor allem sieht
er den Sinn seines geistlichen Berufs. Obschon er ein zartes Organ
besaß, galt er doch allgemein als hervorragender Redner und wurde
darum, wie wir durch Augustin wissen, nicht nur von den treuen
Gemeindegliedern, sondern auch von Außenstehenden gerne ge=
hört. Die Bewunderung galt auch dem Inhalt seiner Predigten. Mo=
derne Leser mag das überraschen; aber die allegorische Auslegung,
die Ambrosius in gutgläubig=ahnungsloser Mißachtung jedes histo=
rischen Sinnes übt, war für das Abendland damals etwas Neues.
Unzählige atmeten auf, als sie besonders das Alte Testament mit
einem Male von allen scheinbar sinnlosen „Äußerlichkeiten", sonst
unbegreiflichen und peinlichen Menschlichkeiten und vielen, für das
gebildete Bewußtsein „unwürdigen" Vorstellungen über Gott und
das göttliche Wesen befreit sahen und statt dessen überall un=
geahnte geistliche Geheimnisse und wunderbar tiefsinnige Offen=
barungen vorfanden. Ambrosius hat diese Methode der spirituali=
sierenden Umdeutung nicht selbst erfunden, sondern im wesent=
lichen von seinen griechischen Vorlagen und insbesondere den alex=
andrinischen Theologen übernommen. Ihre Schriften werden für
die Predigten und seine daraus erwachsenden Schriften fort=
laufend exzerpiert. Ambrosius hat nicht den Ehrgeiz, selbständig
zu erscheinen, und nimmt den Stoff, den er braucht, wo er ihn findet.
Ganze biblische Bücher werden so an Hand der griechischen Kom=
mentare vollständig oder in Auswahl ausgelegt. Ambrosius bevor=
zugt die Reihenpredigt. Er begann, wie es scheint, mit dem ersten
Buch der Bibel, für das er zeitlebens eine Vorliebe besaß, und ver=
öffentlichte später seine Traktate über das Paradies, über Kain
und Abel, über Noah und die Arche usw. Neben Origenes ist der
jüdische Theologe Philo eine Hauptquelle; aber auch neuere Grie=
chen werden herangezogen. Später ist die beliebte, umfangreiche
Auslegung des „Sechstagewerks" im wesentlichen nach Basilios ge=
arbeitet. Hier ist die einseitige Neigung zur Vergeistigung durch eine
kräftige Bejahung der Schöpfung Gottes und ihrer sichtbaren Schön=
heit zurückgedrängt; ältere, stoische und andere klassische Über=
lieferungen wirken spürbar nach. Doch erfolgt die Übernahme des
Materials niemals kritiklos; mit der Zeit zeigt Ambrosius auch ge=
genüber den griechisch=theologischen Vorbildern eine wachsende
Selbständigkeit. Die praktisch=sittliche Ermahnung der Gemeinde

gewinnt breiteren Raum, und in den schönen Auslegungen der Psal=
men und des Lukasevangeliums aus dem letzten Jahrzehnt seines
Lebens erscheint besonders die Erlösungslehre und die erbauliche
Christus=Verkündigung in einer neuen, kraftvoll persönlichen Ge=
stalt. Eine gewisse Neigung zur spekulativen Ausdeutung und zu
geheimnisvollen Entdeckungen auf Grund des Gotteswortes hat
Ambrosius gleichwohl zeitlebens behalten. Die Allegorese erscheint
ihm als die höhere und eigentlich theologische Form der Schriftaus=
legung, deren Ergebnisse er besonders ernst nimmt. Darin zeigt sich
vielleicht eine Art von geistigem Ergänzungsbedürfnis seiner sonst
so praktisch=nüchternen, auf das einfach Sittliche und zu Glaubende
hindrängenden Natur.

Mit diesen Bemerkungen über den Prediger Ambrosius sind wir
der Entwicklung schon vorausgeeilt und kehren wieder zu den An=
fängen zurück. Die erste Schrift, mit der der junge Bischof vor die
Öffentlichkeit trat, waren zwei Gedenkreden auf seinen Bruder
Satyrus. Satyrus hatte sich nach der Bischofswahl gleichfalls aus
dem Staatsdienst gelöst und für Ambrosius die Leitung des bischöf=
lichen Haushalts übernommen; aber schon wenige Monate später
war er gestorben. Die pompöse Schilderung seiner Tugenden und
seines Lebensgangs, der unzertrennlichen Liebe der Geschwister,
des Schmerzes über den Verlust und die Erhebung im Gedanken an
das bleibende Gedächtnis des Toten folgt der uralten römisch=aristo=
kratischen Tradition. Nur ist jetzt alles zugleich eine Predigt gewor=
den, in religiös=erbauliche Beleuchtung gerückt und wird mit ent=
sprechenden lehrhaften Absichten verknüpft. Der rechtgläubige Ei=
fer des Verstorbenen wird hervorgehoben; die ganze Betrachtung
läuft in eine Verkündigung der Auferstehungsgewißheit aus, durch
die sie sich über das Persönliche erhebt und die üblichen Trost=
gründe noch einen weit ernsteren Hintergrund gewinnen. Beide
Reden sind vor der Veröffentlichung wirklich gehalten worden und
für die Formen des damaligen christlichen Totengedächtnisses von
Interesse. — Bald danach erlaubte sich Ambrosius eine ähnliche
geistliche Huldigung für seine Schwester: er schloß sein Werk über
die Jungfrauen mit der Rede ab, die Papst Liberius bei ihrer Non=
nenweihe gehalten haben sollte.

Zum Thema der Jungfrauen und der Jungfräulichkeit hat sich
Ambrosius gleichfalls schon in den ersten Jahren wiederholt sowohl
mündlich wie schriftlich geäußert. Es handelt sich dabei um eine
Frage des praktischen Gemeindelebens, die ihm besonders am Her=
zen liegt. Seine asketischen Empfehlungen richten sich so gut wie
ausschließlich an das weibliche Geschlecht, die gottgeweihten Jung=
frauen und „Witwen", die damals noch nicht in Konventen ge=
sammelt waren, aber in der Kirche einen eigenen „Stand" bilde=
ten. Von den neuen Anregungen, die das Mönchtum dem alten
Ideal gebracht hatte, zeigt sich Ambrosius noch unberührt. Seine
asketische Predigt geht inhaltlich kaum über das hinaus, was schon
Cyprian in dieser Hinsicht gelehrt hatte. Grundsätzlich gibt es in

der Kirche drei Stufen der „Keuschheit", nämlich die — nach Mög=
lichkeit nur einmalige — Ehe, das Witwentum und die heilige Jung=
fräulichkeit der „Bräute Christi". Die freiwillige Jungfräulichkeit
ist eine Tugend, die erst das Christentum in die Welt gebracht hat;
ihr Wert und ihre besondere Verdienstlichkeit gelten als unbestreit=
bar. Doch ist Ambrosius kein Freund eines übertriebenen asketischen
Rekordeifers: die Jungfrauen sollen ein stilles, zurückgezogenes
Leben führen und sich in ihren Familien vor allem dem Gebet, dem
Fasten und der Heiligung widmen; die innere Gesinnung der De=
mut und Hingabe ist dabei das Entscheidende. Trotzdem erregte
seine asketische Predigt Aufsehen und Unruhe. Von weither ka=
men Frauen nach Mailand gereist, um den Schleier aus seinen
Händen zu empfangen. Andererseits fand er — gerade innerhalb der
eigenen Gemeinde — auch Widerstand: viele Eltern wollten ihre
Töchter lieber als gutsituierte Ehefrauen untergebracht sehen und
suchten, sie von ihrem asketischen Enthusiasmus darum wie=
der abzubringen. Aber das sind Wünsche, für die Ambrosius
keinerlei Verständnis hat; mit Entschiedenheit nimmt er in solchen
Fällen die frömmeren Kinder gegen ihre Eltern in Schutz. Mit dem
allen vertritt er maßgeblich eine im vierten Jahrhundert auch sonst
anwachsende Tendenz. Ambrosius ist ein typischer Verfechter des
christlich=spätantiken Lebensideals, das geistlichen Ernst und sitt=
liche Zucht auf geschlechtlichem Gebiet fast nur noch in der Entsa=
gung kennt. —

Auf die Dauer konnte sich der neue Bischof nicht mit praktisch=
theologischen Aufgaben begnügen. Die dogmatische Situation in
Oberitalien und seinen Nachbargebieten bedurfte, wie wir sahen,
dringend einer Bereinigung, und Ambrosius war nicht der Mann,
sich den Erwartungen, die ihm die Nicäner allenthalben entgegen=
brachten, auf die Dauer zu entziehen. Besonders in den angrenzen=
den illyrischen Provinzen war ihre Stellung keineswegs gefestigt;
die Gegner hatten hier vielfach noch das Übergewicht und wirkten
von dort aus auch nach Italien hinein. Als erster Erfolg glückte es
Ambrosius und seinen Gesinnungsgenossen, in Sirmium die Wahl
eines rechtgläubigen Bischofs durchzusetzen. Außerdem wurde auf
einem hier gehaltenen Konzil die Geltung des nicänischen Glau=
bens nochmals in feierlicher Form bekräftigt. Es wäre falsch, Am=
brosius bei solchen Auseinandersetzungen, die den Sieg der nicäni=
schen Partei vollenden sollten, nur als Kirchenpolitiker anzusehen.
Glauben und kirchenpolitisches Handeln fallen ihm völlig in eins.
Das Bekenntnis zur uneingeschränkten, gleichwesentlichen Gottheit
Christi entspricht dem Wesen seines persönlichen Heilsglaubens; es
ist für ihn darum auch der einzig mögliche Grund einer wahrhaft
christlichen Kirche. Der Ernst dieser Forderung hat ihn in den näch=
sten Jahren zum Dogmatiker gemacht. Ambrosius ruht nicht, bis er
den ganzen Umkreis des trinitarischen Problems Stück für Stück
durchgearbeitet und vor der Öffentlichkeit von neuem begründet
hat. Er folgt dabei — über Hilarius hinaus — der modernen, jung=

nicänischen Theologie des Ostens, verleugnet aber trotzdem nicht die älteren Traditionen seiner lateinischen Heimat. Sie werden mit den Ergebnissen der fortgeschrittenen griechischen Theologie in selbständiger und sinnvoller Weise zu einem neuen Ganzen verbunden. Dadurch hat Ambrosius den arianischen Streit für das Abendland auch geistig zum Abschluß gebracht.

Das Studium der maßgebenden Schriften konnte ihm dank seiner Kenntnis des Griechischen, wie wir wissen, keine Schwierigkeiten machen, und er unterzog sich ihm mit Eifer und Ernst. Mit dem großen Basilios ist er darüber hinaus auch persönlich in Verbindung getreten. Das alte abendländische Mißtrauen gegen die „wissenschaftliche" Theologie kam für einen Mann seines Schlages nicht mehr in Betracht; der häufige Verdacht der Griechen, die Abendländer seien überhaupt nicht fähig, Vater und Sohn auseinanderzuhalten, wäre ihm gegenüber ganz unbegründet gewesen. Die Unterscheidung der einen unzertrennlichen Gottes-„Substanz", auf der allein die göttliche Einheit ruht, von den drei unverwechselbaren „Personen" der Gottheit war Ambrosius eine Selbstverständlichkeit und machte von vornherein jede Vereinerleiung unmöglicher. Dies alles war seiner Zeit schon von Tertullian begrifflich entwickelt worden; nur kam es jetzt darauf an, gegen die Arianer auch die „Gleichheit" der Personen zu bekennen und die rangmindernde, „subordinatianische" Ableitung des Sohnes aus dem Vater, des Geistes aus dem Sohne endgültig auszuschließen. Alle drei sind gleich ewig, gleich ursprünglich und in ihrer jeweils besonderen Eigenart zugleich unlöslich miteinander verbunden. Von hier aus machte die Aufnahme der wesentlichen athanasianischen und jungnicänischen Gedanken keine Schwierigkeit mehr. Ambrosius entfaltete seine Trinitätslehre — immer auf Grund von Predigten — zunächst in einem großen, in zwei „Lieferungen" erscheinenden Werk über den „Glauben". Es folgte die dreibändige Abhandlung „über den heiligen Geist", dessen Stellung in diesem Zusammenhang bisher nur unzureichend entwickelt war, und der Kreis schließt sich zuletzt mit einer großen Untersuchung über „das Geheimnis der Menschwerdung des Herrn", in der schon die Konsequenzen der trinitarischen Gotteslehre für die Person des Gottmenschen ausgezogen werden. In diesem wichtigen Buch geht Ambrosius am entschiedensten über seine östlichen Vorgänger hinaus und nimmt neue Probleme in Angriff.

Die Bestimmtheit und Sicherheit, mit der Ambrosius im Lauf weniger Jahre (378—382) diesen ganzen Fragenkreis abgeschritten hat, ist erstaunlich. Sie wäre unbegreiflich, wäre er in philosophischer Hinsicht ein so unbeschriebenes Blatt gewesen, wie es die meisten lateinischen Theologen damals in der Tat noch waren. Spätestens zu Beginn seiner geistlichen Laufbahn muß Ambrosius mit der platonisch-neuplatonischen Philosophie in Berührung gekommen sein, die für ein tieferes systematisches Verständnis der Trinitätslehre kaum zu entbehren war. Der Priester Simplician, der ihm den Taufunterricht erteilte, lebte in diesen Traditionen. Wenn Ambrosius die Philosophen gleichwohl in der üblichen Weise zu verurteilen pflegt, so denkt er dabei an die Epikureer und Stoiker und vor allem an Aristoteles. Die Platoniker sind stillschweigend ausgenommen, sie werden jedenfalls niemals ausdrücklich angegriffen, und von Plato heißt es wieder einmal, daß er seine theologischen Erkenntnisse aus dem Alten Testament bezogen habe. Diese Auffassung der Philoso= phie wäre für den Osten nichts Neues gewesen; aber im Abendland bedeutet sie eine Wendung, die noch für die Bekehrung Augustins wichtig sein wird und in die Zukunft weist. Denkt man an Am= brosius selbst, so bedarf diese Feststellung indessen doch auch wieder einer Einschränkung. Es ist gerade die Begrenztheit seiner philosophischen Interessen und seines philosophischen Vermögens, die die Schnelligkeit und den allgemeinen Erfolg seiner dogmati= schen Arbeit verständlich macht, obgleich er sie ohne philosophische Schulung schwerlich hätte vollbringen können. Ambrosius ist be= reit, von den Neuplatonikern zu lernen, er übernimmt zum Beispiel ihren Substanzbegriff; aber das, was er sucht, ist trotzdem keine neue Metaphysik. Probleme dieser Art denkt er nicht weiter. Es kommt ihm nur darauf an, die offenbarte christliche Wahrheit in eine begrifflich saubere und geschlossene Form zu bringen und da= durch unangreifbar zu machen. Die Gotteserkenntnis als solche er= gibt sich nicht aus dem systematischen Denken, sondern gründet sich auf die Heilige Schrift. Der Schriftbeweis ist bei Ambrosius keine Zufälligkeit, sondern sachlich notwendig. Er nimmt in seinen dogmatischen Schriften den breitesten Raum ein. Alle Theologie ist, sofern sie Gott zum Gegenstand hat, für Ambrosius ausschließlich Offenbarungstheologie und darf gar nichts anderes sein wollen als dies. Die radikale — wenn man will: neuplatonische — Betonung des Abstands, der das göttliche von allem geschaffenen Sein trennt, hat den Zweck, jede analogische, spekulative Überbrückung von seiten der Kreatur unmöglich zu machen. Über diesen Abgrund trägt nur Gottes eigenes Werk und Wort. Dieser ontologische Dualismus ist auch eine Voraussetzung für das wesenhafte Verständnis der Gottheit Christi und für die dem entsprechende extrem „dyophysi= tische" Konstruktion seiner gottmenschlichen Person, die beide „Naturen" des Erlösers scharf auseinanderhält. Es gibt keine ema= natistische, stufenweise Verknüpfung von Gottheit und Menschheit, Überwelt und Welt.

Steht dies einmal fest, so ist es für den Glauben verhältnismäßig leicht, sich mit wenigen, handfesten Formeln zu begnügen. Er wird gerade darin seinen religiösen Ernst erweisen, daß er die Tiefen der Gottheit „lieber fürchten als erkennen will" (fid. V 18,221). In dieser Wendung gegen jede spekulierende Vernunft, in der Be= tonung des Glaubens und des Glaubensgehorsams als des eigent= lichen Elements der Religion ist Ambrosius ein echter Abendländer. Seine Gedanken erinnern darin an die religiöse Position eines Tertullian. Tertullianisch ist auch die enge Verbindung, die die

Offenbarungstheologie mit einem entschiedenen, fast massiven Ra=
tionalismus eingeht. Niemand hat den logischen Zwang und Sche=
matismus des trinitarischen Gedankens so unerbittlich, so rück=
sichtslos und so wuchtig zum Ausdruck gebracht wie gerade Am=
brosius. Es spricht daher einiges dafür, daß er auch der Verfasser
des sogenannten „athanasianischen Glaubensbekenntnisses" gewe=
sen ist, des typisch abendländischen Bekenntnisses zur heiligen
Dreieinigkeit, das mit seinen vierzig formelhaft stereotypen, rhyth=
misch geführten Sätzen jede denkbare Lücke im Aufbau der Lehre
für immer zu schließen sucht. Auch dies ist bezeichnend, daß Am=
brosius, nachdem er die Gotteslehre in den Kampfjahren seiner
Frühzeit einmal entwickelt hatte, später auf dieses Feld der dogma=
tischen Theologie niemals zurückgekehrt ist. Die Wahrheit gilt als
gefunden und endgültig festgestellt. Hinfort kommt es nur noch
darauf an, sie unerschütterlich zu bewahren und zu verteidigen und
im übrigen die vielen geistlichen und praktischen Aufgaben, die
das tägliche Leben der Kirche stellt, entschlossen anzupacken und
durchzuführen.

Die kirchenpolitische Haltung von Ambrosius stimmt, wie gesagt,
mit seinen theologischen Überzeugungen völlig überein. Sein Ziel
ist die öffentliche Anerkennung einer einzigen, wahren, katholischen
Kirche, die auf dem unverrückbaren Grunde des einen rechtgläubi=
gen und darum auch allein berechtigten Bekenntnisses steht. Dieses
Ideal bedeutet insofern eine Neuerung, als die Reichskirche als sol=
che bis dahin noch kaum eine wirkliche „Bekenntniskirche" gewe=
sen war. Im Laufe des arianischen Streits waren zwar verschiedene
Bekenntnisse, darunter auch das nicänische, formuliert und pro=
klamiert worden; aber die staatliche Kirchenpolitik hatte auch sie
immer wieder taktisch beiseite geschoben, verändert und zuletzt ge=
rade durch Ausschaltung der Glaubensfrage die Einheit der Kirche
zu retten gesucht. Jetzt beginnt eine neue Periode. Die dogmatische
und „konfessionelle" Lösung des staatskirchlichen Problems er=
scheint als das kirchenrechtliche Resultat des arianischen Streits und
duldet keine Abschwächung und keine Ausnahme mehr.

Man mißversteht den religiösen Sinn des altkatholischen reichs=
kirchlichen Ideals, wenn man es in dieser Gestalt zum Gedanken
der Gewissensfreiheit von vornherein in Gegensatz stellt und nur
als Ausfluß priesterlicher Herrschsucht und Intoleranz begreifen
will. Entscheidend ist der dahinter stehende Glaube an die ein=
deutige Gegebenheit und allgemeine Zugänglichkeit der dogmatisch
formulierten Wahrheit, die darum auch für die ganze Welt „öku=
menisch" in Kraft bleiben muß. Gerade Ambrosius ist ein über=
zeugter Vertreter der Glaubensfreiheit und gibt ihr im persönlichen
Umgang von Mensch zu Mensch auch praktisch unbekümmert
Raum. Wenn er die nicänische Grundlage des katholischen Kirchen=
tums bedingungslos verteidigt, so blickt er nicht auf den einzelnen
Gläubigen; es gilt dann die Unabhängigkeit der Kirche als ganzer
gegen die unberechtigte Einmischung der staatlichen Gewalten zu

schützen, deren dogmatische Skrupellosigkeit man in den früheren Kämpfen unter Konstantius zur Genüge erfahren hat. Das ist bei der eindeutig nicänischen Mehrheit des Abendlandes angesichts der Willkür und Launenhaftigkeit der kaiserlichen Religionspolitik ein sehr verständliches Anliegen, und die Kämpfe, in denen Ambrosius seine Forderung durchsetzt, erweisen darum auch, aufs Ganze gesehen, seine eindeutige moralische Überlegenheit. Aber der Kampf um die „Freiheit" und das „Recht" seiner Kirche, den er im Namen des „Glaubens" kämpft, ist freilich immer zugleich auch ein Kampf um die kirchliche Alleinherrschaft, d. h. ein Machtkampf, den er als solchen zugleich auch mit dem Staat und unter Einsatz staatlicher Machtmittel gegen alle anders denkenden „Ketzer" zu gewinnen sucht. Ambrosius hat den Widerspruch, in den er sich an dieser Stelle verwickelt, nicht gefühlt. Er hält an den alten Idealen der Verfolgungszeit immer noch fest und betont es gern, daß der Glaube frei bleiben muß und nur in Freiheit ergriffen werden kann. Er verabscheut den äußeren Zwang und hebt mit den gallischen Bischöfen, die damals zum ersten Mal kirchliche Gegner durch staatliche Gerichte zum Tode gebracht hatten, entrüstet die Gemeinschaft auf. Aber als Kirchenpolitiker sucht Ambrosius nichtsdestoweniger seiner Kirche, soweit wie möglich, die Herrschaft zu sichern. Der Zweideutigkeit aller kirchlichen Machtpolitik hat sich auch Ambrosius in seinem Handeln nicht immer entziehen können.

Wir verzichten darauf, die komplizierten und z. T. schwer durchschaubaren kirchenpolitischen Vorgänge der grundlegenden Jahre im einzelnen zu verfolgen. Sie sind in ihrem ständigen Hin und Her nicht zuletzt durch die politische Gesamtlage bestimmt. Im Jahre 378 hatten die Goten das römische Heer vernichtend geschlagen und fast den ganzen Balkan überflutet. Nur mühsam gelang es, sie allmählich zur Ruhe zu bringen und in den neuerworbenen Gebieten seßhaft zu machen. Die Goten waren größtenteils noch Heiden, soweit sie aber schon — durch Wulfila — bekehrt waren, waren sie keine rechtgläubigen, sondern (im Sinne der Nicäner) „arianische" Christen geworden. Überall, wo sie hingelangten, erhob der Arianismus darum auch von neuem das Haupt. Ambrosius erkannte die Größe der kirchlichen Gefahr und war gleichzeitig nicht ganz zu Unrecht davon überzeugt, daß auch der Reichstreue der mit den Goten verbündeten Ketzer nicht recht zu trauen sei. Von hier aus sucht er die Herrscher zu ermahnen und zum kirchenpolitischen Widerstand aufzurufen. Die Goten sind das Volk Gog, von dem Hesekiel geweissagt hat (Hes. 38 f.). Wer sie bekämpfen will, muß im wahren Glauben stehen und kann dann des Sieges gewiß sein. Dagegen „wird dem römischen Reich nur dort die Treue gebrochen, wo sie Gott schon vorher gebrochen war" (fid. II 16, 139). Mit Abscheu berichtet Ambrosius über das Auftreten eines arianischen Bischofs, der es gewagt habe, mit Halskette und Armringen, „von gotischer Gottlosigkeit besudelt und wie ein Heide gekleidet, im Angesicht des römischen Heeres zu erscheinen". Ein solches Benehmen, meint er, ist nicht nur bei einem Priester frevelhaft, sondern hat überhaupt als unchristlich zu gelten; denn „es widerspricht dem römischen Brauch" (ep. 10, 9). Ambrosius ist auch als Bischof ganz Römer geblieben: „germanisch" und „arianisch", „römisch" und „christlich=katholisch" werden schon hier zu beinahe gleichwertigen Begriffen. Reichstreue ist eine Christenpflicht; Ambrosius empfiehlt sie nicht nur römischen Bürgern, sondern auch den außerhalb des Reiches stehenden Barbaren (vita 36).

Unter dem Druck der Not sah sich die Regierung zeitweilig trotzdem gezwungen, den Balkangoten und ihren Gesinnungsgenossen kirchlich entgegenzukommen. Ambrosius mußte es dulden, daß selbst in Mailand eine Kirche beschlagnahmt wurde, offenbar, um sie den Arianern notfalls anbieten zu können. Aber mit der politischen Stabilisierung stellte sich auch die alte kirchliche Ordnung wieder her. Der junge Kaiser Gratian, dem Ambrosius sein Werk über den Glauben gewidmet hatte, nahm in Mailand Wohnsitz und ließ sich in religiösen und kirchenpolitischen Fragen willig beraten. Sein bedeutenderer Mitherrscher, der spanische Feldherr Theodosius, brachte das nicänische Bekenntnis um die gleiche Zeit auch im Morgenlande zur Anerkennung. Den Abschluß der unruhigen Jahre bildeten 381 im Osten das große Konzil von Konstantinopel und im Westen ein Konzil in Aquileja, das ganz unter Ambrosius Leitung stand. Hier wurden die letzten Anhänger des älteren Systems der Staatskirche, die das Nicaenum nicht anerkennen wollten, in aller Form verurteilt und dann durch staatliche Behörden von ihren Bischofssitzen entfernt. Das Protokoll der Tagung ist erhalten. Man erkennt, daß es auf dieser geistlichen Versammlung offenbar recht stürmisch zugegangen ist. Die verurteilten Bischöfe, die aus Illyrien stammten, waren über den wahren Zweck und Charakter der Synode getäuscht worden. Statt der verheißenen allgemeinen und freien Aussprache erwartete sie ein einseitiges Verhör durch ihre erklärten Gegner, die das Verfahren, ohne auf Protest zu achten, rücksichtslos, zuletzt sogar gewaltsam zu Ende führten. Im offiziellen Bericht an die Regierung hat Ambrosius die Vorgänge in eine wesentlich mildere Beleuchtung gerückt. Aber der Sieg war jedenfalls gewonnen; offiziell war die Rechtgläubigkeit jetzt in ganz Italien und auch in Illyrien zu ausschließlicher Herrschaft gelangt.

In den folgenden Jahren wird Ambrosius zu einer maßgebenden Persönlichkeit im Kronrat des Mailänder Hofes; wir finden ihn wiederholt auch mit politischen Aufgaben betraut. Als Gratian 383 von einem in Gallien erhobenen Gegenkaiser geschlagen und dann ermordet wurde, übernahm Ambrosius, zusammen mit den führenden Militärs, den Schutz des zwölfjährigen Bruders, Valentinians II.. Zweimal wurde der Bischof zu diplomatischen Verhandlungen nach Trier entsandt; es glückte ihm, dem jungen Kaiser wenigstens Italien zu retten. Der Usurpator selbst sah in ihm später seinen eigentlichen Gegenspieler, der seine Legionsadler an der Alpengrenze zum

Stehen gebracht habe (ep. 24, 7). Daß Geistliche politische Missio=
nen übernahmen, war damals noch etwas durchaus Ungewöhnliches.
Ambrosius ist kein mittelalterlicher Hierarch; er möchte seine
politischen Dienste daher lieber unter dem Gesichtspunkt des tra=
ditionellen Bischofsrechts der Fürsprache für die Schwachen ver=
standen sehen (ep. 24, 5). Die Kaiserinmutter hatte ihn, den kleinen
Valentinian an der Hand, persönlich um Beistand angefleht (obit.
Val. 28) — wie hätte er sich da versagen können?! Er möchte nur im
Rahmen seiner „Amtspflicht" handeln (ep. 57, 12), zum Schutze des
Glaubens und seiner Kirche. Auf dieser Linie sucht sich Ambrosius
auch in seinen späteren Jahren zu halten. Er betont es gern, daß es
nicht seine Aufgabe wäre, in staatliche Geschäfte einzugreifen. Aber
bei seiner Stellung und seinen Fähigkeiten kamen die politischen
Entscheidungen von selbst auf ihn zu, und je mehr sein Ansehen
mit den Jahren wuchs, um so weniger durfte sich Ambrosius im
Ernstfall vor der Verantwortung „drücken" (obit. Val. 24). Wo es
um die Sache des Friedens, der Menschlichkeit und des Rechts geht,
da darf seiner Meinung nach schließlich auch der Bischof nicht neu=
tral bleiben. Die Grenze der geistlichen und politischen Zuständig=
keit war in all solchen Fällen naturgemäß nicht leicht zu ziehen. Es
bedurfte eines hohen Maßes von menschlichem und politischem
Takt und Verantwortungsgefühl und der ganzen Klugheit und Um=
sicht eines Ambrosius, um das kirchliche Urteil im kritischen Augen=
blick richtig, das heißt: sowohl moralisch überzeugend wie auch po=
litisch wirksam vorzubringen. Mit Opportunismus im üblichen Sinne
hat dieses Vorgehen jedenfalls nichts zu tun. Ambrosius vergißt es
nie, wen und was er als Bischof zu vertreten hat, und gerade so ge=
winnt er die Größe und Würde eines Kirchenmannes, der wirklich
Autorität besitzt.

Es ist hier nicht möglich, alle politischen und kirchenpolitischen
Vorgänge zu besprechen, in denen Ambrosius in dieser Weise her=
vortritt und gelegentlich fast die Rolle eines „Kanzlers" oder geist=
lichen Ministers zu spielen scheint. Wir beschränken uns auf die
berühmtesten Beispiele. — Die unsichere politische Lage, in der
sich die mailändische Regierung nach dem Sturze Gratians befand,
zeigte alsbald ihre religionspolitischen Auswirkungen. Nacheinan=
ander suchten erst das Heidentum, dann auch der Arianismus ihre
Lage zu verbessern und schon geräumte Positionen zurückzugewin=
nen. Die alte Religion war unter den christlichen Kaisern zwar nicht
verboten worden und erst recht nicht verschwunden, aber war doch
mehr und mehr in die Defensive gedrängt. Noch kurz vor seinem
Untergang hatte Gratian, wohl auf Betreiben von Theodosius, zu
einem neuen Schlage ausgeholt: den römischen Priestertümern wur=
den die staatlichen Subventionen und Privilegien entzogen, der Al=
tar und das Standbild der Victoria wurden aus dem Sitzungssaal des
Senates entfernt, und aus der kaiserlichen Titulatur verschwand die
traditionelle Bezeichnung für den „pontifex maximus", das höchste
heidnische Priesteramt. Die Akte waren von weittragender symbo=

lischer Bedeutung: auch im Verhältnis zur alten Religion ließ jetzt das neue, konfessionell bestimmte Kaisertum die frühere, bis zu einem gewissen Grade immer noch „überparteiliche" Haltung end= gültig fahren, und man mußte das hinnehmen. Zwar wollte der Senat, in dem die Christen noch nicht die Mehrheit besaßen, gegen die Rom ganz besonders treffenden Verfügungen sofort vorstellig werden; aber seine Gesandtschaft war in Mailand nicht einmal vor= gelassen worden. Jetzt, nach dem Herrschaftswechsel, schien der Zeitpunkt gekommen, einen neuen Versuch zu wagen.

Der Führer der abgewiesenen Delegation, Quintus Aurelius Sym= machus, war im Jahre 384 gerade Inhaber der Präfektur, d. h. des obersten kaiserlichen Amtes in der Stadt, geworden und wurde be= auftragt, das Bittgesuch abzufassen. Er war der berühmteste Literat und Rhetor, den Rom damals besaß, neuplatonisch gebildet, selbst Senator aus ältestem Adel und überdies ein Verwandter des Am= brosius. Noch heute liest man seine Eingabe, den Schwanengesang der stolzen, römischen Religion, nicht ohne Ergriffenheit. Symma= chus verteidigt die Erinnerungen und Institutionen, unter denen die ehrwürdige Roma einst groß geworden sei. Er betont, daß die Vic= toria früher auch unter christlichen Kaisern geschützt und deren Herrschaft von Nutzen gewesen wäre; er spricht von dem selbst= losen Dienst, den die Priester und besonders die keuschen Vesta= linnen der Allgemeinheit leisteten, und meint, die Entschädigungen, die dafür ausgeworfen würden, seien schon längst aus einem freien Gunsterweis zu einem historischen Rechtsanspruch geworden. Er wagt es sogar, zuletzt an die Hungersnöte und das schreckliche Ende Gratians zu erinnern, der den verhängnisvollen, unter seinem Na= men ergangenen Befehl wahrscheinlich gar nicht gekannt habe. Es fällt kein unehrerbietiges Wort — Symmachus bietet alles auf, um dem Kaiser den Rückzug so leicht wie möglich zu machen; aber im Grunde fühlt er selbst, daß er für eine Ordnung kämpft, deren ge= schichtliche Stunde vergangen ist. Er begnügt sich, für die väterliche Religion nicht mehr als nur Duldung zu erbitten und verweist da= für als Philosoph auf den allen Religionen gemeinsamen Besitz: „Was liegt an dem Verständnis, in dem wir so oder so die Wahrheit zu erforschen suchen! Es kann ja nicht bloß einen Weg geben, das große Geheimnis zu erreichen. Aber — das ist ein Thema für sorg= lose Gemüter; jetzt bringen wir nur Bitten vor und wollen keine Dispute beginnen" (rel. Symm. 10).

Tatsächlich schien der Vorstoß Erfolg zu haben: Heiden wie Chri= sten stimmten im Kronrat für die Bewilligung des Antrags, durch die man sich die führenden Kreise der ewigen Stadt auch gerne verpflichtet hätte. In diesem Augenblick erfuhr jedoch Ambrosius von den Verhandlungen, und sein Dazwischentreten erzwang den entgegengesetzten Bescheid. In dieser Angelegenheit, erklärt er, ist der Bischof unmittelbar zuständig; es handelt sich ja um die Sache Gottes und um eine Frage der Religion. Ohne sich an den „Dienst= weg" zu halten oder besondere Ermächtigungen abzuwarten, schreibt er dem Kaiser als sein Seelsorger einen Brief: „Alle Menschen, die unter römischer Herrschaft stehen, dienen euch, ihr Kaiser und Fürsten der Welt; ihr selbst aber dient dem allmächtigen Gott und dem heiligen Glauben" (ep. 17,1). Damit ist alles gesagt. „Ich wundere mich, wie es einigen Leuten in den Sinn kommen konnte, du wärest verpflichtet, den heidnischen Göttern ihre Altäre zu erneuern" (ep. 17,3). Der Kaiser ist Christ und hat als solcher — ganz gleich, was die politischen Ratgeber wünschen mögen — auch im Reiche die Sache des Glaubens zu vertreten; er darf hierbei zum mindesten nie einen schon getanen Schritt wieder zurücktun wollen. — Nachdem Ambrosius auf seine Forderung hin ein Exemplar der Eingabe ausgehändigt war, hat er sie in einem zweiten, für die weitere Öffentlichkeit berechneten Schreiben noch einmal ausführlich widerlegt. Er stellt sich darin bis zu einem gewissen Grade auf den neutralen Standpunkt seiner Gegner, obgleich von einer Gleichberechtigung der Religionen grundsätzlich natürlich keine Rede sein darf. Aber gerade so gewinnt er die Möglichkeit, die Klagen der Heiden besonders wirksam zurückzuweisen. Die Kirche braucht einen Vergleich ihrer Rechte mit denen der Gegner nicht zu scheuen. Wenn sie sich über die Entfernung des Altars beschweren — was sollen dann die christlichen Senatoren sagen, die man erneut zwingen will, an einem Götzenopfer teilzunehmen? Wenn sie über fehlende Gelder für ihre paar Priester und Vestalinnen jammern — was gilt dann eigentlich für die zahllosen christlichen Nonnen und Kleriker, die keinen Pfennig aus öffentlichen Mitteln erhalten und nicht einmal Erbschaften annehmen dürfen? Tatsächlich lebte die Kirche, unter Verfolgungen groß geworden, damals im wesentlichen immer noch aus eigener Kraft, während das antike Kultuswesen, mit dem politischen Gemeinwesen von Anfang an verknüpft, ohne öffentliche Unterstützungen seiner Natur nach zusammenbrechen mußte. Natürlich protestiert Ambrosius auch gegen die abergläubische Beschwörung eines vermeintlichen Götterzorns und erklärt — gegen seine sonstige Art — die politischen Erfolge und Mißerfolge jetzt für ganz unabhängig von der Frage der Religion. In einem interessanten geschichtstheologischen Exkurs schildert er den Fortschritt als die eigentliche, Natur und Geschichte bewegende Macht und spottet über die rückgewandten Klagen des römischen Senats. Roma ist in Wirklichkeit keine Greisin und schämt sich durchaus nicht, den Wechsel zum Besseren zu vollziehen. „Nur dies", spricht sie, „hatte ich bisher mit den Barbaren gemein: daß ich Gott noch nicht kennengelernt hatte" (ep. 18,7).

Auch Ambrosius hat mit seiner Antwort ein Meisterwerk geliefert, volkstümlicher und derber, im einzelnen viel weniger überlegt und poliert als das raffinierte Kunstwerk seines Gegners, dessen vornehm gedämpftes Pathos von eigentümlichem Reize ist, dafür aber um so kräftiger und frischer in dem, was es zu sagen hat und tatsächlich sagt, getragen von der Überzeugungskraft eines bestimmten Glaubens, der seiner selbst und der sieghaften Macht seiner

Gründe völlig gewiß ist. Ambrosius stellte es später so dar, als wä=
ren es allein die geistlichen Gründe gewesen, die in der Sache den
Ausschlag gaben: „Wie ein Daniel" habe sich der junge Kaiser ge=
gen seine Ratgeber erhoben und in der Kraft des heiligen Geistes
das Urteil gefällt (obit. Val. 19). Aber hierbei handelt es sich zwei=
fellos um eine „ideale Szene". In Wirklichkeit müssen sich auch die
Männer des Kronrats zum Nachgeben entschlossen haben. Es war
nicht zu überhören, mit welchem Nachdruck Ambrosius unter ande=
rem auch auf den älteren Mitkaiser Theodosius verwiesen hatte,
dessen heidenfeindliche Einstellung hinreichend bekannt war (ep.
17,12). Ja, er war noch weiter gegangen: „Jedenfalls", heißt es in
seinem ersten an Valentinian gerichteten Brief, „wenn ein anders
lautender Beschluß gefaßt werden sollte, so können wir Bischöfe
dies schlechterdings nicht gleichmütig hinnehmen oder übersehen.
Du magst in die Kirche kommen — aber den Priester wirst du dort
nicht vorfinden, oder wenn du ihn findest, so wird er dir Widerstand
leisten" (ep. 17, 13). „Wir sind nicht imstande, mit einer fremden
Verfehlung in Gemeinschaft zu treten" (ep. 17,14). Das war
eine offene Drohung mit der Exkommunikation, und einen Kirchen=
kampf konnte die Regierung zu diesem Zeitpunkt noch weniger ris=
kieren als eine Kränkung der Heiden. Ambrosius hatte sich durch=
gesetzt; aber die Stimmung der maßgebenden Männer war dadurch
ihm gegenüber gewiß nicht freundlicher geworden. Schon im Jahre
darauf sollte das spürbar werden.

Die letzte Reaktion des gotisch infiltrierten Arianismus, die Am=
brosius zu bestehen hatte, ist, aufs Ganze der kirchlichen Entwick=
lung gesehen, nahezu bedeutungslos. Sie wird von keiner starken
religiösen Bewegung getragen und besitzt keine volkstümliche Kraft.
Die landfremden Anhänger der geschlagenen illyrischen Ketzerei,
die sich im Schatten des kleinen Mailänder Hofes sammeln, suchen
nicht mehr wie einst die Herrschaft in der Kirche, sie wollen ledig=
lich die Existenzberechtigung ihrer kirchlichen Sondergruppe errin=
gen und verlassen sich hierbei ganz auf die Hilfe der staatlichen
Gewalt. Aber gerade so wird die Auseinandersetzung unter einem
anderen Gesichtspunkt bedeutsam. Der Kirchenkampf des Jahres
385/86 ist die Probe auf die Tragfähigkeit und den Bestand des
neuen Systems, das eine Lockerung oder Durchbrechung seiner dog=
matischen Ordnung nicht mehr duldet. Hier gerät darum auch
die kaiserliche Gewalt an eine Grenze, die sie einmal zwar aus eige=
ner Machtvollkommenheit gezogen hatte, jetzt aber selbst nicht mehr
überschreiten kann. In Ambrosius ist die neue Ordnung verkörpert.
Er hat sie gegen die Krone verteidigt und hat den Kampf sofort auf
die letzten, theologisch=kirchenrechtlichen Prinzipien zurückgeführt.
Darin liegt seine dauernde Bedeutung beschlossen.

Zweifellos gehen die Anfänge des Konflikts nicht auf einen grö=
ßeren kirchenpolitischen Plan, sondern lediglich auf die persönlichen
Wünsche einer einzelnen Persönlichkeit zurück, nämlich auf die tem=
peramentvolle und herrschgewohnte Kaiserinmutter Justina. Die

Gattin Valentinians I. lebte theologisch und politisch immer noch in den Anschauungen der älteren Zeit. Gratian, unter dessen Regierung der Umschwung begonnen hatte, hatte seine Mutter von den Staatsgeschäften absichtlich ferngehalten. Zwischen ihr und Ambrosius war es — anläßlich der sirmischen Bischofswahl — schon einmal zu einem Zusammenstoß gekommen, und Ambrosius war damals Sieger geblieben. Auch in den Anfängen Valentinians II. hatte sie sich notgedrungen zurückgehalten; war es doch gerade Ambrosius, den sie in einer für sie demütigenden Szene um Unterstützung bitten mußte. Jetzt endlich fühlte sich Justina wieder frei, um wenigstens im Umkreis ihres eigenen Hofes diejenigen kirchlichen Anschauungen fördern zu können, die ihr die richtigen schienen. Ihr illyrischer Hofkaplan Mercurinus war zum antinicänischen Bischof von Mailand ausersehen und nahm daraufhin den bedeutsamen Namen „Auxentius" an. Der Kaiser war ein Kind, das sich ihren Wünschen fügte, und die Hofgesellschaft war durch das gebieterische Auftreten des Ambrosius so verärgert, daß sie ihm eine Demütigung gönnen mochte. Die Forderung, die man im Frühling 385 zuerst an ihn richtete, konnte bescheiden genannt werden: lediglich eine kleinere, vor der Stadtmauer gelegene Kirche sollte Auxentius zur Verfügung gestellt werden. Wir erinnern uns daran, daß Ambrosius noch wenige Jahre zuvor eine ähnliche Maßnahme Kaiser Gratians hatte dulden müssen. Aber die Zeiten hatten sich seither geändert, und er lehnte das Ansinnen, das ihm gestellt wurde, jetzt rundweg ab. Ambrosius wußte, daß die öffentliche Meinung, d. h. das ganze katholische Volk von Mailand, seine Überzeugungen teilte und geschlossen hinter ihm stand: wie, fragt er, käme er, ein Priester Gottes, dazu, den Tempel Gottes ketzerischen Wölfen auszuliefern? Er hat uns die dramatische Szene, in der sich die Auseinandersetzung vollzog, selbst geschildert. Man hatte ihn zu den Übergabeverhandlungen persönlich in den Staatsrat befohlen, wo er sich jedoch, Auge in Auge mit den Gewaltigen, keineswegs einschüchtern ließ und „mit der Standhaftigkeit eines Priesters" auf dem Recht seiner Sache beharrte. Plötzlich erhub sich draußen Tumult: das Volk, von dem Vorgefallenen unterrichtet, drang in den Palast ein, und die Wachen sahen sich außerstande, es zurückzuhalten — alle waren bereit, „sich für den Glauben Christi töten zu lassen." Erschreckt läßt der Kaiser seine Forderung fallen. Ambrosius selbst muß gebeten werden, die Menge zu beschwichtigen, was ihm auch ohne weiteres gelingt. So schien die Angelegenheit glücklich erledigt; aber in Wahrheit war, wie Ambrosius klagt, „die Mißgunst" gegen ihn nun erst recht geweckt (serm. Aux. 29). Weder die Kaiserin noch die Regierung waren gewillt, eine solche Niederlage hinzunehmen. Der Hof entfernte sich für längere Zeit aus Mailand. Es galt, den Angriff etwas besser vorzubereiten und ihm vor allem eine formelle Rechtsgrundlage zu verschaffen.

Im Januar 386 erschien ein regelrechtes kaiserliches Edikt, das allen Bekennern des einst unter Konstantius heiligen Angedenkens

beschlossenen Glaubens, d. h. der antinicänischen, sog. „homö=
ischen" Theologie des Auxentius, das öffentliche Versammlungsrecht
einräumte; diejenigen aber, die sich einbilden sollten, „allein zu sol=
chen Zusammenkünften die Möglichkeit zu besitzen", wurden
gleichzeitig als Anstifter von Empörung, kirchliche Friedensbrecher
und Beleidiger der Majestät mit dem Tode bedroht (cod. Theod. XVI
1,4). Die Regierung schien danach auf die Einheit der Reichskirche
verzichten zu wollen, verband aber diese völlig neuartige Regelung
mit Sanktionen, deren Schärfe, am Bisherigen gemessen, gleichfalls
ganz unerhört war. Der zuständige Beamte hatte sich bezeichnender=
weise geweigert, das Gesetz auszufertigen, und hatte darüber seinen
Posten verloren. Allein, man darf den seltsamen Erlaß nicht ganz so
grundsätzlich nehmen, wie er klingt. In Wirklichkeit ist er nur dazu
da, Mercurinus=Auxentius die erwünschte öffentliche Anerkennung
zu verschaffen, und die übertriebenen Drohungen des zweiten Ab=
schnitts haben gleichfalls nur einen Mann im Auge, nämlich Ambro=
sius, den man dadurch meinte einschüchtern zu können. Doch konnte
zunächst niemand wissen, bis wohin ein so drohend eröffneter An=
griff tatsächlich führen würde. Ambrosius begriff, daß in dieser Lage
nur Mut und eiserne Konsequenz ihn und seine Sache retten konn=
ten, und traf danach seine Vorbereitungen.

Um den Sturm nicht nur in eigener Verantwortung ertragen zu
müssen, versammelte er schnell einen kleinen Kreis von Bischöfen
aus der Nachbarschaft, die sich mit achtbarem Mute auf seine Seite
stellten und ihn ihrerseits einmütig zum Ausharren verpflichteten.
Als dann, nicht lange vor Ostern, der kaiserliche Abgesandte erneut
die Auslieferung — jetzt nicht mehr der Torbasilika, sondern der
größeren neuen Basilika — forderte, ließ Ambrosius diese durch das
gläubige Volk besetzen, während er sich selbst in die Torbasilika
zurückzog. Durch Predigten, Ansprachen und geistliche Lieder wurde
die Gemeinde begeistert und zusammengehalten. Ambrosius ver=
teilte Goldstücke unter die zu ihm haltende Menge, und nachdem
— sehr gegen seine Weisungen und Wünsche — ein arianischer
Presbyter auf offener Straße verprügelt worden war, wagte sich bald
kein Anhänger des Auxentius mehr in die Öffentlichkeit. Bis hin
zur Gassenjugend hatte die ganze Stadt für Ambrosius Partei ge=
nommen; trotz der Wache haltenden Soldaten strömte das Volk in
Scharen in die Kirche. Es waren Tage enthusiastischen Hochgefühls,
einer allgemeinen Kampf= und Leidensbereitschaft, die damals u. a.
auch der junge Augustin miterlebt hat und die den Beteiligten für
immer unvergeßlich blieben. Das waren für die spätantike Gesell=
schaft schlechterdings unerhörte Vorgänge. Wie weit lagen die Zei=
ten zurück, da man die Bevölkerung einer Stadt noch in eigener
politischer Verantwortung zum Handeln aufrufen konnte!

Die Seele und der Mittelpunkt des Widerstands ist natürlich Am=
brosius selbst. Aber er hält sich nach außen zurück und läßt —
scheinbar von sich aus — vielmehr „die Gemeinde" handeln. Ich habe
das Volk, erklärt er, nicht aufgewiegelt; es ist Gottes und nicht

meine Sache, wenn er will, es wieder zu beruhigen (ep. 20,10). Nie=
mand werde sich der staatlichen Gewalt widersetzen, wenn sie zur
Anwendung käme; aber noch viel weniger komme ein Nachgeben
oder eine Billigung des Unrechts in Betracht. Ambrosius versichert
immer wieder, zu jedem Martyrium bereit zu sein: Christus will ja
das Leiden seiner Jünger, und „ich weiß, daß ich alles, was ich er=
dulden muß, um Christi willen erdulden werde" (serm. Aux. 8). Mag
der Kaiser das tun, „wozu die königliche Macht gewöhnlich ge=
braucht wurde; ich bin bereit, das anzunehmen, was das Schicksal
der Priester von jeher gewesen ist" (serm. Aux. 1). Ambrosius weiß
genau, daß in seiner Lage alles darauf ankommt, den Kampf auf
dieser geistlichen Linie zu halten: eine gewaltsame Erhebung hätte
verheerende Folgen gehabt. Dagegen ist die allgemeine Leidensbereit=
schaft seine eigentliche Waffe. Man wirft uns, sagt er, ein „tyranni=
sches" Benehmen vor — nun wohl, „wir haben unsere Tyrannei:
die Tyrannei des Priesters ist seine Schwäche; ‚wenn ich schwach
bin', sagt der Apostel (2. Kor. 12,10), ‚dann bin ich stark'" (ep. 20,23).
Ambrosius hat damit eine Entdeckung gemacht, für die er sich frei=
lich zu Unrecht auf Paulus beruft: der passive Widerstand, hier zum
ersten Mal in großem Stile geübt, wird hinfort bei allen Auseinan=
dersetzungen mit der staatlichen Gewalt die wichtigste Waffe der
Kirche bleiben. Es ist in der Tat eine Waffe, die Ambrosius mit Be=
rechnung handhabt und die ihm noch im Raum der vollendeten
spätrömischen Despotie Möglichkeiten öffentlicher Propaganda er=
schließt; aber diese Waffe verlangt von der Gemeinschaft, der sie
nutzen soll, ein hohes Maß von Opferbereitschaft und moralischer
Energie und von dem, der sie handhaben will, einen ungewöhnlichen
Mut und die kaltblütigste Entschlossenheit. — Im übrigen spart Am=
brosius nicht mit kräftigen Angriffen auf die Ketzer, „die mit der
kaiserlichen Gewalt gemeinsame Sache machen" (exp. Luc. VIII 17).
Auxentius erscheint als blutrünstiger „skythischer" Barbar, der die
Kirche wie einen nomadischen Wohnwagen hin und her schieben
will (ep. 20,12), und das rasende Weib, die Kaiserin, übernimmt
die Rolle einer verführenden Eva, einer Herodias oder Isebel.

Ein direkter Angriff auf die vom Volk besetzten Kirchen war für
die Regierung unter diesen Umständen undurchführbar; so suchte
man, einen anderen Weg einzuschlagen. Kurz vor Palmsonntag er=
schien bei Ambrosius der kaiserliche Tribun Dalmatius, der zu=
nächst sein Befremden äußerte, ihn überhaupt noch vorzufinden;
man habe ihn schon längst verbannen wollen. Dann lud er ihn na=
mens des Kaisers zu Verhandlungen in den Palast ein. Der Streit
mit dem Gegenbischof müsse jetzt zu einem Ende kommen. Auxen=
tius habe seine Richter bereits gewählt (es waren offenbar führende
Persönlichkeiten am Hofe, sogar einige Heiden waren darunter),
und Ambrosius stünde das gleiche Recht zu. Wolle er's indessen auf
ein solches Schiedsgericht nicht ankommen lassen, so möge er das
Feld von sich aus räumen: der Wagen stünde bereit, er könne unter
sicherer Bedeckung reisen, und kein Haar werde ihm gekrümmt

werden. Die Regierung verzichtete jetzt also auf halbe Maßnahmen und ging aufs Ganze. Soviel war klar: Ambrosius konnte auf das Angebot eines Schiedsgerichts bei Hofe nicht eingehen, ohne seine Sache im voraus verloren zu geben; eben dies zeigte ja der Alter=nativvorschlag eines freiwilligen Abzugs. Aber wie sollte er jetzt den Schein der Unversöhnlichkeit und des offenen Ungehorsams vermeiden, wenn er auf ein dem Ansehn nach so gerechtes und ent=gegenkommendes Verfahren nicht einging? Ambrosius griff wieder zur Feder und antwortete in einem seiner großen politischen Briefe, gerichtet unmittelbar an die Person des „allergnädigsten Kaisers und allerseligsten Augustus Valentinian." Mit wenigen, knappen Stri=chen wird zunächst die Situation gezeichnet und die Rechtsordnung, wie sie bisher bestand. Ambrosius beruft sich dabei sehr geschickt gerade auf Valentinian I.. Dieser Kaiser, heißt es, habe es stets ab=gelehnt, die Grenzen seines politischen Auftrags zu überschreiten. „In Sachen des Glaubens und in beliebigen Fragen der kirchlichen Verfassung kann das Urteil nur von einer Person gefällt werden, die durch ihr Amt dazu berufen und rechtlich gleichgestellt ist, d. h. Bischöfe können nur von Bischöfen gerichtet werden" (ep. 21,2). Niemand zwingt das Volk, bei Ambrosius zu bleiben — es hat sich selbst für ihn als seinen rechtmäßigen Bischof und für die Sache des Glaubens entschieden (ep. 21,6f.). Dagegen kann sich Ambrosius einem fremden politischen Schiedsgericht unmöglich stellen; im Schatten des neuen antinicänischen Gesetzes wäre es gegenwärtig ohnedies eine Farce. Auxentius mag dort Bischof sein, wo man ihn dafür hält. Wäre der Kaiser übrigens nicht so jung, würde er selbst einsehen, „was das wohl für ein Bischof wäre, der die Entscheidung über sein Priesterrecht den Laien überläßt" (ep. 21,5). Dies alles sei mit höchster Ehrfurcht und schuldigem Respekt vor der kaiserlichen Majestät gesagt. „Ich habe es nicht gelernt", schließt der Brief mit einem Seitenblick auf die frühere Gesandtentätigkeit, „im Staatsrat etwas anderes als dein Interesse zu vertreten;" ich bin kein Hof=mann, und diplomatische Kämpfe im Palaste kann ich nicht durch=führen (ep. 21,20).

Wie man sieht, wird die dogmatische Unantastbarkeit der Kirche jetzt durch die weitere, aus ihrem rechtlichen Wesen gefolgerte Be=hauptung der notwendigen Unabhängigkeit ihres Klerus vervollstän=digt und ergänzt. Dies ist ein wesentliches Ergebnis des Kampfs, der zunächst als Streit um den Besitz eines einzelnen Kirchengebäudes begonnen hatte. Der Grundsatz kehrt sich nicht gegen die Gemeinde als solche, mit der das Einvernehmen nach Lage der Dinge vielmehr ohne weiteres vorausgesetzt werden kann. Er bedarf zur Begrün=dung infolgedessen auch keines besonderen Gottesrechts, insbeson=dere keiner Berufung auf das Alte Testament. Der Bischof gilt ein=fach als der zuständige, gewählte und bevollmächtigte Vertreter sei=ner Kirche. Will man sein Recht und seine Unabhängigkeit im Ernst=fall nicht achten, so ist die „Freiheit" der Kirche ein betrügerisches Wort und eine Illusion. So gesehen, ist die klerikale Forderung ge=

genüber der staatlichen Gewalt einfach notwendig und konsequent. Das bedeutet aber, daß auch die kaiserliche Macht durch das Recht der Kirche begrenzt wird. Dies ist die zweite Konsequenz der Auseinandersetzung, die von Ambrosius mit aller Energie gezogen wird. Dem Kaiser, heißt es, gehören wohl die Paläste, aber nicht die Kirchen (ep. 20,19). Er steht als Christ innerhalb der Kirche und nicht über ihr. In der Kirche pflegen die Bischöfe über den Kaiser und nicht der Kaiser über die Bischöfe zu urteilen (ep. 21,4). Wenn man den Kaiser daher als „Sohn der Kirche" bezeichnet — hier prägt Ambrosius eine neue Formel, die nicht mehr verloren gehen wird —, ist das für ihn also keine Beleidigung, sondern eine Ehre (serm. Aux. 36). So lehrt und verficht Ambrosius, früher als alle Päpste, bereits die scharfe, „abendländische" Unterscheidung der „Gewalten" und tut es mit vollem Bewußtsein ihrer grundsätzlichen Bedeutung.

Diese Gedanken stehen bei ihm auf einem noch weiteren Hintergrund. Ambrosius begnügt sich nicht damit, die kirchliche Unabhängigkeit zu sichern; er behauptet vielmehr ganz allgemein die moralische und rechtliche Bindung jeder, auch der kaiserlichen Gewalt. Gewiß, man versichert ihm, „daß dem Kaiser alles erlaubt sei und alles zu seiner Verfügung stünde" (ep. 20,19); aber diese versuchliche Behauptung ist falsch. An und für sich ist auch der Kaiser verpflichtet, das Recht zu halten; an und für sich darf auch der Kaiser nicht die kleinste Hütte widerrechtlich in seine Gewalt bringen — nur daß man das Unrecht in solchen Fällen notfalls ertragen, wenn auch nicht billigen kann (serm. Aux. 33), während das Recht Gottes völlig unantastbar und der Gehorsam des Glaubens absolut gilt. Ambrosius denkt im Grunde immer noch republikanisch. So wie er seine eigene Stellung und Verantwortung in der Kirche im Geiste des alten römischen Beamten versteht und verteidigt, so faßt er auch das Recht der Monarchie — deren bloßes Dasein bis zu einem gewissen Grade schon Zeichen des politischen Verfalls ist (exam. V 52) — in keiner Weise despotisch oder „byzantinisch"; sie würde sonst zur „Tyrannei". Gewiß kann man sagen, daß uns ähnliche Anschauungen und klassische Erinnerungen als ungefährliche Phrase auch sonst in der rhetorischen Tradition begegnen; sie liegen für Ambrosius auch nach seiner römisch=aristokratischen Erziehung und Herkunft von vornherein nah. Aber entscheidend für den Ernst der Forderung ist doch dies, daß sie jetzt im Namen Gottes erhoben werden kann und durch Seine Gebote gedeckt wird. Die Geschichte von Naboths Weinberg (1. Kön. 21) steht in der Bibel nicht umsonst. Gottes Wort macht das unverbindliche Ideal für den Kirchenmann zur verpflichtenden Wirklichkeit. „Gottes Gesetz hat uns gelehrt, was wir tun sollen — menschliche Gesetze können das nicht lehren. Sie erreichen wohl durch Gewalt, daß feige Seelen ihre Gesinnung ändern; aber den Glauben schenken, das können sie nicht" (ep. 21,10). „Im Vertrauen auf Gott scheue ich mich nicht, euch Kaisern zu sagen, was meiner Meinung nach recht ist" (ep. 57,1). Und hinter solchen Erklärungen steht keine einzelne, private Überzeugung mehr, sondern die lebendige soziale Wirklichkeit der Kirche.

Am Gründonnerstag des Jahres 386 entschloß sich die Regierung, den hoffnungslosen Streit abzubrechen. Sang= und klanglos wurden die kaiserlichen Wimpelschnüre von der vergeblich belagerten Basilika wieder entfernt, die schon verhängten Strafen wieder rückgängig gemacht und die Gefangenen freigegeben. Es blieb kein anderer Ausweg. Zuletzt hatten sogar die Soldaten, die Ambrosius in seinen Ansprachen unmittelbar apostrophiert hatte, ihre Posten verlassen und sich auf die Seite des gläubigen Volkes geschlagen. Es wirkte wie ein Abschluß der erregenden Kämpfe, als einige Wochen später anläßlich der Einweihung einer neuerbauten Kirche Reliquien zweier Märtyrer gefunden wurden, enthaupteter Riesen, „wie sie die alten Zeiten hervorbrachten" (ep. 22,2). Die heiligen „Gervasius und Protasius" wurden im Triumph in die bald allgemein „ambrosianisch" genannte Basilika überführt und hier feierlich beigesetzt. Es folgten die erwarteten Wunder und Heilungen. Ambrosius hatte die Leitung in der Hand, und seine Festpredigt lenkte die allgemeine Begeisterung in die gewünschte Richtung: „Seht nur alle, das sind die Bundesgenossen, die ich mir aussuche ... Solche Männer habe ich dir, fromme Gemeinde, zum Beistand erworben, Männer, die jedermann nützlich und niemandem schädlich sind! ... Herr Jesu, Dir sei Dank, daß du uns in solcher Zeit den starken Geist der heiligen Märtyrer wiedererweckt hast; denn mehr als sonst verlangt Deine Kirche heute nach Deinem Schutz" (ep. 22,10). Die gespannte Situation sollte nicht mehr lange andauern. Ein Bürgerkrieg zwischen den westlichen Herrschern, den Ambrosius vergeblich zu verhindern gesucht hatte, nötigte Valentinian II. zur Flucht; und nach dem Sturz des Usurpators nahm sein Besieger Theodosius die Herrschaft über das Gesamtreich praktisch allein in die Hand. Im spannungsreichen Zusammenwirken mit ihm gelangt die Lebensarbeit des Ambrosius während der nächsten Jahre zum Abschluß. —

Theodosius „der Große" war nicht bloß ein ausgezeichneter Feldherr, sondern auch als Herrscher eine selbständige und durchaus nicht unbedeutende Persönlichkeit. Er war der erste Kaiser, der das Ideal einer dogmatisch bestimmten Reichskirche von sich aus ergriffen und im Osten bereits verwirklicht hatte. Diese Politik entsprach zugleich seiner persönlichen, lebendig katholischen Frömmigkeit. Aber die wechselnden Erfordernisse des Tages zwangen auch ihn, elastisch vorzugehen und auf entgegenstehende Gruppen gegebenenfalls Rücksicht zu nehmen. An und für sich hatte Ambrosius für derartige Schwierigkeiten Verständnis; es konnte trotzdem nicht ausbleiben, daß die staatlichen Interessen des Kaisers und die kirchlichen Interessen, die er vertrat, gelegentlich miteinander in Spannung gerieten und dann das gute Einvernehmen getrübt wurde. Ambrosius kennt wie seine ganze Zeit keine Scheidung der politischen Verantwortung von den persönlichen religiösen Pflichten des Herrschers und sieht im Schutz und in der Förderung der Kirche un=

ter allen Umständen eine Glaubenspflicht. In den Jahren 388—391 residierte Theodosius vorzüglich in Mailand. Es ist reizvoll, das Hin und Her der Beziehungen zwischen beiden Männern während dieser Jahre bis ins Einzelne zu verfolgen. Wir beschränken uns auf die bekanntesten, grundsätzlich wichtigen Beispiele.

Auch Theodosius wurde als neuer Herr über Rom alsbald vor die Frage gestellt, ob er der Stadt die gestrichenen Kultusgelder aufs neue gewähren sollte; der Senat hatte seine alte Bitte wiederum vorgebracht. „Ich zögerte nicht", sagt Ambrosius, „dem allergnä= digsten Kaiser öffentlich und unmittelbar meinen Standpunkt dar= zulegen" (ep. 57,4). Durch ihre lange Vorgeschichte war die Ange= legenheit zu einer Frage des kirchlichen Prestiges geworden, in der ein Nachgeben unmöglich geworden war. Ambrosius gab zu verste= hen, daß er notfalls entschlossen sei, bis zum Äußersten zu gehen, und blieb einige Tage lang demonstrativ dem Hofe fern, bis die Sache in seinem Sinne entschieden war. Noch dramatischer verlief ein anderer Konflikt. Im äußersten Osten des Reiches hatte der Bi= schof von Kallinikum einen Tumult erregt und die dortige Synagoge durch Mönchshaufen in Brand stecken lassen. Theodosius gelobte in höchstem Zorn, den Landfriedensbruch gebührend zu bestrafen, und verfügte den Wiederaufbau auf Kosten der Schuldigen. Aber wieder legte Ambrosius Protest ein. Es wäre, erklärt er, geradezu frevelhaft, den gottverlassenen Juden einen derartigen Triumph zu gönnen. „Was steht höher: der Begriff der Ordnung oder das Inter= esse der Religion?" Vor dem Gebot der Frömmigkeit muß das Straf= recht zurücktreten (ep. 40,11). Als Theodosius noch immer zögerte, wurde er von Ambrosius während des Gottesdienstes vor versam= melter Gemeinde angesprochen. Der Bischof weigerte sich, das Meß= opfer darzubringen, bis ihm der Kaiser den Widerruf seines Befehls ausdrücklich zugesagt hatte. Gründlich verärgert, traf Theodosius die Anordnung, Ambrosius über die Verhandlungen im Staatsrat hinfort im Dunkeln zu lassen (ep. 51,2).

Aber nicht immer erscheint Ambrosius in so zweifelhafter Rolle. Es gibt auch Fälle, wo er weniger als Kirchenpolitiker denn als ech= ter Seelsorger sein Amt ausübt und den Kaiser als „Sohn der Kirche" zur Ordnung ruft. Die berühmte Kirchenbuße gehört in diesen Zu= sammenhang. Um einen blutigen Krawall in der mazedonischen Stadt Thessalonich zu rächen, hatte Theodosius mehrere Tausend ahnungsloser Einwohner ins Theater locken und hier samt und son= ders durch Soldaten zusammenhauen lassen (390). Selbst in jener an barbarische Strafen gewöhnten Zeit rief das Blutbad allgemeines Entsetzen hervor. Theodosius selbst hatte seinen Befehl zu spät bereut und vergeblich versucht, ihn rückgängig zu machen. Nun war die Tat geschehen. Theodosius gehörte zur „Gemeinde" des Ambro= sius — wie sollte sich dieser zum Vorgefallenen stellen? Ambrosius war dafür bekannt, daß er die Bußpflicht nach einem Verbrechen sonst sehr ernst nahm. War ein greuelvoller Massenmord darum verzeih= lich, weil er in Ausübung kaiserlicher Gewalt geschehen war? Die

Buße war damals noch ausschließlich öffentlich und wurde bei Mord meist lebenslänglich, zum mindesten jahrelang geleistet. — Zunächst ließ Ambrosius ein paar Tage verstreichen, während deren er sich von Mailand entfernte, und versicherte sich wieder der Zustimmung seiner Nachbarkollegen. Dann schrieb er an Theodosius einen Brief — eigenhändig, wie er betont, damit ihn kein Dritter zu lesen brauche. Auch dieses Schriftstück ist wie stets mit größter Überlegung verfaßt, sorgfältig auf die Person des Adressaten abgestellt und — wenn man so will — ein „politisches" Dokument. Aber alles beherrschend ist hier doch der Wille, den religiösen Sinn der Bußforderung als solchen herauszustellen und die Unausweichlichkeit des göttlichen Gebots theologisch verständlich zu machen. Die Strenge des „Gesetzes" und der Trost des „Evangeliums" werden dabei mit tiefem Ernst in das richtige Verhältnis gebracht. Gott ist barmherzig und läßt auch den Sünder nicht fahren; aber er vergibt ihm die Sünde nur dann, wenn er sie wirklich bereut und die Folgen zu tragen bereit ist. „Die Sünde wird nicht anders von uns genommen, denn durch Tränen und Buße" (ep. 51,11). An dieser Ordnung Gottes läßt sich nichts ändern. Es geht jetzt nicht um das, was Ambrosius will oder nicht will. „Mir wäre es natürlich lieb, die kaiserliche Gunst zu besitzen und nach deinen Wünschen zu handeln; aber die Sache erlaubt es nicht" (ep. 51,15). „Wenn der Priester dem Irrenden nicht die Wahrheit sagt, so wird dieser in seiner Schuld sterben, und der Priester wird an der Strafe schuld sein, weil er den Irrenden nicht gemahnt hatte" (ep. 51,3). Es geht aber auch nicht darum, das kaiserliche Ansehen zu zerstören. Auch der Kaiser ist ein Mensch und kann in der Anfechtung fallen. Er soll jetzt nichts anderes tun als das, was König David oder der fromme und mächtige Hiob vor ihm getan haben. Tut er es, so tritt er mit den großen alten Frommen auf dieselbe Stufe so wie Ambrosius mit den alten Propheten (ep. 51,16). „Wer sich selbst anklagt, wenn er gesündigt hat, der ist gerecht, nicht der, der sich selbst zu loben sucht." Wenn der Kaiser ein Christ ist, so wird er nicht den eitlen Versuch machen, sein Vergehen zu entschuldigen (ep. 51,15). Er muß selber entscheiden, was ihm frommt; Ambrosius aber wird, wenn er sich weigert, künftig für ihn in der Kirche kein Opfer mehr darbringen können. „Wenn du glaubst, so folge mir; ich sage: wenn du glaubst, so erkenn das an, was ich sage. Glaubst du nicht, so verzeih mir, was ich tue — ich muß Gott die Ehre geben" (ep. 51,17).

Die Worte, die Ambrosius braucht, sind völlig klar: er droht dem Kaiser mit der Exkommunikation; aber er tut es in einer Weise, die den Gehorsam des Untertanen nicht verletzt und dem Kaiser den bitteren Schritt so weit wie möglich erleichtert. Theodosius befand sich in einer Zwangslage und hat sich unterworfen; aber es scheint doch, daß er dies nicht bloß notgedrungen tat, sondern daß er die Buße auch innerlich bejahte und in echter Zerknirschung mit Willen auf sich nahm. Fest steht, daß er wenigstens einmal ohne kaiserlichen Schmuck als Büßer in der Kirche erschienen ist, wo er, wie es

die Sitte verlangte, vor versammelter Gemeinde seine Schuld be=
kannte. Man kann darin ein erstes „Canossa" erblicken; doch die
Zeitgenossen sahen in diesem Akt etwas anderes als die spätere
mittelalterliche Legende, die auch die äußeren Vorgänge nach ihrem
Bedürfnis verzerrt hat: keine Beugung der weltlichen Gewalt, kei=
nen Triumph der priesterlichen Herrschaft, sondern ein geistliches
Geschehen und eine Gewissensentscheidung des Kaisers, der sich
selber ehrte, indem er die Unverbrüchlichkeit von Gottes Geboten
anerkannte. So gesehen, ist die Kirchenbuße des Theodosius der
Endpunkt in dem fortschreitenden Prozeß der Christianisierung des
Kaisertums, der mit Konstantin dem Großen begonnen hatte. Jetzt
hat die Kirche aufgehört, bloß Werkzeug oder Nutznießer der re=
gierenden Gewalt zu sein; sie hat sie auch von innen ergriffen und
duldet eine öffentliche Mißachtung ihrer sittlichen Grundsätze eben=
so wenig wie die Verleugnung ihres dogmatischen Gebots.

Diese Kirchenbuße hat Theodosius und Ambrosius auch persön=
lich wieder zusammengeführt. Als der Kaiser 391 erneut in den
Osten zog, ließ er Ambrosius als den Mann seines erklärten Ver=
trauens in Italien zurück. Ambrosius hat ihn nicht enttäuscht. Bald
danach erhob sich in Gallien wieder ein von Theodosius nicht aner=
kannter Usurpator. Er versuchte sofort, mit Ambrosius Fühlung zu
nehmen und ihn für sich zu gewinnen. Es ist amüsant zu beobach=
ten, wie ruhig und unauffällig dieser sich allen Annäherungsversu=
chen zu entziehen weiß und erst dann mit offener Ablehnung her=
vortritt, als er sie kirchlich begründen kann. Später wich er vor einer
persönlichen Begegnung mit dem gegen Theodosius ins Feld rük=
kenden Herrscher nach Florenz aus; ein volles Jahr lang sah Am=
brosius seine Mailänder Gemeinde nicht wieder. Um so freudiger
eilte er Theodosius nach dessen Siege entgegen und erwirkte durch
seine Bitten die Schonung der Besiegten. Der Kaiser aber erklärte
öffentlich, „durch die Verdienste und Gebete" dieses Bischofs ge=
rettet zu sein (vita 31). Als er bald danach starb, hielt ihm Ambro=
sius die Leichenrede. Hier feiert er den toten Herrscher noch einmal
als Muster eines wahrhaft großen und frommen Fürsten und ver=
säumt es nicht, die Soldaten bei dieser Gelegenheit zur Treue gegen
die Söhne zu verpflichten. Wenige Wochen später erschien ein Edikt,
in dem die neuen Regenten ausdrücklich versicherten, sie seien ent=
schlossen, der Kirche nichts von ihren Rechten zu nehmen, vielmehr
auch in Zukunft die Ehrfurcht vor ihr nach Kräften zu vermehren.

So konnte sich Ambrosius mit dem, was er im Lauf seines Lebens
kirchenpolitisch erstrebt und erreicht hatte, zuletzt wohl am Ziele
fühlen. Wir finden ihn weiterhin unermüdlich tätig, als Prediger und
Lehrer, als theologischen Schriftsteller und gewissenhaften Berater
für alle, die sich — oft von weither — an ihn wenden. Sein Sekretär
Paulinus, der später auf Drängen Augustins seine Biographie ver=
faßt hat, versichert, nach seinem Tode hätten fünf Bischöfe kaum
ausgereicht, den Taufunterricht zu Ende zu führen, den Ambrosius
bis dahin allein geleitet hatte. Auf der Heimreise von einer aus=

wärtigen Bischofsordination hatte er sich die tödliche Krankheit zugezogen. Man bat ihn, um seine Genesung zu beten; aber Ambrosius lehnte es ab: „Ich habe unter euch nicht so gelebt, daß ich mich
schämen müßte, länger zu leben; aber ich fürchte mich auch nicht
vor dem Tode, denn wir haben einen guten Herrn" (vita 45). Mit
kaum hörbarer Stimme traf er seine letzten Anordnungen: der
„gute Greis" Simplician, der ihn selbst vor der Taufe unterwiesen
hatte, sollte auch sein Nachfolger werden. Die letzten Stunden ver-
brachte Ambrosius mit kreuzförmig ausgebreiteten Armen in lei-
sem Gebet. Unmittelbar nachdem er zum letzten Mal den Leib des
Herrn empfangen hatte, verschied er am 4. April 397. In der Ambrosianischen Basilika wurde er beigesetzt. Der allmächtige Stilicho
soll damals gesagt haben, der Tod dieses Großen werde den Untergang Italiens einleiten. Es blieb Ambrosius erspart, den Zusammenbruch des Reiches zu erleben, das von klein auf seine Welt gewesen
war und dem er auch als Bischof in seiner Weise gedient hatte. Nur
die Kirche des Reiches, so wie er sie gewollt und gebaut hatte, sollte
auch in einer veränderten Welt immer noch bleiben.

Wer Ambrosius verstehen und beurteilen will, darf den praktisch-
politischen Grundzug seines Wesens nicht übersehen. Ambrosius
weiß sich von Gott berufen, das Recht und die Interessen seiner
Kirche wahrzunehmen, und diese Pflicht erfüllt er so selbstverständlich wie nur je ein Staatsmann oder Beamter gegenüber seinem
Staat. An diesem Punkt entstehen für ihn gar keine Probleme. Aber
es wäre trotzdem grundverkehrt, wollte man Ambrosius für einen
Politiker halten, der bloß zufällig, wie es wohl geschieht, aus der
Politik in die Kirchenpolitik verschlagen wurde. Die Ziele, denen
Ambrosius in Wahrheit dienen will und die ihn im Innersten bestimmen, liegen nicht im Raume dieser Welt; sie sind ihm sittlich
und geistig gegeben. Wenn er die Herrlichkeit der Kirche preist —
und das geschieht sehr häufig —, so denkt Ambrosius nicht an ihre
sichtbare Gestalt und Verfassung, sondern er denkt an ihr geheim-
nisvolles geistliches Wesen. Die Kirche ist die Braut Christi, die heilige Stadt Gottes; sie ist das Sammelbecken der Völker und lebt zugleich in jeder einzelnen frommen Seele. Niemals wird sie als Organisation mit dem Staate verglichen. Das Volk der Kirche ist kein
Volk in dem Sinne, wie die Ägypter, Juden oder Araber ein Volk
sind. Am ehesten stellt sich ihr Wesen im Gottesdienst dar. Die
mailändische Kirche gewinnt unter Ambrosius ein immer reicheres
liturgisches Leben. In seinen Predigten und Schriften erklärt er gerne
den Sinn der einzelnen Gebräuche. Ambrosius ist ein fruchtbarer
Theologe der Sakramente und Sakramentalien, der erste entschiedene Vertreter einer mysterienhaften Wandlungslehre für das
Abendmahl, die er jedoch nie vor profanen Ohren entwickelt.

Doch ist die Kirche nicht allein um der „Mysterien" willen da. Sie
soll vor allen Dingen den „Glauben" verkündigen und die Menschen Gottes heiligen Willen kennen lehren. Gott hat uns in Christus erlöst und vergibt uns unsere Schuld; er fordert von uns, daß

wir nun gleichfalls vergeben und als Christen ein Leben der stren=
gen Zucht und Heiligung führen. Die Kirche und die Christen haben
auch eine soziale Aufgabe. Sie sollen den Unterdrückten in der Welt
zu ihrem Recht verhelfen und die Not der Armen nach Kräften zu
lindern suchen. Die Reichen werden immer wieder zur Wohltätigkeit
ermahnt, und Ambrosius geht mit dem guten Beispiel selbst voran.
In den Notzeiten des Gotensturmes läßt er die kostbaren Kirchen=
geräte unbedenklich einschmelzen und kümmert sich dabei nicht um
die gehässige Kritik (off. II 28,136). Die Armen sind der eigentliche
Schatz der Kirche; es ist nicht nötig, daß sie auch selber reich sei.
Die erste Christenpflicht ist nach Jesu Worten die Unterstützung
der eigenen Eltern; dann sollen die Armen an die Reihe kommen,
und dann erst, an dritter Stelle, mag auch der Priester sein Teil
empfangen. Es ist Barmherzigkeit gefordert und nicht Opfer (exp.
Luc. VIII 79).

Kirchenrechtlich ist Ambrosius wie alle altlateinischen Väter Epi=
skopalist; d. h. der vom Volk gewählte Bischof ist der oberste Hirt
seiner Gemeinde. Als solcher arbeitet er mit den Bischöfen seines
Gebietes wohl zusammen und erkennt die gemeinsamen Entschei=
dungen auf den Synoden selbstverständlich an; aber er hat grund=
sätzlich keinen Metropoliten oder Patriarchen als Herrn über sich.
Auch Ambrosius übt als der Bischof der ersten Stadt in Oberitalien
andern Bischöfen gegenüber nur moralische Autorität aus. Mit dem
Papst verkehrt er auf völlig gleichem Fuß. Die römische Kirche ist
zwar der gegebene Orientierungspunkt der kirchlichen Einheit und
Gemeinschaft für alle Welt; aber dies bedeutet keinen rechtlichen Vor=
rang. „Ich möchte", sagt Ambrosius im Blick auf die in Mailand üb=
liche Zeremonie der Fußwaschung, „in allen Stücken der römischen
Kirche folgen. Aber schließlich haben auch wir unseren gesunden
Menschenverstand, und was anderswo mit mehr Recht befolgt wird,
können auch wir mit besserem Rechte beibehalten" (sacr. III 1,5).
Schließlich hat Petrus nur das erste Christusbekenntnis abge=
legt (Matth. 16,16), aber daraufhin keinen Vorrang in Anspruch ge=
nommen: „Er übte den Primat des Glaubens aus und keinen Primat
der Rechtsordnung" (incarn. 4,32).

Das klassische Dokument der ambrosianischen Amtsauffassung
ist sein Werk „über die Pflichten der Kirchendiener" oder auch ein=
fach „über die Pflichten". Es ist aus Ansprachen an seine geistlichen
„Söhne", die Kleriker Mailands, erwachsen und schließt sich im Auf=
bau und Gedankengang engstens an das gleichnamige Werk Ciceros
an, das seitenweise fast wörtlich exzerpiert ist. Die erste christ=
liche „Ethik", die dies Buch darstellt, will eben in einem ähnlichen
Sinne Standesethik, Tugendlehre und Handbuch des klerikalen
Amtes sein, wie Ciceros philosophische Ethik für den römischen Bür=
ger und Staatsmann entworfen war. Auch der Kirchenmann soll in
allen Stücken das Anständige, das Nützliche und Gerechte tun und
nach außen ein würdiges, ernstes Wesen zeigen. Der Geistliche darf
nicht „vulgär" wirken; „denn wie kann man beim Volke Ansehen be=

haupten, wenn man nichts mehr besitzt, was von der Menge schei=
det" (ep. 28,2)? Die antiken historischen Beispiele sind nach Mög=
lichkeit durch christliche und biblische, insbesondere solche aus dem
Alten Testament, ersetzt. Aber es bleibt doch erstaunlich, mit wel=
cher Naivität das Buch nunmehr im Gegensatz zu seinem philoso=
phischen Vorgänger als „christlich" präsentiert wird. Ambrosius
steckt so tief in den klassischen Traditionen drin, daß er sein eigenes
Verhältnis zu ihnen noch nicht durchschaut. Trotzdem spürt man in
kleinen Abweichungen und Hinzufügungen doch schon hie und da
die Heraufkunft eines neuen, das Erbe innerlich verändernden Gei=
stes. Als das höchste Gut gilt jetzt nicht mehr die Tugend, sondern
die ewige Seligkeit, die in der Zukunft und in der Gemeinschaft mit
Gott liegt. Ihre Verheißungen eröffnen die Pflichtenlehre wie die
Seligpreisungen die Gebote der Bergpredigt. Die Seele scheidet sich
immer stärker vom Leibe und von der Welt des Sichtbaren; sie
ist der Sitz des eigentlichen Lebens. Ein besonderer, über Cicero
hinausgehender Exkurs befaßt sich mit dem Wert des Schweigens.
Ambrosius ist u. W. der erste antike Mensch gewesen, der Bücher
nicht mehr laut, sondern nur noch schweigend und meditierend ge=
lesen hat. Er besaß allerdings eine schwache Stimme, die er auf diese
Weise schonte; aber hinter der neuen Übung, die er beginnt, ver=
birgt sich doch eine tiefere Veränderung des literarischen Aufneh=
mens und des geistigen Genießens überhaupt.

Man darf solche „unklassischen" Wandlungen des Bewußtseins
und des geistigen Stils, die ins Mittelalter vorausweisen, darum
nicht ohne weiteres gleich für „christlich" erklären. Sie sind über=
haupt ein Kennzeichen der Zeit und bei Ambrosius wohl auch neu=
platonisch bedingt. Aber das religiöse Denken begnügt sich nicht
mit einer allgemeinen „Vergeistigung" und Spiritualisierung von
Leben und Welt. Es drängt mit der Gewalt persönlichen Heilsverlan=
gens über die philosophische Bewußtseinslage hinaus und ergreift
die geschichtlichen Christus=Aussagen der Bibel als die eigentliche,
den Menschen erlösende und rettende Lebenswirklichkeit. Dabei führt
gerade die überkommene psychologisch=anthropologische Fragestel=
lung der altlateinischen Theologie über deren harten Moralismus
und Legalismus hinaus. Ambrosius begreift etwas von dem, was mit
der Freiheit des Geistes, mit Glauben und Gnade und mit der Ein=
wohnung Christi in den Gläubigen wirklich gemeint ist. Christi
Kommen in die Welt bleibt ohne Nutzen, wenn er nicht auch in das
Herz einzieht, „in mir lebt und in mir spricht" (exp. Luc. X 7).
Christus muß in den menschlichen Sinnen wohnen, wenn nicht nur die
Sünde, sondern auch die Lust zum Sündigen daraus verschwinden
soll (exp. ps. 118, IV 26). Gott macht den Willen für das Gute
empfänglich und bereit (exp. Luc. I 10). Darum „will ich mich nicht
rühmen, daß ich gerecht wäre, sondern ich will mich rühmen, daß
ich erlöst bin. Ich will mich nicht rühmen, daß ich frei von Sünden
sei, sondern daß mir die Sünden vergeben sind." Christus, der für
mich gestorben ist, ist auch mein Fürsprecher geworden. „Die Schuld

hat mehr Segen gebracht als die Unschuld: die Unschuld hatte mich stolz gemacht; aber die Schuld hat mich von neuem unterworfen" (Jac. 6,21). Man braucht solche Worte nur mit beliebigen Äußerungen Cyprians zu vergleichen und fühlt sogleich, was für geistliche Entdeckungen seitdem gemacht und was für neue, mächtige Entwicklungen in Gang gekommen sind. Ambrosius hat Paulus wirklich gelesen, und wir stehen bereits ganz nahe vor Augustin. Gewiß handelt es sich zunächst nur um vereinzelte Äußerungen. Das Neue stellt bei Ambrosius keinen theologischen Programmpunkt dar; es meldet sich erst ungewollt und läßt die ganzen traditionellen Anschauungen daneben fortbestehen. Aber gerade daran erkennt man, daß es sich um echte Erfahrungen handelt, denen die Kraft innewohnt, das wirkliche religiöse Leben zu berühren und zu verändern.

Den unmittelbarsten Zugang zu Ambrosius gewinnt man noch heute durch seine Hymnen. Obgleich ihre ursprüngliche Melodie kaum mehr rekonstruierbar ist, reden diese Verse noch immer verständlich von dem Wesen und der Frömmigkeit dieses Mannes. Denn Ambrosius war ein Dichter — ein Dichter gewiß nicht im modernen, subjektivierten Sinne des Wortes und auch nicht im Sinne der formalistischen Kunstdichtung seiner Zeit, aber echt und fast archaisch ursprünglich im Zusammenklang von Auftrag und Erfüllung, von Form und Inhalt der Aussage. Die Hymnen sind die Lieder seiner Gemeinde. Hier zuerst gewinnt das geistliche Empfinden der altlateinischen Kirche einen ihr gemäßen, großen und starken Ausdruck. Von nun an bezeichnet „ambrosianisch" eine ganze, neue Dichtungsart, die die kirchliche Hymnologie des Mittelalters eröffnet. Die ersten Hymnen sollen in den drangvollen Tagen des Kirchenkampfes von 386 entstanden sein, als es galt, das erregte Volk in den umlagerten Kirchen durch diese „Zauberweisen" geistlich zu sammeln und zu stärken. Das Vorbild für die Neuerung bildete wohl der schon seit längerem übliche Gemeindegesang der syrisch-griechischen Kirche. Aber Ambrosius gelang das, was vor ihm Hilarius, auch er ein bedeutendes dichterisches Talent, noch vergebens erstrebt hatte: die echte Volkstümlichkeit und Einfachheit des Gedankens und die völlige Umsetzung der östlichen Anregung in Gefühl und Geist der lateinischen Kirchensprache. Der Form nach handelt es sich immer noch um fehlerfreie, klassische Verse („akatalektische jambische Dimeter"), die jetzt in vierzeiligen Strophen gruppiert werden; aber sie vermeiden jede Komplikation, und so fällt der natürliche Wortakzent nicht selten mit dem Versakzent zusammen. Wie die Säulen einer hellen, weiträumigen Basilika schließen sich die einfachen Strophen in festem Gange zusammen und sprechen das aus, was die katholische Gemeinde glaubt und fühlt. Das Bekenntnis zum dreieinigen Gott verbindet sich mit verschiedenen biblischen Themen und klingt mit dem Erlebnis der Tageszeiten und ihres wechselnden Lichtes zusammen. In diesen Hymnen lebt eine wunderbare Einfalt und Kraft. Kein geringerer als Augustin hat uns geschildert, wie ihre schlichten Verse es zuerst vermocht hätten, nach seiner Taufe eine neue, süße Seligkeit in sein bewegtes Herz zu gießen (conf. IX 6); und nach dem Tode der Mutter löst sich der krampfhafte Schmerz abermals bei den Klängen des ambrosianischen Abendliedes in befreienden Tränen:

> O Gott, du Schöpfer aller Welt,
> Des Himmels Lenker, der den Tag
> Mit hellem Strahlenkleide schmückt,
> Mit gnädigem Schlummer deckt die Nacht,
>
> Daß Ruhen den erschlafften Geist
> Zum Dienst der Arbeit kräftig macht,
> Den müden Seelen Lindrung schafft,
> Die Ängste der Versuchung löst,
>
> Dank, da der Tag vollendet ist,
> Und beim Beginn der Nacht Gebet
> Um Hilfe bei gelobter Schuld
> Steigt zu dir auf im Hymnensang.
>
> Dich preist des Herzens tiefster Grund,
> Dich tönt der Stimme vollster Klang,
> Dich schließt die keusche Liebe ein,
> Dich betet an der klare Geist,
>
> Daß wenn die tiefste Finsternis
> Der Nächte ganz den Tag umschließt,
> Der Glaube nichts vom Düster weiß
> Und Nacht durch Glauben wird erhellt,
>
> Daß du nicht schlafen läßt den Geist,
> Doch schlafen lernt die schwere Schuld,
> Der Glaube, keuscher Herzen Eis,
> Den schwülen Dunst des Schlafes kühlt,
>
> Daß dich von trüben Brünsten frei
> Im Traum die innern Augen sehn,
> Und nicht die Angst die Schlummernden
> Durch List des bösen Neiders stört.
>
> Zum Sohn, zum Vater flehen wir
> In Christi und des Vaters Geist:
> Eins mächtig über alles, sei
> Den Betern hold, Dreieinigkeit!

Übrigens ist Ambrosius der einzige Kirchenvater, von dem wir noch heute ein Porträt besitzen. Es ist überaus sprechend, durchaus nicht idealisiert und kann mit guten Gründen beanspruchen, als „authentisch" zu gelten. Es handelt sich um ein mit Namen bezeich=netes Mosaik in der dem Bruder Satyrus geweihten Kapelle der Ambrosianischen Basilika und wurde zu Beginn des fünften Jahr=hunderts, also wenige Jahre nach dem Tode des Dargestellten ge=schaffen. Vor uns steht eine hagere, zarte Gestalt in langer Tunika und dem einfachen, aber würdigen Mantel des vornehmen Mannes (es gibt ja noch keine besondere „geistliche" Gewandung). Das leicht geneigte, lange und nicht ganz ebenmäßige Gesicht (eine Un=tersuchung der Reliquien hat die kleine Verschiebung des linken Auges bestätigt) wird von kurz geschnittenem Haar umrahmt; über den wulstigen Lippen und dem fast verschwindenden Kinn zeich=net sich ein schmaler Schnurrbart ab. Der eigentümlich abwesende, fast traurige Ausdruck wird ganz durch die weit geöffneten Augen bestimmt. Sie scheinen die versammelte Gemeinde eindringlich an=zuschauen; aber der tiefernste, stille Blick geht durch sie gleichsam hindurch und über sie hinweg in die Unendlichkeit. Wir können natürlich nicht mehr feststellen, wieviel von dem inneren Leben dieses Bildes auf echter historischer Erinnerung, wieviel vielleicht auch auf nachträglicher, künstlerischer Interpretation beruht; aber dies Bildnis stellt Ambrosius am ehesten so dar, wie er wirklich gewesen ist, jedenfalls besser als die unzähligen, geräuschvollen Darstellungen aus der späteren Zeit, die den stolzen Mailänder Kirchenfürsten oder den gelehrten Bischof verherrlichen.

Die Ausgabe der Ambrosius=Schriften im CSEL nähert sich dem Abschluß. Eine dreibändige Auswahl in deutscher Übersetzung fin=det sich in der BKV (1914/17), die beste Ausgabe der lateinischen Hymnen bei W. *Bulst*, Hymni latini antiquissimi LXXV. Psalmi III (1956).

Die deutsche Biographie von Th. *Förster*, Ambrosius von Mailand (1884) ist heute veraltet. Die umfassendste Gesamtdarstellung bie=tet F. Homes *Dudden*, The Life and Times of St. Ambrose I. II. (1935). Für die Kirchenpolitik seien genannt H. *v. Campenhausen*, Ambrosius von Mailand als Kirchenpolitiker (1929) und J.=R. *Palanque*, Saint Ambroise et l'empire Romain (1933), für die dogma=tischen Anschauungen Ldw. *Herrmann*, Ambrosius von Mailand als Trinitätstheologe, Zeitschr. f. Kirchengesch. 69 (1958) 198—218.

5. Kapitel

HIERONYMUS

Jedermann kennt Dürers Stich „Hieronymus im Gehäus": eine behagliche, wohleingerichtete Gelehrtenstube, in der ein stiller Greis im Lichte seines Heiligenscheins ganz versunken an einem Buch schreibt, ungestört durch das Schnaufen des Hündchens und das Schnurren seines Löwen, dem die warme Sonne durch die Butzen= scheiben auf den Pelz scheint — das ganze ein Sinnbild des inneren und äußeren Friedens, des vollendeten Einklangs von gelehrter Ar= beit und echtem, geistlichen Gesammeltsein. Ein Bild des historischen Hieronymus ist dies nicht. Wohl war er ein Gelehrter und ein Theo= loge; aber die wild bewegten, barocken Darstellungen des „büßen= den" Greises vor der Felsengrotte geben in diesem Falle weit eher von dem wahren Temperament des Mannes eine Vorstellung, ob= gleich die äußere Situation auch hier für ihn nicht eben typisch ist. Hieronymus hat nur kurze Zeit, in seiner Jugend, den Versuch ge= macht, als Eremit zu leben, und hat diesen Versuch nicht durch= gehalten. Er ist trotz seines asketischen Eifers und seiner Wissen= schaften niemals imstande gewesen, der Welt, die ihn umgab, wirk= lich den Rücken zu kehren. Leidenschaftlich und geltungsbedürftig, sucht er ihre Teilnahme, Beifall und Widerhall, auch dort, wo er sie zu verachten meint und sie mit Vorwürfen überschüttet. Hierony= mus ist immer mit sich selber beschäftigt, er kennt keine innere Stille und macht sich überall Feinde, die er dann mit heftiger Em= pörung und persönlichem Haß verfolgt. Neben seinen glänzenden Eigenschaften liegen die Schwächen seines Charakters stets offen zutage. Das haben schon seine Zeitgenossen gesehen, und seine Biographen haben es bis auf diesen Tag nicht leicht gehabt, sein Leben ohne polemische oder apologetische Voreingenommenheit zu erzählen. Man muß das moralische und theologische Urteil zurück= drängen, wenn man das Interessante und geschichtlich Bedeutsame dieses Mannes und seiner Wirkungen richtig erfassen möchte.

Hieronymus ist ein Kind seiner Heimat und seiner Zeit. In der zweiten Hälfte des vierten Jahrhunderts beginnt sich in ganz Ober= italien ein neues geistiges Leben zu regen. Es ist nicht nur die Wir= kung des Ambrosius, wenn jetzt allenthalben Prediger, Theologen und Schriftsteller zur Feder greifen, während bis dahin das Christen= tum dieser Gebiete geistig ohne jede Bedeutung und wahrschein= lich auch äußerlich noch recht schwach gewesen war. Man spürt die verwandelte Lage nach dem konstantinischen Umschwung, die neuen kirchlichen und kultürlichen Möglichkeiten innerhalb ei= ner vom Staate begünstigten christlichen Ordnung der Welt. Hie= ronymus ist etwa 347 in dem sonst unbekannten Städtchen Strido (n) geboren, im äußersten, an Dalmatien grenzenden Zipfel des da= maligen Italiens, nach anderer Auslegung noch weiter südöstlich in Dalmatien selbst. Die Bürgerschaft des Ortes kannte kaum höhere geistige, geschweige denn geistliche Interessen. Der Bauch, sagt Hieronymus selbst, war ihr Gott; wer reich war, galt auch für fromm, und der Bischof war der passende Deckel zu diesem Topf (ep. 7, 5). Auch die Eltern von Hieronymus gehörten in diese Welt und bildeten allem Anschein nach keine Ausnahme. Sie waren wohlhabende, gut katholische Leute, haben aber ihrem Sohne keine tieferen Anregungen vermittelt. Nachdem er das Lesen, Schreiben und Rechnen gelernt hatte, beschloß man, ihn zur weiteren Ausbildung nach Rom zu schicken, damit er sich hier die höhere Bildung aneigne und und dann in der einen oder anderen weltlichen Laufbahn Karriere mache. Hieronymus war damit, wie es scheint, ganz einverstanden. Zusammen mit einem heimatlichen Schulkameraden erfuhr er in Rom die übliche Ausbildung. Noch als erwachsener Mann kennt er die typischen „Schulträume" und muß in der Toga vor seinem Lehrer stehen und die rhetorische Übungsrede vom Stapel lassen. Er hört den großen Grammatiker Donatus, hört sich aber als Student auch die Redner bei den öffentlichen Gerichtsverhandlungen an und nimmt an den akademischen Scherzen und Vergnügungen unbekümmert teil. Schon jetzt schafft er sich aber auch den Grundstock seiner heiß geliebten Bibliothek klassischer lateinischer Autoren an. Hieronymus war, wie wir annehmen können, von früh an ein fleißiger, unermüdlicher Leser. Er besaß ein erstaunliches Gedächtnis und konnte noch im hohen Alter mühelos aus Vergil, Horaz und vielen anderen Dichtern zitieren. Er las auch Quintilian und Seneca und verschiedene Historiker; aber der eigentliche Lehrer und das Muster eines guten Stiles wird auch für ihn wie für Laktanz der unvergleichliche Cicero.

In späteren Jahren hat Hieronymus gelegentlich über sein sündiges und eitles Jugendleben geklagt, auf dessen schlüpfrigen Pfaden er mehrfach ausgeglitten sei. Das kann im Munde eines bekehrten Asketen nicht überraschen. Hieronymus war aufgeschlossen, lebensgierig und empfänglich. Daß er über die Versuchungen des sinnlichen Lebens Bescheid weiß, zeigen seine späteren Schriften zur Genüge. Aber es besteht kaum Veranlassung, seine rückblickenden, ganz allgemein gehaltenen Äußerungen darum besonders tragisch zu nehmen. In derselben Zeit hat ihn auch das kirchliche Leben Roms schon lebhaft beeindruckt. Die reiche Gemeinde stand damals nicht mehr im Winkel; große Kirchenbauten und Paläste bezeugten die Anfänge eines christlichen Roms. Hieronymus nimmt an den pompösen, stark besuchten Gottesdiensten mit Vergnügen teil und besucht auch die erinnerungsreichen, damals noch wenig gepflegten Katakomben vor den Toren der Stadt. Auch die Freunde, mit denen er verkehrt, Pammachius, Rufin u. a. haben sich später, wie es scheint, fast alle einem entschieden christlichen, mehr oder weniger asketischen Leben zugewandt. Am Ende seiner Studienzeit, mit etwa neunzehn Jahren, entschließt sich Hieronymus, zusammen mit dem erwähnten Schulkameraden Bonosus die Taufe zu empfangen. Das war, wie wir an Ambrosius gesehen haben, für einen jungen aufstrebenden Mann des öffentlichen Lebens damals keine Selbstverständlichkeit. 367 macht sich der Zwanzigjährige zu einer längeren Reise nach Gallien auf. Vermutlich sollte er sich in der Residenz Trier um eine vorteilhafte Stellung bewerben. Er interessiert sich jetzt aber neben der klassischen auch schon für die kirchlich= theologische Literatur. In Trier kommt es zu einer ersten Bekeh= rung. Hieronymus verzichtet auf seine weltliche Laufbahn und beschließt, sich statt dessen ganz der frommen, beschaulichen Muße und der geistigen Arbeit zu widmen. Er bringt auch den treuen Bonosus dazu, daß er sich in diesem Sinne mit ihm dem Dienste Christi weiht. Man darf hinter einem solchen Entschluß indessen noch kein Mönchtum im späteren Sinne des Wortes erkennen wollen und keine innere Katastrophe vermuten. Hieronymus entscheidet sich als Christ für eine neue, geistige und damit bis zu einem gewis= sen Grade auch geistliche Lebensform. Sie bedeutet aber weder Armut noch feste Unterordnung und „Gehorsam"; sie soll ihm vielmehr gerade Ruhe und persönliche Unabhängigkeit für seine Studien und Liebhabereien verschaffen, dazu den Genuß der Freundschaft und des Austauschs gemeinsamer Interessen. So sieht der Plan jeden= falls in seiner späteren Verwirklichung tatsächlich aus. Es handelt sich um eine typische Wendung, die wir in diesen Jahrzehnten auch sonst mehrfach beobachten. Das politische Leben ist für einen gei= stig regsamen Menschen uninteressant geworden; auch der nor= male Betrieb in den Schulen und Akademien erscheint als formali= stischer Leerlauf und zeigt keine neuen, das Leben ergreifende Ideale. Im Raum der Kirche und ihres Christentums ist das anders. Plötzlich zu Ansehen und Einfluß gelangt, bedarf sie überall der Männer, die die neuen Aufgaben, die ihr gestellt sind, aufnehmen, die inneren Reserven erhalten, die geistigen Traditionen, die sie be= sitzt, fortführen und mit neuem Leben erfüllen. Wer nicht wie Am= brosius unmittelbar in den Dienst der kirchlichen Führung und Ver= waltung übertritt, dem zeigen sich neue, „innerliche" Aufgaben und Möglichkeiten, die es nur zu ergreifen gilt, um ein höheres, vor Gott und Menschen sinnvolles Leben in Freiheit zu gestalten. Die Schädigungen, die Störungen und die Verachtung, die die Christen früher bedrohten, sind jetzt in Wegfall gekommen. Der christliche Literat, der christliche Heilige und Gelehrte braucht weder einsam noch unfruchtbar zu bleiben und kann auf die allgemeine Anerken= nung und Bewunderung rechnen, wenn er den stolzen Anspruch er= hebt, hinfort allein Christus dienen und seine Wahrheit ernstnehmen zu wollen; er wird eben damit der Kirche und Welt ein Vorbild und ein Helfer.

Nach einem wahrscheinlich nur kurzen Aufenthalt in der Heimat fand Hieronymus in Aquileja den Lebenskreis und Umgang, den er suchte. Hier, im Hause des Priesters Chromatius traf er seinen alten Freund Rufin wieder und eine größere Zahl asketisch interessierter Kleriker, mit denen ihn bald eine lebhafte geistliche Freundschaft verband. Noch Jahre später setzt er den Genossen in seiner Chronik

— etwas unmotiviert — ein Denkmal, indem er zum Jahre 373 no=
tiert, daß die Kleriker von Aquileja einem Chor von Engeln gegli=
chen hätten. Auch nach dem benachbarten Concordia und zu einer
Gemeinschaft frommer Asketinnen in Laibach knüpfen sich Bezie=
hungen. Wir wissen über diese Jahre leider nichts Näheres; aber
man möchte meinen, daß sich schon damals alle die Elemente zu=
sammenfanden, die man auch im späteren Leben bei Hieronymus
wieder trifft: die gemeinsame Pflege asketischer und theologischer
Interessen, der menschliche Austausch mit gleichgesinnten Freun=
den und die fromme Bewunderung geistlich gesinnter Frauen — viel=
leicht alles noch etwas primitiver, provinzieller und jugendlich=un=
reifer als hernach. Und schon dieser Lebensabschnitt endet für Hie=
ronymus wie so oft in der Folgezeit unfriedlich, mit persönlichen
Auseinandersetzungen und mit Streit. Wir wissen nicht, woher der
„plötzliche Wirbelwind" kam, der fast den ganzen Freundeskreis
auseinanderriß; es könnte sein, daß der selbstbewußte asketische
Eifer das daran noch nicht gewohnte Kirchenvolk und vielleicht
auch den höheren Klerus verstimmt hatte. Hieronymus war nicht
der einzige Betroffene; aber er fühlt sich doch vor anderen schmäh=
lich verleumdet. Selbst in Laibach wollen die Frommen nichts mehr
von ihm wissen, und mit den Eltern und Verwandten, die von dem
veränderten Lebensplan ihres Sprößlings wahrscheinlich schon vor=
her wenig erbaut waren, ist das Einvernehmen nun gänzlich zer=
stört. Daß es Hieronymus gelungen war, auch seine jüngere Schwe=
ster für die Askese zu begeistern und unter den Einfluß eines ihm
befreundeten Diakons zu bringen, mag mitgespielt haben. Wir ha=
ben noch einen von Bibelsprüchen strotzenden Brief, mit dem er
eine erzürnte Tante — offenbar vergeblich — zu versöhnen sucht.
Seine Eltern hat Hieronymus in der Folgezeit nicht mehr erwähnt
und nie mehr wiedergesehen.

Das junge asketische Genie, dem der heimatliche Boden zu heiß
geworden ist, beschließt jetzt, in den Osten zu reisen (373/74). Jeru=
salem und das heilige Land waren schon damals das Ziel unzähliger
Pilgerfahrten, und wer sich in der praktischen Heiligkeit hervortun
wollte, der fand in den Wüsten Syriens oder Ägyptens die Vorbil=
der eines mönchischen Lebens, das man im Abendland fast nur vom
Hörensagen kannte. Außerdem war der griechische Osten noch im=
mer das Land der Bildung und der höheren theologischen Wissen=
schaft. Hieronymus fühlte sich als Pilger und künftiger Eremit; aber
es kann kein Zweifel sein, daß ihn auch die geistigen Schätze und
Anregungen gelockt haben, die er dort erwarten konnte. In
Antiochia am Orontes angekommen, denkt er nicht daran, sofort in
die Wüste zu reisen. Er fühlt sich krank und überanstrengt — eine
Klage, die in seinen Briefen freilich auch später immer wieder be=
gegnet. Sein „armer Körper", der in Wahrheit ein langes Leben
hindurch eine ungewöhnliche Zähigkeit behalten sollte, fühlt sich,
„auch wenn er gesund ist", leidend (ep. 3, 1); Hieronymus meint
schon damals, dem Tode nah zu sein (ep. 6, 2). Er findet in der Stadt

und auf dem schönen Landgut seines Freundes Euagrios gastliche Aufnahme, und bald schwelgt er in allen Anregungen, die ihm das geistige Leben der Großstadt bietet. Hieronymus bemüht sich, das Griechische jetzt wirklich zu erlernen; er hört Vorlesungen und stürzt sich auf alle erreichbare theologische Literatur. Auch sein Studium der aristotelischen Dialektik dürfte in diese Zeit fallen. Es dauert nicht lange, so erscheinen seine ersten eigenen Versuche auf literarischem Feld. Auf Wunsch seines Freundes Innozenz, der ihm zur Seite ist, schildert er einen pikanten Kriminalfall der jüngsten Zeit: eine junge Frau, fälschlich des Ehebruchs angeklagt und zum Tode verurteilt, bleibt auf wunderbare Weise am Leben und wird zuletzt durch das Dazwischentreten des Euagrios gerettet — die kleine, wie ein Martyrium geschilderte Erzählung schließt mit einer Ovation für den antiochenischen Gastgeber ab. Sie ist kein Meister= werk — trotz oder vielmehr gerade wegen des rhetorischen Pomps und Schwulstes, den Hieronymus daran wendet. Ähnliches scheint von einer nicht mehr erhaltenen Auslegung zum Propheten Obadja zu gelten. Hieronymus erzählt uns nach zwanzig Jahren, anläßlich einer Kommentierung desselben Textes, wie peinlich es ihm später selbst war, wenn unreife Leser den vermeintlichen Tiefsinn dieses Elaborates vor dessen Autor zu rühmen suchten. Er sieht in dem kleinen Schriftchen eine Jugendsünde, zu der er sich schlechterdings nicht mehr bekennen kann.

Über die innere Verfassung, in der er sich damals befand, gibt der erste erhaltene Brief gewollt und mehr noch ungewollt Auskunft. Er ist an das Haupt einer Eremitengemeinschaft gerichtet, bei der er auf seiner Reise gerastet hat, ein Dankesbrief nach glücklich erfolgter Ankunft, möchte man meinen, der sich aber vielmehr als ein Beicht= brief und als ein Schrei nach rettender Fürbitte präsentiert. Das Pathos, mit dem Hieronymus seinen reuigen Zustand in der bösen Welt mit der seligen Einöde der heiligen Adressaten kontrastiert, wirkt reichlich gekünstelt. Hieronymus „will nicht zurück und kann nicht vorankommen". Offenbar war bei dem Besuch von seinen frommen Plänen die Rede gewesen, und er versichert darum „uner= müdlich", daß sein Herz nach wie vor den brennenden Wunsch habe, den bezeichneten Weg einzuschlagen. Aber noch fehlt ihm die Entschlußkraft, und nur die Fürbitte der Eremiten kann dahin wir= ken, daß dem Wollen einmal vielleicht auch das Vollbringen folgt (ep. 2). Der junge Rhetor möchte ein christlicher Heiliger werden, der einmal gefaßte Entschluß ist nicht preisgegeben; aber noch hat er den Weg nicht gefunden, der es ihm möglich macht, seine ehrgei= zigen Träume und seine literarischen Neigungen und Fähigkeiten im Rahmen der mönchischen Lebensform unterzubringen. Er zau= dert, und er leidet unter seinem eigenen Zaudern, während er zu= gleich das glänzende, reiche Leben, die Freunde und die ungeahnten Arbeits= und Bildungsmöglichkeiten Antiochias auf sich wirken läßt.

Der Konflikt liegt indessen nicht nur im Äußerlichen; Hieronymus spürt ihn auch im geistigen Bereich seiner eigentlichen Arbeit und

seiner Interessen: das Herz hängt noch immer an den alten Lieb=
habereien und ist keineswegs geneigt, sich ausschließlich an die hei=
lige Schrift und die theologische Forschung zu binden, der sein Le=
ben jetzt doch allein geweiht sein sollte. Die Unruhe, die ihn quält,
spiegelt sich in dem berühmten Traumgesicht wieder, das etwa in
diese Zeit fallen dürfte. Freilich ist es erst zehn Jahre später aufge=
zeichnet. Der Bericht steht in einem asketischen Lehrbrief, und es
liegt auf der Hand, daß Hieronymus ihn nach den Absichten dieses
Traktats gestaltet und rhetorisch stilisiert hat. Auch sein wunder=
hafter Abschluß ist danach zu beurteilen und natürlich nicht wört=
lich ernstzunehmen, obschon es Hieronymus selber so will. Im=
merhin liegt kein zwingender Grund vor, die Tatsächlichkeit des
Traumes überhaupt zu leugnen. Hieronymus schreibt (ep. 22, 30):
„Vor vielen Jahren verzichtete ich auf die Heimat, die Eltern, meine
Schwester und meine Verwandten und, was noch schwieriger ist,
auch auf die gewohnte gute Küche" (das ist gleich zu Beginn ein
überraschendes, aber für Hieronymus bezeichnendes Geständnis!);
„denn ich hatte mich um des Himmelreichs willen verschnitten
(Matth. 19,12) und wollte nach Jerusalem ziehen, den geistlichen
Kriegsdienst zu leisten. Doch hatte ich mich von meiner Bibliothek,
die ich in Rom mit so viel Mühe und Fleiß zusammengebracht hatte,
nicht trennen können. So erbärmlich war ich: ich fastete — um nach=
her Cicero zu lesen! Ich wachte viele Nächte, ich weinte im Gedan=
ken an frühere Sünden von ganzem Herzen — und nahm den Plau=
tus zur Hand. Dann ging ich wohl in mich und begann, einen Pro=
pheten zu lesen; aber ich fand die ungebildete Sprache abscheulich,
und weil ich mit meinen blinden Augen das Licht nicht sehen
konnte, meinte ich, nicht die Augen wären schuld, sondern die
Sonne. Da die alte Schlange also ihr Spiel mit mir trieb, befiel mei=
nen entkräfteten Körper mitten in der Fastenzeit ein verzehrendes
pausenloses Fieber und höhlte meine unglücklichen Glieder der=
maßen aus, daß ich zuletzt — es klingt fast unglaublich — eigent=
lich nur noch aus Knochen bestand. Man traf schon Anstalten zur
Beerdigung; der Körper wurde schon ganz kalt, und nur in der er=
starrenden Brust zitterte noch ein Fünkchen natürlicher Lebenswär=
me. Da werde ich plötzlich gefaßt und im Geist vor einen Richter=
stuhl geschleppt. Mich umstrahlt ein ungeheures Licht, und von den
darum stehenden Personen geht eine blitzende Helligkeit aus —
ich werfe mich zu Boden und wage nicht emporzuschauen. Jetzt
werde ich nach meinem Stande gefragt und antworte, ich sei ein
Christ. Du lügst, sagte da, der auf dem Stuhle saß, ein Ciceronia=
ner bist du und kein Christ (Ciceronianus es, non Christianus): wo
dein Schatz ist, da ist dein Herz (Matth. 6,21)." Hieronymus schil=
dert weiter, wie er unter furchtbaren Schlägen, die ihn treffen, lange
um Gnade fleht. Auch die Umstehenden verwenden sich für ihn:
man möchte das Vergehen seiner Jugend zugute halten und ihm
Gelegenheit zur Besserung geben. Er schwört, nie wieder weltliche
Bücher besitzen zu wollen; wenn er sie noch einmal läse, solle das

als Verleugnung gelten, und so wird er entlassen und kehrt zu all=
gemeiner Überraschung wieder ins Leben zurück. Das waren, ver=
sichert Hieronymus, keine leeren Träume; noch beim Erwachen
habe er die Schläge gefühlt, und seine Schultern hätten blaue Flek=
ken gezeigt. Von da an habe er sich den göttlichen Schriften mit ei=
nem solchen Eifer zugewandt, wie er sie für die „sterblichen" noch
niemals gekannt habe.

Cicero – in diesem einen Namen faßt sich für Hieronymus das
ganze „klassische" Bildungserbe zusammen. Dabei ist in erster Linie
nicht wie bei Laktanz an Cicero den Philosophen gedacht. Für die ei=
gentliche Philosophie hat Hieronymus niemals Interesse gehabt, und
es fällt ihm nicht schwer, ihre Vertreter als Ignoranten und Schwät=
zer ohne weiteres beiseite zu schieben. Hieronymus denkt an Cicero
den Redner, den Meister einer gepflegten Sprache und eines edleren
Stils, Cicero den Lehrer der allgemeinen Bildung und Kultur, Cicero,
der mit Plautus, mit Vergil und Horaz, mit Seneca und mit den Hi=
storikern in eine Reihe gehört. Die spätantike Schulbildung, die
Hieronymus meint, ist ausgesprochen philologisch bestimmt, und es
sind die formalen Vorzüge, die ihn — neben seinem lebhaften Un=
terhaltungsbedürfnis — in erster Linie an den Alten begeistern. An
tiefere, menschliche und ästhetische Werte darf man kaum denken:
Hieronymus ist bei aller Reizbarkeit und Beweglichkeit seines Tem=
peraments im Grunde eine vulgäre und jedenfalls eine durch und
durch unmusische Natur. Eben darum spielen die äußeren Vorzüge
einer durchgebildeten Sprachkultur für ihn eine solche Rolle, wäh=
rend ihm die Bibel, dagegen gehalten, roh, geschmacklos und nahezu
ungenießbar erscheint. Aber Hieronymus weiß jetzt, daß er mit die=
ser Einstellung auf verkehrtem Wege ist, und ist entschlossen,
die Richtung zu ändern: von jetzt ab konzentriert sich seine Schrift=
stellerei und sein ganzes Wollen ausschließlich auf die Bibel, die
Bibelauslegung und den dazu gehörenden theologischen Bereich.

Ist diese Behauptung richtig? Kein anderer als sein intimer
Freund Rufin hat später, als ihre Freundschaft zerbrochen und in er=
bitterte Feindschaft umgeschlagen war, öffentlich die Anklage er=
hoben, Hieronymus sei seinem Traumgelübde in Wahrheit untreu
geworden und habe den Eid, die profanen Autoren zu meiden,
ständig gebrochen. Er stellt die Zeugnisse dafür zusammen, er ver=
weist nicht nur auf die unzähligen Zitate, sondern auch auf Ab=
schriften solcher verfemten Bücher, die Hieronymus als leidenschaft=
licher Büchersammler immer wieder in Auftrag gegeben und teuer
bezahlt habe. Die kleinliche und unaufrichtige Art, mit der sich
Hieronymus gegen diese Vorwürfe verteidigt, hat seine Position
nicht verbessert. In einem buchstäblichen Sinne ist das „Gelübde"
auf die Dauer offensichtlich nicht gehalten worden. Aber Rufin hat
trotzdem Hieronymus Unrecht getan; denn seiner Absicht und sei=
nem bewußten Wollen nach ist Hieronymus nie wieder im alten
Sinne zu profanen Studien zurückgekehrt. Die heidnischen Autoren
kommen für ihn hinfort nur noch als Hilfsmittel der Bibelerklärung

in Betracht; er liest sie nicht mehr um ihrer selbst willen, nicht mehr zum bloßen Genuß. Selbst heidnische Historiker zitiert er „nicht aus Willkür, sondern sozusagen nur aus zwingender Notwendigkeit" — nämlich um zu zeigen, daß die biblischen Weissagungen wahr und wirklich erfüllt sind (comm. Dan. prol.). Das heißt freilich nicht, daß Hieronymus sein reiches Wissen unter den Scheffel stellen und auf die rhetorische Eleganz seines Stiles Verzicht leisten wollte; im Gegenteil, er liebt es nach wie vor damit zu prunken — gelegentliche Phrasen, die das Gegenteil versichern, entsprechen ihrerseits nur der rhetorischen Konvention und sind nicht ernstzunehmen. Sein geheimer Ehrgeiz ist, es seinen heidnischen Vorbildern gleich zu tun und sie womöglich noch zu übertreffen; nur geschieht das jetzt im Interesse Gottes und einer höheren, heiligen Bildung. Der schmutzigen heidnischen Sklavin müssen nach Weisung der Bibel (5. Mos. 21,11 ff.) zuerst Haare und Nägel geschnitten, sie muß am ganzen Leibe gesäubert und von Götzendienst und Sinnlichkeit gereinigt werden, ehe sie in Israel Eingang finden kann (ep. 70,2); d. h. die heidnischen Kulturgüter werden nicht ohne weiteres übernommen und werden in einen neuen Zusammenhang eingeordnet. „Was hat Horaz mit dem Psalter zu tun, was Maro mit den Evangelien oder Cicero mit dem Apostel? ... Gewiß, ‚dem Reinen ist alles rein' (Tit. 1,15), und nichts ist verwerflich, was man mit Danksagung genießt (1. Tim. 4,4); trotzdem sollen wir ‚nicht zugleich den Kelch Christi trinken und den Kelch der Dämonen' (I. Kor. 10,21)" (ep. 22,29). Am liebsten stellt es Hieronymus so dar, als wäre die christliche Kultur schon in sich vollkommen und hätte derartige Anleihen gar nicht mehr nötig. „Unser Simonides, Pindar und Alkaios oder auch Flaccus, Catull und Serenus" — das ist der König David (ep. 53,8). Ein Mann wie Bischof Theophilos von Alexandrien vereint in sich die Gaben eines Demosthenes und Plato (ep. 99,2). Unser Athen, d. h. die hohe Schule christlicher Bildung, das ist Jerusalem (ep. 46,9). Der kleine literaturgeschichtliche Abriß, den Hieronymus nach Suetons Vorbild über die „berühmten Männer", d. h. die Schriftsteller der Kirche, niedergeschrieben hat, ist ganz dem Gedanken dienstbar, den Rang und die Bedeutung der christlichen Geistesgrößen herauszustellen, damit die heidnischen Verleumder beschämt werden und statt eine Unkultur der Christen zu behaupten vielmehr ihr eigenes Nichtwissen einsehen (vir. ill. prol.). Aber im Grunde weiß Hieronymus natürlich ganz genau, daß diese stolze Haltung verfrüht ist, daß die Christen die heidnische Bildung gar nicht entbehren können, und so beruft er sich zur Rechtfertigung seiner Anleihen wiederum auf die Männer der Bibel, die es von Mose bis Paulus angeblich nicht anders gehalten haben (ep. 70,2). Dies ist gerade seine und aller gleichstrebenden Christen Aufgabe, die Rückständigkeit der Kirche endlich aufzuholen und den Glanz, den sie in der Öffentlichkeit gewonnen hat, jetzt auch durch entsprechende geistige Leistungen zu rechtfertigen.

Das Problem der antiken Kultur, die Erlaubtheit oder Unerlaubt=

heit der unentbehrlichen heidnischen Bildung für die Christen, hatte schon Tertullian und Klemens von Alexandrien beschäftigt, und im vierten Jahrhundert gewinnt es nicht zufällig ein verstärktes Gewicht. Bezeichnend für Hieronymus ist nur die Intensität, mit der er diesen Konflikt als sein persönliches Schicksal erlebt. Dafür ist sein Traumgesicht von tiefer, symbolischer Bedeutung. Die Lösung, die er findet, ist verhältnismäßig äußerlich und roh, eben weil er die Vorzüge der Antike nur ganz äußerlich im Reichtum ihres Wissens und vor allem in der schönen sprachlichen Form erblickt. Sein Entschluß, auf ihren Genuß zu verzichten, hat etwas Gewaltsames, er ist typisch asketisch und führt nur zu einer äußerlichen, thematischen Begrenzung nach dem christlichen oder heidnischen Inhalt der Arbeit und Lektüre. Nicht ohne Schmerzen, aber mit um so stärkerer, fast höhnischer Erbitterung stößt der bekehrte Christ die heidnischen Autoren von sich, gerade weil er sie immer noch liebt und im Grunde niemals entbehren kann. Er versichert bei jeder Gelegenheit und oft genug eifriger, als es der Wahrheit entspricht, daß er sie alle studiert habe und vorzüglich kenne — eben darum habe er sie nicht mehr nötig und interessiere sich angeblich nur noch für Gottes Wort; aber im Dienst an dessen Wahrheit hofft er um so mehr, ein christlicher Cicero, ein ähnlich umfassender Lehrer der christlichen Bildung zu sein und dazu noch ein Mönch und ein Heiliger zu werden. Die Zwiespältigkeit dieses Ideals geht bis in die Wurzel seines Wollens und wird Hieronymus, solange er lebt, bestimmen; es treibt ihn zur rastlosen Arbeit und zu seinen, aufs Ganze gesehen, erstaunlichen Leistungen an, und es erklärt zugleich seine menschlichen Schwächen, seine maßlose Eitelkeit und sein häufiges Versagen im sittlich=persönlichen Bereich. Hinter dem asketischen Kulturideal, das er mit Überzeugung verficht, steht keine wirkliche Theologie; es bleibt an die Traditionen gebunden, die es verdrängen möchte und bekämpft. Hieronymus ist ebensosehr ein Mönch wie ein Humanist. Das hat in weltgeschichtlicher Projektion die ganze von ihm ausgehende Bildungstradition des abendländischen Mittelalters bestimmt — soweit es nicht aus anderen Quellen geschöpft und durch die Vermittlung Augustins einen tieferen Begriff dessen gewonnen hat, was christliche Demut, geistliches Leben und biblische Wahrheit und Bildung wirklich bedeuten.

Nach etwa anderthalb Jahren war Hieronymus persönlich so weit, daß er seinem Gastfreund Lebewohl sagen konnte und als Eremit tatsächlich in die Wüste zog. Er wählte eine nicht allzu entfernte Gegend, die Wüste von Chalkis, welche südöstlich von Antiochia vor den Toren von Chalkis ad Belum lag, der letzten bedeutenderen Stadt des syrischen Fruchtlandes. Die Felsenhöhlen der öden Täler wurden hier schon seit längerer Zeit von verstreut lebenden Eremiten bewohnt, unter denen der neue Ankömmling zunächst nicht weiter auffiel. Auch Hieronymus wird eine freistehende Höhle bezogen haben. Sie muß einigermaßen geräumig und im Sinne der Wüste „komfortabel" gewesen sein; denn er konnte hier seine ganze Bi=

bliothek aufbauen, Bücher abschreiben und gelegentlich auch Besu=
che empfangen. Die Einsiedler waren voneinander wie von der
Außenwelt nicht völlig abgeschnitten: Hieronymus erhielt und be=
förderte regelmäßig seine Post. Aus dieser Zeit sind eine Reihe frü=
her Briefe erhalten, die an seine Freunde in aller Welt gehen, und
fast jeder Brief enthält die Mahnung, ihm doch endlich zu schreiben,
wieder zu schreiben, gleichviel was zu schreiben — aber zu schreiben!
Hieronymus preist die Ruhe und das heilige Leben, das er gefunden
hat — aber ihn selber macht die Stille nicht stumm. Eine durch und
durch gesellige Natur, begrüßt er die Einsamkeit nur, um seine Ge=
danken zu ordnen und in die rechte Form zu bringen; ist das ge=
schehen, so brennt er um so mehr darauf, sie anderen mitzuteilen,
sich auszutauschen und mit Gleichgesinnten wenigstens brieflich in
Verbindung zu bleiben.

Die asketischen Übungen, wie sie zum Leben eines rechten Eremi=
ten gehörten, nahm Hieronymus zweifellos auf sich; aber man ge=
winnt nicht den Eindruck, daß ihm dabei besonders wohl gewesen
wäre. Hieronymus war kein Mensch, dem die Entsagung zum Ge=
nuß werden konnte und neue Lebensgefühle erschloß. Auch in späte=
ren Jahren hören wir kaum etwas von Erhebungen, Erleuchtungen
und Verklärungen seines inneren Lebens. Die harte körperliche Lei=
stung als solche steht für ihn im Vordergrund. Askese ist ihm ein
Mittel der Zucht und der Heiligung, in dieser Hinsicht verdienstlich
und unentbehrlich, aber immer auch anstrengend, ermüdend und
unerfreulich. So schildert er selbst durchaus realistisch die Anfänge
seines mönchischen Strebens und trägt dabei die Farben, seiner Art
nach, dick auf: „Ach, wie oft versetzte ich mich in Gedanken nach
Rom und zu den Herrlichkeiten, die ich dort genossen hatte — da=
mals in der öden, einsamen Wüste, die, ausgebrannt von den Glu=
ten der Sonne, den Mönchen eine furchtbare Heimstatt bot! Da saß
ich nun allein, das Herz voll bitteren Unmuts. Meine Glieder staken
in häßlichem Sacktuch, meine Haut war dunkel von Schmutz wie die
eines Negers. Tagtäglich mußte ich weinen und seufzen, und wenn
ich gegen meinen Willen einmal in Schlaf gesunken war, so lagen
meine abgemagerten Knochen nackt auf dem bloßen Erdboden.
Vom Essen und Trinken will ich nicht erst reden — selbst kranke
Einsiedler genießen nur kaltes Wasser, und ein gekochtes Gericht
gilt schon als Ausschweifung. Und jenes Ich, das sich aus Furcht vor
der Hölle selbst in dieses Gefängnis verbannt und nur Skorpione
und wilde Tiere zu seiner Gesellschaft hatte — es fand sich doch im=
mer wieder in Gesellschaft tanzender Mädchen! Das Gesicht wurde
fahl vor Hunger; aber im kalten Leibe loderten die Süchte des in=
neren Bewußtseins fort. Dieser Mensch war weniger lebend als
tot; nur die brennende Begierde brodelte in ihm immer noch fort"
(ep. 22,7).

Der geheime Lebenswille des ehrgeizigen Frommen ändert nicht
seine Richtung. Hieronymus fährt fort, unermüdlich zu arbeiten. Er
läßt sich neue Bücher kommen; bald hat er auch Genossen gewon=

nen, die sie abschreiben, und er ist stolz darauf, durch diese „Hand=
arbeit" nicht nur seine Bibliothek zu vermehren, sondern auch selbst
wie ein richtiger Mönch seinen Lebensunterhalt bestreiten zu kön=
nen. In dieser Zeit beginnt Hieronymus bei einem jüdischen Kon=
vertiten Hebräisch zu lernen. Anders war es ihm, versichert er,
nicht möglich, seine Gedanken im Zaum zu halten; er mußte das
körperliche Fasten mit der geistigen Strapaze verbinden. „Ich kannte
den geistreichen Stil Quintilians, den Redestrom Ciceros, die würdi=
ge Hoheit eines Fronto und die weiche Anmut eines Plinius, und nun
lernte ich wieder das ABC und memorierte die zischenden und
schnarrenden Vokabeln. Welche Mühe, welche Schwierigkeiten! Wie
oft wollte ich ganz verzweifeln und fing dann, vom Ehrgeiz des Ler=
nens getrieben, doch wieder von vorne an! Ich habe das alles durch=
gemacht und kann's aus Erfahrung wohl bezeugen; und auch die
wissen es, die damals das Leben mit mir teilten" (ep. 125,12).

Man darf sich indessen nicht nur an solche Klagen halten. Hiero=
nymus empfand auch die Vorzüge seines Lebens, er konnte es selbst
in eine ideale Beleuchtung rücken und schwärmte dann wie ein Au=
ßenstehender für die Poesie und die stille Vollkommenheit der
mönchischen Einsamkeit. Die reizvollste Frucht solcher Stimmungen
ist das kleine Büchlein über „das Leben des heiligen Paulus, des er=
sten Einsiedlers", das in jenen Jahren entstanden ist. Bis dahin war
das Eremitentum weiteren Kreisen nur durch das berühmte Anto=
nius=Leben des heiligen Athanasios näher bekannt geworden. Eua=
grios, der Freund des Hieronymus, hat es für das abendländische
Publikum ins Lateinische übersetzt: ein ernstes Buch, das vor allem
von den dämonischen Anfechtungen und der heroischen Läuterung
und Bewährung des wunderbaren Heiligen berichtet, der die neue
mönchische Lebensform begründet haben sollte. Hieronymus macht
mit seinem Buche diesem Vorbild in gewisser Weise Konkurrenz:
sein heiliger Paulus ist, wie es ausdrücklich heißt, noch weit älter
und vollkommener als der bislang zu Unrecht an den Anfang ge=
stellte Antonius. Sonst trägt das Büchlein jedoch einen anderen Cha=
rakter: es will vor allem erbaulich unterhalten und erzählen. Dazu
beschränkt es sich auf die ersten und die letzten Tage des hundert=
dreizehnjährigen Wüstenaufenthaltes seines Helden. Wir hören, wie
er — von der Welt verfolgt und verraten — in der Einöde einen ent=
zückenden, einsamen Zufluchtsort findet. Eine Palme schenkt ihm
Nahrung und Kleidung; ein Rabe bringt ihm jeden Tag die erfor=
derliche Brotration. Das Ganze ist ein Idyll, und Hieronymus ver=
zichtet nicht auf die gewohnten klassischen Requisiten: ein freund=
licher Kentaur, ein christlich gesinnter Satyr weisen Antonius, der
durch einen Traum zu Paulus befohlen wird, den Weg. Beide Män=
ner unterhalten sich dann demütig an der sprudelnden Quelle unter
dem Palmenbaum, und zuletzt wird der tote Paulus mit dem Man=
tel zugedeckt, den Athanasios einst Antonius geschenkt hatte. Die
Bestattung besorgen zwei fromme Löwen, die von Antonius dafür
den Segen Christi erbitten und auch empfangen. — Der religiöse Ge=

halt des romanhaften Werkchens ist bescheiden; aber niemand kann sich seinem Zauber entziehen. Hieronymus erweist sich als ein glänzender, volkstümlicher Erzähler, der je nach Gelegenheit und Bedarf erbaulich, spannend, humorvoll, ja auch recht pikant zu er= zählen versteht, aber ohne darum die Grenzen des guten Geschmacks zu verletzen. Es ist müßig, nach dem historischen „Kern" dieser Er= zählung zu fragen; er wird kaum mehr als allenfalls den Namen des Helden enthalten haben. Später hat Hieronymus noch zwei solcher Mönchsbiographien verfaßt, die ihrem Inhalt nach etwas glaubwür= diger sind. Hier schöpft er immerhin aus z. T. erkennbaren Quellen; den einen Heiligen hat er sogar persönlich gekannt. Aber die harm= lose Skizze der „Vita Pauli" bleibt literarisch trotzdem sein voll= kommenstes Werk. Hieronymus ist mit der Zeit gelehrter und ge= wichtiger, auch wohl theologisch ernster und in seiner Weise be= deutender geworden — aber sein schriftstellerisches Talent ist mit dreißig Jahren fertig ausgebildet, und den zarten Charme seiner kleinen Jugendarbeit hat er nicht wieder erreicht.

Das Büchlein schließt ganz mönchisch=mittelalterlich mit der Bitte an den Leser, des armen „Sünders Hieronymus" zu gedenken, und mit der Versicherung, daß ihm die Tunika des Paulus weit lieber wäre als aller Purpur der Könige, dem die göttliche Bestrafung folgt. In Wirklichkeit war das eigene Mönchsleben für Hieronymus, wie wir sahen, durchaus kein störungsfreies Idyll, und mit der Zeit be= gannen sich die Mißhelligkeiten zu mehren. Besonderen Kummer bereiten ihm die dogmatischen Auseinandersetzungen, denen er sich auch in der stillen Mönchskolonie auf die Dauer nicht mehr entzie= hen kann. Der ganze Osten war damals, im letzten Stadium des arianischen Streits, in verschiedene, einander befehdende Parteien zerrissen. Alle geistig bedeutenden Persönlichkeiten der griechischen Kirche, aber auch Abendländer wie Ambrosius, waren an diesen Kämpfen beteiligt und leidenschaftlich an ihrem Ausgang interes= siert. Hieronymus hat sie dagegen nur als ärgerliche Störung seines persönlichen Friedens angesehen und findet, daß ihn als Römer der ganze Zank der Griechen im Grunde gar nichts angehe. Er ist über die Taktlosigkeit empört, daß man ihn nicht in Ruhe lassen will, sondern auch sein theologisches Urteil und seine Stellungnah= me erwartet. Was gehen ihn die neuen Spitzfindigkeiten von ein oder drei Hypostasen an! Hieronymus ist für alle Fragen der speku= lativen Theologie und Metaphysik im Grunde ohne Interesse; er ist gegebenenfalls bereit, jede Lösung zu akzeptieren, die schon ge= fallenen Entscheidungen nicht geradezu widerspricht. Als er keinen Ausweg mehr sieht, entschließt er sich zu einem seltsamen Schritt: er schreibt an den neuen, ihm persönlich ganz unbekannten römi= schen Papst Damasus einen Brief und bittet ihn um eine kurze In= formation, welchen Glauben er zu bekennen, welche Formel er nun= mehr zu bejahen und welchem der einander bekämpfenden Bischöfe von Antiochien er zu folgen habe. Er betont, daß er als Täufling seines Vorgängers ein „Römer" sein und bleiben wolle. Der Papst soll für ihn darum die Entscheidung fällen — mag sie auch noch so arianisch klingen, Hieronymus wird sie trotzdem als orthodoxe Wei= sung entgegennehmen. Jetzt geht die Sonne der Gerechtigkeit nicht mehr im Osten, sondern im Westen auf. „Einstweilen rufe ich nur: ‚Wer mit dem Stuhle Petri verbunden ist, der ist mein Mann'" (ep. 16,2). Als er keine Antwort erhält, schreibt er noch einen zweiten Brief, in dem er den großen Hirten mit den schmeichelhaftesten Wendungen beschwört, sein „räudiges Schaf" nicht im Stich zu lassen. Aber Damasus dachte gar nicht daran, sich in der schwieri= gen kirchenpolitischen Situation, in der man sich damals befand, in dieser naiven Weise festlegen zu lassen — am wenigsten durch einen einflußlosen und so gut wie unbekannten Schriftsteller und Eremiten.

Wenig später hat Hieronymus die Chalkis für immer verlassen. Es dürften alles in allem kaum zweieinhalb Jahre gewesen sein, daß er das Mönchsleben in seiner Höhle ertrug. Er selbst sucht es so darzustellen, als hätten ihm die dogmatische Streitsucht und die Zu= dringlichkeit seiner Genossen den weiteren Aufenthalt in der Wüste verleidet und geradezu unmöglich gemacht; aber das ist eine wenig überzeugende Ausrede. Hieronymus hatte von dieser Form des Heiligungsstrebens überhaupt genug. Nichts hätte ihn andernfalls gehindert, an einer beliebigen Stelle des Ostens oder Westens einen andern, ruhigeren Zufluchtsort aufzusuchen. In Wahrheit sehnte er sich wieder in die Welt, nach Menschen und Verkehr und geistiger Anregung. In einem tieferen Sinne hat Hieronymus bei dem auf den ersten Blick etwas peinlich wirkenden Abbruch seiner Mönchslauf= bahn wohl auch recht gehabt. Seine Entwicklung war noch nicht ab= geschlossen, und die wissenschaftlichen Möglichkeiten, nach denen er sich uneingestandenermaßen sehnte, konnte ihm die Einöde über= haupt nicht bieten. Erst viele Jahre später ist es ihm geglückt, die ihm gemäße, individuelle Verbindung von geistiger Arbeit, Askese und Gemeinschaft zu finden, der er dann treu geblieben ist. Jetzt waren die Großstädte Antiochien und Konstantinopel das Ziel seiner Wünsche.

In Antiochien mußte Hieronymus endgültig kirchlich Partei er= greifen. Er schlug sich auf die Seite des extremsten „Orthodoxen", des abendländisch orientierten Altnicäners Paulinus, dem auch Eua= grios anhing. Hieronymus hat es zeitlebens für das Sicherste und Bequemste gehalten, den am entschiedensten klingenden theologi= schen Parolen zu folgen — eben weil sie für ihn nichts weiter dar= stellten als Parolen kirchlicher Rechtgläubigkeit. Für seine wissen= schaftlichen Interessen zieht er jedes noch so verdächtige Buch heran, und wo es etwas Konkretes zu lernen und zu erfahren gibt, schreckt er unter Umständen auch vor zweifelhaftem Umgang nicht zurück. So hörte er in Antiochien z. B. die exegetischen Vorlesungen des Bi= schofs Apollinaris von Laodicea, dessen christologische Lehren trotz seines anerkannten Nicänertums als Ketzerei verurteilt wurden. Aber Hieronymus schirmt sich gegen Verdächtigungen dadurch ab, daß er gegebenenfalls, d. h. so bald man es wünscht, dann auch jedes dogmatische Verdammungsurteil unterschreibt. An Rechtgläubigkeit und kirchlicher Devotion läßt er sich von niemandem übertreffen. Damals wurde Hieronymus zum Dank für seine Parteinahme von Paulinus zum Priester geweiht. Hieronymus fühlte sich zwar nach wie vor als Mönch und bestand ausdrücklich darauf, daß ihm seine Freiheit in keiner Weise beschränkt werden dürfte. Aber so, als eine zu nichts verpflichtende „Ehrenpromotion" war ihm die neue Würde willkommen. Auch über das Amt denkt und redet Hieronymus zu allen Zeiten im Ton einer unproblematisch=„katholischen" Frömmigkeit. Die Priester „machen" den Leib des Herrn, sie hüten die Braut Christi in ihrer Keuschheit, nur durch sie können wir überhaupt Christen sein (ep. 14,8). Aber er ist weit davon entfernt, ihre Schwächen darum zu übersehen und — trotz gegenteiliger Versicherung — ihnen gegenüber seine scharfe Zunge im Zaum zu halten. Wenn er persönlich gereizt oder in seiner Eitelkeit gekränkt ist, scheint ihm auch gegen geistliche, dann nur scheinbar geistliche Feinde jede Form der Bosheit und Beleidigung erlaubt. Dies alles ist wesentlich, wenn man seine menschliche und theologische Haltung in den späteren Kämpfen verstehen will.

In Konstantinopel weilte Hieronymus 379—382, in den weltgeschichtlichen Jahren, da der große Umschwung unter Theodosius das Gesicht der ganzen östlichen Kirche zugunsten des Nicaenums veränderte. Er war vermutlich Zeuge der berühmten „theologischen Reden" Gregors von Nazianz, er erlebte das stürmische, später „ökumenisch" genannte Konzil von 381 aus nächster Nähe und weilte auch nachher noch ein paar Monate in der Stadt. Trotzdem ist bei ihm niemals von diesen Dingen die Rede. Das ist bezeichnend. Gewiß, Hieronymus konnte als Abendländer und Anhänger des Paulinus vom Ergebnis dieses Konzils nicht sehr erbaut sein; aber andererseits steht er mit den Führern der siegreichen, jungnicänischen Partei doch in nächster persönlicher Verbindung. Gregor von Nazianz bezeichnet er wiederholt als seinen „Lehrer", der ihm das Verständnis der heiligen Schrift erschlossen habe; in den Konzilstagen traten noch Gregor von Nyssa, Amphilochios von Ikonium und andere in seinen Kreis. Aber Hieronymus lag eben nichts an kirchenpolitischen Auseinandersetzungen; er suchte die Förderung seiner theologischen Studien, und das hieß schon damals vor allem Belehrung über die richtige Schriftauslegung, eine solide Kenntnis der biblischen Exegese und Philologie. Unter dem überwältigenden Eindruck der Überlegenheit der griechischen theologischen Bildung wird er zum ersten Mal seines Berufes und seiner eigentlichen Lebensaufgabe ansichtig, die er nicht mehr aus den Augen verlieren wird. Ich wollte mich — bekennt er noch am Ende seines Lebens — „ganz der Schrifterklärung widmen und den Leuten meiner Zunge die hebräische und griechische Wissenschaft übermitteln"; aber der Teufel, fügt er schmerzlich=bitter hinzu, hat es nicht gewollt und die heiß ersehnte Ruhe immer wieder unterbrochen und gestört (Hierem. III 1,2). Es war nicht zuletzt der Teufel seiner eigenen ewigen Unrast, seiner Streit=

sucht und Eitelkeit. Aber wir werden auf die wissenschaftlichen Lei=
stungen des Hieronymus noch zu sprechen kommen.

Zunächst bestätigt sich Hieronymus in der bescheidenen Form
eines Übersetzers — eine Tätigkeit, zu der er neben seiner eigenen,
durch die Griechen bestimmten Arbeit zeitlebens immer wieder zu=
rückgekehrt ist. Er versucht es, die Chronik des Eusebios, genauer:
deren zweiten synchronistisch=tabellarischen Teil, ins Lateinische zu
übertragen und damit ein solides Hilfs= und Arbeitsmittel, zumal
für die biblische Geschichte, zu schaffen. Bis zum Falle Trojas han=
delt es sich nach seinem eigenen Zeugnis um reine Übersetzung; für
die späteren Jahrhunderte sucht er das Werk mit Hilfe lateinischer
Historiker zu bereichern und zu verbessern, und schließlich führt er
es selbständig bis zur eigenen Gegenwart fort. Das Jahr der furcht=
baren Gotenschlacht von Adrianopel (378) wählt er zum Schluß=
punkt; denn jetzt „durchtoben die Barbarenhorden unser Land, und
alles ist ungewiß" (Chron. prol.). Hieronymus war immer ein naiver
römischer Patriot. Es spricht für ihn, daß er seinen wissenschaft=
lichen Arbeitseifer jetzt gleich an einen so ausgesprochen spröden
und schwierigen Stoff gewandt hat. Leider zeigen sich aber auch
schon hier die charakteristischen Schwächen fast all seiner gelehrten
Unternehmungen. Er selber nennt es ein „tumultuarisches", in der
Eile nicht völlig geordnetes Werk und entschuldigt sich mit den be=
sonderen Schwierigkeiten des Gegenstands. Tatsächlich bringt es
eine Fülle gelehrten Stoffes, aber es steckt auch voller Flüchtigkeiten
und Fehler. In den neueren Partien merkt man zugleich die subjek=
tive Parteilichkeit des Autors im Guten wie im Schlimmen. Die Ver=
sicherung, daß er sich nicht fürchte, gegebenenfalls auch über leben=
de Persönlichkeiten ungescheut die Wahrheit zu sagen, hätte er sich
sparen können. Hieronymus denkt damals auch an eine Geschichte
seiner eigenen Zeit — aber dies ist einer der vielen Pläne seines Le=
bens, die nie zur Ausführung gelangt sind. Um dieselbe Zeit be=
ginnt er, vielleicht auf Anregung seines „Lehrers" Gregor, die Über=
setzung einiger Homilien des Origenes. Origenes ist für Hierony=
mus wie für Ambrosius, ja noch mehr als für diesen, der große Bi=
belgelehrte schlechthin, der einzige, der wie er selbst der hebräi=
schen Sprache mächtig war und die Unterschiede in der textlichen
Überlieferung immer sorgsam beachtete. Hieronymus folgt ihm un=
bedenklich auch in der spiritualistisch=allegorischen Auslegungs=
weise, die ihm, zumal im Alten Testament, die gegebene Brücke zu
Tiefsinn und „Erbaulichkeit" ist. Die methodischen und systema=
tischen Voraussetzungen der origenistischen Hermeneutik interes=
sieren ihn dagegen kaum; Hieronymus ist auch als Origenist in er=
ster Linie am Stoff interessiert. Konkrete Auslegungsfragen sind
für sein Philologengemüt die eigentlichen theologischen Probleme.

Nachdem Gregor von Nazianz und die mancherlei Konzilsgäste
Konstantinopel wieder verlassen hatten, verliert die Stadt für Hie=
ronymus an Reiz. Er beschließt, den beiden abendländisch orien=
tierten Bischöfen zu folgen, die auf dem Konzil eben darum geschei=

tert waren, und reist mit Paulinus und Epiphanios von Salamis nach Rom. Hier sollte ein neues Konzil zusammentreten, das ihnen Recht verschaffte. Schon seine Sprachkenntnisse mußten ihm dabei ein Gewicht geben, und jetzt ist Hieronymus auch nicht mehr der unbe= kannte Einsiedler von ehedem, sondern eine literarisch bekannte Persönlichkeit, deren östliche Beziehungen ihn als Ratgeber emp= fehlen mußten. Papst Damasus erkannte mit sicherem Blick die Be= deutung des Mannes, den er vor Jahren ohne Antwort gelassen hat= te. Er machte ihn zu seinem Privatsekretär, der schwierige Briefe redigieren mußte, und gleichzeitig zum Verwalter des päpstlichen Archivs und seiner Bibliothek. Der geistliche Rang spielte dabei keine Rolle; erst die mittelalterliche Legende hat Hieronymus zum Kardinal der römischen Kirche erhoben und mit dem breitkrempi= gen roten Hute geschmückt. Aber jetzt beginnen die glücklichsten, jedenfalls die äußerlich glänzendsten und reichsten Jahre seines Lebens. —

Damasus liebte den Aufwand und die Repräsentation; er war ein großer Bauherr, und unter ihm zuerst gewann die päpstliche Hof= haltung ihren „fürstlichen" Zuschnitt. Er war kein kleinlicher Mäzen und dürfte seinen Archivar und Beirat entsprechend gestellt und be= lohnt haben. So gewinnt Hieronymus zum ersten Mal Anteil am Luxus und an der Geselligkeit der großen Welt. Eine harte, gegen seine Gegner rücksichtslose Herrschernatur, hatte Damasus doch Sinn für menschlichen Umgang und war keineswegs ohne geistige Interessen. Er genoß den Verkehr mit einem Manne wie Hierony= mus, der seinerseits die kurialen Umgangsformen bald vorzüglich beherrschte. Wir haben z. T. noch die längeren und kürzeren Briefe, die zwischen beiden hin und her gingen. Der Papst verlangt Bücher oder präzise theologische Auskünfte; er fragt mit herablassen= dem Scherz, warum Hieronymus so lange verstummt sei, „schlafe" oder über seinen Büchern hocke; Hieronymus sucht seinen ungedul= digen Herrn, so gut es geht, zu befriedigen, und verspricht ihm die Widmung seiner neuesten Übersetzungsarbeit. Aber Damasus ver= steht es auch, seinem Schützling Aufgaben zu stellen, die dessen Fähigkeiten gemäß sind. Ihm haben wir den ersten Anstoß zu einem Unternehmen zu verdanken, das Hieronymus' Namen in der abend= ländischen Kirche unsterblich gemacht hat: der Erneuerung der latei= nischen Bibel, dem klassischen, dem Wirrwarr der älteren Überliefe= rung ein Ende setzenden Text der sprachlich zuverlässigen „Vul= gata". Allerdings ist Hieronymus in jenen römischen Tagen über eine erste Revision der Evangelien kaum hinausgelangt. Er gab ihr eine Übersetzung der eusebianischen „Canones" bei, synoptischer Tabellen, die das Auffinden paralleler Perikopen von nun an nicht wenig erleichterten.

Auch in die kirchenpolitischen Kämpfe gegen Sekten und theolo= gische Parteiungen wird Hieronymus bald hineingezogen, und seine gewandte Feder und seine ausgedehnten Kenntnisse erweisen sich als nützlich. So schreibt er jetzt (?) eine Flugschrift gegen die

Luciferianer, eine kleine rigoristische Sekte extremer Antiarianer, deren Starrsinn den Katholiken in Rom viel zu schaffen machte. Dabei trifft er geschickt die richtige Mitte zwischen dem Ton einer frischen Volkstümlichkeit und der ruhigen Überlegenheit des sachlichen, gebildeten Argumentierens. Der kleine „Dialog" zwischen einem Luciferianer und einem „Orthodoxen" gibt sich als protokollarische Niederschrift eines wirklich durchgeführten Disputs. Aller Nachdruck fällt dabei auf die „objektive" Seite des katholischen Kirchentums, die eine willkürliche Abspaltung nicht nur verbietet, sondern, recht verstanden, auch sinnlos und entbehrlich macht. Die Sakramente der Kirche, ihr Amt und ihre apostolische Tradition sind wirksam, mag sie in sich nach dem Vorbild der Arche Noah auch unreine Tiere bergen. Das sollte auch die „hündische Beredsamkeit" der Luciferianer begreifen, obschon sie erfahrungsgemäß „leichter zu widerlegen als zu überzeugen sind" (dial. c. Lucif. 28).

Tiefer greift die Auseinandersetzung mit Helvidius über die ewige Jungfräulichkeit Mariens, die wohl ebenfalls von Damasus angeregt oder doch, wie Hieronymus betont, ausdrücklich von ihm gebilligt wurde. Helvidius war Laie und bestritt unter Berufung auf die Schrift, die die „Brüder Jesu" kennt und nennt, daß Maria auch „nach der Geburt" ihres ersten Sohnes Jungfrau geblieben sei. Er war sich dessen bewußt, damit die ältere, abendländische Tradition zu verfechten, die seit Ambrosius freilich im Rückgang war, und protestierte gegen die moderne, einseitige Bewertung der Ehelosigkeit auf Kosten der Ehe. Hier war Hieronymus in seinem Element. Seine ganze biblische Gelehrsamkeit gerät in Bewegung, um Mariens Ehre gegen die angeblichen Verdrehungen und Textfälschungen des Verleumders zu schützen. Die exegetischen Gründe, die er dabei ins Feld führt, sind im wesentlichen dieselben, wie sie die katholische Kirche noch heute vertritt. Durch eine drastische Karikatur des gegnerischen Standpunkts werden sie noch wirksam verstärkt. Dahinter steht als eigentliches, persönliches Anliegen die Überzeugung von der eindeutigen religiös-moralischen Überlegenheit der Jungfräulichkeit. Sie wird durch die ganze Tradition und Praxis der Kirche gerechtfertigt, so wie sie Hieronymus sieht. Schon „der jungfräuliche Christus" und die Jungfrau Maria haben für beide Geschlechter den Grund der Jungfräulichkeit gelegt; die Apostel waren jungfräulich oder doch, wenn sie verheiratet waren, in der Ehe enthaltsam; die Bischöfe, Presbyter und Diakonen erwählt man aus dem jungfräulichen oder verwitweten Stande, zum mindesten leben sie nach Eintritt ins Priestertum in dauernder Keuschheit (ep. 49,21). Der ganze Verdienstbegriff hängt für den Asketen an dieser Unterscheidung zweier Lebensformen nach Leistung und Rang. Das wäre ein wunderlicher Gott, der wohl die Sünden strafen, dann aber nicht auch die guten Werke belohnen wollte (Jovin. II 3)! Hieronymus hütet sich wohl, die Ehe als solche zu verbieten; aber es ist ihm selbstverständlich, daß sie minderen Wertes ist und folglich geringeren Lohn empfängt. Zur Jungfräulichkeit verhält sie sich

wie das bloße Eben=nicht=Sündigen zum Gutes=Tun oder „um es et=
was milder auszudrücken: wie das Gute zum Besseren" (Jovin. I 13).
„Warum wollen wir uns selbst belügen und erzürnen: gieren wir
unaufhörlich nach der Umarmung der Weiber, so muß uns der Lohn
der Keuschheit natürlich versagt werden" (ep. 49,21). Dies ist die
Antwort, die er einem späteren Kritiker seines massiven Ideals er=
teilt hat und die ihm in ihrer Logik zeitlebens zwingend erschienen
ist. Für die ernsteren Probleme des mönchischen Heiligungsgedan=
kens, die andere abendländischen Theologen damals immerhin ge=
fühlt haben, fehlt ihm das Organ. Hieronymus ist der eifrigste,
aber auch der dürftigste Theologe der Askese, den die alte Kirche
hervorgebracht hat. Aber mit dem, was er in diesen Kämpfen sagt,
ist es ihm wirklich von Herzen ernst.

Hieronymus beschränkt sich übrigens nicht darauf, schriftlich für
das asketische Leben Propaganda zu machen; er tritt auch persön=
lich für seine Ideale ein. Bald finden wir ihn als geistigen Mittel=
punkt eines Kreises hochadliger, reicher Damen, für die er den
Lehrer und Berater macht. Die Vorliebe für ein weibliches Publi=
kum, das ihn bewundert und versteht und das er belehren, erziehen
und ermahnen kann, ist, wie gesagt, ein bleibender Zug seines Na=
turells. In Rom bildeten die Zirkel aristokratischer Damen nächst
der Protektion des Papstes offenbar seinen stärksten Rückhalt. Sonst
scheint seine asketische Predigt und seine Wissenschaft wenig An=
klang gefunden zu haben. Den Mittelpunkt der neu entfachten aske=
tischen Bewegung bildete der Palast, den die Witwe Marcella mit
ihrer Mutter und ihrer Tochter Asella am Aventin bewohnte. Um
sie scharten sich eine Reihe weiterer junger Mädchen und Witwen,
die das gesellschaftliche Treiben Roms nicht mehr befriedigte. Der
Ernst der asketischen Forderungen schenkte ihrem Leben einen
neuen Inhalt. Sie fühlen sich alle mehr oder weniger als Nonnen,
die den Schleier tragen und auf Schmuck und Eitelkeit der „Welt"
verzichtet haben. Sie erscheinen kaum mehr in der Öffentlichkeit,
fasten viel, halten Andachten und üben zum Ärger ihrer Verwand=
ten und Erben eine sehr großzügige Wohltätigkeit aus. Einige haben
sich schon vor dem Eintreffen des Hieronymus zu Pilgerfahrten und
Niederlassung im heiligen Lande entschlossen. Das Neue, was er
diesem Kreise mitteilt, war neben genauerer Kenntnis der strengen,
östlichen Übungen die vertiefte, regelmäßige Beschäftigung mit der
Bibel und die biblische Wissenschaft. Bald hält Hieronymus vor er=
lesenen Zuhörerinnen eigene Vorlesungen, die begeisterte Auf=
nahme finden. Einige beginnen selbst Griechisch und sogar Hebrä=
isch zu lernen; man bestürmt ihn mit mehr oder weniger gelehrten
exegetischen und theologischen Fragen, fordert Bücher und Überset=
zungen, so daß er Mühe hat, allen Wünschen gerecht zu werden.
Allein an Marcella richtet er nicht weniger als sechzehn Briefe, die
ihrem Inhalt nach allerdings auch auf ein weiteres Publikum berech=
net sind: Hieronymus hat sie selber herausgegeben und als ein ge=
schlossenes „Buch" gezählt. Diese offenbar bedeutende Frau wagt

es ihrerseits, den unruhigen Mann ein wenig zu erziehen, und sucht ihm seine Freude am Lästern und Polemisieren abzugewöhnen. Paula interessiert sich vor allem für „mystische", d. h. allegorisch= erbauliche Auslegungen. Ihrer Tochter Eustochium widmet er sei= nen berühmten Brief über die rechte Form des asketischen Lebens.

Anfangs hatte Hieronymus, wie er versichert, in seinem Respekt vor so hochgeborenen Damen kaum den Mut gehabt, in ihrer Ge= genwart die Blicke zu erheben (ep. 127, 7); aber mit der Zeit wurde der Verkehr herzlicher und zwangloser. Hieronymus fühlt sich in der „Hausgemeinde" seiner „in fleischlicher und geistlicher Jung= fräulichkeit wahrhaft glücklichen" Schülerinnen mehr und mehr zu Hause. „Der Unterricht ließ uns ständig zusammen sein; das Zu= sammensein machte ungezwungen, und die Ungezwungenheit schenkte Zutrauen" (ep. 45, 2). Zum Peterstage schickt Eustochium mit einem „gepfefferten" Briefchen Hieronymus Armbänder und Tauben, die er nicht verschmäht, dazu ein Körbchen „in jungfräu= licher Scham errötender Kirschen", wie sie Lucullus nicht besser ge= boten hätte (ep. 31, 1. 3). Ein anderes Mal schenkt ihm Marcella ein neues Gewand, einen Sessel, Kerzen und Becher. Es ist amüsant zu sehen, wie Hieronymus in seiner Antwort, auf deren Eleganz er offensichtlich stolz ist, den gesellschaftlichen und persönlichen Dank jedes Mal mit einer erbaulichen Betrachtung zu verbinden weiß. Das härene Gewand, meint er, weise auf das Fasten; der Sessel auf die häusliche Sittsamkeit; die Kerzen auf das Licht, mit dem wir den Bräutigam erwarten, der Kelch auf die Mortifikation und das Martyrium. Für ihn sei diese Deutung freilich zu gut — da sei der Sessel eher ein Zeichen der Faulheit, der Becher weise auf Gelage usw.; aber im Blick auf die Spenderinnen glaube er das „Mysterium" der Verschleierten soweit doch richtig enthüllt zu haben (ep. 44). Man sieht, die allegorische Methode läßt sich, einmal erlernt, für jeden Anlaß fruchtbar machen. Mit Hieronymus beginnt die zweifel= hafte Geschichte des im engeren Sinne „theologischen" Schulhumors. Was soll man dazu sagen, wenn er beispielsweise Paula, deren Tochter den Schleier genommen hat und jetzt „nicht eines Soldaten, sondern eines Königs Gattin" geworden ist, daraufhin galant als „Schwiegermutter Gottes" begrüßt (ep. 22, 20)?!

Hieronymus erscheint wie das erste Beispiel eines geistlichen Seelenfreundes und Vertrauten, fast in der Art der späteren Haus= kapläne in der vornehmen, adligen Gesellschaft. Auch dies ist ein Zeichen der Zeit und gibt seinen intimen Schilderungen ein allge= meineres Interesse. Er selbst hat es zeitlebens vermieden, sich mit einfachen Menschen abzugeben; gewöhnlicher Herkunft, sucht er in seinem Verkehr den Anschluß immer nach oben. Aber man darf das Bild nicht zu stark den neuzeitlichen Analogien angleichen, etwa dem der französischen Salons des 17. Jahrhunderts. Dazu ist die welt= flüchtige Stimmung doch zu stark, und über dem Ganzen lagert die Düsterkeit einer keineswegs ästhetischen Askese. Sie soll Ausdruck einer besonderen Liebe zu Christus sein; aber die körperliche Seite der Jungfräulichkeit wird dabei in einer modernem Empfinden höchst peinlichen Weise vor allem betont. Hieronymus steht zwar die ganze formale Sicherheit und Schmiegsamkeit des antiken Rhetors und predigenden Schulmeisters zur Verfügung, aber in zartere Gemüts= bereiche dringt seine grob asketische Seelsorge noch nicht vor. „Wenn in Rom irgendeine würdige Frau mein Herz bezwingen konnte, dann nur so: sie mußte trauern und fasten, sie mußte vor Schmutz starren und von Tränen nahezu erblindet sein . . . Ihr Lied waren die Psalmen, ihre Rede das Evangelium, ihre Last die Ent= haltsamkeit und ihr Lebensinhalt das Fasten" (ep. 45, 3).

Trotzdem konnte es nicht ausbleiben, daß sich mit der Zeit an diese Zusammenkünfte und Korrespondenzen die Mißgunst und das Gerede hängten. Sie wurden von einer Welle der Opposition ge= tragen, die die neue asketische Propaganda auch sonst allenthalben hervorrief. Man spürt sie um dieselbe Zeit auch in Mailand, in Gal= lien und im ganzen Abendland. Die Römer empören sich gegen das „abscheuliche Mönchsvolk", das sich mit seinen asketischen Forde= rungen breitmachen will, die „Betrüger und Griechen", die die rei= chen Matronen umgarnen und sonst mit nichts und niemand zu= frieden sind. Hieronymus war unklug genug, seinen Gegnern für gewöhnlich nur mit hochfahrendem Spott und Sarkasmus zu begeg= nen. Die Kritiker seines Bibeltextes sind „zweibeinige Esel"; wer seine asketischen Traktate „steinigt", muß selber ein Wüstling, ein Weltmensch und Heuchler sein, und deren gibt es, wie er versichert, auch unter den Mönchen und im Klerus übergenug. Fühlt sich je= mand getroffen, so wird die Sache für ihn nur um so schlimmer. Wir haben noch den Brief, in dem sich Hieronymus über einen solchen Priester mit dem verdrehten Namen „Onasus" nach Strich und Fa= den lustig macht: er werde ihm seine übelriechende Nase noch ope= rieren und könne ihm nur den einen Rat geben, sich ja nicht mehr sehen zu lassen, wenn er seinen unverdienten Ruf als schöner, be= redter Mann zu behalten wünsche (ep. 40). Auch diese kleine Satire wird wie alles bei Hieronymus mit einer Flut von klassischen und biblischen Zitaten geschmückt.

Es scheint, daß Hieronymus außer dem Senator Pammachius, Paulas Schwiegersohn, und Damasus selbst, den seine Feinde auch „Ohrlöffel der Damen" nannten, unter den Männern Roms kaum wirkliche Freunde besessen hat. Zwar wurde sein Quartier tagsüber von vielen besucht; man küßte ihm in der Öffentlichkeit die Hand und mühte sich um die Gunst eines Mannes, der als rechte Hand und Sprachrohr des Papstes galt; aber man verzieh es ihm nicht, daß er „die ganze christliche Gesellschaft, jeden Rang und Stand, kurz die ganze Kirche mit seinen schmutzigen Ausfällen bloßstellte," so daß alles noch viel schlimmer zu sein schien, als die heidnischen Gegner behaupteten (Rufin, Apol. II, 5). So kam es, als Damasus am 11. Dezember 384 starb, plötzlich zur Katastrophe; von allen Seiten brach die Feindschaft los. Der Umschwung war für Hierony= mus um so bitterer, als er, wie es scheint, zeitweilig naiv genug ge=

wesen war, sich auf die Nachfolge selbst Hoffnung zu machen. Der neue Papst Siricius hatte für seine wissenschaftlichen Arbeiten keinen Sinn. Es scheint sogar, daß der „Senat der Pharisäer" — so nennt Hieronymus das römische Presbyterium — ausdrücklich gegen ihn Stellung nahm. Seine einträgliche Stelle war er auf alle Fälle losgeworden. Unglücklicherweise starb in diesen Wochen auch noch die junge Blaesilla, die Hieronymus zur strengen Askese bekehrt hatte. Es hieß, das Fasten hätte sie ruiniert. Die eigene Mutter, Paula, war dem Zusammenbruch nahe. Der Trostbrief, den ihr Hieronymus damals schrieb, hebt die Tote in den Himmel und begegnet dem mütterlichen Schmerz gleichzeitig mit barbarischer Härte; man kann ihn wohl nur aus der schwierigen Situation verstehen, in der sich Hieronymus selber befand. Blaesilla, heißt es, ist nun selig und genießt Marias und Hannas Gesellschaft; wie würde es sie kränken zu sehen, daß ihre Mutter Christus erzürnen will, indem sie ihres Kummers nicht Herr wird! Paula darf unter keinen Umständen schwach erscheinen. Tränen sind einer Christin und vollends einer heiligen Nonne aus solchem Anlaß verboten. Die Schrift lehrt uns das rechte Verhalten. Das Gedächtnis der Verewigten wird überdies weiterleben; darin liegt, ganz antik, auch ein irdischer Trost. Bei jeder Zeile, die Hieronymus künftig schreibt, wird ihm Blaesilla im Geiste zur Seite stehen; mit seinen Büchern reist hinfort auch ihr Name durch die Welt und wird nie mehr sterben können (ep. 39, 8).

Zeitweilig hatte Hieronymus daran gedacht, sein „leckes Schiff" in einen stillen Hafen zu führen und auf irgendeinem Landgut in der Nähe das Gewitter abzuwarten. Was liegt ihm, schreibt er, an Rom, seinem Luxus und seinen Theatern, ja auch am frommen Zirkel seiner würdigen Freundinnen! Gott anhangen — das ist genug. Und wieder taucht vor ihm, in vergilischen Farben strahlend, ein Bild des seligen Landlebens auf, wo er an selbstgebautem Kohl, Landbrot und frischer Milch genug haben wird und im Schatten der Bäume, am blumenübersäten Wiesenrain bedürfnislos glücklich sein kann (ep. 43, 3). Aber dann begreift er doch, daß ein solches Ausweichen ihm nichts nützen kann. Zum zweiten Mal faßt Hieronymus den Entschluß, in den Osten zu reisen — und jetzt endgültig: er „kehrt von Babylon nach Jerusalem zurück". Der Abschiedsbrief an Asella (ep. 45) ist ein treuer Spiegel seiner damaligen Stimmung. Er ist offensichtlich dazu bestimmt, seine Neider und Feinde, die „Priester und Leviten" der undankbaren Stadt, zum Schweigen zu bringen und besonders die Verleumdungen hinsichtlich seines weiblichen Umgangs zu entkräften; aber zugleich bricht sich hier die ganze persönliche Gereiztheit und Verärgerung noch einmal Bahn. Er soll ein Wüstling, er ein unsauberer Schleicher und Intrigant sein! Und das sagen eben die Leute, die ihm einst mit so viel Liebe und Ehrfurcht begegnet sind! Aber mögen die Heuchler, mögen die weltlich gesinnten Damen der Gesellschaft sein heiliges Leben verspotten! Er hat gelernt, „durch gute und böse Gerüchte" (II. Kor. 6, 8) ins Himmelreich einzugehen. Vor dem Richterstuhl Christi wird es dereinst offenbar werden, wer wirklich die rechte Gesinnung gehabt hat. Dieser Brief in seiner temperamentvollen Offenheit ist ein erstaunliches Dokument. Derartiges hatte das Abendland bis dahin kaum gekannt. Es ist, als ob die ciceronische Kultur des Ausdrucks mit der die Welt verachtenden Leidenschaftlichkeit eines Paulus zusammengeflossen wäre. Man hört die Sprache eines rücksichtslosen Asketen, der in seiner Bitterkeit gewiß weder frei noch groß, aber jedenfalls ein wirklicher, durch und durch lebendiger Mensch ist. —

Hieronymus reiste zunächst nach Antiochia, wo er wieder bei Euagrios und Paulinus Quartier nahm. Nicht für lange Zeit. Es war von vornherein wohl schon ausgemacht, daß Paula und Eustochium auf anderem Wege ihm nachfolgen sollten. Er holt sie bald danach bei Bischof Epiphanios von Salamis ab und reist dann mit ihnen gemeinsam durch Palästina — eine fromme Pilgerfahrt, wie sie damals üblich wurde, und für Hieronymus selbst darüber hinaus eine neue Möglichkeit, seine biblischen Kenntnisse zu vertiefen. Hieronymus ist der erste Theologe, der die wissenschaftliche Bedeutung der Archäologie und des persönlichen Augenscheins in diesem Sinne betont hat. „Wer Athen gesehen hat, lernt auch die griechische Geschichte besser verstehen, und wer von Troja über Leukas und Akrokeraunia nach Sizilien und weiter zur Mündung des Tiber geschifft ist, der begreift das dritte Buch Virgils (d. h. der Aeneis). Geradeso sieht man auch die heilige Schrift mit andern Augen an, wenn man Judaea besichtigt hat und die alten Stätten und Landschaften kennt, mögen sie inzwischen die alten Namen behalten oder geändert haben" (Paralip. prol.). Wir verdanken Hieronymus die Bearbeitung eines alten Lexikons hebräischer Eigennamen und vor allem des eusebianischen „Onomastiko" zur biblischen Geographie, das, durch eigene Beobachtungen ergänzt, noch heute ein unentbehrliches Hilfsmittel darstellt. — Neben Palästina waren die Mönchssiedlungen Ägyptens ein nicht minder beliebtes Ziel der geistlichen Bildungsreisen. Auch hierhin folgte der gelehrte Führer seinen Damen mit Freuden und „lernte so vieles, was ihm bis dahin unbekannt gewesen war" (apol. III 22). Vor allem lernte er jetzt Alexandria kennen, das letzte großstädtische Zentrum theologischer Bildung, das Hieronymus noch nicht besucht hatte. Er machte die Bekanntschaft des blinden Origenisten Didymus, seines „hellsichtigen" Lehrers, den er „über alles befragen konnte, was ihm in der Schrift zweifelhaft erschien" (Ephes. prol.) Didymus' Werk über den Heiligen Geist ist die einzige dogmatische Schrift, welche Hieronymus aus dem Griechischen ins Lateinische übersetzt hat; doch er selbst scheint ihn vor allem wieder um exegetische Dinge befragt zu haben.

Im Sommer 386 waren die Reisen zu Ende. Man beschloß, sich nicht in Jerusalem, sondern im stilleren Bethlehem endgültig niederzulassen. Hieronymus war von Haus aus nicht unbemittelt und ließ die ererbten Liegenschaften seiner Eltern später zu Geld machen, um die geplante Siedlung auch selber mit finanzieren zu können und „von seinen Lästerern und Neidern nicht verlacht zu werden", wenn das Unternehmen scheiterte (ep. 66, 14). Doch wurde das meiste zweifellos aus dem riesigen Vermögen bezahlt, das seine Freundinnen zur Verfügung stellten. Im Laufe der Jahre entstand unter Paulas Leitung ein großes Frauenkloster, das in drei Komplexe geteilt war, in denen die Nonnen je nach ihrer sozialen Stellung untergebracht wurden. Hieronymus leitete ein Männerkloster, das kleiner war, aber mit der Zeit auch etwa fünfzig Insassen zählte. Außerdem gab es eine Pilgerheimstätte und eine Schule, in der Hieronymus den Zöglingen auch die profane, rhetorische Bildung vermittelte. Regelmäßige geistliche Funktionen zu übernehmen, hatte er wiederum abgelehnt; das Kloster besaß wohl eine Kapelle, aber den Gottesdienst besuchte man in der städtischen Kirche. Hieronymus begnügte sich damit, gelegentlich vor seinen Mönchen zu predigen, ausnahmsweise auch in griechischer Sprache. Fast alle Klosterinsassen waren Abendländer. Aus dem Westen kamen fort und fort die Besuche der Durchreisenden und Pilger und ebenso der Nachwuchs des Klosters. Andere reisten zu Geschäften und Besuchen gelegentlich wieder zurück in die Heimat – die „Ortsbeständigkeit" galt den Mönchen damals noch nicht als unumgängliche Pflicht, und von einer strengen Weltabgeschiedenheit und Schweigsamkeit im späteren Sinne kann ebensowenig die Rede sein.

Vierunddreißig Jahre, das heißt fast die Hälfte seines Lebens, hat Hieronymus an dieser Stätte zugebracht und sie, von kleinen Reisen in die Nachbarschaft abgesehen, bis zu seinem Tode nicht mehr verlassen. Hier sind neben neuen polemischen Abhandlungen all seine großen biblischen Arbeiten und Übersetzungen entstanden, sein eigentliches Lebenswerk, an dem gemessen die früheren wissenschaftlichen Leistungen nach Umfang und Gewicht verschwinden. Sicher trug die Gunst der äußeren Umstände nicht wenig zu dieser Fruchtbarkeit bei. Zwar klagt Hieronymus fast wie ein moderner Gelehrter über die vielen Störungen und die Masse der Besucher, die ihm nur noch die Wahl ließen, entweder seine Bücher oder seine Haustüre zuzuklappen. Er wolle, sagt er, sich seiner Gastlichkeit nicht rühmen – aber er müsse sich entschuldigen, daß seine Arbeit nicht besser von der Stelle rücke. Nur in „gestohlenen" Stunden der langen Winternächte, bei Lampenschein komme er noch zu seinen Kommentaren (comm. Ezech. VII prol.). Dazu klagt er, wie schon früher, über seine schwachen Augen, die ihm zumal bei den hebräischen Manuskripten den Dienst versagten; und im Grunde kann man doch nur dann richtig formulieren, wenn man selber die Worte niederschreibt (ep. 21, 42). Aber andererseits steht ihm in Bethlehem doch alles zur Verfügung, was er braucht: seine unzähligen Bücher, Vorleser, Schreiber und Assistenten, lernbegierige Schüler und nicht zuletzt das Interesse und die Teilnahme der frommen, mit stets gleichbleibender Verehrung an ihm hängenden und für ihn sorgenden Freundinnen. Wer ihn besucht, empfängt von seiner rastlosen Arbeitsenergie einen unauslöschlichen Eindruck: „Er ist ständig beim Studieren, ganz in die Bücher versunken; weder bei Tag noch bei Nacht gönnt er sich Erholung; ständig ist er mit Lesen oder Schreiben beschäftigt" (Sulp. Sev., dial. I 9, 5). Wenn Hieronymus trotzdem keine dauernde Ruhe zu finden vermag, so liegt das weniger an den kleinen Störungen und Mißhelligkeiten, die auch im Klosterleben nicht fehlen können, auch nicht an den Verleumdern, Neidern und Feinden, die er immer und überall am Werke wähnt, sondern vor allem wieder an der Unrast seines eigenen, immer zu Kampf und Verteidigung gereizten, unverbesserlichen Temperaments.

Die größte bleibende Leistung aus diesen Jahren ist die Übersetzung des Alten Testaments aus dem Hebräischen, die Hieronymus wohl 390 begann und neben laufender anderer Arbeit, die sich z. T. darauf bezog, bis etwa 406 im wesentlichen zum Abschluß brachte. Schon vorher hatte er mit einer neuen Übersetzung oder Durchsicht des Textes an Hand der Septuaginta begonnen, der alten jüdisch=griechischen Bibel, die in der Kirche an die Stelle des Urtextes getreten war und vorzüglich in Ansehen und Ehren stand. In der Bibliothek von Caesarea in Palästina war Hieronymus auf das Urexemplar der „Hexapla" gestoßen, in der Origenes seiner Zeit den Text der Septuaginta mit noch weiteren Übersetzungen und mit dem hebräischen Grundtext zusammengestellt hatte. Hieronymus begann mit dem Psalter. Diese seine erste Übersetzung aus der griechischen Septuaginta ist vereinzelt noch heute in liturgischem Gebrauch. Weitere Bücher folgten. Dann aber wurde er sich darüber klar, daß für eine Arbeit, wie er sie plante, nur die ursprüngliche „Wahrheit" des hebräischen Textes bestimmend sein dürfte. Mit bewunderungswürdiger Energie machte er sich daran, seine angestaunten hebräischen Kenntnisse, die für eine derartige Aufgabe doch nicht ausreichten, gründlich zu erneuern und zu vertiefen. Er gewann — wie er nicht vergißt: für sein eigenes, schweres Geld — einen gelehrten jüdischen Rabbi zum Lehrer, der ihn aus Angst vor den eigenen Glaubensgenossen nur bei Nacht zu besuchen wagte. Ihm verdankt Hieronymus über das Sprachliche hinaus auch manchen wichtigen Hinweis für die Auslegung selbst. Die neue Übersetzung, die so entstand, ist — wie alles, was Hieronymus schuf — recht ungleichmäßig geraten. Für die großen Geschichts=bücher hat er eine im ganzen vorzügliche, sorgfältige Arbeit geleistet; anderes ist flüchtiger. Für die Übersetzung des Buches Tobias will Hieronymus nur einen Tag, für das Buch Judith nur eine Nacht gebraucht haben; beide wurden überdies aus dem Aramäischen übersetzt. Eine nützliche, für prosaische Bibeltexte im Lateinischen bis dahin nicht übliche Neuerung war die Gliederung des Textes in Sinnzeilen, die bis zu einem gewissen Grade unsere moderne Interpunktion ersetzte. Hieronymus, der die Anregung hierzu vielleicht von der Hexapla empfangen hatte, berief sich auf entsprechende Ausgaben von Demosthenes und Cicero und betonte zu=

gleich, daß diese „cola" nicht etwa als „Verse" verstanden werden dürften. Natürlich knüpfte seine Übersetzung, wie es nicht anders sein konnte, weithin an ältere lateinische Übersetzungen an. Das geschah z. T. auch bewußter= und gewolltermaßen: der treue Bibelleser soll nicht durch allzu radikale Neuerungen vor den Kopf gestoßen werden. Gewiß fehlte es im ganzen nicht an Fehlern und Irrtümern — das war bei einer so schwierigen und neuartigen Aufgabe gar nicht zu vermeiden. Trotzdem bedeutete die hieronymiani= sche Übersetzung gegenüber dem bisherigen Zustand in jeder Hinsicht einen mächtigen Fortschritt und bleibt für die damaligen Zeiten eine höchst respektable und durch den konsequenten Rückgang aufs Hebräische eine einzigartige Leistung. In stilistischer Hinsicht drängt Hieronymus die vielen Vulgarismen und barbarischen Neubildungen der altlateinischen Bibel zurück, ohne die Volkstümlichkeit und Wucht des Ausdrucks einem öden Purismus zu opfern. So ist die Vulgata mit Recht die klassische lateinische Bibel bis auf diesen Tag geblieben. Es gibt kaum eine spätere kirchliche Übersetzung in die neueren Sprachen, die nicht irgendwie wenigstens mittelbar von ihr beeinflußt und durch sie bestimmt wäre — selbst die Übersetzung Luthers nicht ausgenommen.

Zunächst fehlte freilich viel daran, daß sie gleich zur „vulgata", d. h. zur gängigen kirchlichen Ausgabe der lateinisch redenden Kirche geworden wäre; erst in der frühkarolingischen Epoche ist dieses Ziel erreicht. Nur schrittweise konnte sich die neue Übersetzung gegen Mißtrauen und mancherlei Widerstände zur Geltung bringen und durchsetzen. Die Zeitgenossen haben Hieronymus für die größte Arbeit seines Lebens wenig Dank gewußt. Selbst Augustin, der doch den Wirrwarr der älteren Übersetzungen beklagte und ihm nach Kräften zu steuern suchte, bedauerte es, daß Hieronymus sich nicht stärker an der Septuaginta orientiert hätte, an deren wunderbarem, inspiriertem Ursprung er festhielt. Das war für Hieronymus, der diese Legende früher selbst geglaubt hatte, naturgemäß schmerzlich. Andere gingen in ihrer Kritik noch weiter; wie stets empfand man das Neue und Ungewohnte zunächst einfach als verkehrt. Aber nachdem er sich einmal von der „Hebraica veritas", d. h. von dem überlegenen Rechte des Urtexts überzeugt hatte, konnte Hieronymus an diesem Punkte zum mindesten grundsätzlich, nicht mehr nachgeben. Schließlich suchte er auch die Grenzen des alttestamentlichen Kanons vom Hebräischen aus zu bestimmen: diejenigen Bücher und Stücke des Alten Testaments, die ursprünglich in einer andern Sprache, griechisch oder „chaldäisch", d. h. aramäisch, verfaßt sind, haben kein Recht, im strengen Sinne als Gotteswort zu gelten. Sie sind „apokryph" und werden als mehr oder weniger „fabelhaft" an den Rand geschoben — eine Entscheidung, der die protestantischen Kirchen später gefolgt sind, während die römisch=katholische Kirche sie auf dem Konzil von Trient endgültig verworfen hat.

Am meisten machte Hieronymus die Borniertheit derer zu schaf=

fen, die an seinen Übersetzungen mäkelten, weil sie, wie er sagt, in ihrer Unbildung gar nicht begreifen konnten, was Übersetzen in Wirklichkeit heißt. Man kann einen lebendigen Satz nicht einfach Wort für Wort aus einer Sprache in die andere übertragen. Jede Sprache hat ihren eigenen Geist und — ohne deshalb ärmer oder starrer zu sein — darum auch eigene Gesetze und Möglichkeiten. Die „Wortungetüme" der früheren Übersetzungen sind einfach lächerlich. Es kommt nicht darauf an, jedes Wort mit dem gleichen Worte, sondern den Sinn eines Satzes sinngemäß neu zu umschreiben. Hieronymus ist allerdings vorsichtig genug, die Freiheit, die er sich nimmt, in erster Linie nicht für die Bibel, sondern für seine sonstigen Übersetzungen aus dem Griechischen ins Lateinische zu verteidigen, obschon die lateinische Sprache, wie er wohl weiß, der griechischen weit näher steht als der hebräischen. In den heiligen Schriften, sagt er, hat unter Umständen auch die bestimmte Wort= folge als solche eine tiefere Bedeutung, die erhalten bleiben muß (ep. 57, 5). Das ist wieder eine der Sicherungen, wie sie Hierony= mus zum Schutz seiner kirchlichen Unangefochtenheit liebt; in Wahrheit hat er sich auch in seiner Bibelübersetzung zum Glück durchaus nicht immer danach verhalten. Hieronymus beruft sich auch auf die Freiheit, die die neutestamentlichen Autoren selbst bei ihren alttestamentlichen Zitaten an den Tag legen, und für die allgemei= nen Grundsätze des Übersetzens neben Horaz vor allem wieder auf Cicero; doch ist er in Wirklichkeit vorsichtiger als beide. Hie= ronymus erweist sich in seinen Übersetzungen, aufs Ganze gesehen, als verständiger und geschulter Philologe, der sein Handwerk ver= steht und keine radikalen Experimente macht. Tiefere sprachphilo= sophische Probleme sind ihm nicht aufgestiegen. „Theologisch" ist auch hier nur der Stoff, mit dem er sich beschäftigt, nicht eigentlich der Geist, in dem er sich ihn zu eigen macht. Man täte ihm Unrecht, wollte man ihn in dieser Hinsicht mit einem Denker wie Augustin vergleichen, der seinerseits die Überlegenheit des sprachlichen Kön= nens bei Hieronymus neidlos anerkannt hat.

Der größte Teil der hieronymianischen Hinterlassenschaft umfaßt Auslegungen der heiligen Schrift. Sie sind teils ausgeführte Kom= mentare, in denen er alles vorzulegen und alles zu erörtern sucht, teils auch knappere, scholienartige Erläuterungen, die sich darauf beschränken, nur die schwierigeren Partien kurz zu erklären (comm. Dan. prol.). Dazu kommen die Spezialfragen gewidmeten Briefe, die ausgedehnten exegetischen Partien innerhalb der dogmatischen Schriften und die Predigten, die, vor Mönchen gehalten, weithin gleichfalls wissenschaftlichen Charakter besitzen. Hieronymus kann sich z. B. nicht versagen, auf verschiedene Lesarten innerhalb der griechischen Psalmenübersetzungen einzugehen. Er will auch als Pre= diger ausgesprochenermaßen keine Deklamationen, sondern wirk= liche „Auslegungen" bieten. Die Masse der Kommentare gilt dem Alten Testament. Die Auslegungen rechtfertigen und bestätigen zu= gleich die Übersetzung, die sie zugrunde legen. Die Propheten stehen voran; Hieronymus hat sie nacheinander sämtlich ausgelegt. Dagegen hat er kein einziges historisches Buch behandelt, nur einige „hebräische [Übersetzungs=] Fragen zur Genesis" in einer eigenen Schrift erörtert. Das erscheint auf den ersten Blick auffällig; doch Hieronymus ist eben kein Historiker, sondern ein „historisch=philo= logischer Exeget", der die geschichtlichen Nachrichten nur dazu re= gelmäßig heranzieht, um die Hintergründe, die verborgenen zeit= geschichtlichen Anspielungen und vor allem natürlich auch die „Erfüllung" der Weissagungen durch sie zu erhellen. Aus dem Neuen Testament hat er neben einer knappen, in zwei Wochen dik= tierten Auslegung des Matthäusevangeliums, die sich zugestan= denermaßen auf die „historischen" Dinge beschränkt, lediglich vier kleinere Paulusbriefe erklärt. Insofern spiegelt auch Hieronymus das damalige, abendländische Interesse an der paulinischen Theo= logie. Doch handelt es sich um eine verhältnismäßig bescheidene, schnell durchgeführte Arbeit, die im wesentlichen ältere griechi= sche Ausleger exzerpiert. Die geplante, vollständige Erklärung aller Paulusbriefe kam nicht zustande; demgegenüber hat das „Prophe= ten=Werk" Hieronymus durch ganze dreißig Jahre beschäftigt.

Hieronymus ist ein Schnellschreiber oder vielmehr ein Schnell= diktierer. Er schildert uns, wie sein Stenograph, wenn er einmal im Diktat stockt und etwas nachdenken möchte, gleich unruhig wird, mit der Hand zu spielen und die Stirne zu runzeln beginnt. „Ich dik= tiere, was mir in den Mund kommt" (comm. Gal. III prol.). „So wie die Hand des Schreibers dahineilt, eilt auch die Rede" (comm. Is. V prol.) — es bleibt kaum Zeit, das Diktierte durchzusehen. Nicht ohne Eitelkeit entschuldigt sich Hieronymus gerne damit, daß er diese oder jene Arbeit im Drang der Umstände in soundso viel Tagen oder auch in einer Nachtwache zu Ende geführt habe. Dann wieder sind die Zeitverhältnisse daran schuld, daß er sich nicht bes= ser sammeln konnte, daß diese oder jene Seite der Sache nicht aus= führlicher und besser zur Darstellung kam. Hieronymus hat solche Entschuldigungen, wie gesagt, nötig. Fast jedes seiner Werke ist irgendwie ein „opus tumultuarium" und trägt die Spuren seiner zwar nicht unkritischen, in ihrer Art fleißigen, aber immer hastigen und wenig gewissenhaften Arbeitsweise. Es ist nicht ganz einfach, Hieronymus als Gelehrten richtig zu beurteilen. Wo sich seine An= gaben überprüfen lassen, stoßen wir immer wieder auf Flüchtigkei= ten und Versehen. Aber so laut und berechtigt die modernen Exege= ten hierüber auch geklagt haben — sie kommen von Hieronymus trotzdem nicht los; denn der Stoff, den er zur Verfügung stellt, ist so reich und mannigfaltig, daß ihn niemand missen mag. Ohne seine zahllosen fahrig=gelehrten Notizen wären uns unzählige Nach= richten, Hinweise und sprachliche Erläuterungen heute für immer verloren. Über eines ist indessen kein Zweifel möglich: Hieronymus schöpft sein erstaunliches Wissen ganz überwiegend aus zweiter Hand. Es sind verschiedene neuere Griechen, für die älteren und für das Historische besonders Euseb, und vor allem ist es immer wie=

der Origenes, den er ausschlachtet und seitenweise oft nahezu wört=
lich wiederholt. Gelegentlich hat Hieronymus diese Abhängigkeit
selbst offen zugegeben: „Man sagt, ich exzerpierte Origenes' Werke
und es sei unerlaubt, die Schriften der alten Meister in dieser Weise
anzutasten. Die Leute meinen, mich dadurch schwer zu beleidigen;
meinerseits sehe ich darin aber das größte Lob. Ich will ja gerade
einem Vorbild folgen, von dem ich überzeugt sein kann, daß es
allen Einsichtigen und auch euch gefallen wird" (comm. Mich. II
prol.). In anderen Fällen hat Hieronymus seine Unselbständigkeit
stark verschleiert. Er bringt es beispielsweise — mag sein, aus bloßer
Flüchtigkeit — fertig, Dinge, die Origenes von seinen hebräischen
Lehrern gelernt hat, so zu erzählen, als hätte er sie selbst in Er=
fahrung gebracht. Peinlich bleibt das offensichtliche Übertrei=
ben seiner eigenen Quellenkenntnis. Hieronymus weiß zweifellos
viel, aber nicht die Hälfte der Bücher, auf die er sich im stolzen Tone
eines gewiegten Kenners beruft, hat er wirklich gelesen oder auch
nur in der Hand gehabt. Man mag ihn in Einzelfällen entschuldigen;
es war damals eine allgemeine literarische Gepflogenheit, neuere
Gewährsmänner, die man heranzog, nicht ausdrücklich zu zi=
tieren. Aber das Gesamtbild von Hieronymus' Persönlichkeit leidet
doch unter seiner durchgehenden, mit Anmaßung gekoppelten Un=
zuverlässigkeit. Auch in der gelehrten Literatur zeigt der „Stil" des
Menschen seinen Charakter.

Die Auslegungsmethode des Hieronymus ist nicht einheitlich. Er
hat das allegoristische Verfahren der origenistisch=alexandrinischen
Schule ebenso aufgenommen wie die Nüchternheit der antiocheni=
schen Philologie, und keiner von beiden folgt er mit Konsequenz.
Aber aufs Ganze gesehen, ist es doch deutlich, daß die „mystische"
Ausdeutung der Texte im Laufe der Zeit durch die historisch=philo=
logische Erklärung immer mehr zurückgedrängt wird; sie entspricht
der ganzen Art und Richtung des Hieronymus viel mehr. Hierony=
mus interessiert sich vor allem für die konkrete Bedeutung einer
Aussage, weniger für ihren zeitlos=allegorischen Sinn. Es kommt
ihm darauf an, den nächstliegenden, „wörtlichen" Inhalt zu erfas=
sen und die besondere Absicht eines Textes „so zu verstehen, wie
sie der Autor selber verstanden hat, der ihn niederschrieb" (ep. 37,
3). Es geht ihm also um die sogenannte „historische" oder „buch=
stäbliche" Bedeutung, deren Inhalt er mit Recht so weit faßt, daß
darunter auch die figürliche, bildliche und übertragene Rede ver=
standen wird, sofern sie der Absicht nach noch auf den ursprüng=
lichen, historischen Zusammenhang zielt. Das heißt aber für Hiero=
nymus noch nicht, daß er die „höhere", allegorische Auslegung dar=
um verworfen oder auch nur für entbehrlich gehalten hätte. Wie
alle Exegeten der alten Kirche und wie sein Meister Origenes be=
jaht Hieronymus den doppelten oder dreifachen Schriftsinn und
lehnt eine rein historische Auslegung als „jüdisch" ab. Der bloße
Buchstabe „tötet". Das, was er mit steigendem Nachdruck fordert,
ist nur dies, daß die buchstäbliche, historische Auslegung über der

allegoristischen Spekulation nicht zu kurz kommen dürfe und ihr grundsätzlich vorauszugehen habe. Man kann nicht, wie er es selbst in seiner Jugend getan hatte, eine Schrift allegorisch auslegen wollen, deren Inhalt man historisch noch gar nicht kennt (comm. Abd. prol.). Auch ist es bezeichnend, daß die „mystischen" Erklärungen, die Hieronymus von sich aus bietet, viel mehr typologischen als im engeren Sinne allegorischen Charakter tragen, d. h. sie suchen aus den alttestamentlichen Worten und Geschehnissen keine allgemeinen religiösen Erkenntnisse abzuleiten, sondern nehmen sie nur als Hinweise und „Vorbilder" der künftigen, neutestamentlichen Geschichte, die sie „erfüllt" hat. Im Grunde ist die „historische" Auslegung für Hieronymus die eigentlich wissenschaftliche Form der Erklärung, während die Allegorese mehr dem erbaulichen, praktisch-kirchlichen Bedürfnis entgegenkommt und sich nach diesem zu richten hat. „Die Historie [d. h. die historische Auslegung] ist präzis und erlaubt keine beliebigen Abschweifungen; die Tropologie [das meint hier: die höhere, ‚moralische' Auslegung] ist dagegen frei und steht nur unter dem einen Gesetz, daß sie einen frommen Sinn im Auge haben muß" (comm. Abac. I 11). Sie kennt dementsprechend auch verschiedene Weisen, ein und denselben Text auszulegen. Wenn Hieronymus „historisch" verfährt, so folgt er grundsätzlich dem Urtext, während er das höhere, allegorische Verständnis unbedenklich auf die Septuaginta gründet, sei's auch mitunter ein wenig „gegen sein Gewissen" (comm. Nah. 2, 14). Aber was soll er sonst angesichts der Leute tun, die eine Auslegung ohne Berücksichtigung der gewohnten Übersetzung einfach für unvollständig und mangelhaft ansehen (comm. Is. 30, 33)! „Wir haben", meint er, „die Verpflichtung, die Schrift so auszulegen, wie sie in der Kirche gelesen wird, und dürfen andererseits die Wahrheit des hebräischen [Textes] doch nicht preisgeben" (comm. Mich. 1, 16). Das ist echt Hieronymus, der grundsätzliche Auseinandersetzungen ungern auf die Spitze treibt und mit dem kirchlichen Bewußtsein und der Tradition immer in Fühlung bleiben möchte.

Selbständige theologische Entscheidungen sind in seinen Kommentaren nicht allzu häufig. Oft wird das eigene Urteil von den vielen widersprechenden Meinungen, die er referiert, fast erdrückt und bleibt mehr oder weniger dem Leser überlassen. Die Lehren und Auslegungen der Häretiker oder eines Heiden wie Porphyrios werden zwar immer scharf abgelehnt (denn die Schriften der Bibel sind ja vom heiligen Geiste diktiert, und wer den heiligen Geist nicht hat, ist natürlich nicht imstande, sie richtig zu verstehen); aber das „richtige" Verständnis selbst wird mit der Kirchenlehre gleichgesetzt. Eine kritische Prüfung gibt es fast nur in den Einzelheiten. Die grundlegende Frage, was die Inspiration der Schrift angesichts der kritischen philologischen Erkenntnisse tatsächlich bedeute, ob diese Vorstellung wörtlich oder mehr sachlich zu begreifen sei, wird nicht wirklich gestellt oder beantwortet. Hieronymus begnügt sich mit allgemeinen Bekenntnissen zur Widerspruchslosigkeit und Un=

fehlbarkeit der Schrift; eine eigene, biblische Hermeneutik vermag er nicht zu entfalten. Seine Bibelerklärungen schwanken daher zwischen trockener Philologie und unverbindlicher Erbaulichkeit hin und her; es fehlt ihnen, so nützlich sie sind, an theologischer Substanz. Nur in den moralischen und vorab in den eigentlich asketischen Ausführungen bricht das persönliche Temperament durch. Das entspricht dem Bild, das auch die späteren Briefe zeigen, soweit sie lehrhaften Charakter tragen: sie diskutieren, oft in Form kleiner Abhandlungen, Einzelfragen der biblischen Exegese, oder sie verherrlichen und erläutern als Mahnschreiben (und als Nekrologe) vor allem das asketische, „jungfräuliche" Ideal. —

Von Zeit zu Zeit hat Hieronymus immer wieder auch mit eigenen Abhandlungen in die theologischen Kämpfe des Abendlandes eingegriffen, zumal dann, wenn sie von praktisch-kirchlicher Bedeutung waren. Zu den trinitarisch-christologischen Problemen, denen er schon zu Beginn seiner Laufbahn, wie wir sahen, einigermaßen ratlos gegenüberstand, hat er auch in späteren Jahren konsequent geschwiegen. Es ist, als ob diese Fragen, die den ganzen Osten ringsum in Bewegung hielten, für ihn nicht existierten. Wahrscheinlich hat er die zahlreichen Neuerscheinungen auf diesem Gebiet nicht einmal gelesen. Alles, was in Rom, in Gallien oder in Afrika geschieht, bringt ihn dagegen sogleich in Erregung, und es ist für seine dortigen Freunde nicht schwer, Briefe und Abhandlungen hervorzulocken, die dann entsprechenden Widerhall finden. „Ich brauche nur irgend etwas zu schreiben", meint Hieronymus in selbstgefälliger Klage, „gleich sind meine Freunde oder meine Neider darauf aus, meine Schriften unter die Menge zu bringen. Die Absicht ist zwar entgegengesetzt, aber der Eifer ist bei beiden gleich, und entweder im Loben oder im Schimpfen übernehmen sich beide" (ep. 48, 2). Umgekehrt fand man im Westen, daß Hieronymus in seiner Polemik öfter das rechte Maß vermissen lasse, daß er die Meinung seiner Gegner verzerre und mit persönlicher Gereiztheit argumentiere — Vorwürfe, die er selbst stets mit Entrüstung zurückweist. Als die Anschauungen des Helvidius durch die „im Rausche erbrochenen Bücher" des „epikureischen" Mönches Jovinian (adv. Jov. I 1) eine gewisse Erneuerung fanden, fiel die zweibändige Erwiderung so heftig aus, daß die Wirkung ins Gegenteil umzuschlagen drohte. Das hieronymianische Lob der Jungfräulichkeit erschien als eine Verunglimpfung des Ehestandes, die weiteste Kreise empörte. Pammachius bemühte sich vergeblich, die in Umlauf gesetzten Exemplare wieder aus dem Verkehr zu ziehen. Nicht besser als Jovinian erging es dem Priester Vigilantius, dem „Wachsamen", den Hieronymus in seiner Streitschrift vielmehr als „Schlafmütze", „Dormitantius", titulierte. Nachdem Jovinian zwischen „Fasanen und Schweinebraten seinen Geist ausgerülpst" habe (adv. Vig. 1), verträte Vigilantius nicht nur abermals dessen Unsittlichkeit und Völlerei, sondern speie seinen Geifer nun auch gegen die heiligen Märtyrer aus; d. h. Vigilantius kritisierte die neuen Formen des Heiligenkults und die damit verbundenen Mißbräuche, die auch Hieronymus nicht ganz leugnen konnte, ohne dem dahinter= stehenden, ernsteren Anliegen seines Widersachers irgend gerecht zu werden. Er war gegen Vigilantius ganz besonders erbittert, weil er ihn früher in Bethlehem selbst beherbergt hatte und jetzt ge= heime Beziehungen zu seinen römischen Feinden voraussetzte.

Solche heftigen Ausfälle haben Hieronymus in den Augen einer zarter empfindenden Nachwelt nicht wenig geschadet. Es läßt sich nicht leugnen, daß sie — ebenso wie die krassen Äußerungen über geschlechtliche Dinge — zu dem Bild des Mannes gehören: Hierony= mus zeigt im Ärger leicht eine vulgäre und hämische Gesinnung, die zu der geschmackvollen Form und Kultur des sprachlichen Ge= wandes seiner Schriften in einem seltsamen Gegensatz steht. Trotz= dem wäre es ungerecht, seine Kampfmethoden nur als Ausdruck ei= ner rohen oder unsauberen Gemütshaltung zu nehmen und die zeit= bedingten Voraussetzungen seines polemischen Stils dabei außer acht zu lassen. Hieronymus ist auch hierin nur der erfolgreiche Zögling der Schulausbildung, die er genossen hat. Die verschiedenen Formen der streitsüchtigen Verdächtigung und Verhöhnung, ein= schließlich der Übertreibungen, Namensverdrehungen und der man= nigfachen zoologischen Schimpfworte entsprechen den Regeln der antiken und insbesondere auch ciceronischen Polemik im advokato= rischen wie im literarischen Bereich. Daneben hat Tertullian als Muster gedient. Es fehlt Hieronymus beim Gebrauch solcher Waf= fen durchaus nicht an Witz; er besitzt die angeborene Begabung zu treffender Charakteristik und drastischer Karikatur. Seine Schilde= rungen der gesellschaftlichen Laster, der mönchischen Unsitten und der mancherlei Unheiligkeiten des heiligen Landes sind von über= zeugender Lebensnähe und Anschaulichkeit. Das Störende ist nur dies, daß er seinen Scharfblick, seine amüsanten Bissigkeiten und seine polemischen Tricks jetzt nicht mehr als heidnischer Rhetor, sondern in einem wesenhaft andersartigen, christlichen Beruf zu entfalten hat und daß er für das Allzumenschliche seiner Methoden dabei nicht wie Tertullian durch tiefe, wahrhaft originelle Gedan= ken und die Macht einer echten, sachlichen Leidenschaft entschädigt. Seine Auseinandersetzungen bleiben in der Ebene des Kleinlichen, Vordergründigen und Persönlichen; sie behalten trotz des gelehrten Aufwands, des asketischen Eifers und gelegentlicher geistlicher Sal= bung etwas im Grunde Unangemessenes und nicht recht Befriedi= gendes; sie sind nur für seine Parteigänger erbaulich. Hieronymus ist den geistlichen Anforderungen seines Gegenstandes nicht ge= wachsen und viel zu selbstgefällig, um die Grenzen seiner Na= tur zu erkennen. So hat er sich noch im hohen Alter beispiels= weise bewegen lassen, einen „Dialog" gegen die Pelagianer zu ver= fassen, aus dem der heutige Leser mit Erstaunen entnehmen muß, daß Hieronymus die eigentliche Streitfrage gar nicht erfaßt hat und in der Sache selbst seiner ganzen Art nach Pelagius viel näher steht als seinem vermeintlichen Bundesgenossen Augustin.

Am peinlichsten wirkte bei seinen ewigen Fehden und Ausein=
andersetzungen schon auf die Zeitgenossen die ständige Verquik=
kung der sachlichen und persönlichen Anliegen, die Unfähigkeit,
von sich selbst abzusehen, und die mangelnde Wahrhaftigkeit über=
all dort, wo das eigene Ansehen gefährdet scheint. Hieronymus er=
trägt es nicht, daß ihm irgendeine Persönlichkeit von Rang an die
Seite gestellt wird. Den großen Basilios, den er selbst nicht mehr
kennengelernt hatte, läßt er wegen seines üblen „Hochmuts" nicht
gelten; Ambrosius, der ihm in der Auswertung griechischer Theo=
logen vorangegangen war, erklärt er eben darum für einen Schrift=
steller ohne Saft und Kraft und vergleicht ihn mit einer häßlichen
Krähe, die sich mit fremden Federn schmücken will; selbst Augu=
stin, der sich ihm brieflich ohne Schmeichelei, aber mit respekt=
voller Höflichkeit genähert hatte, verfolgt er zeitweilig mit krän=
kenden Verdächtigungen und behandelt ihn wie einen vorlauten
jungen Mann. Abgesehen von einem kleinen Kreis asketischer
Freundinnen und blind ergebener Anhänger hat es kaum jemand
fertig gebracht, mit Hieronymus dauernd in Frieden zu leben, und
hat der Zank einmal begonnen, so ist es fast unmöglich, den miß=
trauischen und als Gegner skrupellosen Choleriker wieder zu ver=
söhnen. Ihm sind dann alle Mittel recht, um seine „Neider" mora=
lisch zu vernichten. In einem Falle hat diese unglückliche Neigung
nicht nur ihm selber geschadet, sondern sehr ernste, für die ganze
Kirche schädliche Folgen gehabt — im sogenannten „ersten orige=
nistischen Streit".

In Wahrheit handelt es sich bei diesen über Jahre hingezogenen,
im einzelnen kaum entwirrbaren Streitereien gar nicht um eine
sachliche Einheit. Zufällige persönliche und kirchenpolitische Gegen=
sätze sind erst von Hieronymus unter Verdrehung des wirklichen
Zusammenhanges künstlich auf einen dogmatischen Nenner gebracht
worden, weil er sich in der Rolle des verfolgten Wahrheitszeugen
am ehesten wehren konnte. Darüber gingen alte Freundschaften,
Traditionen und Überzeugungen in die Brüche, die ihm eigentlich
hätten am Herzen liegen müssen und unter anderen Umständen
auch seinen Schutz gefunden hätten. Wir begnügen uns hier mit
einer kurzen Skizze dieser beschämenden Vorgänge. —

Origenes, der große alexandrinische Theologe, war schon zu sei=
nen Lebzeiten nicht unangefochten geblieben, und in den andert=
halb Jahrhunderten, die seitdem verflossen waren, hatte sich der
Widerspruch gegen einzelne Lehren seines mehr hellenistisch=reli=
gionsphilosophischen als im strengen Sinne biblischen Systems im=
mer wieder gemeldet. Seine Auffassung vom Ursprung und Ende
der Welt, seine Seelenlehre und seine Anschauungen von der All=
versöhnung und Erlösung ließen sich mit der urchristlichen Tra=
dition in der Tat kaum in Einklang bringen. Dazu kam der Ge=
brauch, den die „Arianer" von seinen Schriften gemacht hatten, und
ganz allgemein das Mißtrauen gegen die extrem spiritualistische,
alle konkreten, geschichtlich=anschaulichen Elemente sublimierende

und verflüchtigende Tendenz seiner vielschichtigen Exegese und Spekulation. Aber andererseits war Origenes doch der eigentliche Schöpfer der „wissenschaftlichen" Theologie, der große, systematische Bibelkenner und =ausleger, von dessen riesiger Lebensarbeit die folgenden Generationen zehrten. Gerade im vierten Jahrhundert erfuhr das Studium seiner Schriften und seiner Theologie im Osten einen neuen Aufschwung, und so war auch Hieronymus schon in seinen Anfängen für diesen Meister gewonnen worden. Er sah in ihm den Lehrer der Kirche schlechthin, wie es seit den Tagen der Apostel keinen zweiten gegeben habe. Hieronymus träumte von einer möglichst vollständigen Übersetzung seiner Schriften ins Lateinische und machte mit den Homilien den Anfang. Er pries und empfahl auch während seines römischen Aufenthalts Origenes mit begeisterten Worten und legte ihn fast all seinen eigenen Arbeiten als wichtigsten Gewährsmann zugrunde. Von irgendeiner Einschränkung seiner theologischen Autorität ist nirgends die Rede; im Gegenteil, die Anfeindungen, unter denen Origenes von seiten der Kirchenmänner zu leiden gehabt hatte, sind Hieronymus nur ein Beispiel für den Undank der Welt, die die Besten von jeher mit ihrem Neide verfolgt hat (ep. 33, 5). Während man Origenes im Abendlande noch kaum kannte, entsprach dieses Urteil der Überzeugung so gut wie aller griechischen Theologen von Rang. Nur der borniette Feind aller zweifelhaften Lehre, Bischof Epiphanios von Salamis, erklärte Origenes schon damals für einen verdammenswürdigen Ketzer — und mit ihm hatte Hieronymus zusammengearbeitet. Doch war dies auf sein Verhältnis zu Origenes zunächst ohne Rückwirkung geblieben. Sonst gab es nur noch in einigen Mönchssiedlungen Ägyptens origenesfeindliche Kreise, die sich durch seine vergeistigende Bibelauslegung in ihren massiven Glaubensvorstellungen gestört fühlten; aber dieses „Anthropomorphitentum" wurde damals noch als primitiver Aberglaube verachtet, und die alexandrinischen Patriarchen selber legten Wert darauf, dessen Anhänger nicht hoch kommen zu lassen.

Um so rätselhafter erscheint die Schwenkung, die Hieronymus im Jahre 393 aus einigermaßen nichtigem Anlaß vollzog. Wir kennen freilich die Hintergründe nicht, aus denen heraus ein gewisser, sonst unbekannter Atarbius damals in Palästina auftrat und gegen Origenes Propaganda machte. Während er bei Bischof Johannes von Jerusalem und dessen Freunden rundweg abgewiesen wurde, hatte er in Bethlehem bei Hieronymus Erfolg: dieser zeigte sich ohne weiteres bereits, alle Irrtümer des Origenes in Bausch und Bogen zu verdammen. Es mag sein, daß er es bis dahin bei seinem vorzüglich exegetischen und asketischen Interesse noch kaum für nötig gehalten hatte, die angefochtenen Lehren des Meisters strenger zu prüfen und ihr theologisches Recht oder Unrecht zu erwägen. Sicher hat er diese Irrlehren seinerseits niemals geteilt. Trotzdem bedeutete diese undifferenzierte Verurteilung in demselben Augenblick, wo sie von außen gefordert wurde, eine Leichtfertigkeit. Hieronymus ist eben immer bestrebt, in den vordersten Reihen der kirchlichen Rechtgläubigkeit zu erscheinen und mehr oder weniger unbesehen zu verurteilen, was als zweifelhaft, verdächtig und unerwünscht gilt. Dazu kommt seine Bindung an die abendländischen Voraussetzungen; er ist nur wissenschaftlich, nicht aber dogmatisch bereit vom Osten zu lernen. Welche Folgen diese erste, fast zufällige Stellungnahme nach sich ziehen würde, hat Hieronymus damals überdies schwerlich geahnt. Später hat er ausdrücklich erklärt, daß die theologische Verurteilung nicht etwa den Banausen habe Recht geben wollen, die Origenes überhaupt nicht läsen. Tatsächlich hat Hieronymus niemals aufgehört, seine Arbeiten auf Origenes zu stützen; aber mit der namentlichen Berufung auf ihn wird er von nun ab notgedrungen immer vorsichtiger, und die Übersetzung der Homilien wagt er nicht mehr zu Ende zu führen.

Als im folgenden Jahre der alte Epiphanios Palästina besucht und es zwischen ihm und Bischof Johannes in der Frage des Origenismus zu unerquicklichen Szenen kommt, gilt Hieronymus bereits als sein erklärter Parteigänger. Epiphanios wettert unter den bethlehemitischen Mönchen gegen die origenistische Ketzerei und ruft zur Entscheidung auf. Es kommt auch hier zu Streitigkeiten; wahrscheinlich wären diese Reibungen mit der Zeit wieder vergessen worden, wenn er nicht gleichzeitig einen kirchenrechtlichen Schritt getan hätte, der Hieronymus aus ganz anderen Gründen willkommen war: Epiphanios weihte dessen leiblichen Bruder Paulinianus zum Presbyter für die bethlehemitischen Mönche, um sie so vom griechischen Klerus der Stadt und somit auch von Johannes geistlich unabhängig zu machen. Das war kirchenrechtlich eine Inkorrektheit, die der Bischof von Jerusalem nach allem Vorgefallenen unmöglich hinnehmen konnte. Er verweigerte dem Eingriff in seine Rechte die Zustimmung und ging, als dies nichts half, zu Zwangsmaßnahmen über, indem er den widerspenstigen Mönchen den Zugang zu den bethlehemitischen Kirchen überhaupt sperren ließ. Jetzt blieb auch Hieronymus, wenn er nicht nachgeben und seine Schuld eingestehen wollte, keine andere Möglichkeit, als den Streit ganz auf das dogmatische Gebiet hinüberzuspielen und seinem Bischof aus Glaubensgründen den Gehorsam zu versagen. Er verfaßte gegen Johannes ein wütendes Pamphlet, in dem er es durchaus wahrheitswidrig so darstellte, als ob dieser alle origenistischen Irrtümer billige, weil er der Verurteilung des großen Toten nicht stattgegeben hatte. Mittlerweile hatte sich Johannes aber an den Patriarchen von Alexandrien, Theophilos, um Hilfe und Vermittlung gewandt, dieser hatte sich im wesentlichen auf seine Seite gestellt, und auch die Regierung drohte Hieronymus wegen fortgesetzter Unruhestiftung mit Ausweisung. Es blieb ihm nichts anderes übrig, als die „väterliche" Vermittlung des Theophilos unter lautem Lob für dessen Friedensliebe und leisen Klagen über seine „Leichtgläubigkeit" anzunehmen und sich mit Johannes wieder zu versöhnen (396/97). Daß das alte gute Verhältnis nicht so leicht hergestellt war, läßt sich denken; aber nach außen hin schien der Zwiespalt glücklich behoben zu sein.

Der Streit hatte für Hieronymus noch eine intimere, persönliche Seite. Sein alter Freund und Landsmann Rufin war schon einige Jahre vor Hieronymus, gleichfalls in Gesellschaft einer reichen und vornehmen Römerin, nach Palästina gezogen und lebte in Jerusalem, ganz wie jener in Bethlehem, seinen asketischen Idealen und dem Studium der griechischen Theologie. Rufin hatte aber, als Atarbios erschien, sich anders verhalten als Hieronymus. Origenist wie dieser, hatte er zunächst versucht, sich aus dem Streite herauszuhalten, und war dann, als dies nicht glückte, Johannes entschieden an die Seite getreten. Dieses charaktervolle Verhalten mußte Hieronymus um so peinlicher sein, als es nahe lag, beide Freunde miteinander zu vergleichen. Die Bewunderung, die Rufin mit seinen gleichlaufenden Bestrebungen erntete, hatte vielleicht schon vorher seine Eifersucht geweckt. Zwar hatte die offizielle Versöhnungsaktion auch das Verhältnis zwischen Rufin und Hieronymus äußerlich bereinigt; beide Freunde hatten sich wieder die Hand gereicht. Aber da Rufin bald darauf Palästina verließ und ganz nach Rom übersiedelte — Rom, das Hieronymus unter so schmerzlichen Umständen verlassen hatte! —, ist es begreiflich, daß sich dessen Mißtrauen gegen den kaum versöhnten Rivalen alsbald wieder zu regen begann. Dies alles bildet den Hintergrund für das schnelle Wiederaufleben der unglückseligen Auseinandersetzungen.

Rufin hatte in Rom, wie er meinte, den passenden Ort gefunden, um von hier aus für die Verbreitung der griechischen theologischen Bildung und zumal für die Kenntnis des Origenes zu wirken, wie es ja auch Hieronymus ursprünglich gewollt hatte und in gewisser Weise immer noch tat. Allerdings hatten die palästinensischen Streitigkeiten mittlerweile auch in Rom das Mißtrauen gegen Origenes geweckt. Rufin suchte dem zu begegnen, indem er zunächst die „Apologie" übersetzte, die seinerzeit Pamphilos und Eusebios zur Verteidigung des Origenes verfaßt hatten. Daran schloß sich die Bearbeitung des systematischen Hauptwerkes De principiis selbst. Anfang 398 erschienen die zwei ersten Bücher der „Urdinge" oder „Hauptstücke" der christlichen Lehre erstmals in lateinischer Sprache. Dabei war Rufin zugestandenermaßen so vorgegangen, daß er die dogmatisch anfechtbaren Partien einfach fortgelassen oder auch nach anderen Schriften des Origenes im orthodoxen Sinne „ergänzt" hatte — ein Verfahren, das Hieronymus in seinen Kommentaren meist genauso befolgte. Rufin fühlte sich dazu um so eher berechtigt, als er die bedenklichen Stücke gar nicht für echt hielt, sondern — zweifellos zu Unrecht — als nachträgliche, von den Ketzern eingeschobene Interpolationen ansah. In der Vorrede zu dieser Ausgabe wies er — ohne Namensnennung — auf die älteren, verdienstlichen Übersetzungen des Hieronymus hin, die Papst Damasus seinerzeit veranlaßt habe. Da jener sich seitdem anderen, selbständigen Arbeiten zugewandt, habe sich jetzt Rufin trotz seiner bescheideneren Gaben, von Freunden gedrängt, zur Fortsetzung dieser Arbeiten entschließen müssen. Es ist nicht nötig, hinter diesen Worten, die in ehrerbietigem Tone gehalten sind, eine versteckte Bosheit zu wittern. Schließlich konnte es Rufin nicht gut vermeiden, irgendwie auf die Arbeiten seines Vorgängers einzugehen, und konnte auch schwerlich der Meinung sein, daß Hieronymus jede Erwähnung seiner früheren Bemühungen um Origenes jetzt einfach als Taktlosigkeit empfinden würde. Andererseits ist es allerdings deutlich, daß Rufin sich mit dieser Bezugnahme gerade gegen die neueren, antiorigenistischen Strömungen zu decken sucht, und der kühle Ton, in dem er seinen alten Freund erwähnt, zeigt keine Spur des alten, herzlichen Vertrauens mehr. Wie dem auch sei, Hieronymus, der in der ganzen Angelegenheit kein ganz gutes Gewissen haben konnte, fühlte sich kompromittiert und gab der Erklärung und der ganzen Arbeit Rufins sofort die übelste Deutung. Er faßte die Vorrede als einen mehr oder weniger heimtückischen Versuch auf, sein Ansehen zu schädigen und ihm durch unerwünschte Erinnerungen an sein früheres Verhalten neue Unannehmlichkeiten zu bereiten.

Trotzdem sucht er sich zu mäßigen und hat nur den einen Wunsch, mit den peinlichen Auseinandersetzungen um Origenes möglichst nicht mehr befaßt zu werden. Es ist zunächst die Clique seiner römischen Freunde und Mittelsmänner, die den Streit weitertreiben und Rufin am liebsten als Origenisten auf die Anklagebank versetzen würden. Die christliche Gesellschaft in Rom war offenbar schon längere Zeit gespalten, und die rivalisierenden Gruppen kämpften in der Kirche um den Einfluß. Doch konnte Hieronymus selbst nach allem, was vorangegangen war, auf die Dauer nicht stumm bleiben: wenn Origenes, wie Rufin behauptete, kein Ketzer, sondern im Grunde völlig rechtgläubig war, dann waren seine eigenen lärmenden Attacken gegen Johannes und die von ihm übersetzten Verdammungen des Epiphanios offenbar zu Unrecht erfolgt. Einen solchen Verdacht konnte er nicht auf sich sitzen lassen. So führt Hieronymus jetzt in aller Eile eine zweite, vollständige und wörtliche Übersetzung der origenistischen „Hauptlehren" durch, die zugestandenermaßen keinen anderen Zweck hatte als den, den Verfasser als notorischen Ketzer zu entlarven. Es konnte dabei nicht ausbleiben, daß die Übersetzung und Verteidigung Rufins demgegenüber als unzuverlässig und unwahr, allermindestens als parteiisch und sehr bedenklich erschien. Ein halbwegs versöhnlicher Brief, den Hieronymus an ihn geschrieben hatte, wurde von seinen römischen Anhängern unterschlagen. Rufin kannte nur die polemischen Auslassungen an dritte Personen und mußte sich einseitig angegriffen fühlen. Von allen Seiten bedroht, setzte er sich nun seinerseits energisch zur Wehr. Seine „Apologie" gegen Hieronymus bringt die ganze Erbitterung und Empörung über dessen zweideutiges Verhalten zum Ausdruck: Hieronymus macht einerseits Rufin seinen Origenismus zum Vorwurf und verleugnet andererseits die eigene alte Liebe zu Origenes und sucht den Stellungswechsel, den er stillschweigend vollzogen hat, zu verschleiern. Rufin verteidigt mit guten Gründen seine Übersetzungsmethode, sein persönliches Verhalten und seine Rechtgläubigkeit. Gegen Hieronymus kennt er keine Rücksicht mehr: mit pedantischer Sorgfalt werden die Unerfreulichkeiten seines Charakters und die Widersprüche zwischen seinen Aussagen durch wörtliche Zitate belegt. Rufin hat mit seinen Behauptungen fast durchweg Recht, und an seiner subjektiven Ehrlichkeit ist vollends nicht zu zweifeln. Aber nun war Hieronymus seinerseits bis zum äußersten gereizt: es ging um seine moralische Existenz.

Unter den vielen Streitschriften, die Hieronymus verfaßt hat, ist die dreibändige, nicht in einem Zuge entstandene „Apologie" gegen Rufin die leidenschaftlichste und giftigste. Die Art, wie er seinem Gegner den Vorwurf des bösen Willens, der bewußten Lüge und jede Art von Niederträchtigkeit an den Kopf wirft und sich dabei selbst in Widersprüchen und halben Wahrheiten fortwährend verrennt und verwickelt, ist denkbar unerfreulich und zeigt zur Genüge, wie schlecht es um seine Sache in Wirklichkeit stand. Es wäre für ihn weit besser gewesen, bei der versuchten Unterscheidung zwischen dem Exegeten und dem theologischen Irrlehrer Origenes stehenzubleiben und darüber hinaus gewisse Verschiebungen im eigenen Urteil ruhig zuzugeben; aber dazu war Hieronymus nicht mehr imstande. Alles, was ihm Rufin vorgerechnet hatte, sollte schlechterdings unwahr, dessen eigenes Verhalten aber durchweg nur von den schmutzigsten Motiven bestimmt sein. Die Angst um den Ruf der eigenen Rechtgläubigkeit verbindet sich jetzt mit der gekränkten Eitelkeit des Gelehrten. Der Zank ist so gut theologisch wie literarisch und persönlich und droht wiederholt in lauter belanglose Richtigstellungen, Verdächtigungen und Quisquilien zu zerbröseln. Rufin ist jetzt ein Ignorant, der nichts vom Übersetzen versteht, ja sich nicht einmal wie ein gebildeter Mensch ausdrücken kann. Auch an seinem persönlichem Leben bleibt kein gutes Haar: es trifft, behauptet Hieronymus, gar nicht zu, daß er sich während des Kirchenkampfes jemals für den Glauben eingesetzt und gelitten habe, und auch jetzt lebt der angebliche Asket in Wirklichkeit herrlich und in Freuden. Vor allem ist und bleibt er ein Origenist, der zum Schutz seines Irrglaubens Fälschungen begangen hat und die zweifelhaftesten Ketzer als Bundesgenossen heranzieht. In dem angehängten dritten Buch weist Hieronymus ein Friedensangebot Rufins entrüstet zurück und erklärt Vermittlungsvorschläge, die auch von anderer Seite unternommen wurden, für gänzlich unannehmbar: solange der Glaube in Gefahr sei, gäbe es für ihn keinen Frieden, und durch Drohungen lasse er sich am allerwenigsten einschüchtern. Hieronymus schreibt nach allen Richtungen Briefe und schickt seine Apologie bis nach Afrika, um den abscheulichen Machenschaften Rufins zu begegnen, von denen dort, wie ihm Augustin kopfschüttelnd versichert, bis dahin noch gar nichts bekannt geworden ist. Niemand interessiert sich im Grunde für diesen Zank, die origenistischen Ketzereien sind im Abendland noch immer so gut wie unbekannt, und Rufin ist der letzte, der sie zu verbreiten sucht. Wenn es schließlich trotzdem zu einer offiziellen Verurteilung kam, so ist dies nur zum Teil der Aktivität des Hieronymus zuzuschreiben; entscheidend wurde ein doppelter Umschwung, der in der großen Kirchenpolitik vor sich ging.

Bis zum Jahre 400 hatte der Patriarch Theophilos von Alexandrien, seiner Überzeugung gemäß, die Origenisten geschützt. Jetzt geriet er aber unter den Druck der antiorigenistischen Mönchshaufen und gleichzeitig unter eine schwere persönliche Anklage, die aus den Reihen origenistischer Mönche gegen ihn erhoben wurde. Das genügte, um ihn zu einer völligen Schwenkung zu veranlassen. Theophilos verurteilte den Origenismus, und da sich seine Ankläger an den Patriarchen von Konstantinopel, Johannes Chrysostomos, um Hilfe gewandt hatten, zog die Angelegenheit schnell weitere Kreise. Fast zur gleichen Zeit war in Rom ein Papstwechsel erfolgt, der gleichfalls einen Kurswechsel bedeutete. Der verstorbene Papst Siricius war, wie wir wissen, Hieronymus nicht freundlich gesinnt gewesen; der neue Papst, Anastasius, war von der Gegenpartei erhoben und wurde auch von den Freunden des Hieronymus unterstützt. So war er schnell bereit, der Verurteilung, die Theophilos ausgesprochen hatte, beizutreten und veranlaßte die Bischöfe von Mailand und Aquileja, wohin sich Rufin zurückgezogen hatte, zu entsprechenden Stellungnahmen. Rufin persönlich zu verfolgen, bestand keine Absicht; Hieronymus aber triumphierte über seinen Sieg und suchte ihn jetzt nach allen Seiten auszuweiten. So stellte er sich der skrupellosen Politik, die Theophilos verfolgte, auch sonst zur Verfügung. Selbst der alte Epiphanios, der bislang bei allen Kämpfen beteiligt war, versagte den Intrigen gegen Chrysostomos zuletzt seine Gefolgschaft; Hieronymus scheute sich dagegen nicht, das „ungeheuerliche", von abscheulichen Verleumdungen strotzende Pamphlet, das Theophilos gegen Chrysostomos verfaßt hatte, auch noch ins Lateinische zu übersetzen und die verlogene Propaganda gegen eine der reinsten Gestalten der alten Kirche seinerseits zu unterstützen. Sein Verhalten gegen Rufin ist entsprechend. Dieser war weise genug gewesen, den würdelosen Streit mit einem solchen Gegner nicht länger fortzuführen. Er hat noch jahrelang seine Origenesübersetzungen und andere literarische Arbeiten ruhig gefördert, den Namen des Hieronymus aber nicht mehr in den Mund genommen. Hieronymus kann dagegen keine Gelegenheit vorübergehen lassen, ohne erneut gegen den dicken „Grunzer", wie er Rufin kurzerhand nennt, zu sticheln und zu klagen, dieses skorpionenhafte, „giftige und stumme Tier", diesen schwelgerischen „Sardanapal" und wilden „Nero", der sich nach außen wie ein sittenstrenger Cato gebärdet. Noch über das Grab hinaus verfolgt er den einstigen Freund mit seinem klassisch drapierten, aber gemeinen Spott. Wieweit Hieronymus an die Wahrheit seiner Schimpfereien selber geglaubt hat, ist schwer zu entscheiden; in der Erbitterung dieses Kampfes hatte er zuletzt jedes Gefühl für Anstand und Wahrhaftigkeit verloren. Jenseits dieser vordergründigen, persönlichen Differenzen bleibt aber die erste Verurteilung des Origenismus das feststehende Ergebnis dieses Streits. Zunächst waren die praktischen Folgen der offiziellen Verdammungen allerdings noch gering. Die endgültige Verfemung des „Ketzers" erfolgte erst anderthalb Jahrhunderte später auf dem fünften ökumenischen Konzil (553). Man kann über das Recht und die Notwendigkeit der verspäteten Zensurierung zweifellos verschiedener Meinung sein — auch dann, wenn man die Maßstäbe des altkirchlichen Dogmatismus zugrunde legt. Für die Agitation des Hieronymus gibt es dagegen kaum eine sachliche Entschuldigung. Gerade im Abendland, das er gegen Origenes aufzubringen suchte, bestand dazu nicht die geringste kirchliche Veranlassung — die „Gefahr" einer theologischen Irrlehre gab es nur in seinem Kopf, und es waren nur seine eigenen, keineswegs selbstlosen Interessen, seine privaten Unannehmlichkeiten, Verwicklungen und Launen, die ihn fast wider Willen auf den Weg dieser öffentlichen Polemik und Ketzermacherei gedrängt hatten. Hieronymus läßt sich in diesem Falle nicht „retten"; man kann sein Verhalten nach den Umständen nur bis zu einem gewissen Grade erklären und nach den Gegebenheiten seines schwachen Charakters einigermaßen verständlich machen. —

Auch die letzten Lebensjahre des Hieronymus sind von Kämpfen erfüllt. Es ist, als wollte er sein eigenes Verhalten nachträglich rechtfertigen, wenn er neue Gegner, mit denen er zu tun bekommt, am liebsten mit dem Origenismus in eine künstliche Verbindung bringt, Pelagius nicht ausgenommen. Aus Rache setzen die Pelagianer 416 sein Kloster in Brand. Schon vorher fehlte es nicht an äußeren Beunruhigungen: die Beduinen der Wüste und die Stürme der beginnenden Völkerwanderung bedrohten Palästina. Flüchtlinge aus dem Westen überschwemmten das Land und zeitweilig zog man schon eine Flucht zur See in Erwägung. Aber die Gefahren gingen doch immer wieder vorüber. Ein schwerer Schlag für Hieronymus war 419 der Tod seiner Eustochium — Paula war schon früher (404) gestorben. Zuletzt begannen seine körperlichen Kräfte zu schwinden. Es heißt, er sei so schwach geworden, daß er sich nur noch mit Hilfe eines Seiles, das am Tragbalken der Decke befestigt war, von seinem Lager erheben konnte. Aber die Arbeitsenergie blieb ungebrochen. Sein letzter Kommentar über den Propheten Jeremia zeigt keine Spur von Altersschwäche; auch die ständige Polemik gegen willkürliche Allegoresen des Origenes ist hier sachlich wohl begründet und völlig am Platz. Bis zum zweiunddreißigsten Kapitel vermochte der mehr als Siebzigjährige das Diktat noch fortzuführen. Dann ist er am 30. September 420 (419?) gestorben. Seine Gebeine wurden in Bethlehem beigesetzt. Sie sollen im Mittelalter nach Rom überführt worden sein und sind heute verschollen.

Will man Hieronymus in seiner geschichtlichen Stellung richtig begreifen und einordnen, so muß man vor allem dies eine sehen und festhalten: Hieronymus war ein Abendländer, ein typischer und bewußter Vertreter des lateinischen Christentums. Das klingt bei einem Manne, der den größten Teil seines Lebens in griechischer Umwelt gelebt, überall für die griechische Bildung geworben und als Schüler und Übersetzer der Griechen vor andern berühmt geworden ist, einigermaßen paradox. Dennoch, der Mann der sich selbst ironisch einen „Halbbarbaren" nennt, welcher in fernen Landen die lateinische Sprache beinahe verlernt habe (ep. 50, 2), ist seinem Wesen und Wollen nach stets ein „homo Romanus" geblieben (ep. 15, 3). Die Griechen sind seine „Lehrer"; aber sein Umgang, seine Freunde, seine Korrespondenten sind seine lateinischen Landsleute geblieben. Hieronymus blickt bei allem, was er sagt, schreibt und tut, ausschließlich in den Westen und achtet auf den Widerhall, den er dort findet. So hält er sich auch kirchenpolitisch immer ganz nach „rechts", zur extremen Gruppe der abendländisch orientierten Altnicäner, die im Osten eine verschwindende Minderheit bilden. Die theologisch=metaphysischen Probleme, die hier verhandelt werden, interessieren und beschäftigen ihn überhaupt nicht. Hieronymus ist darin weit rückständiger als andere abendländische Theologen seines Jahrhunderts, Hilarius, Marius Victorinus, Ambrosius oder der Diakon Chalcidius, der für Ossius von Cordova sogar Platons Timaios übersetzt und teilweise kommentiert hatte. Er ist seinem Wesen nach unphilosophisch wie nur je ein Lateiner vor ihm, auch wenn er gelegentlich mit seinen philosophischen Kenntnissen prahlt: „Was hat denn Aristoteles mit Paulus zu schaffen? oder Platon mit Petrus?" (adv. Pel. I 14). Auch sein handfester Moralismus, sein praktisch=kirchlicher Sinn, seine realistische Freude am Anschaulichen, Wirklichen und Konkreten, sein Sarkasmus und sein derber Witz sind ein abendländisches Erbe. Hieronymus hält sich als Theologe an seine Kirche, ihre festen Lehren, an die Schrift und hier wieder vor allem an das Alte Testament; das ist für sein inneres religiöses Leben durchaus genug. Aber Hieronymus erkennt dennoch mit scharfem Blick, was seinem heimatlichen Kirchentum noch fehlt, wenn man dessen bescheidenes Schrifttum mit der reichen theologischen und vor allem der biblisch=exegetischen Überlieferung in der griechischen Kirche vergleicht. Hieronymus fühlt den geistigen Nachholbedarf des abendländischen Christentums und sucht ihm nach Kräften zu entsprechen. Das Hastige, Unausgeglichene und Überstürzte seiner Schriften ist zum Teil von hier aus zu erklären. Er vermittelt so dem Abendland eine Kenntnis der griechischen Kommentare und Homilien; er weckt durch seine eigenen Arbeiten das wissenschaftliche Interesse an der Schriftauslegung und macht seine Landsleute mit den literarischen, archäologischen und vor allem mit den sprachlichen Voraussetzungen dieser Arbeit bekannt. Hieronymus war gewiß nicht der einzige, der damals in diesem Sinne zu wirken suchte; aber er hat doch alle anderen gleichstrebenden Freunde und Feinde weit überflügelt und eine, aufs Ganze gesehen,

imposante Lebensarbeit zum Abschluß gebracht. Er hat der latei=
nischen Christenheit ihre Bibel neu geschenkt und die Möglichkei=
ten zur weiteren philologischen Erforschung bereitgestellt. Nur die
festen methodischen und theologischen Prinzipien, nach denen eine
solche Forschung zu betreiben wäre, sucht man bei ihm vergeblich,
und sein eigenes Verhalten, das ständige Schwanken im Grundsätz=
lichen und die vielen praktischen, kirchlichen und polemischen Rück=
sichten, die er gleichzeitig nimmt, sind als theologisches Vorbild
wenig verheißungsvoll.

Man tut Hieronymus Unrecht, wenn man ihn als schöpferischen
Theologen, als einen großen Lehrer der Kirche hinstellen will und
als solchen beurteilt. Es war in gewisser Weise sein Unglück, daß er
durch die Richtung seiner Zeit und seine eigenen Überzeugungen in
diese Rolle gedrängt wurde. Das, was Hieronymus zeitlebens an
seine geistliche Berufung bindet, ist der mühsam erkämpfte und lei=
denschaftlich festgehaltene asketische Entschluß; das asketische Vor=
zeichen verändert seine geistige Welt und macht ihn zum Lehrer
einer asketischen Bildung, zum Theologen der heiligen Schrift. Aber
er selbst ist auch im mönchischen Gewande noch immer der spät=
antike Gelehrte und Rhetor geblieben, der mit seinem literaten=
haften Ehrgeiz nie von sich selber loskommen kann und Welt und
Menschen nach dem Erfolg seiner Produktionen beurteilt. Hierony=
mus glaubt an seine Ideale, aber sein Glaube bleibt äußerlich und
dringt nirgends in die Tiefe. All seine kirchlichen und theologischen
Erfolge sind zweideutig und bleiben in ihrer Wirkung problema=
tisch. Ihm fehlt zu bleibender Größe überall die entscheidende Vor=
aussetzung: der Charakter.

Anders ist es, wenn man ihn als literarische und allgemein gei=
stesgeschichtliche Erscheinung beurteilt. Hieronymus ist ein erfolg=
reicher Gelehrter, der Begründer der abendländischen Bibelphilolo=
gie und in seinem kultürlichen Wollen — trotz der Askese — beinahe
ein Humanist. Die wissenschaftlichen Anregungen, die seine Schrif=
ten vermittelt haben, wirken durch die Jahrhunderte. Seine Briefe
bleiben in ihrer formgewandten Sicherheit ein Muster eleganter
Mitteilungskunst, wie sie die ältere christliche Literatur so noch
nicht besessen hatte. Das ganze Bild dieser niemals langweiligen,
immer lebendigen Persönlichkeit hat sich der Folgezeit unvergeß=
lich eingeprägt. Darum haben alle guten Humanisten und die mei=
sten humanistisch gesinnten Theologen Hieronymus trotz seiner
menschlichen Schranken immer ein wenig zum Freunde gehabt.

Der reizvollste Teil des hieronymianischen Schrifttums, die Briefe,
sind kritisch von I. Hilberg im CSEL 54—56 (1910—18) und neuer=
dings von J. Labourt in der Collection des Universités de France
(1949 ff., zweisprachig) herausgegeben. Da die Ausgabe im CSEL
nur langsame Fortschritte macht, wird Hieronymus sonst meist noch
nach Migne (lat. 22—30) zitiert. Eine Auswahl in deutscher Über=
setzung bieten drei Bände der BKV (1914. 1936 f.).

Die deutsche Biographie von Gg. *Grützmacher*, Hieronymus I—III

(1901—08) ist durch Ferd. *Cavallera*, Saint Jérôme I. II. Löwen/Paris (1922) überholt worden. Das Werk ist für alle späteren Darstellungen grundlegend geblieben. Fürs einzelne seien noch genannt: P. *Monceaux*, S. Jérôme — sa jeunesse (Paris 1932); Wilh. *Süß*, Der hl. Hieronymus und die Formen seiner Polemik, Giessener Beitr. z. dt. Philol. 60 (1938, Hepding=Festschr.) 212—238; M. *Villain*, Rufin d'Aquilée: La querelle autour d'Origène, Rech. de Science rel. 27 (1937) 5—37; 165—195; die Aufsatzsammlung von Fr. X. *Murphy*, A. Monument to S. Jerome (New York 1952) mit Beiträgen von G. *Bardy*, L. *Hartmann*, J.=R. *Palanque* u. a. und die einschlägigen Aufsätze von Alb. *Vaccari*, Scritti di Erudizione e di Filologia II (Rom 1958). Für Hieronymus' Verhältnis zu den Griechen vgl. P. *Courcelle*, Les lettres Grecques en occident (Paris 1948) 37—115, für seine Abhängigkeit von den klassischen lateinischen Autoren Har. *Hagendahl*, Latin Fathers and the Classics (Göteborg 1958) 89—328.

6. Kapitel

AUGUSTIN

Augustin ist der einzige Kirchenvater, der bis auf diesen Tag eine geistige Macht geblieben ist. Er lockt Heiden und Christen, Philo= sophen und Theologen ohne Unterschied der Richtung und Kon= fession zur Beschäftigung mit seinen Schriften und zur Auseinander= setzung mit seinem Wollen und seiner Person. Er wirkt zugleich auch mittelbar als bewußte oder unbewußte Überlieferung in den abendländischen Kirchen und durch sie im allgemeinen Kultur= bewußtsein mehr oder weniger verändert und gebrochen fort. Es ist für den Historiker darum nicht leicht, bei der Betrachtung Augu= stins den nötigen Abstand und das richtige Maß zu finden. Wir stehen noch auf den vielfältig zerklüfteten Ausläufern des Gebirges, dessen Kamm den kirchengeschichtlichen Horizont nach rückwärts fast zu schließen scheint. Nähert man sich ihm, so wie wir es jetzt tun, von der entgegengesetzten Seite, so ist der Eindruck der steilen Höhe, der jähen Erhebung und Ausdehnung der geistig=religiösen Kraft in dieser einen, alle Vorgänger weit übersteigenden Gestalt noch überraschender und auf den ersten Blick überwältigend. Die älteren abendländischen Theologen erscheinen, an Augustin gemes= sen, klein, unfruchtbar, beinahe unerheblich. Aber auch dieser Ein= druck ist täuschend, zum mindesten einseitig. Bei näherem Zusehen erkennt man, daß das riesige Massiv immer noch auf den alten, harten Schichten des frühen lateinischen Kirchentums aufruht und daß die bescheidenen Höhenzüge, die wir bis jetzt überschritten haben, vielfach schon in die Richtung wiesen, in der Augustin — immer noch plötzlich und unableitbar — vor uns auftaucht.

Das voraugustinische abendländische Christentum besitzt — das hat sich immer wieder gezeigt — einen „jüdischen" Grundzug. Es ist moralisch, gesetzlich und streng. Es fordert Unterwerfung, es fragt nach Leistung, und es bejaht die kirchliche Ordnung und Dis= ziplin. Es ist groß in seinem Ernst und in seiner praktischen Ener= gie; aber es lebt von der rationalen Erwägung der göttlichen Gebote und Verheißungen, von den Ordnungen der Vergangenheit und von der Hoffnung auf die Zukunft — eine Religion ohne rechte Gegen= wart, ohne volle Freiheit, ohne letzte Hingabe und Seligkeit. Darum fehlt die Freiheit auch im Verhältnis zur natürlichen Welt und zur Welt des Geistes. Die abendländische Askese ist bis Augustin fast ausschließlich negativ, gewaltsam verzichtend und abwehrend einge= stellt, und die trockene Vernünftigkeit des lateinischen Denkens duldet keine echte Philosophie. Das heißt zugleich: sie duldet keine Auseinandersetzung mit dem Geist des Griechentums und mit dem theologischen Leben der griechischen Kirche. Doch ist es unverkenn= bar, daß diese innere Verschlossenheit und geistliche Dürftigkeit des abendländischen Christentums sich schon vor Augustin zu lockern beginnen, daß es sich mehr und mehr Neuem erschließt. Hierony=

mus ist ein Nachzügler der alten Art, und auch er empfindet in sei=
ner Weise die Notwendigkeit der Erneuerung. Bei anderen seiner
Generation, vor allem bei dem großen Ambrosius, verbindet sich
eine Auseinandersetzung mit der griechischen Theologie schon mit
einer tieferen Erfassung der biblischen Verkündigung selbst. Das
Alte Testament verliert seine allbeherrschende Stellung, das Eigen=
tümliche des „Evangeliums" blitzt auf und gewinnt Leuchtkraft. Die
bisherige anthropologische Fragestellung, das altlateinische Interesse
an Tugend und Verdienst, an Sündenvergebung, Buße und Gerech=
tigkeit verändert in diesem Lichte seinen Sinn, verbindet sich mit
dem Christusglauben und gewinnt eine evangelische Richtung. Das
wichtigste Symptom dieser Wandlung ist die neue Aneignung der
paulinischen Theologie, die für Ambrosius, Marius Victorinus und
den sogenannten „Ambrosiaster" in jeweils ganz verschiedener
Weise bestimmend wird. Im Osten ist Paulus, wie bei den Gnosti=
kern des zweiten Jahrhunderts, vor allem der Theologe der geist=
lichen und „mystischen" Erkenntnis, des spekulativen Enthusias=
mus, der Schau und des gereinigten Lebens geblieben; den anti=
judaistischen Paulus, den Paulus, der das Gesetz durchbricht und
die „Gerechtigkeit des Glaubens" aufrichtet, hat erst die abendlän=
dische Theologie des vierten Jahrhunderts entdeckt und dann
nicht mehr fahren lassen. In Augustins Theologie der Gnade kommt
diese Bewegung auf die Höhe und findet eine für lange gültige Zu=
sammenfassung. Die Folgezeit hat sich an seinem Paulinismus in
wechselnder Stellungnahme orientiert; erst die Reformation hat
über das augustinische Paulusverständnis und insofern auch über
Augustin in einem grundsätzlichen Sinne hinausgeführt. —

Augustin ist ein Genie — der einzige Kirchenvater, der auf diesen
prätentiösen Titel moderner Persönlichkeitswertung ungescheut An=
spruch erheben kann. Alle Versuche, die Größe des Mannes aus sei=
ner Umwelt, seinem geistigen Erbe oder aus der zweifellos unge=
wöhnlichen Talentiertheit seines Naturells irgendwie abzuleiten,
führen zu nichts. Augustin hat sich mehr als andere entwickelt.
Diese Fähigkeit, sich zu entwickeln, d. h. auf Neues einzugehen und
sich selbst umstellen und umbilden zu lassen, war vielleicht die
wesentlichste Voraussetzung für das, was er geworden ist. Er selbst
versteht seine Geschichte und versteht diese innerste Fähigkeit nicht
als Veranlagung und nicht als eigene Tat, sondern als Wirkung der
göttlichen Gnade, der äußeren und inneren Führung, die ihm zu=
teil geworden ist. Wir verzichten darauf, sein „Wesen" einlei=
tend zu kennzeichnen, sondern gehen gleich dazu über, seinen
Lebensgang zu verfolgen und kurz die Leistungen zu nennen, in
denen sein Tun und sein „Wesen" sich aussprach.

Die Anfänge Augustins, Herkunft, Umwelt und die ersten Stu=
fen seiner Laufbahn, erinnern an Hieronymus. Auch Augustin
stammt aus einem bürgerlichen, ja kleinbürgerlichen Provinzmilieu.
Am 13. November 354 ist er in Thagaste geboren, einem äußerlich
romanisierten Städtchen, in dem die volkstümliche, berberische Tra=

dition indessen immer noch stark war. Seine Jugend steht äußerlich im Zeichen der banalen Gewöhnlichkeit. Das, was seine Familie und er selbst erstreben, ist ein schneller Aufstieg, Reichtum und An= sehen. Dazu muß der begabte Sohn die bestmögliche Ausbildung bekommen; aber die Verhältnisse sind noch enger und gedrückter als für den Honoratiorensohn aus Strido, der ernsthafte materielle Sorgen kaum je gekannt hat. Augustins Vater Patricius wird der Nachkomme irgendeines römischen Veteranen gewesen sein, der im heutigen Algerien, im Binnenland unweit der tunesischen Grenze sein Siedlungsland erhalten hatte. Er gehörte zum Gemeinderat von Thagaste, besaß einen Weinberg und ein kleines Vermögen; aber es reichte nicht aus, um seinem Ältesten, der die höhere Schule im benachbarten Madaura absolviert hatte, die Fortsetzung der Stu= dien in Karthago zu ermöglichen: ein befreundeter Gönner und Ver= wandter, Romanianus, mußte aushelfen. Patricius hatte wohl daran gedacht, seinen Sohn Advokat werden zu lassen; aber Augustin entschied sich für die geistigere, sozusagen „akademische" Lauf= bahn eines Berufsrhetors. Das Ideal des die Sprache und klassische Literatur beherrschenden Redners, das einst die griechische So= phistik geschaffen und Cicero ins Römische übersetzt hatte, stand noch immer im Mittelpunkt der Kultur und des allgemeinen Bil= dungsstrebens. Obschon es seine alte, politische Bedeutung längst eingebüßt hatte und rein literarisch geworden war, gehörte die Pflege der Rhetorik, auf eine dünne Schicht der städtischen Bevölke= rung beschränkt, noch immer zur Repräsentation des staatlichen und des gesamten öffentlichen Lebens. Der geistige Gehalt ihrer rhyth= mischen und akustischen Künste, ihrer Dispositionen, Definitionen und Etymologien, ihrer dialektischen und polemischen Fertigkeit er= scheint uns heute frostig, formalistisch und ermüdend; aber die Schule hatte das Ohr und das sprachliche Empfinden zugleich in einem Maße entwickelt und verfeinert, daß sie einer Sprachbega= bung und einem künstlerischen Talent vom Range Augustins die verlockendsten Möglichkeiten bot, durch die er es schnell zu rheto= rischer Sicherheit und bald zur Meisterschaft bringen sollte. Mit neunzehn Jahren ist Augustin Lehrer der Rhetorik in seiner Vater= stadt, im Jahre darauf bereits in der Hauptstadt Karthago, und die schnelle Karriere setzt sich auch im nächsten Jahrzehnt fort. Augu= stin ist auf dem besten Wege, in seinem Fach eine Berühmtheit zu werden. Er nimmt seinen Beruf ernst und leidet unter der Roheit seiner Schüler, wenn sie die Vorlesung mit ihren Manierlosigkeiten stören und das, was er ihnen beibringen möchte, nur äußerlich oder gar nicht verarbeiten; aber er kann mit seinen Erfolgen trotzdem zufrieden sein. 383 wird er nach Rom berufen, wo die geistigen Vor= aussetzungen günstiger sind. Hier kränkt ihn nur der Umstand, daß die Studenten zwar eifrig zuhören, aber am Ende des Semesters wegbleiben und das Bezahlen des Kollegs „vergessen". Dies ist für Augustin durchaus keine Nebensache; er ist von brennendem gei= stigem Ehrgeiz erfüllt, er möchte angesehen und in seinem Können bewundert werden; aber er will auch reich werden und träumt dann von einer vornehmen Heirat, die das Glück seiner Stellung vollenden soll. Einstweilen begnügt er sich damit, seine Sinnlichkeit und sein intimeres Anlehnungsbedürfnis durch ein Konkubinat zu befriedigen, das ihn von gröberen Ausschweifungen fernhält. Fünfzehn Jahre ist Augustin seiner damaligen Gefährtin treu geblieben; und die Worte, mit denen er noch als älterer Mann und Bischof ihrer Liebe und Treue gedenkt, zeigen, daß diese unvollkommene Bindung etwas bedeutet hat, obschon er den Namen des Mädchens verschweigt. Sie schenkte dem noch nicht achtzehnjährigen einen, wie Augustin versichert, wunderbar begabten Sohn, der den Namen des „von Gott Gegebenen", Adeodatus, empfing. Bis zu seinem frühen Tode blieb er das Glück und die Freude seines Vaters, woran auch die gemeinsame Bekehrung zur strengen christlichen Lebensanschauung durchaus nichts veränderte.

Anders als Hieronymus hat Augustin seine weltliche Laufbahn also nicht vorzeitig abgebrochen, sondern ist sie zu Ende gegangen. Aber die Wendung bedeutet bei ihm dann auch mehr als das mehr oder weniger willkürliche Ergebnis eines moralischen Entschlusses; sie bereitet sich allmählich vor und kündigt sich schrittweise immer stärker in ihrer Unaufhaltsamkeit an. So hat jedenfalls Augustin selbst seine Jugend später verstanden und dargestellt. Der äußeren Geschichte des Aufstiegs und der Erfolge geht eine Geschichte des inneren Lebens parallel, das unterschwellig, oft fast verschwindend, aber nach oben drängend und immer wieder auftauchend, zuletzt das Ganze ergreift und dem Dasein einen neuen Sinn gibt. Diese Entwicklung hat Augustin in seinen „Konfessionen" geschildert und als das geheime Wirken und Führen der immer siegreichen göttlichen Gnade interpretiert. Die Konfessionen sind keine Autobiographie im heutigen Sinne, sondern ein neuartiges, höchst persönliches Erbauungsbuch, das unter hohen literarischen Ansprüchen gestaltet und stilisiert ist. Aber sie sind trotzdem keine Dichtung. Augustin versichert nachdrücklich, daß das Buch ausschließlich und bis ins einzelne hinein nur Wahrheit enthalten solle, und überall, wo wir nachprüfen können, erweist sich dieser Anspruch als gerechtfertigt. Versehen sind ohne Belang, und das Licht, in das die eigene Vergangenheit im Rückblick getaucht wird, ist nicht Fälschung, sondern deutende Entschlüsselung durch den, der dieses Leben am besten gekannt hat. Wenn man die Absicht verstanden hat, kann man sich der Führung dieses Buches getrost anvertrauen; jedenfalls gibt es keinen anderen, besseren Führer.

Augustin stammt nicht aus dem heidnisch-traditionslosen Balkan wie Hieronymus, sondern aus dem seit Jahrhunderten mit Christenblut getränkten Boden Afrikas, der einzigen lateinisch-christlichen Landschaft, die schon längst ein geistiges Gesicht und dazu eine starke kirchliche Eigenart besaß. Er erfährt bereits als Kind, was lebendiges Christentum ist, in der Gestalt seiner Mutter Monnica, der einzigen, die aus seiner Entwicklung „nicht wegzudenken" ist

(Guardini). Augustin hat ihre Persönlichkeit in den Konfessionen mit zärtlicher Liebe geschildert, und viele, auch nebensächliche Züge ihres Lebens berichtet; aber er hat sie nicht eigentlich idealisiert. Monnica ist von Haus aus nicht mehr als die Frau eines Spießbürgers und selbst eine Kleinbürgerin, geistig aufgeweckt, aber ohne höhere Bildung, praktisch und sanft, aber zugleich voll zäher weiblicher Energie und Durchsetzigkeit, wo sie ihrem mütterlichen Instinkt und ihrer religiösen Überzeugung zu folgen wünscht. Die leidenschaftliche Liebe zu ihrem ältesten Sohn wird ihr zum Schicksal. Erst in der Sorge um ihn und sein ewiges Heil wächst sie zu echter innerer Größe und völliger Freiheit empor. Man kann Augustins Geschichte bis zu seiner Bekehrung, wie er es selbst getan hat, auch als eine Geschichte zwischen Mutter und Sohn verstehen, ihrer unauflöslichen Verbundenheit bei aller Entfremdung bis zum endgültigen Einanderfinden in dem Glauben, den Monnica von Anfang an bekannt und für ihren Sohn stellvertretend festgehalten hat, während Augustin erst spät auf weiten Wegen und mühsamen Umwegen dorthin gelangt. Aber in gewissem Sinne ist er trotzdem immer ein Christ geblieben. Monnica hat ihn schon als Kind beten gelehrt und in den Sitten und Bräuchen der Christen heimisch gemacht. Diese Jugendeindrücke hat Augustin niemals abstreifen können, und sie betreffen nicht bloß Äußerlichkeiten. Die Bibel bleibt ihm immer ein heiliges Buch, und den Namen des Heilands hatte er nach eigenem Zeugnis schon mit der Muttermilch so fest in sich gesogen und bewahrt, daß ihn auch später nichts wirklich hinreißen konnte, was dieses Namens entbehrte (conf. III 4, 8). So wie er als Kind darum betet, daß das Magendrücken vergehen oder daß ihm die Schule keine Haue einbringen möchte, bleibt ihm auch später das Beten natürlich. Aber dies alles verliert zu Beginn des männlichen Lebens seine Bedeutung; Augustin nimmt den Glauben seiner Kinderzeit und die Klagen und Vorwürfe seiner Mutter nicht mehr ernst. Er stürzt sich als Student in den Strudel der Liebesabenteuer und möchte gern noch ein wenig schamloser erscheinen, als er in Wirklichkeit ist. Er beginnt geistig zu arbeiten und sich voranzubringen und sieht darin den Sinn und Inhalt seines Lebens.

Die erste Erschütterung dieser Haltung erfolgt durch ein geistiges Erlebnis, nicht durch einen Menschen, sondern durch ein Buch — so wie auch die weiteren Entwicklungsschritte Augustins niemals ohne neue geistige Erkenntnisse möglich werden, die dann sein ganzes persönliches Leben und Erleben in Bewegung bringen. Am Leitfaden seines Studienplanes wurde Augustin zur Lektüre des „Hortensius" geführt — eines heute verlorenen Dialogs, in dem der alternde Cicero seine Leser von der politischen Rhetorik weg zur Philosophie rief, die allein in der Lage sei, das Leben wertvoll, das Sterben sanft und die Seele bereitzumachen, in die Unsterblichkeit einzugehen. Die Wirkung auf Augustin war durchschlagend. Gegenüber dem Vielerlei der Schulmeinungen, als das ihm die Philosophie bis dahin erschienen war, ging ihm zum ersten Mal der Ernst des Einen auf, um das es im Leben gehen soll, um das Wirkliche und Ganze, das die Weisheit ist. „Meine eitlen Erwartungen erschienen mir mit einem Male verächtlich; und mit unvorstellbarer Glut des Herzens verlangte ich nach der unsterblichen Weisheit" — und so machte ich, fährt Augustin fort, einen ersten „Versuch, mich zu erheben und zu Dir zurückzukehren" (conf. III 4, 7). Dies ist keine nachträgliche Deutung: Augustin fühlte sich nach eigenem Zeugnis nur von dem einen enttäuscht, daß bei Cicero kein Wort von Christus zu finden war, und die erste Wirkung dieser ebenso philosophischen wie religiösen Erschütterung ist, daß er zur Bibel greift und sie ernsthaft zu lesen versucht. Aber der Versuch schlägt fehl. Ihre Worte erscheinen ungenießbar, „nicht wert, mit der Würde eines Tullius (Cicero) verglichen zu werden" (conf. III 5, 9). Man glaubt, den jungen Hieronymus zu hören. Augustin hätte in diesem Augenblick, geistlich unerfahren und hilflos, der persönlichen Führung und lebendiger Gemeinschaft bedurft. In seinem bisherigen Lebenskreis vermag er sie nicht zu finden, und so schließt er sich alsbald einer unter den Gebildeten Karthagos und auch sonst stark verbreiteten Sekte an: er wird Manichäer.

Diese durch den Perser Mani im dritten Jahrhundert begründete Gemeinschaft war — zwischen Christentum und Islam — die letzte große Religionsschöpfung des Ostens. Sie verwarf das Judentum und das Alte Testament, aber sie hatte Christus unter ihre Vorläufer aufgenommen und gab sich im Westen ganz als höhere, vergeistigte Form des Christentums selbst. So erschien der Manichäismus auch Augustin. Im römischen Reiche von jeher verboten und unterdrückt, waren seine Konventikel zugleich von dem Reiz des Verborgenen und Geheimnisvollen umgeben. Die tragende Lehre war ein strenger Dualismus. Die bestehende Welt erscheint in der manichäischen Mythologie als Ergebnis eines urzeitigen Falles, einer unseligen Vermischung von Licht und Finsternis, und auch die Seelen der Menschen sind nur zerstreute Funken der einen göttlichen Lichtsubstanz, die aus dem dunklen Gefängnis ihrer Leiblichkeit erhoben und befreit werden müssen. Diese Sammlung und Heimführung der Lichtelemente ist die eigentliche Erlösung der Menschen und Gottes selbst. Die vollkommene Entmischung, die auf mancherlei phantastischen Wegen versucht wird, bringt zuletzt das Ende der Welt und die Vollendung alles Lichten in der Einheit des Lichts. Die praktische Folgerung, die sich aus dieser Heilsbotschaft ergab, konnte nur in strenger Askese bestehen. Allein nur die wenigsten betraten diesen radikalen Weg — das waren die Erwählten und Vollkommenen. Augustin begnügte sich damit, ein bloßer „Hörer", d. h. wie die meisten ein wenig belastetes Glied der weiteren Gemeinschaft zu bleiben. Man war sich dort des Wertes der neuen Eroberung offenbar völlig bewußt und behandelte den jungen Rhetor mit der größten Zuvorkommenheit. Die tragische Deutung der eigenen Halbheit und Schwäche, die Möglichkeit, sich geistig trotzdem über sie zu erheben, der Zauber der gemeinsamen Gottesdienste mit ihren Psalmen und Gesängen, ihren liturgischen Beichten und Aussprachen erschienen Augustin als Befreiung und Erhebung über den banalen Alltag, als echte, das gewohnte Leben verklärende Religion. Bald betätigt er sich auch seinerseits als Führer und Werber: unter seinem Einfluß treten sein Zögling, Romanians Sohn, und dieser selbst den Manichäern bei, und nur das Verhältnis zur über diese Entwicklung fast verzweifelnden Mutter gestaltet sich immer unerfreulicher. Sie denkt nicht daran, dem Sohn auf seinem neuen Wege zu folgen, und reizt ihn durch ihre unerschütterliche Hoffnung, ihn einmal doch noch zu sich, in den Hafen der katholischen Kirche zurückkehren zu sehen. Monnica war schon einige Jahre Witwe, aber dauerndes Zusammenleben mit Augustin erwies sich unter diesen Umständen unmöglich. Zeit= weise siedelte er ganz in das Haus seines Gönners Romanianus über.

Es fragt sich, wieweit Augustin den Manichäismus jemals ganz ohne Vorbehalt angenommen hat. Auf die Dauer konnten dessen ästhetische, das Gefühl bewegende Reize, die phantastischen Verkündigungen und Verheißungen die inneren Schwierigkeiten des Systems doch nicht verschleiern. Augustin war kein halbgebildeter Schwärmer — er verlangte Klarheit und gedankliche Geschlossen= heit. Er hatte erwartet, im Manichäismus, wie dieser selbst versprach, statt der primitiven Vorurteile und abergläubischen Vorstellungen des kirchlichen Christentums eine wirkliche, geistig begründete Weltanschauung zu finden. Jetzt tauchten Fragen über Fragen auf, auf die es keine überzeugende Antwort gab. In dieser Zeit — „mit sechsundzwanzig oder siebenundzwanzig Jahren" — veröffentlicht Augustin seine erste Untersuchung „Über Schönheit und Zweck= mäßigkeit". Es scheint, daß er sich hier an der manichäischen Meta= physik zu orientieren suchte; aber zugleich war die schnell ver= schollene Arbeit (sie war ihm selbst im Alter schon nicht mehr zur Hand) nach Thema und Fragestellung doch schon echt augustinisch. Das Wesen des Schönen ist Augustin zu allen Zeiten ein echtes metaphysisches Problem geblieben, und schon damals drängte es ihn über die bloße Erscheinung hinaus. Alles Zweckmäßige ist nur dadurch zweckmäßig, daß es auf ein anderes als seinen „Zweck" be= zogen wird; das Schöne aber ist schön durch sich selbst. Es ist gei= stig und liegt damit jenseits der sichtbaren, körperlichen Dinge; was aber ist der Geist und die geistige Wahrheit selbst? Das stoff= liche Denken der manichäischen Lichtmetaphysik konnte das nicht erklären. Dazu traten die Widersprüche ihrer kosmischen und astro= nomischen Theorien. Diese philosophischen und naturwissenschaft= lichen Einwendungen blieben unerledigt. Lange vertröstete man Au= gustin auf den Besuch des angeblich hochgelehrten Manichäerbi= schofs Faustus; als er schließlich erschien, erwies er sich als eine lie= benswürdige, rhetorisch gebildete Niete. Eine gründliche Enttäu= schung blieb zurück, die die allmähliche Entfremdung gegenüber der

Sekte einleitete, und ein hoffnungsloses Mißbehagen über die eigene geistige Lage und Verfassung. Augustin beschäftigt sich jetzt mit astrologischen Schriften, die sich bei näherem Zusehen gleichfalls als haltlos erweisen, und gerät schließlich an die skeptische Litera= tur. Der prinzipielle Verzicht auf jede sichere Erkenntnis erscheint ihm noch als ehrlichste Möglichkeit. Aber diese Möglichkeit ist recht eigentlich verzweifelt. Augustin beschließt, nicht länger zu beten; er zwingt sich in die skeptische Haltung hinein, gegen die doch sein ganzes Wesen rebelliert. Die Wahrheit, nach der er mit seinen skeptischen Grübeleien fragt, ist im Grunde gar keine theoretische Angelegenheit: Augustin sucht nach dem sicheren Schwerpunkt, dem Halt und Sinn seines Lebens selbst und vermag ihn nicht zu finden. Er zweifelt in Wirklichkeit nicht daran, daß es diese heil= bringende Wahrheit gäbe; nur der Weg zu ihr scheint der mensch= lichen Vernunft für immer vermauert. Im Grunde fragt Augustin immer noch nach der Wahrheit, die er als Kind besessen hat: er möchte über Gott, über Gottes Vorsehung und Gericht und über die eigene Unsterblichkeit Auskunft gewinnen und fühlt, daß dies alles ihm als geistiger Besitz jetzt unerreichbar geworden ist. Sein Leben hat keine Orientierung mehr und treibt dahin. Das Bild seiner Stim= mung mag in den Konfessionen nachgedunkelt sein; aber es ist si= cher, daß Augustin unter seinem unklaren inneren Zustand gelitten hat, und alle äußeren Erfolge boten gegen dieses geheime Leiden keinen wirksamen Trost.

Im Herbst 384 gelangt Augustin mit einer Empfehlung des Stadt= präfekten Symmachus nach Mailand, also unmittelbar in die kaiser= liche Residenz. Bei seinem Aufbruch von Afrika hatte er seine Mut= ter schnöde hintergangen: er wollte sie abschütteln und war heim= lich abgereist. Jetzt folgt sie ihm nach Mailand; er nimmt das ge= meinsame Leben mit ihr wieder auf, der Friede ist wiederhergestellt. Das Opfer dieser Aussöhnung wird Augustins Gefährtin. Monnica erreicht, daß sie entlassen wird, ein Schritt, der im Blick auf die künftige Ehe geboten schien und ohnedies ja einmal getan werden mußte. (Die Konkubine selber zu heiraten, war schon aus recht= lichen Gründen gar nicht möglich). Aber Augustin litt unter dieser Trennung: „Das Herz war an der Stelle, wo es einst angewachsen war, jetzt durchschnitten und wund und blutete" (conf. VI 15,25). Während das Mädchen, das nach Afrika zurückging, ihm lebens= länglich die Treue hielt, nimmt Augustin, wie zum Trotz gegen seine Mutter, alsbald eine neue Konkubine zu sich. Er selbst emp= findet diese Konzession an seine Sinnlichkeit als unwürdig, aber er kann ihr nicht widerstehen. Offenbar vermag ihm Monnica auch in seinen tieferen, geistigen Nöten nicht zu helfen. Das Gleiche gilt von seinen Freunden, die ihn lieben und bewundern, denen er sich aber allzusehr überlegen weiß. Augustin fühlt sich unausgefüllt und unglücklich. Eine kleine, mit größter Kunst stilisierte Szene in den Konfessionen beleuchtet seine Stimmung. Augustin ist beauf= tragt, bei einer festlichen Gelegenheit die Huldigungsrede auf den

Kaiser (Valentinian II.) zu halten. Voll Unrast und Lampenfieber macht er am Vorabend mit seinen Freunden noch einen Spaziergang durch die Vorstädte. Da läuft ihnen ein betrunkener Bettler in den Weg, der sich in albernen Scherzen ergeht und dabei restlos wohl zu fühlen scheint. Der Anblick überwältigt Augustin. Was sollen uns all unsere Pläne und unser Ehrgeiz, ruft er aus; wir vermehren damit ja nur die unselige Last, die wir ohnedies schon zu schleppen haben! Wir wollen ja auch nichts anderes als froh sein. Der Bettler hat es erreicht — und wir werden es vielleicht niemals erreichen! Aber der Stimmungsausbruch hat keine Folgen. Augustin lebt in den bisherigen Bahnen fort und „giert", innerlich unbefriedigt, weiter „nach Ehren, Reichtümern und einem Eheschluß" (conf. VI 6, 9).

Mailand hat Augustin nicht nur die Wiederannäherung an seine Mutter und neue berufliche Erfolge gebracht; auch die Kirche und das katholische Christentum, die er von klein auf zu kennen meinte, begegneten ihm hier in einer neuen Gestalt, die ihn überraschte, beeindruckte und schließlich zur Entscheidung drängte. Maßgebend war die Persönlichkeit des großen Ambrosius. Augustin schildert uns selbst, wie er den berühmten Prediger zunächst als Redner kennenlernen wollte und nur darum seine Gottesdienste aufsuchte. Aber alsbald fesselt ihn die Predigt auch durch das, was sie sachlich enthielt. Mit Staunen bemerkt Augustin, wie sich durch die allegorische Auslegung die vermeintlichen Ungereimtheiten und Altweiberfabeln der Bibel tiefer verstehen lassen und wie hinter den anthropomorphen Aussagen und scheinbar primitiven Vorstellungen der Texte eine gewaltige Gesamtschau Gottes, der Welt und des Menschen erkennbar werden. Das Christentum ist also eine geistige Wirklichkeit, die offenbar nicht nur ungeschulten, kindlichen Gemütern etwas zu sagen hat; und es ist zugleich die Wirklichkeit einer konkreten Gemeinschaft, die die Menschen erfassen, umbilden und bestimmen kann. Ambrosius wirkt in seiner ungeteilten Hingabe an den Dienst der Kirche, in der Wucht und Gesammeltheit seines gebietenden Auftretens wie das Gegenbild zu dem immer noch unentschiedenen und unausgereiften, ungebundenen und trotzdem so vielfach abhängigen intellektuellen Problematiker Augustin. Er ist nichtsdestoweniger auch eine Persönlichkeit von Rang, den Augustin als geistig ebenbürtig, ja — ein neues Erlebnis für ihn — als überlegen empfinden muß. In seiner Gestalt verkörpert sich die Autorität der Kirche, die jenseits beliebiger Meinungen und skeptischer Einwendungen feststeht und beansprucht, daß man ihre Lehre als Gottes Wahrheit annimmt und befolgt; und sie kann sich mit diesem Anspruch der geistigen Prüfung stellen und vor dem kritischen Urteil behaupten. Augustin zögert noch, ihr daraufhin völlig recht zu geben; ein solcher salto mortale in den Glauben hinein wäre ihm willkürlich und unverantwortlich erschienen. Aber er beginnt, sich nun doch wieder langsam der Kirche zu nähern, und beschließt, so lange im Wartestand des Katechumenen zu verharren, bis ihm „irgend etwas Gewisses aufleuchten würde", nach

dem er seinen Lauf dann endlich richten könnte (conf. V 14, 25).
Einige Male macht er auch den Versuch, Ambrosius persönlich zu
sprechen. Äußerlich bestanden dabei keine Schwierigkeiten; denn
trotz seiner zahllosen Geschäfte schloß Ambrosius seine Tür grund=
sätzlich nicht ab, und jedermann konnte unangemeldet bei ihm ein=
treten. Aber man wußte, daß er eigentlich keine Zeit hatte. Augu=
stin fand den Bischof jedes Mal so tief in seine Arbeit und in seine
Bücher versunken, daß er ihn nicht zu stören wagte und nach einer
Weile stummen Zuwartens unverrichteter Dinge wieder nach Hause
ging. Die fromme Monnica hatte sich dagegen mit dem großen
Manne schon längst gefunden. Sie bemerkte sehr wohl die innere
Krise, in die ihr Sohn geraten war, und begleitete sie mit gespannter
Hoffnung. Vielleicht war auch dies ein Grund dafür, daß Augustin
die letzte Hemmung Ambrosius gegenüber nicht überwinden konnte.
Oder empfand er vielleicht auch Furcht, daß der vielbeschäftigte Ge=
meindeseelsorger seine differenzierten Zweifel und Beklemmungen
nicht so sorgsam und persönlich aufnehmen und verstehen werde,
wie es ihm selber wünschenswert und nötig schien? Einmal wandte
sich Augustin an den alten Lehrer des Ambrosius, den Priester Sim=
plician, der ihn geschickt auf das Vorbild des neuplatonischen Phi=
losophen Marius Victorinus hinwies. Dieser hatte sich zur Zeit der
julianischen Reaktion, sein Lehramt opfernd, öffentlich zu Christus
bekannt und war dann ein bedeutender Theologe geworden.

In jene Zeit fielen die Kämpfe, die Ambrosius gegen die ariani=
sierende Politik der Kaiserin Justina zu bestehen hatte. Die ganze
Stadt war in Erregung und ergriff für ihren Bischof Partei. Aber es
ist bezeichnend, wie diese Ereignisse in den Konfessionen nur flüch=
tig gestreift werden. Sie bilden nur den schattenhaften Hintergrund
der eigentlichen Seelengeschichte, die für Augustin ganz im inneren
Raum der verantwortlichen Erkenntnis und geistigen Entscheidung
verläuft. Damals beginnt er das Studium der neuplatonischen Phi=
losophie, der auch Ambrosius nicht fernstand. Er liest Schriften
von Porphyrios und vor allem Plotin in der lateinischen Über=
setzung Victorins, und die Erkenntnisse, auf die er hierbei stößt,
reißen ihn aus der geistigen Sackgasse, in der er schon so lange
steckt; sie bringen ihn wie mit einem Ruck ins Freie. Hier endlich
werden die Schwierigkeiten des Geist= und des Gottesbegriffs wirk=
lich gelöst. Gott läßt sich in seiner Unbegrenztheit und Vollkommen=
heit überhaupt nicht denken, solange er stofflich vorgestellt wird,
sei es als Geiststoff wie bei Tertullian oder als Lichtstoff im Sinne
der Manichäer. Die transzendente Wirklichkeit des Geistigen liegt
jenseits aller naturhaften Analogien. Der Geist ist auch nicht das
„Abstrakte", sondern erscheint eher als der Inbegriff des Sinnhaft=
Wirklichen, von dem man philosophisch auszugehen hat. Die Welt
dagegen ist Gott gegenüber nichts Ursprüngliches, sondern das Ab=
geleitete, Beschränkte und beinahe Unwirkliche. Entsprechend löst
sich auch das Augustin bedrückende Problem des Bösen. Auch die=
ses hat keine ursprüngliche, ja, strenggenommen, überhaupt keine

wirkliche Substanz, sondern besteht nur in der Abkehr von dem einen Guten und Wahren. Es ist die Zerstörung der sinnhaften Wirklichkeit, es erscheint gleichsam nur negativ am guten Sein als dessen Perversion und Verfall. Diese platonischen Gedanken hatte der Neuplatonismus immer entschiedener religiös gewandt. Gott ist Quelle wie Zielpunkt alles dessen, was wahrhaft ist, das ewig Eine, das sich wohl vielfach spiegelt und „offenbart", aber niemals selbst in diese Vielfalt eingeht oder in ihr zu finden ist. Die wahre Philo=sophie ruft den Menschen darum zur Einkehr und Umkehr auf, zum Hinaustreten und denkenden Überschreiten des Vielerlei der sicht=baren Welt, zur Gotteserkenntnis und Gotteserfassung in ihrer Ein=heit, jenseits der Grenzen der Zeitlichkeit. Indem Augustin diese Gedanken aufnimmt, fühlt er sich zwar erst am Anfang seines gei=stigen Weges und der Philosophie; aber die skeptische Ratlosigkeit, das zweifelnde Steckenbleiben beim Vorläufigen und Nichtigen sind damit doch überwunden. Es gibt eine erkennbare Wahrheit Gottes, deren Besitz „das Leben wertvoll und das Sterben sanft" machen würde. Und wie einst nach der Lektüre des „Hortensius" versteht Augustin diese Wahrheit auch jetzt ohne weiteres christlich. Wieder greift er zur Bibel, und was einst mißlungen war, das scheint jetzt zu glücken. Die Bibel spricht zu seinem Herzen. Paulus vor allem bestätigt die eine große Wahrheit der heidnischen Philosophie als offenbarte Wahrheit Gottes. Aber er bringt im selben Augenblick auch noch mehr: er bezeugt nicht nur die überweltliche Erhaben=heit des Absoluten, sondern den persönlichen Gnadenwillen des barmherzigen Schöpfers, indem er von Christus spricht, von Gottes aktivem Heilshandeln in der Zeit und auf Seiten des Menschen: die geistliche Notwendigkeit, diesem Gott in Demut, in Reue und mit neuer Hingabe zu begegnen.

Damit steht Augustin vor der persönlichen Entscheidung: er muß sein Leben ändern und auf die neue christliche Forderung umstel=len. Das schien nur im entschlossenen Bruch mit allen bisherigen Bindungen möglich, die ihn schon so lange ekelten, als im Grunde eitel und unwürdig erkannt waren. Solange die Wahrheit noch halbwegs verborgen war, war es verhältnismäßig leicht gewesen, der Entscheidung auszuweichen. Wo sollte man auch die Bücher, die Helfer und die Zeit finden, um sich in das Neue zu vertiefen! War es wirklich erforderlich, gerade jetzt abzubrechen, wo Augustin end=lich soweit gelangt war, demnächst vielleicht eine Statthalterschaft oder sonst eine reiche, ehrenvolle Stellung zu gewinnen und eine vorteilhafte Ehe zu schließen? Man fühlt, wie sich das Entweder=Oder auf eine radikale, asketische Entscheidung zuspitzt. Das Stre=ben nach Karriere und menschlicher Bewunderung, das Reichwerden=wollen, die Sinnlichkeit, die sich nicht einmal eine Zeitlang hatte bremsen lassen, das ganze Leben, in dem Augustin sich vorfindet, widerspricht mit seinem leeren Betrieb den christlichen wie auch den philosophischen Idealen. Eine dritte Lösung, ein Mittelweg, der es gestattete, zugleich dem Studium und den Frauen, dem äußeren

Fortkommen und der wahren Wahrheit gerecht zu werden, will sich nicht zeigen. Er wird von Augustin immer wieder erwogen und immer wieder als Halbheit verworfen.

Die folgende Entwicklung ist von ihm gewiß stilisierend, aber doch mit unvergleichlicher Wahrheit der psychologischen Beobachtung bis ins einzelne beschrieben worden. Wir können sie nicht vollständig nachzeichnen; jedem Leser der Konfessionen ist sie bekannt. „Wie es im Schlafe zu gehen pflegt, so lag die Bürde der Welt süß lastend [immer noch] über mir, und die Gedanken, die ich sinnend an Dich wandte, glichen dem Versuch der Schlummernden, die aufwachen wollen, aber, von der Schwere des Schlafes überwältigt, wieder zurücksinken. Und wie es niemand gibt, der immer schlafen wollte, auch nach dem gesunden Urteil aller Wachsein besser ist als Schlafen, der Mensch aber trotzdem, wenn ihm dumpfe Müdigkeit in den Gliedern liegt, häufig zögert, den Schlaf abzuschütteln, und ihn nur zu gerne wider Willen fortgenießt, obgleich die Zeit zum Aufstehn gekommen ist — so stand es auch mir fest, daß es besser wäre, mich Deiner Liebe hinzugeben als meinen Begierden nachzugeben. Jenes gefiel wohl und überzeugte, dieses aber machte Vergnügen und hielt mich fest. Denn da war nichts mehr, was ich Dir hätte antworten können, da Du zu mir sprachst: ‚Wache auf, der du schläfest, und stehe auf von den Toten, so wird dich Christus erleuchten‘ (Eph. 5, 14); und wenn Du mir von allen Seiten zeigtest, daß Du wahr sprächest, so hatte ich, von der Wahrheit überzeugt, schlechterdings keine andere Antwort mehr als die gedehnten, schlaftrunkenen Worte: ‚gleich! ja, gleich! noch einen Augenblick!‘ Aber das ‚gleich, gleich‘ hatte kein Maß, und das ‚noch einen Augenblick‘ zog sich in die Länge“ (conf. VIII 5, 12). Im geistigen Bereich, wo einst die Schwierigkeiten gelegen hatten, bestehen sie jetzt nicht mehr; auch die moralische Forderung erscheint klar. Gott hatte Augustin, wie er es ausdrückt, von allen Seiten „eingekreist“; aber die letzte, entscheidende Wendung des Willens ließ sich nicht erzwingen — sie blieb immer noch aus. Offenbar sucht Augustin nun selbst nach einem Ausweg; aber erst ein Anstoß von außen, das konkrete Beispiel und Vorbild der Bekehrung bringen ihm den Entschluß.

Eines Tages erhält Augustin aus irgendeinem Anlaß, den er später vergessen hatte, den Besuch eines afrikanischen Landsmanns, eines höheren Beamten mit Namen Pontician. Er findet auf Augustins Spieltisch die Paulusbriefe liegen und zeigt sich überrascht, im Professor der Rhetorik einen christlichen Gesinnungsgenossen zu entdecken. Er erzählt ihm daraufhin von Antonius, dem „ersten Mönch“, dessen ins Lateinische übersetzte Lebensgeschichte damals das Abendland zu erregen begann. Augustin war sie noch neu; es beeindruckt ihn, daß ein solcher Weltverzicht nicht nur in ferner Vergangenheit, sondern heute noch, „sozusagen zu unserer Zeit“, möglich gewesen sei. Aber Antonius ist kein Einzelfall mehr: das Gespräch wendet sich den gegenwärtig lebenden Mönchen zu, und der Gast erzählt, er sei in Trier seinerzeit selbst Zeuge geworden, wie zwei seiner Bekannten in einer Mönchszelle das Antoniusleben gefunden und dann ohne weiteres der schönsten Karriere entsagt hätten, um ihr Herz von da ab allein auf den Himmel zu richten. (Die Schilderung paßt auffallend auf Hieronymus und seinen Freund Bonosus, die sich in den siebziger Jahren gleichfalls in Trier bekehrt hatten). Pontician selbst aber sei unter Tränen in den Kaiserpalast zurückgekehrt, um sein Leben in den gewohnten irdischen Bahnen weiterzuschleppen. Der Bericht erschüttert Augustin. Er meint, sein eigenes Schicksal vor sich zu sehen, und während „der Mann weitererzählte, was er erzählte," ist es ihm, als ob er „hinter seinem eigenen Rücken hervorgezogen" und wider Willen gezwungen würde, sich selbst ins Auge zu sehen (conf. VIII 7,16). Als Pontician gegangen und nur sein Freund Alypius noch geblieben ist, bricht er in höchster Erregung in grimmige Selbstvorwürfe aus: „Hast du das gehört?", schreit er Alypius an, „ungebildete Leute stehen auf und reißen das Himmelreich an sich, und wir — wir mit unserem Wissen treiben uns ohne Empfinden in Fleisch und Blut herum?" (conf. VIII 8,19). Augustin verläßt das Zimmer und stürzt in den angrenzenden Garten, der den Freunden zur Verfügung steht. Hier kämpft er, schrittweise sich vorwärts ringend, den letzten, „rasenden" Kampf „zwischen mir und mir selbst". Die schreckliche Spannung löst sich schließlich in einem „Strom von Tränen": Augustin läßt den treuen Alypius allein und wirft sich schluchzend unter einen Feigenbaum. „Und sieh, da höre ich aus dem Nachbarhause eine Stimme — wie eines Knaben oder eines Mädchens Stimme, ich weiß es nicht —, die singt und wiederholt ständig dieselben Worte: ‚Nimm, lies — nimm, lies' (tolle lege, tolle lege)." Augustin kommt zu sich und beginnt angespannt zu überlegen, ob er etwas Derartiges schon einmal gehört habe, ob es vielleicht irgendein Kinderspiel gäbe, in dem dieses Sprüchlein eine Rolle spielte; aber das ist nicht der Fall. So entschließt er sich, die Worte als himmlischen Anruf zu verstehen. Zum dritten Mal greift Augustin in einem entscheidenden Augenblick nach der Bibel — d. h. nach dem bei Alypius zurückgelassenen Exemplar der Paulusbriefe. Er ist entschlossen, nach dem Vorbild des Antonius den ersten ihm begegnenden Text als endgültige Weisung fürs Leben anzunehmen. Er stößt — mitten im Satz — auf ein Wort des Römerbriefes (13,13f.), das er nicht laut, sondern wie Ambrosius „schweigend" für sich liest: „—nicht in Fressen und Saufen, nicht in Kammern und Unzucht, nicht in Hader und Neid; sondern ziehet an den Herrn Jesus Christus und tut nicht das in euren Begierden, worauf das Fleisch aus ist" (conf. VIII 12,29). Das war der Text, der auf ihn paßte. Augustin liest nicht weiter und reicht das Buch nur stumm dem Alypius, der an der bezeichneten Stelle fortfährt und den folgenden Spruch „Den Schwachen im Glauben nehmet auf" bescheiden auf sich bezieht. Auch er ist nun bereit mit seinem vorangehenden Freund auf den neuen, christlichen Weg zu treten.

Nun ist alles entschieden. Das Gewitter ist vorüber, und helle Freude breitet sich aus. Beide eilen zu Monnica, die mit Jubel von dem Vorgefallenen erfährt. Augustin möchte ein öffentliches Aufsehen vermeiden. Da die Weinleseferien vor der Tür stehen, führt er den Unterricht noch zu Ende. Dann schützt er ein „Brustleiden" — es scheint: einen harmlosen Bronchialkatarrh — vor, um sich für immer vom Amte zurückzuziehen. Zunächst stellt ihm ein befreundeter Berufskollege ein windgeschütztes, reizendes Landgut, das „rus Cassiciâcum" (Cassàgo?) südlich des Comersees, zur Verfügung, wo er mit Mutter und Sohn und einigen Schülern und Freunden die Ferien verbringen und aufatmen kann. Nach einem halben Jahr kehren sie nach Mailand zurück; zusammen mit Adeodatus wird Augustin in der Osternacht des Jahres 387 von Ambrosius getauft. Mailand hat nun nichts mehr zu bieten. Die kleine Familie beschließt, in Begleitung eines jungen, gleichfalls bekehrten Landsmanns in die Heimat zurückzureisen und sich wieder dort niederzulassen. Die Zeit des Suchens ist vorüber, ein neuer Lebensabschnitt beginnt. —

Was bedeutete diese Bekehrung für Augustin selbst, und was ist ihr eigentlicher Inhalt und Sinn? Die erste Antwort wird durch Augustins Bekenntnis und Bericht eindeutig festgelegt und darf weder verwischt noch abgeschwächt werden: Augustin bekehrt sich nicht vom Heidentum zum Christentum, nicht vom Unglauben zum Glauben, auch nicht von der Philosophie zur Theologie und von der geistigen Ungebundenheit zur kirchlichen Autorität, sondern von der Weltlichkeit zu einer neuen, wirklich christlichen Lebensführung. Nach langem, hartem Kampf verzichtet er, seiner Überzeugung folgend, auf Ehe und Liebesgenuß, auf Reichtum, Glanz und Bewunderung der Menschen. Dies alles gilt hinfort als wertlos, eitel und hohl. Der Abbruch seiner vielversprechenden Laufbahn, das Ausscheiden aus dem bisherigen Lebenskreis ist das wesentliche Zeichen der Umstellung; die Taufe ist wie oftmals in dieser Zeit das Siegel der gefallenen Entscheidung und auch äußerlich Beginn eines neuen Lebens. Augustins „Bekehrung" trägt insofern praktischen Charakter und hat einen eindeutig asketischen Sinn.

Dagegen denkt Augustin nicht daran, ein Mönch zu werden und sich etwa als Einsiedler in die Wüste oder in eine Zelle zurückzuziehen; auch ein Klosterleben unter kirchlicher Aufsicht, wie es eben damals in Mailand begonnen hatte, kommt für ihn nicht in Betracht. Nur in der Unbedingtheit des totalen Bruches mit seinem früheren Leben ist er ein Nachfolger des Antonius geworden. Was Augustin sich positiv wünscht, ist ein stilles, „philosophisches" Leben mit Freunden, äußerlich bedürfnislos und zurückgezogen, ausschließlich Gott und dem Streben nach wahrer Erkenntnis geweiht. Insofern soll es auch ein Leben geistiger Arbeit sein. Schon in Cassiciacum beginnt Augustin wie selbstverständlich mit der philosophischen Schriftstellerei, nachdem er bis dahin — von jenem kleinen, nebenbei entstandenen Traktat abgesehen — ausschließlich mündlich gelehrt und gewirkt hat. Diese ersten schulmäßigen Dialoge schildern auch den idyllischen Rahmen der Umgebung, in der sie geführt und aufgezeichnet sind. Man fühlt sich fast an die Garten= unterhaltungen und „platonischen" Akademien der Renaissance er= innert. Monnica hat die Hauswirtschaft übernommen, die Männer betätigten sich gelegentlich auch ein wenig als Gärtner. Jeder hat Zeit zur Sammlung und für private Studien. Die gemeinsamen Ge= spräche beginnen mitunter schon frühmorgens, gewöhnlich erst nachmittags oder gegen Abend, bei schlechtem Wetter in einem Badehause, sonst im Freien auf einer Wiese im Schatten eines schö= nen alten Baumes. Dabei geht es lebhaft, zuweilen auch heiter zu. Auch Monnica wirft mitunter etwas ein und wird wegen ihrer „Weisheit" und ihres religiösen Verständnisses von allen gerne be= wundert. Augustin hat wie selbstverständlich die Leitung übernom= men; er ist auch in der neuen Umgebung der führende Professor ge= blieben. Man liest und bespricht wie bisher die klassischen Autoren und Dichter, vor allem den geliebten Vergil; aber entscheidend sind jetzt die wesentlichen, philosophischen Fragen geworden, die vor allem im Anschluß an Cicero behandelt werden. Nicht zufällig sucht Augustin, seine Hörer auf den „Hortensius" besonders hinzuwei= sen. Die Fragen, um die er persönlich so heiß gerungen hat, stehen im Mittelpunkt: es geht um die Möglichkeit und Gewißheit der Wahrheitserkenntnis, um das wahre Glück, um Vorsehung und Weltordnung Gottes und um die Unsterblichkeit der Seele.

Wer von den Konfessionen herkommt, ist über den schulmäßigen, ganz und gar nicht enthusiastischen Geist dieser frühen Schriften überrascht. Das ausgesprochen Christliche tritt in auffallendem Maße zurück; aber bei näherem Zusehen erkennt man, daß es gleichwohl immer den Hintergrund bildet und z. T. nur um der klassischen Stilisierung willen nicht stärker betont wird. Die „Ora= kelsprüche" der Bibel sind für alle Anwesenden Autorität; sie er= innern sich der Worte „unseres Priesters", nämlich Ambrosius, und Augustin freut sich, jetzt der gleichen „Philosophie" zu huldigen, in der Monnica schon längst auf dem Gipfel steht. Die Diskussionen werden durch Hymnengesang und gemeinsame Gebete unterbrochen. Eine willkommene Ergänzung der Dialoge bilden die „Soliloquia", die „Alleingespräche" Augustins mit seiner Seele, eine interessante, merkwürdige Vorform der späteren Konfessionen. Hier unterzieht sich der Neubekehrte nach einem feierlichen Gebet zu Gott einer Selbstprüfung über den erreichten Stand seines Innenlebens. Er be= kennt, daß manche Versuchungen für ihn noch immer gefährliche Macht besitzen, daß sein Herz insbesondere immer noch an be= stimmten lieben Menschen allzusehr hängt. Aber er lebt jetzt aske= tisch, und Reichtum und Ehre, die Ehe und die sinnlichen Genüsse sind ihm keine ernsthafte Lockung mehr. In diesem Frühwerk findet sich auch die berühmte Bestimmung seines geistigen Strebens: „Gott und die Seele begehre ich zu kennen. — Sonst nichts mehr? — Schlechterdings nichts" (solil. I 2, 7).

Auf den ersten Blick erinnert das soziologische Bild des Freundes=
und Gelehrtenkreises von Cassiciacum an das Lebensideal, das auch
Hieronymus nach seiner Bekehrung ersehnte und später in mehr
klösterlicher Gestalt verwirklichen konnte. Aber das Neue liegt in
der geistigen Bestimmung der asketischen Gemeinschaft. Gewiß,
Schriftstudium und gemeinsame Erbauung, die für Hieronymus ne=
ben der asketischen Übung die Hauptsache waren, fehlen bei Augu=
stin nicht; aber entscheidend ist jetzt die philosophische Bemühung
um die Wahrheit, die Frage nach „Gott und der Seele" geworden.
Die Antwort wird in einem echten „mäeutischen" Gespräch gesucht
und gefunden. Augustins Dialoge sind keine dialogisierten Lehrvor=
träge. Sie sind darin innerhalb der christlichen Literatur etwas Neues
und Einzigartiges. Die Philosophie, von den älteren Abendländern
und noch von Hieronymus verachtet, strömt jetzt in breitem Fluß in
die Kirche und in das Christentum ein. Bis dahin war sie im Westen
eine nahezu ausschließlich griechische Wissenschaft geblieben; erst
in Augustins lateinischen Dialogen findet sie eine weithin sichtbare
Anerkennung und Aufnahme. Es handelt sich um die neuplatonische
Philosophie, in die die älteren Elemente der aristotelischen Ontolo=
gie und des stoisch=ciceronischen Schulwissens mit eingeschmolzen
sind. Die Platoniker und sie allein haben nach Augustin eine Höhe
der Wahrheitserkenntnis erreicht, die bis hart an die Schwelle der
christlich=biblischen Offenbarung heranführen und sich in der christ=
lichen Theologie als wahre Philosophie vollenden kann. Dabei ist in
erster Linie an die zentrale Stellung des Gottesbegriffs gedacht, den
Augustin, der Christ, immer in streng theistischem Sinne verstan=
den hat und in praktisch=persönlicher Hingabe bejaht. Gott, von dem
alles ausgeht, die Erkenntnis und Annahme seiner Gedanken und
seiner ewigen Wahrheit ist der eigentliche Sinn und Inhalt jedes
wahrhaftigen Lebens. Die Sehnsucht nach religiöser Lebenserfül=
lung, die der Manichäismus geweckt hatte, findet im verwandten
Streben des christlich verstandenen Neuplatonismus die geistige
Klärung und Vollendung. Die Vorstellungen des göttlichen Lichts,
der Läuterung und des Aufstiegs verlieren ihre halbmythologische,
materialistisch=dumpfe Bedeutung und werden im Sinne platoni=
scher Dialektik ganz in den Bereich des Geistes erhoben. Augustin
ist kein Mystiker und kein Pantheist, er kennt keine unmittelbare
„ekstatische" Verschmelzung mit dem göttlichen Sein; aber das
enthusiastische Gefühl der Hingabe in der Erkenntnis Gottes, in
der Ergebung und Erhebung des Menschen zu Ihm bleibt ungebro=
chen, lebendig und stark. Das philosophische Denken hat es gleich=
sam nur gereinigt und in dem Maße, als es sich mit christlichen, ins=
besondere paulinischen und johanneischen Gedanken durchdringt,
gewinnt es weiter an Wärme, Tiefe und sittlicher Verantwortung.
Die philosophische Religion ist persönlich geworden. Es geht nicht
mehr um geistiges Erkennen um seiner selbst willen, sondern um
die Stillung des inneren Herzensverlangens nach dem lebendigen
Gott, um das Hangen an Ihm im Glauben, in der Hoffnung und in

der Liebe. Augustin dringt auf dem Weg der überschwenglichen Sehnsucht über alles Geschaffene hinaus zum unmittelbaren Leben in Gott. Der Friede, der mit der Überwindung des weltlichen Strebens erkauft werden mußte, erfüllt sich in der stillen Ruhe in Gott.

Aber auch dieses letzte religiöse Ziel des augustinischen Wollens ist ohne die Voraussetzung der neuplatonischen Geistigkeit nicht zu begreifen. Der traditionelle asketische Entschluß gewinnt in seinem Leben eine neue fortwirkende Bedeutung und Kraft. Von jetzt an verändert die Askese gegenüber dem altabendländischen Verständnis den Sinn ihrer Forderungen und gewinnt eine tiefere geistliche Funktion. Die verdienstliche oder disziplinierende Bedeutung der asketischen Einzelleistung tritt zurück und interessiert Augustin um ihrer selbst willen nicht mehr. Die Askese bezeichnet jetzt die Grundhaltung des frommen Lebens selbst. Sie ist die praktische Voraussetzung des Aufstiegs zur Wahrheit und zu Gott und gewinnt dadurch positiven Sinn. Als Überwindung der „Welt", ihrer Sinnlichkeit und Zerstreuung, ist sie gleichsam nur die Kehrseite der geistlichen Sammlung und Hingabe an Gott. „Das war das Ganze", heißt es in den Konfessionen, „nicht wollen, was ich wollte, und das wollen, was Du wolltest". Damit wird auch das „Entbehren aller eitlen Süßigkeiten" mit einem Schlage selber „süß" (conf. IX 1,1). Wer ganz mit Gott leben will, der sagt dem irdischen Begehren mit Freuden ab. Er wird die diesseitigen Güter wohl benutzen, aber er darf sie nicht mehr „genießen" wollen, d. h. nicht um ihrer selbst willen lieben und erstreben. Je älter Augustin wird, um so entschiedener hat er betont, daß die Schöpfung, auch die materielle Schöpfung und die Leiblichkeit des Menschen, nicht als solche schlecht, sondern als Gaben Gottes vielmehr gut und an ihrem Orte bejahenswert seien. Aber eben diesen bescheidenen, vorläufigen Ort ihrer Geltung sucht sein weltflüchtiger Idealismus so schnell wie nur möglich zu übersteigen und zu verlassen. Augustin bleibt — von allen äußeren Verzichten abgesehen — seinem Wesen und innersten Wollen nach Asket. Er versteht das urchristliche Gebot der gehorsamen Gottesliebe und der totalen Preisgabe des eigenen Ichs immer als eine Aufforderung, die niedere Welt und ihre Sinnlichkeit überhaupt zu überwinden und sich emporzuschwingen in den geistigen Bereich des ewigen, reinen Seins; nur hier begegnet ihm Gott in seiner ganzen Vollkommenheit.

Diese Eigenart prägt die gesamte Theologie und Ethik Augustins und gibt seinem Denken auch dort, wo er die Schrift auslegt, ihren idealistisch=philosophischen Charakter. Er zeigt sich besonders deutlich z. B. auch in seiner Ästhetik, zumal in seiner Musiktheorie (für die bildenden Künste hatte der schönheitsdurstige Rhetor kaum ein selbständiges Interesse). Die mathematischen Gesetze der Harmonie und Schönheit spiegeln die ewige Ordnung der Ideenwelt, d. h. die Gedanken Gottes wider. Auf diese kommt es an, und das eigentliche Ziel ist darum nicht, die „Freiheit in der Erscheinung" zu erfahren, sondern umgekehrt, die sinnliche Erscheinung hinter sich zu lassen und „die Schönheit selbst an ihrem Urquell" zu genießen. Aber auch die höchsten Werte der Freundschaft und Liebe hat Augustin nach dem hierarchischen Aufstiegsschema der philosophischen Güterlehre asketisch=theozentrisch interpretiert. Das letzte Ziel aller Liebe bleibt Gott allein. Die Liebe zum Nächsten steht nicht wie im Doppelgebote Jesu gleichgeordnet und ursprünglich der Gottesliebe zur Seite, sondern ist selbst nur Ausfluß und Wirkung der Liebe zu Gott, von dieser abgeleitet und an sie gebunden. Sie ist darum auch nur so lange „wahr" und eigentlich wünschenswert, als sie in die Bewegung auf Gott hin mit aufgenommen und als Bestandteil dieser Liebe erlebt werden kann. Von hier aus versteht sich die konverti=tenhafte Kühle, mit der Augustin beispielsweise von seinem heid=nisch gesinnten und erst kurz vor dem Tode getauften Vater spricht, oder die leidenschaftliche Intensität, mit der er sich darum bemüht, den Sohn seines Gönners Romanian und diesen selbst für die aske=tische Laufbahn zu gewinnen — und dann der schweigende Gleich=mut, mit dem er beide nach dem Scheitern dieses Versuchs fortan in seinem Leben beiseite läßt. Diese Brechung der menschlichen Un=mittelbarkeit fällt um so mehr auf, als Augustin von Natur ein starkes Anlehnungsbedürfnis besaß, zu allen Zeiten seines Lebens viele Freunde hatte und in seiner Weise fast ein Virtuos der Freund=schaft gewesen ist; seine Briefe können es beweisen. Daß er den gesamten erotischen Bereich, in dem er selbst so lange zu Hause ge=wesen war, nur noch als „Sinnlichkeit" wertet, in den erlaubten Grenzen zwar nicht verbietet, aber in seinem und in aller ganz Be=kehrten Leben gänzlich ausscheiden muß, kann im Blick auf seine Zeit und Umwelt und seinen persönlichen Lebensweg gewiß nicht überraschen; aber man fühlt auch hier die asketische Verkürzung der Lebenswelt.

Die Frage, wie sich nun eigentlich das Neuplatonische und das Christliche in Augustins Bekehrung zueinander verhalten und wie der Einfluß beider Mächte gegeneinander abzugrenzen sei, ist oft gestellt worden. Augustin selbst hat das überschwengliche Lob, das Plato (und Cicero) in seinen Jugendschriften gespendet war, im Al=ter zurückgeschnitten (retr. I 1,4), und schon in den Konfessionen (VII 9,13 ff.) betont er neben dem, was er den „Büchern der Plato=niker" verdankt, klar genug auch das, was dort, an der Offenbarung gemessen, fehlen mußte und fehlte. Die Platoniker haben die Über=weltlichkeit Gottes, die Angewiesenheit der Seele auf sein Licht, ja auch die Herrlichkeit des Sohnes, der in der Gestalt des Vaters war, wahrhaftig erkannt; aber von der Sendung Christi ins Fleisch, von seinem Tode für uns, von der ganzen liebenden und handelnden Hinwendung Gottes zur Welt, seiner aktiven Barmherzigkeit, die nicht den Stolzen und Weisen, sondern nur den Demütigen und Ar=men zuteil wird, von diesem eigentlich erlösenden Geschehen wuß=ten sie nichts. Sie kannten nicht den Weg, der das Ziel ihres Stre=bens erst wirklich erreicht hätte. Es ist nicht anzunehmen, daß Au=gustin, der schon im „Hortensius" den Namen Jesu vermißt hatte und sich von Plotin ohne weiteres zu Paulus führen ließ, dies alles erst lange nach der Bekehrung entdeckt haben sollte. Die Frage nach dem Neuplatonischen und Christlichen ist nur als systemati= sche Frage sinnvoll, wenn es darum geht, den geistigen Gehalt der frühen — und der späteren — Schriften Augustins unter diesem Gesichtspunkt zu bestimmen. Als biographische Frage ist sie kaum zu beantworten und im Grunde wohl falsch gestellt. Die Wahr= heit, die Augustin philosophisch zu finden meinte, wird von ihm so= fort als Wiederbestätigung und Ermöglichung seines niemals ganz verlorenen Kinderglaubens verstanden; sie ist für ihn, soweit sie Wahrheit ist, mit der offenbarten biblischen Wahrheit eins. So führt sie ihn auch tatsächlich an die Bibel heran und in die katholische Kirche zurück. Was Augustin erlebt hat, haben — weniger entschie= den und bewußt — Marius Victorinus, Simplician oder Ambrosius schon vor ihm in ähnlicher Weise erfahren. Der Neuplatonismus ist auch sonst die Kraft gewesen, die die judaistische Enge des altlatei= nischen Christentums durchbrochen, seinen gesetzlichen Moralismus und primitiven Rationalismus mit seiner Geistes= und Gotteslehre überwunden und den Weg von einem alttestamentlichen zu einem neutestamentlichen Christentum frei gemacht hat. Augustin, der in seinem Denken mehr als die früheren wirklich Philosoph gewesen ist, übertrifft sie auch in der Aneignung des „Evangelischen", des eigentlich Christlichen im Christentum. Der unvollkommene Aus= druck des Christlichen in der Frühzeit, die Kritik des Neuplatoni= schen im Alter ändern nichts an der kontinuierlichen Lebensbewe= gung, die den christlichen Neuplatoniker zum biblischen Theologen macht, der aber auch als solcher niemals aufhört, Platoniker und Philosoph zu sein. Das großartigste Zeugnis hierfür sind die Kon= fessionen, die betende Wiederaufnahme des einstigen Geschehens durch Augustin selbst, die endgültige Deutung seines Lebens und seiner Bekehrung als Zeugnis einer unverdienten Führung und des unergründlichen Erbarmens von seiten des allmächtigen Gottes.

Die Konfessionen sind heute die bekannteste Schrift Augustins, und begreiflicherweise haben sie von jeher besonders um ihres auto= biographischen Inhalts willen interessiert. Sie sind 397/98, also ein gutes Jahrzehnt nach den Mailänder Vorgängen verfaßt. Die Kritik der Gegner, die Augustin seine manichäische Vergangenheit zum Vorwurf machten, hatte zur Abfassung den äußeren Anlaß gegeben. Schon der Aufbau des Werkes ist überraschend und behält bei allen Deutungen, die man versucht hat, etwas Rätselhaftes: von insge= samt dreizehn Büchern behandeln neun Augustins Lebensgang bis zum Abschied von Italien, eines den am Ende erreichten Stand des neuen Lebens, und drei bieten eine spekulative Auslegung des Schöpfungsberichts am Anfang der Bibel. Das Buch ist in seinem Hauptteil eine mächtige Lebensbeichte, ein Zeugnis eindringlicher Selbstbeobachtung und angespannter, bohrender Selbstkritik, die gleichwohl nichts Quälendes oder Verzweifeltes an sich hat, weil sie von einem ständigen Lobpreis der göttlichen Barmherzigkeit begleitet wird, die dieses Leben trotz allem nicht fahren ließ, son= dern gerade so, durch Sünde und Schuld, auf verborgenen Wegen dennoch zur Erkenntnis des Heils und zum Frieden der Vergebung geleitet hat. Wer seine Sünden bekennt, meint Augustin, soll dies Bekenntnis immer nur zugleich mit dem Lobpreis Gottes ablegen; es ist nur dann im christlichen Sinne „fromm, wenn es nicht in Ver= zweiflung, sondern im Anrufen von Gottes Barmherzigkeit ge= schieht" (enarr. ps. 94,4). So liegt eine „erhabene Ruhe" über dem Ganzen: der Eindruck, den das Buch hinterläßt, läßt sich „mit dem Eindruck vergleichen, den wir erhalten, wenn nach einem dunklen Regentage die Sonne zuletzt doch noch siegt und ein milder Strahl das befeuchtete Land verklärt" (Harnack). Es ist die letzte Wahr= heit, die hier in einer ganz und gar persönlichen, das Privateste nicht schonenden Weise bezeugt werden soll. Eben darin beruht die erschütternde Wirkung des Buches, aber auch der Anstoß, den es dem spröderen modernen Empfinden immer wieder bereitet hat. Ist eine solche literarische Beichte, sind solche Selbstbekenntnisse im Grunde überhaupt möglich? Die nicht zu leugnende Kunst und ge= legentliche Künstlichkeit der hochentwickelten Form haben dieses Mißtrauen noch verstärkt. Spricht hier nicht immer nur der alte Rhetor in seiner sich selbst bespiegelnden Eitelkeit? Kann ein sol= ches übertriebenes Sündengefühl echt, eine solche Selbstdarstellung und =enthüllung überhaupt wahr sein? Augustin hat diese Kritik vorausgesehen. „Was hab' ich also," fragt er (conf. X 3,3), „mit Menschen zu schaffen, daß sie meine Bekenntnisse hören sollen . . ., mit diesem Geschlecht, so neugierig, von fremdem Leiden zu hören, und so träge, das eigene zu bessern? . . . Woher wissen sie denn, wenn sie nur von mir über mich etwas hören, ob ich die Wahrheit sage, da doch niemand weiß, was im Menschen vor sich geht, als nur des Menschen Geist, der in ihm ist?" (1. Kor. 2,11) Solche Be= kenntnisse müssen ihrem Wesen nach vor Gott abgelegt werden, und so erklärt sich die fast monströse Form des gesamten Werkes: es ist ein einziges, niemals unterbrochenes Gebet — ein Ausbreiten der Reflexionen und Erinnerungen vor Ihm, der dieses ganze Leben geschaffen und vom Anfang bis zum Ende in Händen gehalten hat. Dennoch sollen auch die Menschen dieses Gebet hören; denn es gilt, Gott für die Führung des eigenen Lebens zu danken, ihm auch auf diesem Wege Lob zu sagen und seinen Namen zu verherrlichen. Der Titel des Werkes, „confessiones", ist nach dem Sprachgebrauch der lateinischen Bibel in erster Linie als „Lobpreisungen" zu verstehen; aber das Lob und die Verherrlichung Gottes besteht hier eben in den „Bekenntnissen", die Augustin über sein Leben, seine Sünden und die Erfahrungen seines Glaubens macht.

Gleich der Eingang bezeichnet dieses Thema des Buches: „Groß bist Du, Herr, und sehr löblich (Ps. 145,3); groß ist Deine Kraft, und Deine Weisheit ist unermeßlich (Ps. 147,5). Und loben will Dich der Mensch, ein kleiner Teil Deiner Schöpfung, der Mensch, der sein Sterben mit sich schleppt, das Zeugnis seiner Sünde und das Zeug=

nis, daß Du den Hoffärtigen widerstehst (1. Petr. 5,5); und loben will Dich dennoch der Mensch, ein kleiner Teil Deiner Schöpfung. Du weckst uns auf, daß Dich zu loben Freude macht; denn Du schufst uns zu Dir hin, und unser Herz bleibt unruhig, bis daß es Ruhe findet in Dir" (conf. I 1,1). Das geheimnisvolle Umschlossen= sein des Menschen von Gott, der alles schafft und trägt und dem sich der Mensch persönlich zuwenden darf, nachdem er ihn in der Zeitlichkeit einmal gefunden hat, bezeichnet den Ausgangspunkt, den Inhalt und das Ziel des Lebens. Es ist eine besondere Kunst der Darstellung zu zeigen, wie sich dieses menschliche Wollen, das sich zu verselbständigen und abirrend von Gott zu lösen scheint, dennoch immer wieder in das höhere Führen und Planen Gottes einordnen muß, seinem Rufen begegnet und sich zuletzt vor seiner unergründ= lichen Allmacht in Demut beugt. „Das Bekenntnis des Menschen ist des Menschen Niedrigkeit; das Erbarmen Gottes ist Gottes Höhe" (in Joh. 14,5). Ein eigentümlicher Zauber der Darstellung — so auch bei Augustin sonst nicht wieder begegnend — liegt in der unmittel= baren Einschmelzung der biblischen Zitate und vorab der Psalmen= worte in sein Gebet. Sie blitzen gleichsam von neuem auf in einem lebendigen, vorher so nicht erkannten Glanz. Die fremdartigen bi= blischen Bilder und Wendungen vertiefen den klassischen Rede= fluß und geben der klaren, durchsichtigen Rhetorik einen geheimnis= vollen, gleichsam „exotischen" Reiz. Manches Mißverstehen und Miß= vergnügen an den Konfessionen entspringt der Lektüre von Über= setzungen; ihr Text läßt sich nicht übertragen. Die meist knappen, nur selten reicher gegliederten, immer klaren Sätze haben im Ori= ginal einen festen und reinen Klang; sie sind in ihrer „romanischen" Schönheit durchaus musikalisch empfunden und voller Gestalt. In der Übersetzung werden sie dagegen leicht schwammig und breit, und ihr Pathos wirkt ermüdend und mitunter fast langweilig und sentimental. Man vergißt fast, daß der Verfasser der Konfessio= nen ein formsicherer antiker Denker und durchaus kein neuzeitlicher Pietist gewesen ist.

Die Konfessionen sind von Augustin als das gemeint, wofür sie Jahrhunderte hindurch genommen worden sind: als ein Erbauungs= buch. „Wenn sie gelesen und gehört werden, so erwecken sie das Herz" (conf. X 3,4). Unzählige haben in der Geschichte dieses Le= bens und dieses einmaligen augustinischen Ichs ihr eigenes geist= liches Leben wiedererkannt, ihr eigenes Schicksal vor Gott. Eine blo= ße Biographie hätte das niemals leisten können. Hier zeigt sich die innere Weiträumigkeit und Tiefe des Buches, der eigentümliche Zu= sammenfall seines Persönlichen mit dem Sachlichen, der seine theo= logische Eigenart ausmacht. Mit den Konfessionen beginnt ein neuer Abschnitt in der Geschichte des menschlichen Selbstbewußtseins, des psychologischen Verstehens und der Anthropologie. Der Mensch wird hier seinem eigentlichen Wesen nach auf Gott und damit auf ein Unendliches außerhalb seiner selbst bezogen; damit ist die alte, „klassische" Geschlossenheit des Menschenbildes verlassen. Der

Mensch wird im Angesicht Gottes und seiner wirklichen Bestimmung seiner „Uneigentlichkeit" und hoffnungslosen Zwiespältigkeit inne; damit ist die alte Bestimmung des Menschen als Vernunftwesen, der nur einige sinnliche „Leidenschaften" im Wege stehen, überwunden, und die unheimliche Grenze der Freiheit im entscheidenden Bereich des Wollens selbst, die geheimnisvolle Vielschichtigkeit der mensch= lichen Natur bis an die Grenze des Unbewußten ist entdeckt. Indem der Mensch in seinem Leben und in seiner Zeit von Gott erreicht wird und sein Heil wiederfindet oder verfehlt, erscheint der Raum der Geschichte als die entscheidende anthropologische Dimension. Dies alles wird von Augustin natürlich nicht als neue Lehre verkün= det; in allem Schulmäßigen erstaunlich konservativ, meldet sich das Neue in der Betrachtung seines Lebens und seiner selbst wie von selbst und wird dann in den großartigen Reflexionen über das Selbstbewußtsein, über die Erinnerung und über das Sein der Zeit mit philosophischem Staunen entwickelt. Durch das Zeitproblem als theologisches Problem der Schöpfung Gottes werden auch die beiden Hauptteile des Buches miteinander verknüpft. —

Der biographische Teil der Konfessionen schließt mit Monnicas Tode, in Ostia, kurz vor der geplanten Heimreise nach Afrika. Das letzte große Gespräch zwischen Mutter und Sohn endet in der ah= nenden Vorwegnahme der großen Freude in der ewigen, ganz von der Erfahrung Gottes erfüllten Seligkeit der Vollendung. Es ist ein Höhepunkt des ganzen Werkes, in dem sich die neuplatonische Schau des Einen mit der letzten Hoffnung der Christen in wunder= barer Weise durchdringt. Augustin sagt selbst, er habe in seiner Wiedergabe nicht ganz „dieselben Worte" gebraucht, verbürgt sich aber noch einmal für die volle sachliche Treue seines Berichts. Dazu paßt, daß hier — wie auch sonst fast überall in den Konfessio= nen — noch nicht von Christus die Rede ist. Monnica weiß, daß sie das Ziel ihres Lebens erreicht hat: „Es war ja nur eines, wa= rum ich ein wenig länger in diesem Leben zu bleiben wünschte: ich wollte dich als katholischen Christen sehen, ehe ich stürbe. Das hat mir mein Gott nun erfüllt und mehr als erfüllt: ich durfte jetzt auch noch sehen, daß du das irdische Glück verachtest und ganz sein Knecht geworden bist. Was tu ich noch hier?" (conf. IX 10,26).

In Thagaste angekommen, suchte Augustin das Leben von Cassi= ciacum wieder aufzunehmen. Mit einem Kreis lernbegieriger Freun= de macht er sein Elternhaus zu einem Refugium des klösterlich=be= schaulichen Lebens. Man verzichtet auf jedes Privateigentum und richtet sich auf ein dauerndes Zusammenleben ein. Augustin bleibt der geistige Führer des Kreises: „Wenn meine Brüder sahen, daß ich Zeit hatte, legten sie mir verschiedene Fragen vor." Die Antwor= ten wurden dann — wie schon in Cassiciacum — sofort aufgezeichnet und später zu einem Buche verarbeitet (retr. I 25,1). Meist waren es noch wie bisher philosophisch=theologische Probleme: über das We= sen der Seele und der Glückseligkeit, den Ursprung des Bösen, die Erkenntnis der Wahrheit und dergleichen. Aber Augustin selbst be=

ginnt jetzt, seiner Arbeit eine bestimmtere Richtung zu geben, durch die sie eine aktuelle kirchliche Bedeutung gewinnt: nach der Widerlegung der akademischen Skepsis beginnt die Abrechnung mit der immer noch höchst lebendigen Sekte der Manichäer. Diese Arbeit nötigt Augustin zu vertieften biblischen Studien, besonders über das von den Manichäern verworfene Alte Testament. Die Auseinandersetzung mit den einstigen Gesinnungsgenossen hat Augustin jahrzehntelang beschäftigt und ist für ihn gelegentlich nicht ohne Peinlichkeit. Aufs Ganze gesehen, hat sie ihn selbst nicht mehr gefördert. Es ist nur ein Problem, das, schon früher gestreift, jetzt seine ernsthafte Durcharbeitung findet und über den unmittelbaren Anlaß hinaus bedeutsam bleibt: der Sinn und die Notwendigkeit, die dem Glauben neben der vollen wissenden Erkenntnis grundsätzlich zukommt, ist zu klären und zu rechtfertigen. Der Kernsatz der manichäischen Propaganda lautete ja, daß es „schmählich wäre, ohne vernünftigen Grund zu glauben" (util. cred. 14,31). Während die Katholiken sich von bloßer Autorität einschüchtern und verführen ließen, seien die Manichäer imstande, mit klaren Gründen der Vernunft jedermann von der Wahrheit ihrer Lehre zu überzeugen. Dies war allerdings eine einigermaßen lächerliche Prätention, und Augustin, der gerade hier seine Erfahrungen gemacht hatte, versäumte es nicht, den theosophischen Unsinn der manichäischen Welterklärung und Spekulation gehörig zu zerpflücken. Aber das Problem als solches blieb trotzdem bestehen. Es galt zu zeigen, daß die Forderung des Glaubens vor und neben dem erkennenden Wissen durchaus nichts Unsinniges, sondern vielmehr gerade vernünftig und unumgänglich wäre. Es ist daher völlig in der Ordnung, ja heilsnotwendig, daß die katholische Kirche von denen, die sich dem Christentum zuwenden, in erster Linie Glauben verlangt und die Autorität dem selbständigen Erkennen somit vorangeht.

Trotz der apologetischen Zielsetzung wäre es ganz verkehrt, in diesen Gedanken Augustins eine bloße Zweckerfindung zu sehen, die im kirchlichen Interesse erfolgt wäre. Sie sind bei ihm unabhängig von jeder kirchenpolitischen Absicht schon früher angesetzt und hängen mit seiner wissenschaftlichen Erkenntnislehre und mit seiner Anthropologie zusammen. „Glauben" hat in diesem Zusammenhang keine spezifisch religiöse Bedeutung, es bezeichnet zunächst lediglich das Aufnehmen einer vorläufig unkontrollierbaren Meinung oder Mitteilung, die uns durch andere, besser orientierte Personen vermittelt wird. Derartiges geschieht fortwährend und durchaus vernünftigerweise. Wollte man sich auf den Standpunkt stellen, nur das gelten zu lassen, was man selbst erfahren und vollständig erkannt hat, so könnte kein menschliches Leben und keine Gemeinschaft bestehen; ein allgemeines, fürchterliches Chaos wäre das Ergebnis. Dazu kommt, daß gerade die wahre Weisheit keinem Menschen von Haus aus verfügbar ist; er muß sie erst finden und kennenlernen, und das ist wieder nur so möglich, daß er sich denen anschließt, die sie bereits besitzen, und zunächst einmal vertrauens=

voll auf sie hört. Freilich, es kommt darauf an, den rechten Weis=
heitsmittler zu treffen, Christus, der die Weisheit Gottes selber ist,
und das geschieht mit Hilfe der Kirche, die für Ihn zeugt auf Grund
der Schriften, die Ihn bezeugen. Beide, die Schrift und die Kirche,
sind von Gott mit so in die Augen fallenden Vorzügen ausgestattet
— Augustin denkt hier an den Weissagungs= und Wunderbeweis, an
die katholische Universalität und an die apostolische Sukzession —,
daß es keinesfalls gegen die Vernunft ist, ihrer Führung zu vertrauen
und dem, was die Kirche autoritativ verkündigt, zunächst einmal zu
„glauben". Vielleicht ist es in Ausnahmefällen möglich, auch ohne
ihre Mittlerschaft der Wahrheit ansichtig zu werden; vielleicht gibt
es auch eine Stufe der Erkenntnis, die das bloße Glauben schließlich
entbehrlich macht — in der Frühzeit Augustins bleiben diese Fragen
noch offen; aber die meisten Menschen würden ohne Autorität ganz
gewiß niemals die Wahrheit erreichen, und auch dem, der die Wahr=
heit kennt, schadet es nichts, wenn er sich trotzdem der Kirche ein=
fügt und zu dem sicheren Wege bekennt, den sie nach ihrem Auftrag
jeden zu führen bereit ist.

Diese ganze Betrachtungsweise erfährt nun eine wesentliche Ver=
tiefung, sobald Augustin den anfänglichen, rein theoretischen Be=
griff des Glaubens fahren läßt und den Glauben im Anschluß an
die Bibel nicht mehr auf einzelne Wahrheiten, sondern auf Gott be=
zieht, der Christus als Wahrheit offenbart hat. Damit gewinnt
der Glaube existentiellen Charakter und gehört mit der Liebe und
der Hoffnung wesenhaft zusammen. „Glauben" heißt jetzt soviel
wie bejahen, mit Willen aufnehmen und „lieben". Nur in dieser
Haltung kann man die lebendige Wahrheit überhaupt erfahren und
„erkennen", und man erkennt sie um so mehr, je mehr man sich ihr
verbindet und sich ihr hingibt. Um die Wahrheit zu erkennen, muß
man selbst für die Wahrheit offen sein, in der Reinheit und im Gut=
sein zunehmen und nicht umgekehrt, wie der abstrakte Intellektua=
lismus freilich zu allen Zeiten meint. In diesem Sinne beruft
sich Augustin immer wieder auf das Jesajawort (Jes. 7, 9) seiner la=
teinischen Bibel: „Glaubet ihr nicht, so erkennet ihr nicht." „Kannst
du nicht einsehen, so glaube, damit du einsiehst;" insofern geht der
Glaube der Erkenntnis voran (serm. 118, 1). Andererseits aber muß
man von einer Sache immer auch schon etwas wissen, d. h. durch
die „Autorität" anderer erfahren haben, um an sie überhaupt glau=
ben zu können, und „wenn wir keine vernünftigen Seelen besäßen,
könnten wir auch nicht glauben" (ep. 120, 3). Glauben und Wissen
greifen ständig ineinander. Man muß also Gottes Wort begreifen,
um zu glauben, und glauben, um es zu begreifen. Damit ist der
Glaube nicht, wie das Mittelalter wollte, zu einer niederen Form
des Erkennens gemacht; Augustin meinte kein wie immer gear=
tetes Erkenntnisvermögen, sondern die innere „Zustimmung", die
Bereitschaft und Offenheit der Hingabe, ohne die eine Erfahrung
der „Wahrheit" gar nicht möglich ist. Im Gegensatz zu einer ab=
strakten Theorie des Erkenntnisvorgangs als solchen, versteht

Augustin den Glauben als einen ganzheitlichen Akt der wollenden Person, der dort, wo es um das eigene Sein und um die eigene „Wahrheit" geht, vom sittlichen Vermögen und der persönlichen Einstellung zu Gott und dem Guten gar nicht gelöst werden kann. Spricht Augustin in solchem Zusammenhang von der Kirche, so heißt das nicht, daß ihre Autorität die Wahrheitserkenntnis ersetzen solle; aber sie ist die Führerin und der Weg, auf dem man zur Wahrheit gelangt. Sie ist zugleich der Ort, an dem die Wahrheit sich bewähren und in Liebe getan werden muß, weil uns Gottes Wahrheit in die Gemeinschaft führt, während sie in hochmütiger Selbstbezogenheit untergeht. „Deine Wahrheit gehört weder mir noch diesem oder jenem, sondern uns allen, die Du zu ihrer Gemeinschaft berufst. Und Du warnst uns vor dem Wunsche, sie für uns allein zu nehmen, damit sie uns nicht genommen werde. Denn wer das, was Du allen zum Segen bietest, für sich allein beansprucht und als sein Eigentum behalten will, was aller Eigentum ist, der wird vom Gemeinsamen aufs Eigene abgedrängt, d. h. fort von der Wahrheit zur Lüge" (conf. XII 25, 34). —

Der neue Asket und theologische Schriftsteller hatte in seiner Vaterstadt schnell die Aufmerksamkeit auf sich gezogen. Trotz seines zurückgezogenen Lebens wandte man sich immer häufiger an ihn in geistlichen, mitunter auch rein weltlichen Angelegenheiten. Die Freunde empfanden solche Störungen begreiflicherweise als unerwünscht; auch Augustin litt darunter, hielt es aber für seine Pflicht, Rat, wenn er begehrt wurde, nicht zu versagen. Gelegentlich mußte er sich sogar zu Reisen über Land entschließen. Dann vermied er es sorgfältig, Orte aufzusuchen, in denen etwa ein Bischofssitz vakant war. Wie stets herrschte an wirklich geeigneten, d. h. theologisch gebildeten und des Wortes mächtigen Männern ein gewißer Mangel. Augustin konnte für das bischöfliche Amt natürlich vor andern als passend gelten; aber ihm lag an seiner Unabhängigkeit. Es mag, schreibt er einem Freunde, Kirchenmänner geben, die es fertigbringen, in den Stürmen der täglichen Gemeindearbeit den inneren Frieden zu behaupten; ihm wäre das unmöglich. „Glaub mir, ich brauche völlige Abgeschiedenheit vom Wirbel der vergänglichen Dinge" (ep. 10, 2). Nur so meint er der wahren Weisheit treu bleiben zu können. Es sollte trotzdem anders kommen. Im Frühling 391 weilte Augustin in der nördlichen Hafenstadt Hippo Rhegius, wo er einen Bekannten für seine Asketengemeinschaft zu gewinnen hoffte, und besuchte den dortigen Gottesdienst. Er wußte nicht, daß der Ortsbischof Valerius, von Geburt ein Grieche, schon lange nach einem Helfer suchte, der ihn bei der lateinischen Predigt unterstützen könnte. Als er jetzt wieder seine alte Klage erneuerte, bemerkten einige Männer den unter ihnen stehenden Augustin und zerrten ihn kurz entschlossen nach vorne: der Mann sei gefunden, Augustinus solle zum Priester geweiht werden und hinfort das Predigen übernehmen. Als sie sein Entsetzen gewahrten, fügten sie noch schnell hinzu, sie würden ihn später ge-

wiß auch einmal zum Bischof machen. Alles Sträuben, aller ver=
zweifelte Widerstand fruchtete nichts. Valerius legte Augustin die
Hände auf, wies ihm in der Nähe der Kathedrale ein Haus mit Gar=
ten an, in dem er wohnen sollte, und hieß ihn, alsbald seinen Dienst
beginnen. Das einzige, was Augustin erreichen konnte, war eine Be=
urlaubung für wenige Monate, in denen er sich, wie er sagte, „mit
den Arzneien der heiligen Schrift" betend für sein neues Amt stär=
ken wollte. Augustin bestreitet nicht, daß er die christlichen Heils=
lehren kenne und für seine Person auch ohne jeden Vorbehalt be=
jahe; aber darum wüßte er noch nicht, „wie er sie andern Leuten dar=
bieten solle," und hierzu erhofft er sich — wie an allen Wendepunk=
ten seines Lebens — aus der Bibel Hilfe und Rat (ep. 21, 3 f.). Dann
erst beginnt er nicht ohne Zagen mit der neuen Tätigkeit und arbei=
tet seine ersten Predigten und Katechesen aus. Sie fanden sogleich
Anklang. Es war im damaligen Afrika durchaus nicht üblich, daß
ein gewöhnlicher Priester an Stelle des Bischofs Predigten hielt,
bald auch Synoden besuchte und Disputationen mit Andersgläubi=
gen veranstaltete und bestritt. Fünf Jahre nach seiner Berufung ließ
ihn der alternde Valerius zu seinem Mitbischof weihen — trotz
Augustins Bedenken galt das damals noch als möglich —, und als
er bald danach starb, wurde Augustin wie vorgesehen der Nach=
folger.

Wir brauchen nicht zu zweifeln, daß Augustin die Tränen,
die er vergeblich zu verbergen suchte, bei seiner Ordination, wirk=
lich von Herzen kamen. Die Preisgabe des bisherigen idealen Le=
bens erschien ihm nur als Opfer, ja als eine Strafe für seine Sün=
den. Er wußte, warum er sich dazu entschlosen hatte, in die Unruhe
der öffentlichen Geschäfte niemals zurückzukehren. „Aber der Herr
lachte über mich und wollte durch die Wirklichkeit selbst mir zei=
gen, wer ich sei" (ep. 21, 2). „Ein Sklave darf seinem Herrn nicht
widersprechen wollen" (serm. 355, 2): Augustin fügte sich ohne
Freude in sein Geschick. Mit der bisherigen Möglichkeit, ohne jede
äußere Bindung ganz nach eigenem Plan und Wunsch philosophisch
und theologisch arbeiten zu können, war es nun in der Tat für im=
mer vorbei. Die zahllosen Geschäfte eines Bischofs nahmen ihn von
jetzt an tagaus tagein in Anspruch; es gab keine Beurlaubung mehr.
Augustin wollte ein gewissenhafter Bischof sein und ist es fünfund=
dreißig Jahre lang bis zu seinem Tode geblieben. Hippo Rhegius,
das heute etwas weiter nördlich liegende Bone, war keine bequeme
Kleinstadt, sondern die volkreichste Stadt der Provinz Numidien,
nach Karthago der wichtigste Platz des Landes. Es besaß mehrere
Kirchen, dazu Märtyrerkapellen und andere kirchliche Baulichkeiten,
heidnische Tempel, Zirkus und Theater. Stärker als die Katholiken
waren die schismatischen Donatisten; dazu kamen weitere Sekten
und ein immer noch erheblicher Prozentsatz unchristlicher Bevölke=
rung. Mit allen gab es Auseinandersetzungen und Streit. Die ka=
tholische Gemeinde selbst war nicht einheitlich und umspannte von
den armen, z. T. berberisch oder punisch redenden Bewohnern der

Hafenviertel bis zu den luxuriösen Villen der herrschenden Schicht die größten Gegensätze. Für alle sollte der Bischof dasein — er war ja nicht nur Prediger und Seelsorger, sondern nach der damaligen Ordnung auch Richter, Fürsprecher und Repräsentant der Bevölke= rung. Die kirchlichen Interessen, die da verhandelt wurden, hatten mit den Problemen, die Augustin bisher beschäftigt hatten, meist wenig genug zu tun. Zank, Klatsch und schmutzige Intrigen waren an der Tagesordnung. Schon die Bischofsweihe Augustins wäre beinahe gescheitert, weil die Gegner das Gerücht ausgestreut hatten, er habe einer Ehefrau Liebesmittel für einen Ehebruch verschafft (in Wirk= lichkeit handelte es sich um das übliche Geschenk eines kirchlich geweihten Brotes). Dazu traten die Sorgen der Nachbarschaft und der Gesamtkirche. Bald verlangte man von allen Seiten nach Augu= stin. Unzählige Male finden wir ihn zu Konzilien und Sitzungen in Karthago oder sonst auf Reisen. Seine Korrespondenz geht über See fast in alle Provinzen des Reiches. Er war schon tot, als ihn die kaiserliche Einladung noch zum großen Konzil von 431 nach Ephesos entbot.

Es mag uns kränken zu sehen, wieviel Zeit und Kraft Augustin daran wenden mußte, kleinliche Streitereien zu entscheiden, theolo= gische Kampfhähne zur Vernunft zu bringen oder irgendwelche, von außen herangetragene Probleme zu erörtern. Es läßt sich auch nicht leugnen, daß die dauernde Anspannung im kirchlichen Dienst auf sein Wesen zurückgewirkt hat. Augustin wird im Laufe der Jahre weniger liebenswürdig und beweglich, er wird dogmatisch un= erbittlicher, kirchlich härter und „katholischer". Aber jede Bindung und jedes Älterwerden verändert den Menschen. Aufs Ganze ge= sehen, hat das Amt Augustin dennoch weit mehr gegeben als ge= nommen, ja er ist erst im Dienst und durch den Dienst an der Kirche ganz der geworden, der er war. Trotz seines hohen systematischen Vermögens ist Augustin seinem Wesen nach kein reiner Theoreti= ker, der Probleme und Lösungen ohne persönlichen Anstoß emp= fängt und um ihrer selbst willen weiterführt. Schon die ersten philosophisch=theologischen Bemühungen bewältigen trotz ihrer schulmäßig=trockenen Form die Entscheidungsfragen seiner per= sönlichen Entwicklung; Augustin sucht sich seines neuen Weges geistig zu versichern. Noch die Widerlegung der Manichäer kann von hier aus gesehen werden. Jetzt ist er mit sich und seiner Ver= gangenheit innerlich fertig geworden. Sollte er die frei gewordene Kraft nun einfach darauf verwenden, in ungestörtem Frieden, um= geben von einem kleinen Kreis willig folgender Gefährten dem Geiste zu dienen und „die Wahrheit" zu erforschen? Augustin selbst hat diesen Wunsch offenbar gehabt — es ist der Wunsch eines Schriftstellers und Philosophen, der den Wert seiner geistigen Ar= beit zu schätzen weiß und sein Bedürfnis nach äußerer Ruhe danach wohl als berechtigt empfinden kann und mit asketischen und erbau= lichen Gründen verteidigt. Aber die Aufgaben, die sich ungerufen stellten, drängten ihn schon vor seiner Wahl leise über den selbst=

gezogenen Kreis hinaus, und seine plötzliche Berufung wirkt dann wie eine zweite, von ihm selbst zunächst nicht gewollte und kaum verstandene, das Leben wendende Bekehrung. Die Arbeit des Bischofs, die unendlichen, schwierigen Aufgaben im Dienst der katholischen Kirche geben Augustin der Wirklichkeit zurück und führen seinem Geist immer neue Massen wirklicher, geschichtlich drängender Fragen zu, die im Alltag entschieden und gerade darum ernsthaft beantwortet werden müssen. Augustin ist von ihnen nicht erdrückt worden, er hat sie bewältigt, und die Einheit von Leben und Geist, die er im persönlichen Bereich gefunden, erscheint so noch einmal, größer und tiefer, im großen Raume der Kirche, für die er sprechen und lehren muß.

Auf den ersten Blick scheint es fast unbegreiflich, wie es Augustin fertiggebracht hat, neben der laufenden Arbeit des kirchlichen Betriebs geistig unausgesetzt tätig zu bleiben und die ungeheuere Menge seiner Briefe, Predigten, Abhandlungen und z. T. umfangreichen theologischen Werke abzufassen. Sie stammen ja zum weitaus größten Teil aus seiner bischöflichen Zeit. Augustin war selbst überrascht, als er gegen Ende seines Lebens feststellte, daß er bereits 93 „Werke" oder 232 „Bücher" veröffentlicht habe (es waren in Wirklichkeit sogar noch mehr); und schon sein Schüler und Biograph Possidius hat gemeint, es gäbe wahrscheinlich niemand, der imstande wäre, dies alles zu lesen. Gewiß ist Augustin in seiner Arbeitsweise kein moderner Gelehrter und auch kein Polyhistor im Stile von Hieronymus. Er konzipiert seine Gedanken schnell und selbständig, und die Formulierung als solche macht dem geschulten Redner überhaupt keine Schwierigkeiten; die Bücher — oft mehrere nebeneinander — werden den Stenographen unmittelbar in die Feder diktiert. Aber Flüchtigkeit war Augustin trotzdem verhaßt; er hat seine Schriften durchaus nicht extemporiert, sondern sorgfältig überlegt und ihren Text nachträglich oft noch revidiert und kontrolliert. Die unter seiner Leitung schnell wachsende Kirchenbibliothek von Hippo hat er selbst eifrig benutzt und noch als älterer Bischof sich daran gemacht, seine griechischen Schulkenntnisse zu überholen und auszubauen. Es gibt unter Augustins Werken natürlich auch trockene und mattere Stücke, aber sie sind selten. Für gewöhnlich erkennt man ihn sofort an der Spannkraft, Direktheit und Sachgemäßheit des durchsichtigen Gedankengangs. Auch dort, wo er mitunter sehr ausführlich werden und einen breiten Stoff entfalten muß, verliert man nicht die Übersicht. Augustin weiß stets, warum und wozu er etwas schreibt. Seine Gedanken schweifen mitunter ab, aber sie machen sich nicht selbständig; sie bleiben immer im Zusammenhang, denn sie sind auf ein großes Reich der Wahrheit bezogen, das als solches die Wahrheit Gottes und die Wahrheit der christlichen Kirche ist. Das ist für ihn eine persönliche Hilfe: „Ich breche unter der Last zusammen; aber eben an der Stelle, wo sie mich niederdrückt, werde ich auch wieder aufgerichtet, weil ich mich geliebt fühle" (ep. 101, 1). Augustin lebt auch auf den höchsten

Höhen des geistigen Lebens nicht für sich allein, und der armselig=
ste, drückende Alltag bleibt für ihn sinnvoll, weil es der Alltag des
Leibes Christi ist. Diese letzte Unzerspaltenheit seiner Lebensarbeit
ist das Geheimnis seiner nicht zu ermüdenden Schöpferkraft. —
Wer Augustin in dieser Einheit seines geistlichen Wirkens ken=
nenlernen möchte, muß seine Predigten lesen. Sie sind — vor allem
im Urtext — noch heute lesbar und fesseln nicht nur als persönliche
und kirchen= und kulturgeschichtliche Dokumente, sondern auch
unmittelbar, durch ihre Form und durch ihren geistlichen Gehalt.
Augustin hat wie Ambrosius regelmäßig gepredigt und seine Pre=
digten z. T. gleichfalls in Bücher umgesetzt; aber die stilistische und
sachliche Überarbeitung ist gründlicher als bei jenem. So hat er als
Bischof mit einer Psalmenauslegung begonnen, die teils aus exegeti=
schen Notizen und teils auch wirklich gehaltenen Predigten erwach=
sen ist; so ist später vor allem das berühmte Werk über das Jo=
hannesevangelium entstanden. Aber wir haben zahlreiche Predigten
Augustins auch noch in ursprünglicher Gestalt — so, wie sie im
Gottesdienst mitgeschrieben oder von ihm selbst nachträglich dik=
tiert wurden. Vorher machte sich Augustin keine Aufzeichnungen,
sondern bereitete sich nur betend und meditierend auf die Ausle=
gung vor — orator antequam dictor (doctr. IV 15, 32). Die Predigten
sind je nach Anlaß, Zeit und Hörerschaft durchaus verschieden. Der
Redner, meint Augustin, darf nicht ein fertiges Konzept mitbrin=
gen, sondern muß seine Hörer ständig im Auge haben und je nach
dem, wie er verstanden wird, fortfahren oder auch das Gesagte mit
anderen Worten wiederholen. Entscheidend ist, daß die Predigt an=
kommt, d. h. mit Verständnis, Freude und Folgsamkeit gehört wird.
Sie darf nicht zu lang sein, um nicht zu ermüden — schließlich müs=
sen die Hörer ja auch stehen, während der Bischof sitzen kann. Sie
muß vor allem klar sein und wirklich an das Wort der Bibel heran=
führen. Dies letzte ist ein entscheidender Punkt: noch wichtiger als
die Volkstümlichkeit ist die Forderung der Sachlichkeit und Sach=
gemäßheit, und von hier aus erfährt die antike Einstellung zur Rede
eine grundsätzliche Korrektur. Gewiß, auch die Predigt ist eine
rhetorische Aufgabe, und Augustin versäumt es selten, sie durch
einprägsame Antithesen, angenehm fallende Rhythmen und gele=
gentlich aufblitzende Wortspiele und Reimschlüsse zu verschönen
und eingängiger zu gestalten. Aber die Formkultur ist gleichwohl
vom Übel, sobald sie zur Hauptsache erhoben wird und die
Aufmerksamkeit vom Inhalt ablenkt, auf den es ankommt. Man
kann es, meint Augustin, an Cyprian studieren, „wie die gesunde
christliche Lehre die Zunge von jenem rhetorischen Überschwang
zurückholt und in die Zucht einer ernsteren und schlichteren Bered=
samkeit nimmt" (doctr. IV 14, 31). Wer in Augustin nur den kün=
stelnden Rhetor sehen möchte, hat ihn nicht verstanden oder einen
falschen Maßstab angelegt: man muß den alten Augustin mit dem
jungen, den Prediger mit dem Briefschreiber und man muß ihn vor
allem mit seinen Zeitgenossen vergleichen. Dann ahnt man das

Maß der Selbsterziehung, dem er sich unterworfen hat, und man versteht die sprachverjüngende Kraft, die für ihn wie für andere gerade von der regelmäßigen Gemeindepredigt ausgegangen ist. Augustin hat den lateinischen Predigtstil nicht geschaffen, aber voll= endet und ist für die Folgezeit das anerkannte Muster geworden.

Übrigens ist Augustins Predigtsprache trotz ihrer kurzen Sätze, ihrer unmittelbaren Verständlichkeit und Lebensnähe durchaus nicht vulgär und will es nicht sein. Wenn er einen übertriebenen Puris= mus ablehnt, so hat er in erster Linie nur die lateinische Bibel mit ihren mancherlei sprachlichen Wunderlichkeiten im Auge; am Bibel= wort läßt er nicht mäkeln. Aber im übrigen ist es gerade der Reiz seiner Sprache, daß ihre gewollte Schlichtheit nicht auf Hilflosigkeit beruht. Die trockensten Sätze, die Augustin formuliert, haben im= mer noch etwas von der Art „verschossener Seide" an sich, „die, wie man sie auch faltet, doch immer irgendwo glänzt" (v. d. Meer). Augustin sinkt auch mit dem, was er inhaltlich bietet, niemals un= ter sein Niveau. Er hat die seltene Gabe, wie sie aus Freiheit und innerer Sicherheit entspringt, Tiefstes verständlich, Kompliziertes einfach und auch das Einfache niemals banal zu sagen. Zweifellos stellen seine Predigten in ihrer straffen Gedankenführung mitunter erhebliche Forderungen an die Hörer und mögen einem Teil von ihnen gewiß auch über den Kopf gegangen sein. Aber sie lenken doch immer wieder zu dem allen gemeinsamen geistlichen Besitz zurück und berufen sich nicht umsonst auf die Liebe, in der die Ge= meinde lebt und alle Glieder verbunden bleiben. Augustin hat in einem Handbuch der „christlichen Wissenschaft", von dem noch zu reden sein wird, seine Predigtlehre später selbst dargestellt. Er hat mit einem reizenden Büchlein „über die Unterweisung einfacher Leute" auch die erste Katechetik verfaßt. Trotzdem bekennt er, er bliebe von seinen eigenen Leistungen „fast immer" unbefriedigt. „Ich will, mein Hörer sollte alles so verstehen, wie ich es selber verstehe, und fühle, daß meine Worte das nicht erreichen." Das liegt, wie er philosophisch reflektierend ausführt, vor allem wohl daran, daß die geistige Erkenntnis blitzartig aufleuchtet und voll= ständig ist, während die Wiedergabe in Worten und Silben dann immer erst einen langen und mühsamen Weg durchmessen muß. Aber der Prediger mag sich damit trösten, daß sich die Hörer er= fahrungsgemäß oft auch dann noch erbaut fühlen, wenn ihn selbst ein Gefühl des Mißlingens bedrückt (cat. rud. 2, 3). —

Persönlich hat Augustin auch als Priester die asketische Lebens= form beibehalten. Auf dem ihm überwiesenen Grundstück wird als= bald ein Kloster (monasterium) errichtet. Ein Teil der Freunde aus Thagaste siedelt dahin über. Die Zahl der Insassen wächst schnell. Sie kommen z. T. von weither; aber die Mehrzahl besteht aus ein= fachem Volk. Damit ändert sich der bisherige, betont „geistige" Charakter der Gemeinschaft; sogar Analphabeten wird die Auf= nahme nicht verweigert, sie müssen dann nur im Lesen und Schrei= ben unterwiesen werden. Augustin muß seine eigene Stellung als

Klosteroberer stärker als bisher betonen, feste Vorschriften werden erlassen. Die von ihm verfaßte Regel ist die älteste abendländische Klosterregel überhaupt; auch Benedikt von Nursia hat sie gekannt. Als Augustin zum Bischof aufrückte, mußte er die Leitung einem anderen übertragen und selber in den Bischofshof übersiedeln: die Menge der Besucher und Gäste, die er empfangen, einladen und oft auch beherbergen mußte, hätten die klösterliche Ruhe allzu emp= findlich gestört. Aber Augustin wollte auf sein Ideal trotzdem nicht verzichten. So bestimmte er jetzt seinen Klerus, ganz zu ihm zu ziehen. Alle Geistlichen der Stadt begründeten unter seiner Leitung eine „vita communis", und jeder neu Gewählte mußte sich hinfort dazu verpflichten, ihr ebenfalls beizutreten; sonst wurde er nicht ordiniert. Eine solche Ordnung war in Italien und Gallien gelegent= lich schon vor Augustin versucht worden; aber es fragt sich, wieweit er von diesen Vorläufern etwas gewußt hat, und Augustins „Kleri= kerkloster" (monasterium clericorum) hat jedenfalls der Folgezeit als Muster gedient. In Afrika wirkte seine Stiftung zugleich als eine Art Pflanzschule für Bischöfe. Die nach auswärts berufenen Geist= lichen haben die neue Ordnung schnell weiter bekannt gemacht, und im Mittelalter berufen sich die Dom= und Kollegiatkapitel auf die Regel Augustins. — Im priesterlichen Kloster mußte die Handarbeit, auf die Augustin sonst Wert legte, durch seelsorgerliche Tätigkeit ersetzt werden; aber der Geist der Gemeinschaft und engen Zu= sammengehörigkeit aller sollte darunter nicht leiden: „Das erste Ziel eures gemeinschaftlichen Lebens ist, in Eintracht zusammen= zuwohnen und ein Herz und eine Seele in Gott zu haben" (regula I 1). Dafür gibt die Urgemeinde, so wie sie die Apostelgeschichte schildert (Apg. 4, 32), das Vorbild ab. Entscheidend ist die Gesin= nung, nicht die asketische Leistung als solche, der Geist und nicht die Organisation. Die festen Ordnungen des Tages, Tischzeiten und Gebetsstunden, stecken nur den Rahmen ab. Die wahre Liebe behandelt nicht alle und alles gleich; sie versteht es vielmehr, in= dividuelle Unterschiede und Bedürfnisse zu berücksichtigen. Nur in einer Forderung ist Augustin unerbittlich: es muß völlige Besitz= losigkeit herrschen. Wo hiergegen verstoßen wird, greift er rück= sichtslos durch. Er selbst verteilte oder verkaufte grundsätzlich alles, was man ihm zum Geschenk machte; er würde sich schämen, sagte er, ein besseres Kleid als die anderen Brüder zu tragen (serm. 356, 13). „Wir haben den Wunsch, nach der Art der Apostel zu le= ben" (regula I 4).

Die klösterliche Gemeinschaft verwirklicht das, was die christliche Gemeinde eigentlich sein sollte: eine Gemeinschaft vollkommener Liebe. Darin soll sie der Gemeinde als Muster dienen; sie ist ihr ausgezeichneter Teil, gleichsam die Borte am Gewande des Herrn (enarr. Ps. 132, 9). Daran ändern auch vereinzelte Enttäuschungen nichts. Augustin bekennt, daß so, wie er „kaum bessere Menschen getroffen habe als die, die in den Klöstern Fortschritte machten," manche von denen, die in den Klöstern versagt hätten, auch zu

den schlimmsten gehörten, die er gekannt habe (ep. 78, 9). Grund=
sätzlich sollen alle Mönche im Klerikerkloster zum Dienst in der Ge=
meinde bereit sein. Die Spannung zwischen dem beschaulichen und
dem tätigen Lebensideal, die Augustin selbst so schmerzlich er=
fahren hatte, muß ertragen werden. Wir müssen Maria und Martha
zugleich sein, Gott und den Nächsten zugleich lieben. Diese letzte
Spannung wird erst im Jenseits zur Ruhe kommen: „Die Liebe zur
Wahrheit verlangt heilige Ruhe (otium sanctum); die Liebespflicht
fügt sich einer billigen Beanspruchung. Bürdet einem niemand diese
Last auf, so soll man sich ganz der Erkenntnis und Schau der Wahr=
heit überlassen; wird sie einem auferlegt, so muß man sie anneh=
men um der Pflicht der Liebe willen. Aber man darf sich trotzdem
den Genuß der Wahrheit nicht völlig versagen; sonst entschwindet
jene Süße ganz, und der bloße Zwang einer Pflicht drückt uns zu
Boden" (civ. D. XIX 19). —
    Die im engeren Sinne philosophischen Bemühungen treten in
Augustins Schriften jetzt zurück. Das Verstehen, das Auslegen und
Verkündigen der Bibel bestimmt seine Arbeit. Die Kritik an den
Philosophen, ihrer Eitelkeit und ihrem „Hochmut", verstärkt sich;
die positive Bedeutung ihrer Bekenntnisse wird nur noch selten er=
wähnt. Aber dieser Eindruck kann täuschen. Augustin verzichtet auf
direkte Bezugnahmen; er hat sie nicht mehr nötig, nachdem er die
volle, uneingeschränkte und unfehlbare Wahrheit der Bibel einmal
gefunden hat. Aber er hört darum nicht auf, auch als Theologe
Philosoph zu sein. Augustin kennt weder die mittelalterliche Stu=
fung noch die moderne Scheidung von Theologie und Philosophie.
Für ihn gibt es nur eine Wahrheit, die sich den heidnischen Philo=
sophen unvollkommen und den Christen in Christus vollkommen
gezeigt hat. Soll diese christliche Wahrheit verstanden, geistig an=
geeignet und begründet werden, so greift er ohne Scheu, bewußt
und unbewußt, auf die Denkmittel und logischen Gesetze, die Be=
griffe, Anschauungen und Traditionen zurück, die er bei Cicero, bei
Aristoteles und bei den „Platonikern" gelernt hat und die sich dort
als richtig erwiesen haben. Das großartigste Ergebnis dieser Hal=
tung sind seine „Fünfzehn Bücher über die Dreieinigkeit". Er hat
sie im Jahre 399 „als junger Mann" begonnen und erst zwanzig
Jahre später, „als Greis", zum Abschluß gebracht (ep. 174). Schon
der äußere Aufbau zeigt, worum es Augustin geht: nachdem die
ersten acht Bücher die biblische Lehre von der Dreieinigkeit als sol=
che dargestellt haben, folgt in einem noch umfangreicheren zweiten
Teil ihre wissenschaftliche, d. h. logisch=metaphysische Rechtferti=
gung und Begründung. Ohne Kenntnis der neuplatonischen Gottes=
lehre und der sonstigen Gegebenheiten antiker Philosophie ist sie
nicht zu verstehen.
    Augustin hatte bei diesem Versuch einer philosophischen Behand=
lung der Trinität im Abendland schon einen Vorläufer gehabt. Das
war Marius Victorinus, der Christ gewordene heidnische Philosoph,
in dessen Übersetzung Augustin die plotinischen Schriften kennen=

gelernt hatte. Der Ausgangspunkt für die philosophische Inter=
pretation des Dogmas lag in Plotins Lehre von der Selbstentfaltung
der Gottheit, die schon hier zu einer Art Trinität geführt hatte,
die von der weiteren Welt niederer Geisteswirklichkeiten ausdrück=
lich abgegrenzt wurde. Nur blieb es von den neuplatonischen Vor=
aussetzungen aus immer schwierig, die „Einheit" und „Gleichheit"
der drei göttlichen Größen zu beweisen, auf die es nun theologisch
ankam. Victorin hatte hierbei noch in unmittelbarer Front gegen die
Arianer gestanden, deren Macht seitdem gebrochen war. Augustin
bringt die Erörterung jetzt in voller Ruhe zum Abschluß. Die Art
und Weise, in der er die philosophischen Gedanken aufnimmt und
korrigiert, hat mit einer bloß äußerlichen, gewaltsamen Anpassung
an die vorgegebenen Bedürfnisse nichts zu tun. Augustin versucht,
am Leitfaden der christlichen Lehre den systematischen Zusammen=
hang noch einmal selbständig zu durchdenken und zu Ende zu füh=
ren. Mag er in der Sorgfalt der Durchführung und in der exakten
Handhabung der überfeinen Begriffe hinter seinen philosophischen
Lehrmeistern auch zurückgeblieben sein, seine Untersuchungen ha=
ben trotzdem eigenes Gewicht und dringen unter dem Druck des
neuen Anliegens mehrfach auch zu neuen logischen Erkenntnissen
vor. Wenn Augustin gegenüber der klassischen, statischen, in der
Vorstellung reiner Schau beharrenden Bestimmung des Geistes und
der göttlichen Vollkommenheit, Victorinus fortführend, gerade die
dynamischen und willensmäßigen Momente der „Liebe" für das
trinitarische Leben zu betonen beginnt, so hängt das gewiß auch
mit der Besonderheit der christlich=biblischen Antriebe innerlich
zusammen.

Augustin nähert sich der Trinitätslehre nicht auf dem Wege ihres
geschichtlichen Ursprungs — der Sendung des „Gottessohnes" in
das Fleisch und der Erfahrung des „Geistes" in der urchristlichen
Gemeinde; er beginnt, wie die ganze altkirchliche Theologie, „phi=
losophisch" bei dem ewigen Sein der Gottheit in sich selbst. Dabei
ist er sich — mehr als seine Vorgänger und vor allem mehr als die
griechischen Theologen — dessen bewußt, daß das Geheimnis der
Gottheit über alle Vorstellungen hinausliegt und der Versuch einer
begrifflichen Erfassung darum notwendigerweise etwas Symboli=
sches behält. Das gibt ihm gegenüber verschiedenen Ansätzen des
Verständnisses eine gewisse Weitherzigkeit und Freiheit. Aber an=
dererseits erlaubt ihm die neue Geist=Philosophie der „Platoniker"
in der Tat, bestimmte Schwächen der älteren, materialistischen Bil=
dersprache zu überwinden, die Dinge angemessener zu bezeichnen
als bisher und dabei nicht, wie es so oft geschieht, bei bloßen Be=
hauptungen stehenzubleiben. Nach Augustin gehört es zum Wesen
des Geistigen schlechthin, daß es „trinitarischen" Charakter hat,
in der Dreifaltigkeit erscheint und so bei sich selber ist. Das zeigt
schon der einfache Wahrnehmungsakt des menschlichen Selbstbe=
wußtseins, indem sich das Ich hier gleichzeitig als gedachtes, den=
kendes und sich auf sich selber richtendes Ich erfährt, eine Gegeben=

heit, die Augustin mit verschiedenen Begriffen umschreibt und sehr anschaulich erläutert. Diese Dreiheit unseres geistigen Selbsts weist auf den dreieinigen Gott zurück, der uns geschaffen hat; aber Gottes Ebenbild werden wir erst dadurch, daß wir Ihn selbst in seiner Drei= heit wiederfinden und lieben können. Gottvater, Sohn und Geist sind das Urbild alles geistigen Personseins, insofern auch hier ein unauflösliches Sich=selber=wissen, Sich=selber=erkennen und Sich= selber=wollen gegeben ist, die wechselseitige Bezogenheit des Ge= liebten und Liebenden aufeinander durch das Dritte, die Liebe selbst. Von einer Unterordnung oder Zerscheidung innerhalb der Trinität kann jetzt nicht mehr die Rede sein. Die Einheit Gottes — ein altes theologisches Anliegen gerade des Abendlandes — er= scheint so stark betont, daß die göttlichen „Personen" eigentlich zu bloßen Momenten innerhalb des einen lebendigen Seins der Gott= heit werden und auch in ihrem Wirken nach außen voneinander nicht isoliert werden können. Gleichzeitig wird aber auch das Per= son=sein strenger gefaßt als bisher. Augustin kritisiert den tra= ditionellen Begriff der einen göttlichen Substanz, der Trägerin des göttlichen Seins und seiner „Eigenschaften", der dann drei „Per= sonen" der Gottheit gegenübergestellt werden. Das ist ein in seiner Konsequenz geradezu blasphemischer Anthropomorphismus. Gott hat als Person keine von diesen unterscheidbaren Eigenschaften, an denen man ihn wie einen Menschen messen, von denen aus man seine „Person" gleichsam normieren könnte, sondern sein Sein ist wesenhaft das eigene Personsein selbst. Gott ist nicht darum gut, weil er die Eigenschaft der Güte besitzt, sondern er ist die Güte sel= ber in Person, so daß alles, was gut ist, überhaupt nur durch ihn und in ihm gut genannt werden kann.

Wir können Augustins Trinitätslehre hier nicht entwickeln. Er selbst sagt, daß sein Werk „äußerst schwierig" wäre und seiner Meinung nach „nur wenigen verständlich" sein werde (ep. 169, 1). Es hat die abendländische Trinitätslehre von nun an fast allein be= herrscht; noch Thomas von Aquino ist in dieser Frage durchaus sein Schüler geblieben. Auch die späteren Streitigkeiten mit dem Mor= genlande über das Verhältnis des Geistes zum Sohn sind durch Augu= stin bestimmt worden. Im übrigen zieht die enge Verbundenheit der göttlichen Personen untereinander zwangsläufig Spannungen in der Christologie nach sich: die göttliche und die menschliche Natur Christi lassen sich nur mühsam miteinander verbinden, und die Schwierigkeit, von der in sich geschlossenen Gotteslehre zum Ur= dogma der Menschwerdung vorzustoßen, ist für Augustin, gerade weil er philosophisch erklären und „verstehen" will, weit größer geworden, als sie noch bei Ambrosius war. Dabei ist sich Augustin, wie wir schon gesehen haben, dessen bewußt, daß gerade hier die entscheidende Grenze zwischen Philosophie und Offenbarung läuft. Je länger, um so mehr liegt ihm an der Wirklichkeit des mensch= gewordenen Christus, an der „Demut" Gottes, der unseren Hochmut erlösen wollte, indem er seinen göttlichen Reichtum für unsere Ar=

mut dahingab, um uns selbst den Weg der Demut als Weg der Seligkeit zu lehren. —

Das Werk über die Dreieinigkeit nimmt unter den größeren Arbeiten Augustins insofern eine Sonderstellung ein, als es ohne akuten Anlaß entstanden und im ganzen unpolemisch gehalten ist. Eben darum hatte seine Abfassung so viel Zeit beansprucht: immer wieder schoben sich andere, dringendere Aufgaben dazwischen. Am hartnäckigsten hat Augustin der lange Kampf mit den Donatisten beschäftigt. Die Auseinandersetzung mit dieser typischen „Sekte" hat auf sein kirchliches Denken zurückgewirkt und es in eine bestimmte Richtung entwickelt, die ihm von Haus aus fernelag. In seiner Frühzeit werden die Donatisten von Augustin erstaunlicherweise überhaupt nicht beachtet oder erwähnt, obgleich sie in Afrika überall zu finden und zumal im Inneren des Landes geradezu herrschend waren. Aber sie spielten außerhalb Afrikas keine Rolle und waren für ihn geistig nicht interessant. Seit Augustin in den Dienst der Kirche getreten war, verging kein Jahr mehr ohne polemische Schriften oder Predigten gegen den Donatismus. Für den Bischof und schon für den Presbyter gab es hier kein Ausweichen — er mußte sogleich in den Kampf und in die Auseinandersetzung hinein. Die Donatisten hatten auch in Hippo Rhegius die Mehrheit. Sie besaßen die stattlichste Basilika in der Stadt und beeinflußten Augustins Gemeinde von allen Seiten. Katholisch=donatistische Mischehen waren nicht selten; Übertritte, Wiedertaufen und kleine Reibereien waren an der Tagesordnung. Einmal fiel sogar ein Kleriker zu ihnen ab, als er mit Augustin in Meinungsverschiedenheiten geraten war, und fand dann bei der Konkurrenz natürlich sofort begeisterte Aufnahme. Eigentlich waren die Wiedertaufen als Sakrileg von Staats wegen verboten, und auch sonst war der Vorrang der katholischen Kirche gesetzlich geschützt; aber angesichts der tatsächlichen Machtverhältnisse hielt sich die Polizei zurück und vermied es nach Möglichkeit, die leicht erregbaren Sektierer zu reizen, die sich über frühere Verfolgungen und das ihnen angetane Unrecht ohnedies bei jeder Gelegenheit beklagten. In den Formen des Kultus und der Lehre bestand hüben und drüben kaum ein Unterschied; um so rätselhafter konnte auf den ersten Blick die beispiellose Erbitterung erscheinen, mit der sich beide Kirchen gegenüberstanden. Sie artete nicht selten in blutige Tätlichkeiten aus.

Der Ursprung des Übels lag weit zurück. Nach dem Ende der letzten großen Verfolgung, zu Beginn des Jahrhunderts, war in Karthago ein Bischof gewählt worden, der der Partei der radikalen Bekenner nicht angenehm war, und es hieß damals, einer der Bischöfe, die ihn geweiht hätten, habe in der Verfolgungszeit selber versagt. Nachdem die Spaltung einmal da war, hatte sie sich schnell ausgebreitet und besaß offenbar allgemeinere Ursachen. An Verfolgung, Widerstand und Isolierung gewöhnt, vermochten sich weite Kreise der von jeher zum Rigorismus neigenden afrikanischen Christenheit nicht so schnell auf die veränderten Verhältnisse um=

zustellen. Man mißtraute der neuen Verbindung mit den herrschen=
den Gesellschaftskreisen, und nachdem Konstantin die donatisti=
schen Beschwerden verworfen hatte, kehrte man alsbald zur alten
oppositionellen Haltung zurück. Im Gegensatz zu den weltläufigen,
angeblich im Laxismus versunkenen Katholiken erklärten sich die
Donatisten für die einzig „reinen" Vertreter der wahren Kirche der
Heiligen und versteiften sich in einem exklusiven Partikularismus.
Damit verband sich der Gegensatz der berberischen Landbevölke=
rung gegen die romanisierte Herrenschicht in den Städten, und je
mehr sich gerade im vierten Jahrhundert die sozialen Gegensätze
verschärften, desto leichter nahm die Feindschaft mitunter auch
politisch gefährliche, sozialrevolutionäre Züge an. Es bildeten sich
förmlich Banden donatistischer „Kämpfer", die die Besitzungen
reicher Grundherren plünderten, katholische Kirchen verbrannten
und die Bevölkerung mit oder gegen deren Willen zur Unterstüt=
zung zwangen. Aber daneben zeigten die donatistischen Gemeinden
auch einen wirklichen, altgläubigen Ernst und eine opferbereite Ent=
schlossenheit, mit der es die katholischen Gemeinden kaum mehr
aufnehmen konnten. Die wechselnden staatlichen Versuche, die
Sekte mit Gewalt zu unterdrücken, führten zu nichts und steigerten
nur den Haß gegen die Gottlosen und die finstere Bereitschaft zum
„Martyrium".
  Mit theologischen Argumentationen war gegen diese Leute im
allgemeinen nichts auszurichten. Zwar fehlte es im donatistischen
Lager seit den Tagen des großen Donatus, der der Sekte den Na=
men verschafft hatte, nicht an achtbaren literarischen Verteidigern
ihrer Sache. Aber was sie vorbrachten, reichte an die Wurzeln des
leidenschaftlichen Gegensatzes in Wirklichkeit kaum heran und ver=
schob die Auseinandersetzung in nebensächliche Bereiche. Die
Katholiken hatten es nicht schwer, die donatistischen Behauptungen
und Anklagen — in ihrem Sinne überzeugend — zu widerlegen und
waren dann um so mehr enttäuscht und über die Bösartigkeit der
Ketzer entrüstet, wenn dies trotzdem zu keinem Erfolg führte. Der
Anspruch, im Gegensatz zu der „in der ganzen Welt verbreiteten"
katholischen Kirche die einzige wahrhaft heilige christliche Gemein=
schaft zu repräsentieren, hatte in dieser Form etwas hoffnungslos
Verranntes, und die Behauptung, im Gegensatz zu den katholischen
Sündern bestünden die donatistischen Gemeinden aus lauter „rei=
nen", wirklichen Christen, widerlegte sich selbst. Theologisch hatte
sich der Streit schon vor Augustin besonders auf die Sakraments=
frage zugespitzt. Die Donatisten hielten — in der Nachfolge Cy=
prians — daran fest, daß nur „heilige", d. h. von ernsten Sünden
freie Personen imstande wären, als Priester die sakramentalen
Weihungen zu vollziehen und wirksame Sakramente zu spenden.
Da die Katholiken diesen Grundsatz bei der Weihe des Bischofs von
Karthago seinerzeit verletzt und seitdem überhaupt aufgegeben hät=
ten, seien sie also ohne Taufe, ohne Priestertum und ohne heiligen
Geist keine Kirche, sondern eine frevelhafte Gemeinschaft, die

durch Nachäffung heiliger Riten nur noch mehr beschmutzt und schlimmer als die Heiden sei. Auch hier gewann ein ernstes Anlie= gen in seiner Ausgestaltung ein einigermaßen barockes Aussehen und mußte, weitergedacht, zu lauter unmöglichen Folgerungen und Widersprüchen hinführen. Tatsächlich kam es auch in der donatisti= schen Kirche zu Meinungsverschiedenheiten und Spaltungen. Aber die katholische Behauptung, daß die Sakramente einfach durch sich selbst eine heiligende Kraft besäßen, wenn sie nur äußerlich kor= rekt vollzogen würden, hatte auch ihre Schwierigkeiten. Es ging den Donatisten in Wirklichkeit nicht um eine bestimmte sakramen= tale Theorie, sondern um die reale Scheidung von den „Gottlosen" und um Widerstand gegen die verhaßte Zudringlichkeit ihrer „Ver= folger". Es war gerade die bevorzugte Stellung der Katholiken und die entsprechende Benachteiligung der Donatisten, die jede Versöh= nung unmöglich machte.

Zu der Zeit, da Augustin seine Wirksamkeit begann, war der frü= here Druck auf die Donatisten merklich zurückgegangen; nur die übertreibende Erinnerung an frühere Leiden vergiftete noch die At= mosphäre. Die Katholiken beschwerten sich ihrerseits nicht ohne Grund über Ausschreitungen und Übergriffe der Sektierer, und so blieben die Aussichten für einen Ausgleich nach wie vor gering. Es ist wesentlich das Verdienst Augustins und seines Freundes, des Primas Aurelius von Karthago, daß die Verhandlungen, die theolo= gischen Bemühungen und das Gespräch um eine Rückgewinnung der Schismatiker von neuem in Gang kamen. Im Gegensatz zur Re= signation vieler Kollegen, war die Behebung der ebenso unseligen wie unsinnigen Spaltung für Augustin eine religiöse Notwendigkeit. Warum sollte sie bei beiderseitig gutem Willen nicht möglich sein? Ist denn Christus zertrennt (1. Kor. 1,13)? Eine Kirche, die sich mit der Zerspaltenheit abfindet, hört auf, Kirche zu sein. Man hat sich oft darüber gewundert, mit welcher Entschiedenheit Augustin diese Gedanken, sobald er das Amt übernommen hatte, zur Geltung bringt und aktiv danach handelt; nach seinem bisherigen, indivi= dualistischen Entwicklungsgang war gerade er doch kaum darauf vorbereitet. Sicher sind die neuen Pflichten und die Erfahrungen, die er als Presbyter machen mußte, hierbei von größter Bedeutung: die Predigt, die Seelsorge und Gemeindearbeit in einer konfessionell gemischten Stadt mit allen Unerquicklichkeiten, die das im Gefolge hatte. Aber das heißt nicht, daß das kirchliche Bewußtsein Augustins bloß „praktisch" bedingt und begründet wäre; es hat geistige Voraussetzungen, die weiter zurückreichen und theologisch wesent= lich sind. Wo das Leben, wo der Geist und wo Gott herrscht, da ist der Zwiespalt überwunden; die Einheit ist für Augustin das Kenn= zeichen des Wahren und der Vollkommenheit — das ist eine Über= zeugung, die bis in die neuplatonische Schicht seines Denkens zu= rückreicht, und das Studium der Bibel hat sie ihm konkret gemacht. Paulus ist für den Gedanken der kirchlichen Einheit vor allem maß= gebend. Christus hat uns zur Einheit erlöst — das heißt nun nicht

mehr: zur bloßen Einheit des Geistes, sondern zur Einheit und Ge=
meinschaft seines Leibes, der die Kirche ist. Durch Christus ist in
ihr die ganze Menschheit mit Gott versöhnt worden und gewinnt
jetzt an seinem Geiste teil. In Ihm, dem neuen „Adam", finden wir
aus der Feindschaft und Zerstreuung zur Verbundenheit mit Gott
zurück und stehen hinfort in der Gemeinschaft des Füreinanderseins
in der Liebe. Die Liebe ist die Gnade des Neuen Testaments; sie ist
der Friede und der Heilige Geist selbst. Außerhalb dieser „Einheit"
gibt es kein Leben „in Christus", keine Rechtfertigung des Sünders,
keine Heiligung und kein Heil. Diese Einheit ist keine bloße „Idee",
sie ist unsere neue Wirklichkeit, die Wirklichkeit des Dienstes vie=
ler Glieder in der Kirche, die so, wie Christus Einer ist, selbst ihrem
Wesen nach immer nur Eine sein kann. Christi Kirche ist die Kirche
für alle und in aller Welt; sie kann keine Spezial= und Winkelkir=
che sein wie die Kirche der Donatisten. Von hier aus nimmt Augu=
stin das alte antidonatistische Argument der Katholizität bereitwil=
lig auf: die katholische Kirche steht nicht umsonst mit der Kirche in
Rom, mit den alten Kirchen des Ostens und mit den Kirchen in aller
Welt in fester Verbundenheit und Gemeinschaft – sie ist die einzige
universale und eben darum die wahre Kirche, von der sich niemand
ausschließen darf. Außerhalb der katholischen Kirche findet nie=
mand das Heil. Dieses auf den ersten Blick etwas äußerliche und
brutale Argument gewinnt nun tiefere, geistliche Bedeutung. Die
Mehrheit hat nicht einfach darum Recht, weil sie die Mehrheit ist,
sondern weil in ihrer Mitte der Wille zur Einheit und zur Gemein=
schaft erscheint. „So töricht wird, denk ich, niemand sein zu meinen,
es gehöre irgend jemand zur Einheit der Kirche, der nicht die Liebe
besitzt" (c. Crescon. I 34). Das eigentlich Böse und Unchristliche
am Donatismus ist die Feindseligkeit seiner inneren Haltung und
Gesinnung, dies, daß er die Einheit und Gemeinschaft der Christen
gar nicht will und zugunsten seiner Absonderung hassend ver=
neint. Er ist darum verkehrt, weil er gegen das christliche Grundge=
bot der Liebe steht. „Die Liebe schafft Gemeinschaft, die Gemein=
schaft liebt die Einheit, und die Einheit bewahrt die Liebe" (in
psalm. XXX 2,1). Dagegen trifft die pharisäische Behauptung der
eigenen Heiligkeit und Reinheit in gar keinem Sinne zu; das kon=
ventikelhafte Kirchenideal ist praktisch undurchführbar. Christus
wollte, daß Weizen und Unkraut miteinander wachsen sollten, bis
er selber Gericht hielte (Matth. 13,24 ff.). Wir sind noch nicht am
Ziel, sondern unterwegs, auf der Pilgerschaft durch diese Zeit. Es
muß uns genügen, mit unserem Wollen und Tun den bösen Men=
schen fern zu bleiben; „die äußere Scheidung am Ende der Welt
können wir indessen gläubig, geduldig und mutig nur erwarten"
(litt. Petil. III 4).

Augustin läßt sich's nicht verdrießen, auf das, was die Donatisten
vorbringen, mit unendlicher Geduld immer wieder auch im einzel=
nen sachlich einzugehen. Die längst entschiedene Angelegenheit der
drei Menschenalter zurückliegenden Bischofswahl von Karthago

wird von neuem untersucht und durchgesprochen. Augustin unter=
nimmt mühsame Reisen, um sich vollständige Protokolle und Unter=
lagen zu verschaffen. Er geht auch auf alle theologischen Bedenken
Punkt für Punkt ein. Der katholischen Sakramentslehre sucht er
dadurch eine befriedigende Fassung zu geben, daß er zwischen Gül=
tigkeit, Rechtlichkeit und Wirksamkeit der Sakramente genauer un=
terscheidet. Ihre volle Segenswirkung kann die Taufe in der Tat erst
dort gewinnen, wo sie in der „katholischen" Gemeinschaft der Liebe
empfangen oder lebendig wird; aber darum hört sie nicht auf, auch
außerhalb der wahren Kirche eine Taufe zu sein. Sie ist dort immer
noch das Zeichen der Zugehörigkeit zu dem einen Herrn, gleichsam
der Eigentumsstempel (character), mit dem jedes Schäflein Christi
gestempelt wird. Dieser Eigentumsanspruch Christi ist gültig und
unverlierbar und weist zugleich auf die eine Herde des einen Hirten
zurück. Darum darf es keine Wiedertaufe geben, aber auch kein
Beharren in der Zertrennung. Wenn die Donatisten nach der Wür=
digkeit des Spenders fragen, so blicken sie in eine falsche Richtung;
nicht auf die Menschen, sondern auf Gottes Gabe kommt es an.
„Ist der Diener am evangelischen Wort und Sakrament gut, so wird
er ein Genosse des Evangeliums; ist er aber böse, so hört er darum
nicht auf, ein Haushalter des Evangeliums zu sein" (litt. Petil. III
67). Die Wahrheit Gottes gebraucht mancherlei Werkzeuge; denn
sie ist durch sich selber kräftig und fruchtbar.

All diese Gründe erscheinen Augustin überzeugend und unwider=
legbar, und den mehr oder weniger hilflosen und eigensinnigen
Einwendungen, die die Donatisten dagegen machen, sind sie in der
Tat weit voraus. Aber was ist damit gewonnen? Es kommt dar=
auf an, sie den Gegnern selber nahezubringen, mit ihnen ins Ge=
spräch zu kommen, die Anerkennung von ihrer Seite erst geistig,
dann auch in der praktischen Konsequenz der Wiedervereinigung
wirklich zu erreichen, und hier liegen die größten Schwierigkeiten.
Es ist wie immer in solchen Fällen die stärkere Partei, die sich um
Union und Unionsgespräche bemüht. Eben diese intellektuelle und
moralische Überlegenheit der katholischen Führer nimmt den Dona=
tisten die Lust am Verhandeln und macht sie hochfahrend und ab=
weisend. Verhandeln und Diskutieren entspricht auch nicht der gei=
stigen Tradition einer Kirche der Märtyrer und der pietistischen
Moralisten. Augustin hat die Fatalität dieser Situation wohl emp=
funden und tut, was in seinen Kräften steht, um sie zu überwinden.
Gleich nachdem er Bischof geworden ist, sucht er mit seinem dona=
tistischen Kollegen in Hippo zu einer Aussprache zu gelangen;
ähnliche Versuche werden auch an anderen Orten wiederholt. Die
Gegner dürfen Ort, Umstände und Zeugen des Gesprächs bestim=
men. Augustin ist bereit, selbst zurückzutreten und einen weniger
gewandten Gesprächspartner vorzuschlagen, falls die Donatisten
seine rhetorische Schulung fürchten sollten. Auch die praktische Re=
gelung für den Fall einer Einigung wird so großzügig wie nur mög=
lich angesetzt. Es ist Augustin damit ernst, daß nur die Wahrheit

und nicht eine Partei über die andere triumphieren solle. Im Gegen=
satz zur schlechten Tradition der Ketzerbekämpfung sucht er seine
Gegner nicht zu karikieren und zu übertölpeln; er will sie wirklich
verstehen. Er kann auch Fehler in der Vergangenheit seiner Kirche
offen zugeben. Er mahnt die eigenen Gemeindeglieder zur Geduld
und schluckt manchen Ärger hinunter, wenn man auf der Gegen=
seite grob, unehrlich oder auch gar nicht reagiert. Tatsächlich bleibt
alles umsonst. Zwar werden Augustins Predigten auch von Dona=
tisten besucht, und immer wieder glückt es, einzelne zu bekehren.
Aber die große Masse, die Führer, die donatistische Kirche als gan=
ze verharren in feindseliger Opposition. Mitunter gelingt es Augu=
stins Liebenswürdigkeit, den einen oder anderen maßgebenden
Mann persönlich für seine Pläne zu gewinnen, die Möglichkeit der
Aussprache und des „Friedens" scheint in greifbare Nähe gerückt;
aber dann verständigen sich die Gegner untereinander, ziehen sich
plötzlich zurück und suchen Ausflüchte. Am Ende erscheint keiner,
und es kommt zu nichts.

Alle friedlichen Bemühungen Augustins waren also, aufs Ganze
gesehen, ergebnislos. Woran liegt das? Man hat daran erinnert,
daß Augustin geistig und sozial einer Schicht angehörte und dem=
entsprechend auch eine Sprache sprach, die den einfachen Donati=
sten, zumal auf dem Lande, fremd und verhaßt war. Sie wollten
und konnten die Schriften dieses ausländisch gebildeten Rhetors
und „Manichäers" weder lesen noch verstehen; sie verachteten,
meint man, wohl auch den kultivierten Städter, der mit den reichen
Herren verkehrte und ihre Leiden vermeintlich nicht kannte. Daran
wird etwas Richtiges sein. Auch Augustin konnte nicht über den
eigenen Schatten springen und blieb bei aller persönlichen Entsa=
gung ein Glied seiner Gesellschaft, ein Vertreter literarischer Bil=
dung und kultureller Ideale, denen sich die unterworfene Masse
des spätrömischen Reiches schon seit geraumer Zeit zu entziehen
begann. Er war ein privilegierter Bürger und redete ausschließlich
Latein. Aber Augustin bemühte sich in seiner Predigt und Polemik
gerade gegenüber den Donatisten gleichwohl bewußt um Volkstüm=
lichkeit und Verständlichkeit. Sein an die dreihundert Verse umfas=
sender „Psalm gegen die Donatus=Partei" ist dafür ein merkwürdi=
ger Beleg. „Ich wollte", schreibt er, „die Sache der Donatisten gerade
dem niedersten Volk und überhaupt den Ungebildeten und Einfälti=
gen zur Kenntnis bringen und nach Kräften einprägen ... Ich wollte
dazu nicht irgendwelche Formen eines Kunstgedichts gebrauchen,
um nicht durch Gesetze der Metrik zur Wahl solcher Wörter genö=
tigt zu sein, die im Volke ungebräuchlich sind" (retr. I 19,1). Augu=
stin will ganz schlicht und eingängig reden. So wirft er alle
Ansprüche der literarischen Kultur vollkommen über Bord und
macht ein Gedicht, das zwar keine „Dichtung" ist, aber durch seine
volkstümliche Form dennoch in die Zukunft weist. Die Anfänge der
Strophen sind fortlaufend nach dem Alphabet geordnet, ein einfa=
cher, sangbarer Refrain für den Chor schließt sie jeweils ab, und alle

Zeilen haben den gleichen Auslaut auf =e (oder =ae), sind also „ge=
reimt". An Stelle der noch von Ambrosius streng beachteten „Quan=
tität" ist nach dem Vorbild der punischen (?) Poesie durchweg der
einfache Wortrhythmus getreten, und auch die Melodie, die wir
nicht mehr kennen, dürfte sich an die Weisen donatistischer Gesänge
und Couplets angelehnt haben. Sicher hat der primitive „Psalm" in
der lateinisch sprechenden Bevölkerung auch seine Wirkung gehabt.

Die entscheidende Schwierigkeit für eine Auseinandersetzung mit
den Schismatikern dürfte nicht in Augustins Bildung und gesell=
schaftlicher Stellung als solcher gelegen haben; sie lag in der politi=
schen Stellung und Tradition seiner Kirche, die im Sinne der Dona=
tisten „Kirche der Verfolger" gewesen und geblieben war. Diese An=
klage bestand zu Recht. Immer wieder, schon unter Konstantin und
dann vor allem unter Konstantius, waren die Donatisten polizeilich
gemaßregelt, unterdrückt und verfolgt worden, und auch jetzt noch
bestand eine ganze Reihe von Bestimmungen zu ihrem Nachteil,
vor allem das strenge Verbot der — trotzdem geübten — Wiedertaufe.
Darin lag die entscheidende Behinderung jeder katholischen Be=
mühung um Rückgewinnung und um eine echte, in Freiheit wirksa=
me Mission. Augustin war für diese Gefährdung seines „Friedens"=
Werkes nicht blind. Er sucht die Vorwürfe, die von hier aus erho=
ben werden, mit der Offenheit, die ihn immer auszeichnet, zu wider=
legen und zu entkräften. Zunächst gilt es, den falschen Märtyrerhoch=
mut der Donatisten zurückzuweisen: Leiden und Benachteiligungen
beweisen als solche noch nichts für die Wahrheit einer Sache. Nur
das wahre Bekenntnis macht zum Märtyrer; denn auch Heiden,
Bösewichter und Häretiker werden verfolgt. „Ich weiß nicht, wie oft
ich dies schon mündlich und schriftlich dargelegt habe: diese Leute
können nicht den Tod von Märtyrern sterben, weil sie das Leben
von Christen nicht gelebt haben. Ein Märtyrer wird man nicht durch
die Strafe, [die man erleidet], sondern durch die Sache, [die man
vertritt]" (ep. 204,4). Dazu kommt, daß die angeblichen Märtyrer
sich ihrerseits Übergriffe, Ungerechtigkeiten und Greuel gestatten,
für die sie mit gutem Grund und vollem Rechte bestraft werden.
Endlich aber besteht für die Donatisten tatsächlich eine weitgehende
Freiheit — sie haben ihre Kirchen, Gemeinden und Gottesdienste —,
und es ist nicht wahr, daß die Katholiken nach ihrem Blute lechzen.
Augustin tut sich etwas darauf zugute, daß er auch seinerseits
kein Scharfmacher sei, daß er auf Anzeige bei der Polizei in be=
stimmten Fällen verzichtet und sogar auf Milderung schon verhäng=
ter Strafen gedrungen habe. Das ist ehrlich und ist trotzdem etwas
naiv. Augustin denkt nicht daran, die bestehenden Gesetze als
solche zu mißbilligen — es ist nur gut, wenn die Ketzer von Staats
wegen nicht die gleiche Förderung erfahren wie die Diener der
Wahrheit —, aber er möchte dennoch eine Diskussion und Mission
in aller Freiheit und Ungestörtheit durchführen und zum Gelingen
bringen und durchaus keinen religiösen Opportunismus fördern:
wie sollte das unter den gegebenen Umständen durchführbar sein?

Wir stoßen hier auf einen ähnlichen Zwiespalt wie schon bei Am=
brosius und bei den meisten Vätern dieser Übergangzeit, die das
Recht der Freiheit und das Recht der Staatskirche zugleich bejahen.
Aber die Entwicklung schreitet fort, und Augustin ist ihr gefolgt.

Gegen Ende des Jahrhunderts begann sich die Lage für die Dona=
tisten erneut zu verschlechtern. Der Anschluß an einen rebellischen
Militärbefehlshaber hatte sie politisch mißliebig gemacht. Vor allem
drängte die katholische Reichsidee, wie sie Theodosius geprägt hat=
te, von selbst auf eine immer striktere Verwirklichung. Natürlich
fehlte es im katholischen Lager auch nicht an Kirchenführern, die
das begrüßten und eine strengere Handhabung der Ketzergesetze
forderten. Zu Beginn des Jahres 405 war es soweit: Kaiser Honorius
erließ ein Edikt, das die allgemeine, zwangsweise Rückführung der
Donatisten verfügte. All ihre Kirchen und Liegenschaften sollten
katholischen Bischöfen übergeben werden, ihre Gottesdienste wur=
den verboten, Zuwiderhandelnde mit Konfiskation und Ausweisung
bedroht. Aber auch dies vermochte noch nicht, den Widerstand zu
brechen. So kam es im Jahre 411 von Staats wegen zu einem letzten
offiziellen Religionsgespräch. Es steht fest, und Augustin hat es im=
mer wieder betont, daß den Donatisten auf diesem Konzil tatsäch=
lich Gleichberechtigung und volle Freiheit der Aussprache gewährt
wurde. Die Katholiken ließen sich durch die verzweifelten Winkel=
züge und die Verzögerungstaktik ihrer Gegner nicht ermüden: in
tagelangen Verhandlungen wurden all ihre Anklagen und Behaup=
tungen nochmals geprüft, durchgesprochen und „widerlegt". Selbst=
verständlich stand dies Ergebnis, das der kaiserliche Kommissar am
Ende verkündete, praktisch von vornherein fest. Die Donatisten hat=
ten sich nur deshalb eingefunden, weil es für sie keinen anderen
Weg mehr gab, und wollten das Urteil nicht anerkennen. Aber jetzt
gab es für sie keine Gnade mehr. Kaiserliche „Executores" sorgten
für die Durchführung des „katholischen Friedens" und gingen rück=
sichtslos gegen die Hartnäckigen vor. Katholische Bischöfe, die sich
der Eingliederung nicht energisch genug annahmen, wurden gleich=
falls bedroht und sollten zur Anzeige gebracht werden. Wir hören
von furchtbaren Szenen selbstmörderischen Widerstands, blutiger
Maßregelungen und Racheakten der Unterdrückten. Der Donatismus
war nicht tot, aber er verschwand aus der Öffentlichkeit, und ganze
Gemeinden traten geschlossen, manchmal mit ihren Klerikern, zum
Katholizismus über.

Die Gewalttätigkeit des Vorgehens wurde von Augustin bedauert.
Vor allem protestierte er — wie Ambrosius — gegen die staatliche
Anwendung der Todesstrafe, die er im Raum der Kirche unter allen
Umständen für ein Unrecht hielt, und hatte damit auch Erfolg. Er
wollte die Widerstrebenden auch jetzt noch mit friedlichen Mitteln
gewinnen, durch Predigt, Aufklärung und seelsorgerische Unterwei=
sung. Er sorgte dafür, daß den Neubekehrten die Rechte in der Ge=
meinde ja nicht verkürzt würden, und verschmähte für die eigene
Person jeden militärischen Schutz. Offenbar hatten seine Bemühun=

gen in manchen Fällen wirklich Erfolg. Augustins geduldiger und freundlicher Art glückte es, viele ehemalige Donatisten wenigstens nachträglich zu gewinnen. Es war eben oft doch nur die Gewohnheit, das eingewurzelte Vorurteil, die fehlende Berührung mit der katho= lischen Wahrheit gewesen, was diese Christen von der Aussöhnung zurückgehalten hatte; jetzt waren sie, schien es, geradezu dankbar, daß sie die Gelegenheit zum Umlernen erhalten hatten, und ergrif= fen sie z. T. mit Freuden. Es ist erschütternd zu sehen, wie es gerade diese Erfolge seiner Person gewesen sind, die Augustin zu einer grundsätzlichen Revision seines Standpunktes veranlaßt haben, de= ren weltgeschichtliche Auswirkungen er damals freilich nicht ahnen konnte. „Ursprünglich war ich der Meinung, zur Einheit Christi dürfte niemand gezwungen werden. Es schien mir richtig, nur mit dem Wort zu handeln, mit Streitgesprächen zu kämpfen und mit vernünftigen Gründen zu siegen, damit wir an Stelle der offenen Ketzer, die wir kannten, nicht bloß katholische Heuchler gewönnen. Aber diese meine Meinung wurde widerlegt — nicht etwa durch bloße Worte, die man dagegen vorgebracht hätte, sondern durch Tatsa= chen, die sich aufweisen ließen" (ep. 93,17). Eine solche „Tatsache", auf die Augustin von seinen Amtsbrüdern hingewiesen wurde, war in erster Linie der veränderte Zustand seiner eigenen Stadt, in der nun= mehr endlich Frieden herrschte und auch die einstigen Gegner über die veränderte Lage ausgesprochenermaßen glücklich waren. Mußte man das nicht anerkennen und begrüßen? Eine Ungerechtigkeit durfte im staatlichen Vorgehen sowieso nicht gesehen werden; hatten doch die letzten Verhandlungen in Karthago noch einmal mit aller Deut= lichkeit erwiesen, daß die donatistischen Behauptungen unrichtig wa= ren, daß ihr Widerstand grundlos war und nur aus verstocktem, bösem Willen oder auch einfach aus sachlicher Ahnungslosigkeit herrührte. Dann aber war ein energisches Eingreifen doch geradezu geboten. So gelangt Augustin zu seiner berühmten oder berüchtig= ten theologischen Rechtfertigung der Gewalt. Selbstverständlich, meint er, wäre es besser, wenn die Menschen aus freien Stücken dazu kämen, Gott anzubeten und in der rechten Weise zu verehren; „die völlige Liebe treibt die Furcht aus" (1. Joh. 4,18). Aber das heißt nicht, daß die Anwendung von Drohung oder Zwang unter al= len Umständen schlecht sein müßte und nicht in manchen Fällen ge= radezu unentbehrlich wäre. Schließlich zwingen doch auch die Eltern ihre Kinder zum Gehorsam und die Lehrer ihre Schüler zur Ar= beit, wofür man ihnen nachträglich dankbar ist. „Und da meinst du, man dürfe keine Gewalt anwenden, um einen Menschen vom Verderben des Irrtums frei zu machen! Du siehst doch an eindeuti= gen Beispielen, daß sogar[!] Gott, der uns mehr als alle Menschen liebt und unser Heil will, solches tut"; und Christus selber mahnt uns im Gleichnis vom großen Abendmahl, wir sollten jedermann, den wir erreichen könnten, zum Eintreten in sein Haus „zwingen" (Luk. 14,23 nach der damaligen, allzu wörtlichen Übersetzung: co= gite intrare, ep. 93,5).

Die Gewalt wird also nur als kurzer Weg und ein vorläufiges Mittel zum wahren Ziel der Freiheit und Freiwilligkeit angesehen, und diesen Weg muß man notfalls beschreiten. Es wäre ein Un= recht, bei diesem Schisma, wo die Dinge so sonnenklar liegen, er= wiesen und festgestellt sind, vor der offenkundig böswilligen Hart= näckigkeit der donatistischen Führer zurückzuweichen und das arme, verführte Volk, das die Wahrheit weder kennt noch jemals auf diese Weise erfahren würde, einfach dem Verderben zu überlassen. Will man Augustins Entscheidung richtig verstehen und gegen die hoch= mittelalterlichen Kreuzzugs= und Inquisitionsideale absetzen, so darf man nicht vergessen, daß es sich für ihn bei der ganzen donatistischen Angelegenheit im Grunde ja überhaupt nicht um eine Gewissensfrage und einen ernstzunehmenden Glaubensgegensatz handelte, sondern lediglich um eingefleischte Vorurteile, um Volksverhetzung und die Macht einer schlechten „Gewohnheit", zu deren Überwindung die gelinde Nachhilfe der Polizei darum wohl angebracht scheint. Es ist ganz verkehrt, Augustins Verhalten in dieser Frage aus einem ver= meintlich besonders ausgeprägten hierarchischen Bewußtsein und den „herrscherlichen" Instinkten des Kirchenmannes zu erklären. Weit eher ist das Gegenteil richtig. Augustin entscheidet sich nicht aus politischem Instinkt, sondern er läßt sich bereden und von der Gunst der Lage bestimmen. Mit dem unbewußten Hochmut des theoretischen Bildungsmenschen vertraut er zunächst der Macht seiner Gründe und seiner Überredungskunst, um sich nach dem Scheitern aller persönlichen und literarischen Bemühungen etwas verärgert auf den genau entgegengesetzten Weg drängen zu lassen und den Beistand der staatlichen Gewalt zu akzeptieren. Über die Erfolge, die so errungen wurden, hat er sich in peinlicher Weise getäuscht. Mit den Zwangsbekehrungen der Donatisten beginnt der Niedergang der einst so stolzen afrikanischen Kirche. Schließ= lich ist sie als einzige Kirche des Mittelmeerraumes durch die Über= flutung durch die Mohammedaner zuletzt spurlos verschwunden. Es scheint, daß die einstigen Donatisten die Araber als Befreier be= grüßt haben, und jedenfalls wurde das „katholische" Erbe von ihnen nicht mehr ernsthaft verteidigt. —

Wer Augustins Gedanken über Kirche, Welt und Staat wirklich kennenlernen will, darf nicht bei den antidonatistischen Schriften stehenbleiben. Das Hauptwerk für diese Fragen sind die „zweiund= zwanzig Bücher über die Stadt Gottes", de civitate Dei, zugleich eine Art Zusammenfassung der augustinischen Theologie über= haupt. Das hängt mit dem besonderen Zweck dieses „Riesenwerkes" zusammen: es ist die letzte große Apologie der Kirche gegen das Heidentum, die abschließende Rechtfertigung ihrer Lehre und ihrer geschichtlichen Stellung am Ende der Zeiten und für alle Welt. So breitet sie den ganzen, durch Jahrhunderte gesammelten Stoff der traditionellen christlichen Polemik in neuer, selbständiger Verarbei= tung noch einmal aus und verbindet die Widerlegung der heidni= schen Religion und Philosophie mit einer positiven Darlegung der

ganzen Dogmatik und Ethik. Doch auch diese Schrift ist einem kon=
kreten Anlaß entsprungen; das gibt ihr die besondere Fragestellung,
Schwungkraft und Lebendigkeit. Es dauerte freilich noch zweiund=
zwanzig Jahre, bis sie nach einem von Anfang an feststehenden
Plane, von Lieferung zu Lieferung fortschreitend, wirklich vollendet
war.

Am 24. August 410 hatten Alarichs Scharen Rom erstürmt und
geplündert. Das Ereignis wirkte, über seine unmittelbare politische
Bedeutung hinaus, erschütternd. Wie hatte es dazu kommen können,
daß die Hauptstadt des alten Reiches, die Herrin des Erdkreises, die
ewige Stadt einen solchen Fall getan hatte? Die Welt schien in ihren
Grundfesten zu wanken, und die Heiden wußten die Antwort. In
ihren Augen war die Katastrophe die Quittung auf die Preisgabe
der alten Schutzgötter und der überlieferten Religion; der neue
christliche Reichsgott hatte sich offenkundig als machtlos erwiesen
und versagt. Darauf wußten die Christen nichts zu erwidern; denn
sie hatten diese Kritik durch ihre bisherige Polemik geradezu her=
ausgefordert. Seit Konstantin, ja schon während der späteren Ver=
folgungszeit hatten sie unermüdlich den Satz vertreten, daß die
Preisgabe des heidnischen Aberglaubens und der Schutz der wahren
Religion das Reich erneuern und erhalten würden. Das hatte auch
Ambrosius getan, mochte er unter dem Druck der Not vorüberge=
hend auch einmal andere Gedanken entwickelt haben (o. S. 92).
Theodosius hatte den orthodoxen Glauben in diesem Sinne geradezu
zum Fundament seiner Reichsordnung gemacht. Jetzt war die Ver=
legenheit groß; der Kirche drohte ein schwerer moralischer Rück=
schlag. In dieser Situation wurde Augustin von allen Seiten be=
stürmt, ein hilfreiches Wort zu sagen; er war ja der Wortführer und
theologische Berater der ganzen lateinischen Christenheit.

Die ersten in Eile herausgegebenen Bücher seiner Apologie spie=
geln noch die akute Gefährlichkeit der religionspolitischen Lage. Es
kommt Augustin darauf an, zunächst einmal zu zeigen, wie schlecht
begründet die Behauptung wäre, „das menschliche Wohlergehen
müsse unbedingt dadurch gefördert werden, daß man am Kult der
vielen Götter festhalte, die die Heiden zu verehren pflegen" (retr.
II 43). Dazu sind die alten Dämonen schlechterdings nicht imstande;
es läßt sich zeigen, daß sie Rom in früheren Zeiten jedenfalls nicht
besser geschützt haben als heute Christus, gegen den man sie zu
stellen sucht. In der unmittelbaren Abwehr werden auch massivere
Argumente von Augustin nicht verschmäht. So weist er besonders
darauf hin, daß nur das Asyl der christlichen Heiligtümer und nicht
die Tempel der alten Götter während der Verwüstung der Stadt
Heiden wie Christen bewahrt hätte. Aber es ist trotzdem von An=
fang an klar, daß er seine Beurteilung entscheidend nicht auf solch
vordergründige Beweise stützen will, mit denen sich höchstens die
Heiden äußerlich zurückweisen lassen; Augustin faßt auch das Ver=
sagen der eigenen Glaubensgenossen ins Auge und setzt das ganze
Problem tiefer an. Warum stehen so viele, die sich Christen nen=

nen, so hilflos vor der neuen Lage und meinen im Grunde, daß ihr Gott dies alles gar nicht hätte erlauben dürfen? Sie haben offenbar den Sinn ihres eigenen Glaubens noch gar nicht wirklich verstanden und darum erliegen sie jetzt der verräterischen Logik der Heiden. In Wahrheit glaubt man nicht wahrhaft an Gott, solange man ihn nur als ein Mittel versteht, um die Güter und das Glück dieser Welt sichern und ungestört genießen zu können, und an ihm verzweifelt, sobald das äußere Verderben hereinbricht. Man versteht überhaupt nicht, was das Leben ist, solange man dessen Erfüllung in dieser Zeit erwartet und wie einen gebührenden Anspruch von Gottes Weltregierung zu fordern wagt. Am Sinn des Lebens gewinnt nur der Teil, der vor Gott von Herzen demütig ist, der alles annimmt, was Gott schickt, und mit seinem Wollen und seinen Wünschen auf der Wanderschaft bleibt, weil er an eine alles erfüllende Ewigkeit glaubt, die genauso Gottes sein wird wie heute alle Leiden dieser Zeit.

Es geht also — im Rahmen der Apologie — um die Deutung und Begründung des christlichen Glaubens selbst, der sich vom heidnischen Götzendienst nicht nur durch das Objekt, sondern auch durch die Art der Verehrung und durch das innere Wesen seines Gottes- und Weltverhältnisses zu unterscheiden hat. Doch begnügt sich Augustin nicht mit prinzipiellen Abgrenzungen und Forderungen. Seine Theodizee ist seelsorgerlich gemeint und soll den angefochtenen Christen helfen; sie taucht darum in die ganze Qual der Ratlosigkeit ein, die Mord und Schändung, Plünderung und Verschleppung über jeden einzelnen und über das ganze Reich gebracht haben. Und so bietet er die ganze Kunst seiner Dialektik und Rhetorik auf, um keinem möglichen Einwand aus dem Wege zu gehen, keiner Frage und keinem Zweifel die Antwort schuldig zu bleiben. Er entwickelt eingehend, daß das Leiden nicht einfach Leiden sei, sondern je nach der Art, wie man es trägt, schon hier einen Fluch oder einen Segen bedeuten kann, indem es den Gottlosen allerdings verstockt und verdirbt, den Frommen aber läutert und freimacht von dem, was ihn innerlich noch beschwert; daß aber unabhängig hiervon die scheinbare Sinnlosigkeit eines Gottesgerichts, das die Bösen genauso wie die Guten erreicht, in Wahrheit vielmehr eine religiöse Notwendigkeit ist, damit Gott eben nicht um des irdischen Wohlergehens, sondern wahrhaft, d. h. um seiner selbst willen gesucht und gefunden werde. Und auch dieser Satz zerlegt sich weiter in Regelfälle und Ausnahmen, und auch die Ausnahme findet wieder eine Erklärung und ihren scheinbar notwendigen Platz. Im Grunde kann es sich hierbei freilich nicht um wirkliche, logisch zwingende „Beweise" handeln. Augustin ruft im relativen Beweisen das christliche Gewissen auf, die skeptische Leere, die Haltlosigkeit und Heillosigkeit eines ungläubigen Streitens mit Gott im Entschluß des Glaubens fahren zu lassen und in der Bejahung Seines Willens wieder zur Wirklichkeit, zur Wahrheit und zum Dienst der Liebe zurückzufinden. Gegen Ende seines Werkes (civit. XX 2) kommt er auf die=

sen ganzen Fragenkreis nochmals zurück. Es ist, als wollte er den entscheidenden Gedanken noch einmal gegen jedes mögliche Miß=verständnis und jede Abschwächung sichern, indem er jetzt mit äu=ßerster Schärfe den Glauben und nichts als den Glauben als die Kraft herausstellt, die allein alle Rätsel des Lebens bestehen muß. Wir wissen es nun einmal nicht, warum Gott hier den Frommen ein Gutes nicht gibt und dort dem Verbrecher die Leiden erspart; wir wissen's nicht, warum auch dieser Satz nicht ohne Ausnahme gilt und mitunter wieder seine Umkehrung scheinbar als Regel begegnet. Wir sollen nur soviel wissen, daß es im Grunde nicht auf das Unter=scheiden von sogenanntem Glück und Unglück in dieser Welt an=kommt, sondern nur auf das, was uns einmal, vor Gottes Richter=stuhl, auf ewig voneinander scheiden wird. Dann, am Jüngsten Ta=ge, werden in der Tat alle Rätsel gelöst sein — bis hin zu diesem letzten Rätsel, warum es notwendig war, daß Gottes Gerechtigkeit heute noch so oft, ja eigentlich immer verborgen bleibt. Daß sie dennoch besteht und alles Geschehen bestimmt — so viel ist dem Glauben an Christus schon heute gewiß, und das ist genug.

Das bevorzugte Wort, das Augustin zur Bezeichnung dieser christlichen Grundhaltung gebraucht, heißt „Demut", humilitas. Das Christentum gegen das Heidentum verteidigen ist demnach soviel wie Recht und Sinn der Demut herausstellen gegen den dämoni=schen Stolz und Hochmut der Menschen, ihre superbia. Darum geht es in diesem Buch. „Ich weiß wohl", schreibt Augustin in seinem Vorwort, „es ist über die Maßen schwer, stolze Gemüter davon zu überzeugen, daß die Demut eine machtvolle Größe ist" — mächtig nicht durch sich, sondern durch Gottes Gnade, die sie höher steigen läßt als alle schwankenden und schwindenden Gipfel dieser Welt (civit. I praef.). Jetzt ist es der Stolz der vermeintlich „ewigen", heid=nischen Weltstadt Rom, der sich gegen den Frieden der „Gottes=stadt" erhebt, die in Wahrheit allein ewig ist. In der Berufung auf die alten Götter und die gestürzte römische Tradition wirkt sich in gleichsam gigantisch vergrößertem Maßstab noch einmal dieselbe Urverkehrung der Religion zur Dienerin der eigenen Größe und Herrlichkeit aus, die schon im individuellen Lebensbereich das Wesen des Heidnischen ausmacht. Augustin sieht das Heidentum in dessen Endstadium als politische Religion. Die alten Götzen wer=den nicht mehr geglaubt; sie dienen dem heidnischen Römertum nur noch zur Selbstbestätigung des eigenen, hochfahrenden Begeh=rens, der eigenen Vergangenheit und des eigenen Ruhms. Augustin ist für die Größe der römischen Leistungen durchaus nicht blind; sie wären bewundernswert, wenn sie einem wahrhaft frommen Sinn und nicht dem düsteren Wollen der Ehrsucht entsprungen wä=ren. So aber müssen sie in ihrer Verbundenheit mit dem Wurzel=grunde des bösen Wollens gesehen werden, aus dem sie stammen. Dann aber sind sie „nicht als Tugenden, sondern als Fehler zu be=urteilen" (civit. XIX 25), „glänzende Laster", splendida vitia, wie die spätere Formulierung lautet. Man sieht das, meint Augustin, auch an der Art ihres geschichtlichen Wirkens. Vergils berühmtes Wort über den Herrscherberuf seines Volkes, das „parcere subiectis et debel= lare superbos", bleibt ein Raub an der Ehre Gottes, der allein De= mütigen Gnade schenkt und Völker bestrafen darf. Diese Gesinnung ist der letzte Grund dafür, daß in der Welt niemals Friede wird, der Ursprung all der Kriege und Eroberungen, mit denen Rom jahrhun= dertelang der Schrecken seiner Nachbarn gewesen und schließlich das alles verschlingende Weltreich geworden ist.

In diesem Sinne wagt Augustin, von Sallust und anderen klassi= schen Autoren beraten, eine gründliche und furchtbare Paraphrase der ganzen römischen Geschichte zu geben, beginnend mit dem Bru= dermord des Romulus bis hin zu den letzten Greueln der Republik, ein einziger, so noch nie gewagter Angriff auf die altgeheiligte Tra= dition, durch den er dem römischen Cant die Maske vom Gesicht reißt. Es geht ihm dabei nicht um historische Gerechtigkeit, sondern um eine grundsätzliche Erkenntnis, wenn man so will, auch um ein neues politisches Ethos, für das er niemanden lieber gewinnen würde als die Nachfahren der alten Scipionen und Fabricier. Im wahren Glauben, sagt Augustin, würden auch ihre traditionellen Tugenden in einem neuen, reineren Glanze erstrahlen.

Es geht für Augustin also nicht um die Verwerfung des politi= schen Sinns schlechthin und jeder politischen Betätigung; dagegen hat er sich ausdrücklich verwahrt. Der „Hochmut" ist nicht die not= wendige Begleiterscheinung der Macht als solcher, „sondern nur der Seele dessen, der seine Macht in verkehrter Weise liebt" (civit. XII 8). „Man soll beim Handeln nicht das diesseitige Ansehen und die Macht lieben, denn es ist alles eitel unter der Sonne — sondern man soll die Tat selbst lieben, die eben durch dieses Ansehen und diese Macht vollbracht werden kann, vorausgesetzt, daß es auf rechte und nutzbringende Weise geschieht, d. h. so, daß es zum Heile der Untertanen in dem Sinne dienlich ist, der Gott gemäß ist" (civit. XIX 19). Eine ungeheuere Ernüchterung, eine kühle Abstandnahme von jedem politischen „Mythos" und jeder unmittelbar politischen Leidenschaft spricht sich in solchen Worten aus. Das Reich war krank und bot wenig Anlaß zu politischer Begeisterung. Man kann es Augustin nicht vorwerfen, daß er sich nicht zum politischen Re= formator berufen fühlte, zu dem er am allerwenigsten getaugt hätte. Augustin beschränkt sich auf das Notwendige und auf das, was zu allen Zeiten gilt. Die Unterordnung aller vorläufigen, dies= seitigen Zwecke, für die die Politik nicht mehr als ein Mittel sein darf, unter den ewigen, geistigen, jenseitigen Zweck des Seins mit Gott hat bei ihm vielleicht immer noch einen asketischen, philoso= phisch=neuplatonischen Klang. Aber die Gesamtanschauung bleibt trotzdem christlich und biblisch. Anstelle der zeitlosen Hierarchie gestufter Werte setzt sich die geschichtliche Bewegung auf ein Ende hin durch, nämlich zum Gericht und zum ewigen Friedensreich Gottes. Es ist eine bestimmte Gemeinschaft, die diese Bewegung durch die Zeiten trägt, eben die Bürgerschaft der Gottesstadt, die ewige Kirche. Sie hat mit den Bürgern dieser Welt in der Bemühung um den irdischen Frieden wohl eine gemeinsame Aufgabe, die erfüllt werden muß, aber dennoch kein letztes gemeinsames Ziel. Die Gesinnung und die Richtung des Herzens, d. h. die Hoffnung, die Zukunft und nicht das gegenwärtige Sein bestimmen das menschliche Wesen und geben ihm seinen Sinn. Die fortschreitende Geschichte und das geschichtliche Wollen sind entscheidend geworden. Mit Augustin beginnt eine neue christliche Beurteilung der Zeit, wie sie die Antike nicht gekannt hat; er steht am Anfang der abendländischen „Geschichtsphilosophie".

Es gibt von Anbeginn zwei menschliche „Staaten" oder „Städte", zwei menschliche Gemeinschaften in der Welt, die durch ihre Gesinnung geprägt sind. „Zwei Weisen der Liebe haben zwei civitates, zwei Bürgerschaften geschaffen, d. h. eine irdische Bürgerschaft der Selbstliebe, die bis zur Verachtung Gottes geht, und eine himmlische Bürgerschaft der Gottesliebe bis zur Verachtung des eigenen Selbsts. Jene hat ihren Ruhm in sich, diese aber rühmt sich des Herrn" (civit. XIV 28). Hochmut und Demut, „Glaube und Unglaube" in ihrem Neben- und Widereinander machen, mit Goethe zu reden, „das eigentliche, einzige und tiefste Thema der Welt- und Menschengeschichte aus." Beide Gesinnungen sind so alt wie die Geschichte der Welt; im Sündenfall Adams nahmen sie ihren Anfang, und seitdem läuft die Entwicklung der Bürgerschaft Gottes oder „Jerusalems" über Abel und das alttestamentliche Heilsgeschehen bis zu Christus, von Christus weiter durch die Kirche und endet erst am Ende der Zeiten in jener ewigen „Gottesstadt", „da der Sieg in der Wahrheit und der Rang in der Heiligkeit, der Friede in Seligkeit und das Leben in Ewigkeit feststehen wird" (civit. II 29). Dagegen erhebt sich, in mannigfacher Weise mit ihr verflochten, das Reich oder die Bürgerschaft der Erdenstadt, der Selbstsüchtigen und der Stolzen, die sich einst in Babylon und dann in der Weltstadt Rom um ihr großes, dämonisches Symbol gesammelt haben. Sie streben durch Unrecht und Gewalt nach ihrer eigenen Herrlichkeit, nach irdischer Herrschaft und zeitlichem Frieden, den sie doch nicht bewahren und halten können, und enden in der ewigen Verdammnis. Aber in allem Widerstreit bleibt doch Gott der eigentliche und einzige Herr dieses doppelten geschichtlichen Verlaufs, den er nach unerforschlichen Plänen nach seinem Wohlgefallen lenkt. Einmal wird das Ende kommen, dann nämlich, wenn die feststehende Zahl der erwählten Gottesbürger erreicht ist, um die Zahl der in der Urzeit abgefallenen Engel Gottes genau zu ersetzen; aber den Zeitpunkt dieses Endes kennt niemand, und Augustin lehnt es ausdrücklich ab, ihn auf irgendeinem biblischen oder geschichtsphilosophischen Weg im voraus ermitteln und berechnen zu wollen. Das, worauf es ihm ankommt, ist die innere Sinnbestimmung der Geschichte; denn aus ihr ergibt sich die Entscheidung für die Gemeinschaft Gottes und für das wahre, unvergängliche Ziel.

Den großen, heilsgeschichtlichen Rahmen dieser Betrachtung hat

Augustin nicht selber geschaffen. Er folgt darin und in vielen mytho=
logischen Einzelheiten einfach der biblischen, urchristlich=apokalyp=
tischen Sicht der Weltgeschichte, die sich zwischen Schöpfung und
urzeitigem Fall bis zum Ende der Welt und dem Anbruch des Got=
tesreichs ausdehnt und in Christus, der „alle Völker" zur Umkehr
und Erneuerung ruft, ihren Mittelpunkt und ihren Sinn besitzt. Des
Gegensatzes zu allen „zyklischen", ziellosen und in seinem Sinne
ganz trostlosen Geschichtsanschauungen der Antike ist sich Augu=
stin durchaus bewußt. Auch das Schema der zwei Staaten, Städte
und Bürgergemeinden — das Lateinische bezeichnet dies alles mit
ein und demselben Wort — ist schon vor ihm durch den Reformdo=
natisten Ticonius entwickelt worden, von dem er es übernimmt.
Aber erst bei Augustin gewinnt es konkretes, geschichtliches Leben,
indem er die zwei civitates nicht nur — der apologetischen Absicht
gemäß — auf Rom und die (alt= und neutestamentliche) Kirche be=
zieht, sondern nunmehr durch den ganzen Lauf der Weltgeschichte
zu verfolgen sucht. Augustin gibt an Hand der Bibel und der an=
tiken Historiker eine ausführliche Darstellung beider, ihrer Ent=
stehung, Entfaltung und ihres fortschreitenden Ganges durch die
irdische Zeit, um mit dem Ausblick auf die Auferstehung und die
Erfüllung in der Ewigkeit zu schließen. Erst dies macht den Theolo=
gen zum Historiker und, wie man sagen kann, zum ersten „Ge=
schichtsphilosophen". Doch muß man sich, wenn man diesen Begriff
gebraucht, vor falschen Modernisierungen hüten. Daß Augustin
kein selbständiger und vollends kein „kritischer" Historiker gewe=
sen ist, versteht sich von selbst; aber auch die Maßstäbe und Deu=
tungen, die er bringt, sind nicht im neuzeitlichen Sinne „historisch".
Der Fortgang der beiden „Staaten" hat mit einem modernen, im=
manenten Entwicklungsbegriff nicht das geringste zu tun. Gott be=
stimmt die Geschichte, und das, was daraus folgt, ist gerade die Un=
durchdringlichkeit des konkreten Geschehens in seiner jeweiligen
Gegebenheit, die wir annehmen müssen, aber durchaus nicht be=
gründen können. Der Glaube, der das Ziel der Geschichte kennt,
verzichtet auf jede innerweltliche Prophetie. Darum läßt Augustin
auch die Entscheidung über die Zukunft des römischen Reiches be=
wußt offen. Er wendet sich wohl gegen die Panik, die die Eroberung
Roms im ersten Augenblick zu entfesseln drohte, er fordert, daß
jeder an seiner Stelle seine Pflicht erfülle, er hofft und erklärt, daß
sich alles noch einmal zum Guten wenden kann; aber keine Größe
dieser Welt ist „ewig", und wann Rom einmal untergehen wird, das
steht bei Gott. Augustin kennt auch im Rückblick auf vergangene
Zeiten keine wesentliche Verbindung zwischen den Entscheidungen,
die Gott nach seinem geheimen Plane verhängt, und den kausal=ge=
netischen Ableitungen und Verknüpfungen, die der weltliche Histo=
riker sucht. Die geschichtlichen Urteile, die er über Ereignisse, Per=
sonen und die vermeintlichen Notwendigkeiten früherer Zeiten ab=
gibt, sind ihm meist durch die Bibel an die Hand gegeben und wer=
ten ausschließlich theologisch.

Trotzdem zerfällt die Weltgeschichte für Augustin nicht in bloße, zufällige Fakten und Einzelheiten. Der gleichbleibende Sinn der Auseinandersetzung in den miteinander ringenden Gemeinschaften ordnet das scheinbar Vereinzelte in der Tiefe einander zu, und dieser religiöse Sinnzusammenhang alles Geschehens läßt sich an Hand der Bibel auch fassen und anschaulich darstellen. Dies ist die besondere, überraschende Leistung, die Augustin mit Hilfe seines Symbolismus zustande bringt. Auch hierbei handelt es sich zunächst um eine allgemeine Erscheinung. Die ganze Antike und zumal die Spätantike deutet die Wirklichkeit nicht ausschließlich kausal im modernen Sinne des Worts. Sie entdeckt allenthalben in der Natur die „geistigen" Gesetze der Analogie, der Harmonie und Sympathie, die auch das menschliche Leben ergreifen, und versteht die Worte der Dichter in entsprechender Weise „allegorisch", als Spiegelungen und Verkörperungen allgemeiner moralischer und philosophischer Wahrheiten. In der christlichen Kirche gewann diese alchemistische Denkform von Anfang an eine besondere Bedeutung, indem sie auf wirkliche Geschichte bezogen wurde. Christus mußte als Erfüllung des Alten Bundes erwiesen werden. Dazu bezog man sich nicht nur auf einzelne, zu ihm passende Weissagungen, sondern man suchte mehr und mehr die ganze alte Heilsgeschichte selbst, ihre wirklichen Personen und Ereignisse auf ihn hin zu deuten und als vorbildende „Typen" der kommenden Geschichte zu verstehen. So ist beispielsweise David ein Typus des Königs Christus, oder Isaaks Opferung steht für seinen Kreuzestod. Dieses alte biblische Auslegungsprinzip weitet Augustin nunmehr auf die Weltgeschichte überhaupt aus. Das Widereinander der zwei civitates, in Adam noch von einem einzigen Menschen umschlossen, tritt in den beiden Brüdern Kain und Abel erstmals „typisch" hervor; es setzt sich fort in den Kämpfen Israels und der Völker, gewinnt in den Städten Babylon und Jerusalem sichtbare Gestalt und findet dann im heidnischen, die Kirche verfolgenden Weltreich Rom seinen letzten, dämonischen Ausdruck. Dabei handelt es sich auf beiden Seiten meist nicht um eine einfache Gleichsetzung mit der Gesinnungsgemeinschaft der Gottlosen beziehungsweise der Frommen — sie sind ja ineinander verflochten und äußerlich nicht zu scheiden —, sondern um eine symbolische Repräsentation, die dennoch das bezeichnet, was die Mächte in ihrer geschichtlichen Wirklichkeit sind. Wie in Augustins symbolischer Sakramentslehre lassen sich auch hier die Sache und das Symbol nicht trennen. Darum wirkt die typologische Verknüpfung und Gliederung, die er mit Hilfe geschichtlicher Bilder und „Zeichen" zuwege bringt, im Gegensatz zu manchen mittelalterlichen Geschichtskonstruktionen nicht wie eine Spielerei, sondern besitzt eine die wirkliche Geschichte aufschließende Kraft. Auf dem geheimnisvollen Zauber der geschichtlichen Parallelen und vor- und zurückweisenden Entsprechungen, dem magischen Spiegeln und Schillern der Bilder und Begriffe, die dennoch Tiefe und Sinn behalten, beruht jedenfalls ein gut Teil des eigentümlichen ästhetischen Reizes, den

Augustins Geschichtsbild in all seiner fremden biblisch=theologi=
schen Gebundenheit immer noch ausstrahlt.

Die „Gottesstadt" war das Lieblingsbuch des gesamten Mittelal=
ters, ein Werk, das damals weit mehr gelesen wurde als die Kon=
fessionen. Aber in der veränderten Zeit änderte sich auch das Ver=
ständnis. Auf dem Hintergrund der staatlich=kirchlichen Auseinan=
dersetzungen im hohen Mittelalter wurden die Grundgedanken des
Buches unwillkürlich politisiert oder klerikalisiert. Man fand darin
eine verteufelnde Abwertung der staatlichen und eine Sakralisierung
der kirchlichen, das hieß jetzt: der päpstlichen Gewalt. Solche kir=
chenpolitischen Auslegungen haben dem historischen Augustin na=
türlich ferngelegen — fast ebenso fern wie die antihierarchisch=spi=
ritualistische Umdeutung seiner Gedanken, die im Spätmittelalter
gleichfalls begegnet. Er hat dem Mißverständnis nur insofern aller=
dings Vorschub geleistet, als sein Werk die dämonischen Kräfte der
Teufelsstadt gerade im politischen Ehrgeiz, in der Macht= und
Ruhmbegier der Staaten vor allem verkörpert zeigt, während eine
entsprechende Dämonisierung des kirchlichen Wollens noch gar
nicht erwogen wird. Darum gewinnt die „Gottesstadt" in den Au=
gen der späteren Leser leicht ein gregorianisches Gefälle. Der wirk=
liche Augustin denkt, wenn er über staatliche und kirchliche Fragen
spricht, noch nicht im mittelalterlichen Sinne institutionell. Er kennt
insbesondere nicht die Vorstellung eines „christlichen" Staates, son=
dern kennt nur einzelne Christen, Herrscher wie Untertanen, die
dann als Personen im Staat der Gerechtigkeit und dem irdischen
Frieden dienen können, während sie im Herzen demütige Bürger
der Himmelsstadt bleiben.

Andererseits erscheint die Kirche bei Augustin in der Tat als diese
Stadt und Bürgerschaft Gottes, die durch alle Zeiten reicht, mag
auch längst nicht jeder, den man ihr äußerlich zuzählt, in Wirklich=
keit zu ihr gehören. Aber in solchen Zusammenhängen denkt Augu=
stin nicht an die sichtbare kirchliche Organisation. In den zweiund=
zwanzig Büchern der „Gottesstadt" wird sie so gut wie überhaupt
nicht erwähnt. Nur in den antidonatistischen Schriften spielt sie
naturgemäß eine stärkere Rolle. Sonst tritt sie regelmäßig zurück,
sobald vom eigentlich religiösen Sinn, von der geistlichen Bedeu=
tung und dem wahren Leben der Kirche die Rede ist. Die Kirche ist
die Christenheit, die von der Kraft des heiligen Geistes in Liebe ver=
bundene Gemeinschaft der Christus=Gläubigen in aller Welt und
in jeder einzelnen katholischen Gemeinde. Das heißt natürlich
nicht, daß Augustin die äußere Gestalt seiner Kirche gleichgül=
tig gewesen wäre; sie ist ihm vielmehr selbstverständlich. Wie alle
altkirchlichen Theologen ist Augustin Episkopalist. Er glaubt an
die bischöfliche Ordnung der Kirche, die auf Christus und die Apo=
stel zurückgeht. Alle Bischöfe stehen einander grundsätzlich gleich;
sie lehren und verwalten ihre Gemeinden, und jeder Christ ist ih=
nen gegenüber zu Gehorsam verpflichtet. Nur wenn sie einmal „ir=
ren" und sich gegen die heilige Schrift selber stellen sollten, „darf

man auch den katholischen Bischöfen nicht zustimmen" (unit. eccl. 11, 28). Auch dieser Satz ist für Augustin offenbar selbstverständlich; was er, ernstgenommen, für Folgen haben kann, macht er sich nicht weiter klar. Im Grunde sind ihm kirchenrechtliche Fragen als solche nicht interessant. Die Kirche lebt durch Christus, ihr Haupt, und alle Christen sind dessen Glieder. Die Kleriker sind Diener und im engeren Sinne Priester, dazu berufen, Wort und Sakrament den Gläubigen darzubieten, ohne daß auf die menschliche Seite ihrer Person dabei Entscheidendes ankäme. Die ganze Gemeinde ist Christi Leib und erfährt dies besonders beim gemeinsamen Empfang seines Leibes und Blutes. „Wenn ihr selbst der Leib Christi und seine Glieder seid, so erscheint euer geheimes Wesen am Tische des Herrn: ihr empfangt euer eigenes Geheimnis." Der heilige Geist macht die Gemeinde zu einem einzigen Brot. So „seid denn das, was ihr seht, und empfangt das, was ihr seid" (serm. 272). Es liegt Augustin durchaus fern, die Kirche wie eine in sich selbst bestehende geistliche Stiftung zu feiern. Sie lebt nur, insoweit sie fort und fort alles von ihrem Haupte empfängt, durch das sie mit Gott versöhnt und verbunden ist. Der Sünder wird gerechtfertigt, wenn er an Christus glaubt, und empfängt mit der Rechtfertigung zugleich die erneuernde Kraft des heiligen Geistes der Liebe. Dies ist kein isolierbarer Vorgang; es geschieht nur in der lebendigen Gemeinschaft der christlichen Kirche; dennoch rettet uns nicht die Kirche, sondern durch die Kirche Christus selbst. Wir sind „ohne Ihn nichts, sondern in Ihm sind wir Christus selber und wir." (psalm. enarr. XXX 2, 3). Das Haupt „errettet seinen Leib", und der Leib nimmt dann an allen Gütern teil, die das Haupt gewonnen hat. Christus und sein Volk lassen sich nicht scheiden; erst vereint mit seinem Leibe bildet er selbst den „ganzen Christus". —

Der Arbeit an der „Gottesstadt", die die letzten heidnischen Bastionen zerschlagen sollte, ging von Anfang an eine neue innerkirchliche Auseinandersetzung parallel, deren Rückwirkung im Werke selbst mehrfach zu spüren ist: der sogenannte „pelagianische Streit". Dieser Streit hat Augustin innerlich mehr als alle früheren Kämpfe in Atem gehalten und bis zu seinem Ende nicht losgelassen. Er hat ihn von sich aus aufgegriffen; er wirbt in dessen Fortgang überall Kampfgenossen, die er einsetzt; er ist gegen seine sonstige Art sogar kirchenpolitisch höchst aktiv geworden, um ihn zu gewinnen. Jahr für Jahr erscheinen seine umfangreichen Abhandlungen, die in Angriff und Verteidigung immer tiefere Schichten des Problems erreichen und immer schwierigere und radikalere Lösungen ins Auge fassen — bis ihm zuletzt der Tod über einem noch nicht vollendeten Werk, dem „opus imperfectum" gegen Julian, die Feder aus der Hand nimmt. Die Auseinandersetzung mit den Pelagianern ist der eigentliche augustinische Kampf um die Lehre der Kirche. Es geht hier um hochtheologische, zugespitzte Fragen und um neue Antworten, die erst durch ihn wirklich brennend geworden sind — nicht um überkommene Streitpunkte alter Gegensätze und kirchlicher Fronten wie im Kampf gegen die Manichäer oder Donatisten. Mit der Lehre von der Allwirksamkeit und völligen Freiheit der göttlichen Gnade, der die Erbgebundenheit des mensch= lichen Willens entgegensteht, zieht Augustin das Fazit seiner theo= logischen Bemühungen und seiner Lebensentwicklung überhaupt. Er muß zugeben, daß er anfangs selbst noch nicht imstande war, die Wahrheit in ihrer vollen Bedeutung und Konsequenz zu formulieren und daß seine früheren Schriften, die seine Gegner jetzt wider ihn ins Feld führen, manches unklar gelassen haben und mehr oder weniger korrekturbedürftig sind. Trotzdem steht das Grundthema der Allmacht Gottes und der Alleinherrschaft seiner Gnade von An= fang an fest. Augustin hat es schon in der Lebensbeichte seiner Kon= fessionen unmißverständlich bezeugt, und jetzt kommt es ihm nur darauf an, die kirchliche Lehre endgültig in diesem Sinne festzu= stellen. Das führt zuletzt auf das Bekenntnis zur lückenlosen gött= lichen Prädestination, dem Vorherwissen Gottes, das als solches zu= gleich ein Vorausbestimmen und Vorausentscheiden sein muß — daran hängt das Ganze des Christentums. Denn erst von hier aus wird es unumstößlich gewiß, daß Gott allein sowohl das Ziel wie der einzige hoffnungsvolle Weg der ohne ihn verlorenen Mensch= heit sein und bleiben muß, daß jede Macht und jede Bemühung, die sich demgegenüber selbständig zu entfalten sucht, eben darin ver= kehrt und gegen Gott gerichtet ist und daß darum auch unser eige= ner Glaube, der das Heil wirkt, nur als Gottes Gabe und Werk rich= tig zu verstehen ist. „Denn von Ihm und durch Ihn und zu Ihm sind alle Dinge" (Röm. 11, 36). In der Aufnahme dieses paulinischen Be= kenntnisses treffen Augustins philosophische Gotteslehre und sein Verständnis der heiligen Schrift unmittelbar zusammen. Außerhalb dieses Glaubens gibt es für ihn keine Wahrheit und kein wahres und wirkliches Christentum.

Augustin entwickelt seine Lehre auch im einzelnen auf Grund der heiligen Schrift und zugleich nach der Logik der platonischen Reli= gionsphilosophie. Das macht ihn theologisch unbesiegbar; das drängt ihn aber gleichzeitig weit über die unmittelbaren Gegeben= heiten der Bibel, auch über Paulus, hinaus und legt ihn auf Positio= nen fest, die zu verteidigen schwierig wird. Die Gegner drängen ihn weiter; er ist ihnen in seinem Denken noch nicht weit genug voraus, und daraus erklärt sich manche Schwäche und manche Härte der von ihm bezogenen Position. Augustin will kein Neuerer sein; aber er hat bei dem, was er behauptet, aufs Ganze gesehen, tat= sächlich keine Vorgänger gehabt. Er hätte wohl auch kaum Be= gleiter und Nachfolger gefunden, wäre er nicht zu der Zeit, da der pelagianische Streit ausbrach, schon längst der geistige Be= herrscher seiner afrikanischen Kirche gewesen, deren Bischöfe sich wie ein Mann hinter ihren Meister stellten. Auf die Dauer hat sich Augustin — trotz seines Sieges — dennoch nicht ohne Abstriche durchsetzen können, und sein Erbe hat gerade an diesem Punkte immer wieder Schwierigkeiten gemacht und neue Diskussionen her=

vorgerufen. Das liegt nicht bloß daran, daß der Kampf, den er kämpfte, tatsächlich einen ewigen Gegensatz betrifft und daß Glaube und Unglaube, Hochmut und Demut auch in der christlichen Welt nicht zum Ausgleich gelangen; es liegt auch nicht allein an der „Praxis", der oft berufenen Trägheit und Kompromißbereitschaft der katholischen Großkirche, der er dienen wollte und diente, sondern es liegt in erster Linie an der formal=logischen Unlösbarkeit der Probleme, deren systematische Lösung Augustin mit den Mitteln seiner Zeit und Schule trotzdem zu erzwingen sucht. Er begehrte insofern etwas Unmögliches, und die Siege, die er erficht, bleiben in ihren theologischen Ergebnissen logische Pyrrhussiege, die den Krieg, den er führt, niemals beenden können. Trotzdem markiert das antipelagianische Dogma eine theologische Grenze, die ein für alle Mal erreicht ist und hinter die das lateinische Christentum, aufs Ganze gesehen, nie wieder auf die Stufe des voraugustinischen Moralismus und Rationalismus zurücksinken konnte. Es steht jetzt fest, daß es im Bereich der Religion in erster Linie immer nur auf Gott und nicht auf den Menschen ankommen kann. Der Gnadenbegriff ist von jetzt ab der Zentralbegriff der lateinischen Theologie. Das abendländische Christentum versteht sich grundsätzlich als Gnadenreligion. Während Augustin in seiner Kirchen=, Sakraments= und Gotteslehre ältere Ansätze weiter führt, hat er in dieser Hinsicht etwas Neues geschaffen und theologie= und geistesgeschichtlich Epoche gemacht.

Pelagius war eine sittlich hochstehende, „heiligmäßige" Persönlichkeit. Das hat Augustin zu Beginn der Auseinandersetzungen selbst geflissentlich hervorgehoben und auch später, als ihn die Undurchsichtigkeit und die vermeintlichen Winkelzüge seines Gegners verbitterten, nicht zurückgenommen. Von Haus aus Brite, kein Priester, aber ein eifriger Asket, hatte Pelagius ähnlich wie Rufin in Rom einen geistlichen Wirkungskreis gefunden. Er warb hier für seine mönchischen Ideale, gewann Schüler und predigte erfolgreich gegen die Laxheit und Sittenlosigkeit der christlichen Gesellschaft. Er trat auch, selbständiger und systematischer als Rufin, als theologischer Schriftsteller hervor und suchte die ältere abendländische Tradition mit den Anschauungen der griechisch=origenistischen Theologie in Verbindung zu setzen; es war ja in Rom damals die Zeit der beginnenden Origenes=Renaissance. Gut orthodox, polemisierte Pelagius gegen die Arianer; aber seine entschiedenste Gegnerschaft galt den Manichäern. Ihr dualistischer Fatalismus empörte den Sittenprediger. Es galt, ihnen gegenüber die Macht und Bedeutung des Willens zu betonen und die freie Selbstverantwortung des Menschen für sein Tun herauszuarbeiten. Pelagius studierte hierzu auch die antimanichäischen Schriften Augustins, vor allem dessen bedeutendes Werk „über den freien Willen", das zum ersten Mal den Versuch gemacht hatte, den in dieser Front unvermeidlichen Appell an die menschliche Freiheit mit dem Gedanken der Gnade zu verbinden. Auch Pelagius war weit davon entfernt, die Gnade Gottes für nebensächlich oder auch nur für entbehrlich zu halten; als guter Paulusexeget betonte er sogar die Vorstellung des „Allein" aus Gnaden und „Allein" aus Glauben beim Zustandekommen der Erlösung. Aber er dachte dabei an die durch die Taufe und Vergebung bewirkte Freistellung des Menschen, die „aus Gnaden" wiedergewonnene Freiheit und Selbsttätigkeit des Willens im Gegensatz zu der schlechten „Gewöhnung" der vorchristlichen Menschheit. Und während Augustin weiterschritt und diesen befreiten Willen selbst durch Gottes Gnade gewirkt und bestimmt sein ließ, blieb Pelagius dabei, gerade die heilsentscheidende Bedeutung des freien menschlichen Einsatzes zu betonen. Verhängnisvoll wurde die systematische Art, mit der sein praktischer Aktivismus hierbei vorging und die vermeintliche Schiefheit einer andersartigen Sündenlehre im Namen der befreiten, gut geschaffenen Menschennatur zu bekämpfen suchte.

Dabei zielte seine Kritik zunächst noch nicht auf Augustin, sondern auf das Paulusverständnis des mit seinem wahren Namen unbekannten „Ambrosiaster", dessen Kommentare damals unter dem Namen „Hilarius" in Umlauf waren. Es sei, erklärte er, unsinnig, aus Röm. 5, 12 eine erbsündliche Natur aller Nachkommen Adams zu folgern. Die gute Natur, die Gott geschaffen hat, muß unveränderlich sein, und die Annahme einer fleischlichen Übertragung der Schuld durch die Fortzeugung von Generation zu Generation wäre überdies manichäisch und im Widerspruch zu Gottes Gerechtigkeit. Mündlich wandte sich Pelagius auch gegen Augustins Konfessionen, die in Rom zu einem Modebuch der „religiös interessierten" Gesellschaft geworden waren. Als man ihm das augustinische Gebet entgegenhielt: „Gib, was Du befiehlst — und dann befiehl, was Du willst" (conf. X 31, 45), wandte er sich leidenschaftlich gegen solchen Quietismus. Es kam ihm immer darauf an, den Trägen zu zeigen, was die menschliche Natur bei Anspannung aller Kräfte leisten sollte und tatsächlich auch zu leisten imstande sei. Die Berufung auf Gott, der „aus Nicht=wollenden Wollende macht" (op. imperf. III 122), „indem er dem, dem er befiehlt, hilft, damit er das Gute auch tun kann" (grat. et lib. arb. 31), erschien ihm demgegenüber wie ein bequeme Ausrede.

Auf der Flucht vor den Westgoten suchte Pelagius 410/11 in Afrika Zuflucht. Aber einer Begegnung mit Augustin ging er wohl absichtlich aus dem Wege. Er fürchtete den überlegenen Gegner und war wie so viele Moralisten vielleicht auch der Meinung, daß dogmatische Auseinandersetzungen ohnedies unfruchtbar blieben und lediglich Unruhe wirkten. Er reiste von Afrika weiter nach Jerusalem und gewann im Osten, wo niemand an seinen Lehren Anstoß nahm, alsbald Ansehen und gute Freunde. Unterdessen hatte in Afrika sein weniger vorsichtiger und auch theologisch flacherer Schüler Caelestius die Konsequenzen der pelagianischen Freiheitslehre einseitig und aufdringlich ausgezogen, und als er sich 411 in Karthago um eine Presbyterstelle bewarb, wurde er daraufhin in

aller Form als Irrlehrer abgelehnt und exkommuniziert. Für das all=
gemeine Bewußtsein stand dabei im Vordergrund, daß Caelestius
die Kindertaufe nicht „zur Vergebung der Sünden" geschehen ließ;
gegen Neuerungen in der Tauflehre war man im antidonatistischen
Afrika natürlich besonders empfindlich. Aber für Augustin bedeu=
tete diese Verurteilung mehr. Wer die „Unschuld" der Neugebore=
nen behauptete, d. h. den natürlichen, unerlösten Menschen für ge=
sund und zu allem Guten frei erklärte, der leugnete seiner Meinung
nach das Grundverhältnis, in dem sich alle Menschen „von Adam
her" befinden, und machte die Errettung durch Christus überflüssig.
So stellt man sich „gegen die Gnade, durch die der Gottlose ge=
recht gemacht wird und durch die wir überhaupt Christen sind"
(retr. II 52). Augustin sandte nunmehr seinen persönlichen Schü=
ler Orosius mit einem Empfehlungsschreiben an Hieronymus in
den Osten, um hier eine Verurteilung auch des Pelagius zu
erreichen. Aber diese Bemühungen scheiterten völlig. Pelagius
suchte auszuweichen und erklärte insbesondere, daß die zur Dis=
kussion stehenden Lehren kein „Dogma" darstellten. Die Griechen
selbst waren ihrer ganzen Art und Tradition nach außerstande,
in den verhandelten Fragen der Anthropologie und Gnadenlehre
mehr zu sehen, als einen verbohrten Streit um Quisquilien und
Selbstverständlichkeiten; sie sprachen Pelagius frei. In Afrika löste
dies Urteil Empörung aus. Es kam hier, unter reger Beteiligung
Augustins, zu neuen synodalen Entscheidungen, und darüber hinaus
nötigte man auch den Papst Innozenz I. zu ausdrücklicher Verurtei=
lung der neuen Irrlehrer. Als sein Nachfolger, der Grieche Zosimus,
dieses Urteil zu revidieren suchte, verweigerte man ihm die Gefolg=
schaft, spannte die kaiserliche Regierung gegen die Pelagianer ein
und zwang schließlich auch den Papst, die Verurteilung wieder zu
bestätigen und allgemein bekanntzugeben (418).

Erst jetzt, wo die Sache der „Pelagianer" kirchenpolitisch verloren
war, rückt ihr bedeutendster Wortführer stärker in den Vorder=
grund, Bischof Julian von Aeclanum in Apulien. Ohne ihn, meint
Augustin, wäre das pelagianische Baugerüst zuletzt doch ohne Bau=
meister stehengeblieben. Julian ist der einzige einigermaßen eben=
bürtige Gegner, den Augustin zeit seines Lebens gefunden hat, und
gelegentlich hat man den Eindruck, Augustin selbst betrachte diesen
unermüdlichen Quälgeist mit einer geheimen, widerstrebenden
Sympathie. „Ein selbstgewisser junger Mann" aus gutem Hause,
ein glänzender Dialektiker und Stilist wie Augustin, aber elegan=
ter, leichtfertig unbekümmerter und rücksichtsloser in seiner Pole=
mik, ist Julian im Grunde ein Weltkind geblieben und dabei mit
sich und mit dem vernunft= und lebenbejahenden Christentum, das
er sich gezimmert hatte, völlig zufrieden. Pelagius war als angeb=
licher Feind der Gnade von Augustin schwerlich ganz verstanden
und jedenfalls höchst einseitig gezeichnet worden; das Bild Julians
dagegen ist klar und läßt sich gar nicht mißverstehen. Er ist mehr
als nur ein theologischer Gegner Augustins; in ihm meldet sich zum

letzten Mal ein untergehendes Lebensgefühl zu Wort, für das in der augustinisch=mittelalterlichen Kirche kein Platz mehr sein wird. Julian spricht als Theologe für die Überzeugungen der antiken Aufklärung. Er ist ein Popularphilosoph in christlichem Gewande, der letzte Verfechter der stoischen „Menschenwürde", die wohl an Gott glaubt, aber selbst seiner Hilfe im Grunde nicht bedarf, sondern sich einfach auf die eigene Natur stützt, mag diese „Natur" jetzt auch „Schöpfung" genannt werden. Die Schwierigkeiten, auf die Augustin in seiner Selbstbetrachtung gestoßen war, haben Julian niemals bedrückt, weil er sie nicht kennt. So erscheint ihm der ganze theologische Aufwand, der mit den Begriffen der Gnade, der Erbsünde und der angeblichen Perversion unseres Seins getrieben wird, selber pervers und zumindest höchst überflüssig. Derartiges widerlegt sich für ihn durch seine Unsinnigkeiten von selbst. Warum sollen Adams Nachkommen für Adams — nicht allzu tragische — Schuld in alle Ewigkeit büßen müssen? Wieso kann sich die Sünde durch Fortpflanzung überhaupt „vererben"? Und was ist das für eine Vernunft, die den Sünder für die Zukunft mit unausweichlicher Sündhaftigkeit bestraft? In welchem Sinne ist es schließlich noch gerecht, einen Sünder dann zu bestrafen, wenn er die Freiheit zum Tun des Guten tatsächlich verloren hat? Wie jeder „aufgeklärte" Denker hat es Julian leicht, „logisch" zu verfahren und die auf der Hand liegenden Unstimmigkeiten und Widersprüche seines Gegners aufzudecken. Er tut es mit moralischem Pathos und mit Lust. Die Widerspruchslosigkeit seines Systems hat nur den einen Fehler, daß sie nicht zur Wirklichkeit paßt; aber dies ist in Julians Sinn nun gerade die Frage, ob Augustin diese Wirklichkeit des Menschen überhaupt richtig getroffen hat oder ob seine ganze Sünden= und Gnadenlehre nicht vielmehr auf einem einzigen großen „Komplex" beruht. Er kann es von seinen Voraussetzungen her einfach nicht verstehen, wie Augustins ganzheitliches Lebensverständnis schon in dem berühmten Birnendiebstahl, von dem die Konfessionen berichten, einem „harmlosen" Lausbubenstreich seiner Knabenjahre, ja schon im hilflosen Wimmern des Säuglings die Verlorenheit der gefallenen Menschheit erkennen will.

An einem wesentlichen Punkte scheidet sich Julian auch von seinen eigenen Kampfgenossen. Pelagius hatte in der sinnlich=geschlechtlichen Lust selbstverständlich etwas Böses und Gefährliches gesehen; er war ja ein Mönch. Wie kann man das tun, wenn man auf der anderen Seite die „Natur" des Menschen für unveränderlich gut erklärt? Das geschlechtliche Begehren, die concupiscentia, gehört doch zur menschlichen Natur; ohne sie wäre die Fortpflanzung und Erhaltung des Menschengeschlechts nicht einmal denkbar. Julian war verheiratet gewesen und lehnt es ab, die Sphäre des Geschlechtlichen mit dem Schauer des halbwegs Verbotenen, Versucherischen und Frevelhaften zu umgeben. Der sinnliche Trieb ist als solcher nichts Böses; man muß ihn natürlich zu bezähmen und vernünftig zu beherrschen wissen, aber an und für sich ist er einfach natürlich und damit auch gut. Wer es anders lehrt, muß im Grunde immer noch ein Manichäer sein, der die Güte der Schöpfung leugnet, die Leiblichkeit verteufelt und dann natürlich auch die „Freiheit" des Menschen nicht ernstnehmen kann. Es gibt hier keinen Mittelweg — man muß entweder ein Christ im Sinne Julians oder man muß ein manichäischer Ketzer sein. Diese immer von neuem vorgebrachte Anklage ist für Augustin ausgesprochen peinlich; denn sie ist nicht einfach aus der Luft gegriffen. Tatsächlich bestehen zwischen Augustins Gnadentheologie und seinem früheren Manichäismus unübersehbare geistige Zusammenhänge. Die Argumente, die Julian wider ihn ins Feld führt, hatte er früher selbst gegen die Manichäer gebraucht. Darin liegt die außerordentliche Schwierigkeit seiner Position, die ihn zu immer neuen, subtilen Unterscheidungen nötigt. Denn Augustin ist auch jetzt nicht gewillt, Schöpfung und Freiheit preiszugeben. Die Freiheit bleibt ihm ein unverlierbares Moment der guten menschlichen „Natur"; nur hat sich deren Lage durch den Sündenfall in einer Weise verändert, daß es ihr jetzt trotz dieser „Freiheit" nicht mehr möglich ist, sich selbst aus ihrer Fesselung an die Sünde zu befreien. Augustin weiß, daß er sich mit dieser Vorstellung einer gebundenen Freiheit begrifflich in einer gewissen „Klemme" befindet; es gilt aber, die Gnade so zu fassen, daß sie die Freiheit nicht auslöscht, und andererseits die Willensfreiheit so zu bestimmen, daß sie die umfassende Wirkung der Gnade trotzdem nicht abschwächt oder begrenzt.

Die Lehre von der „concupiscentia" macht Augustin trotz der Schwierigkeiten im einzelnen aufs Ganze gesehen am wenigsten Not. Hier ist auch er der Asket geblieben, der er war. Daß die sinnliche Begierde etwas mit der Sünde zu tun haben muß, duldet für ihn keinen Zweifel. Er spricht dabei aus Erfahrung und braucht nur die Erinnerungen seiner eigenen Bekehrungsgeschichte wieder aufzunehmen. Die Unwillkürlichkeit und Unbeherrschbarkeit der geschlechtlichen Regung und die mit ihr verbundene Scham zeigen mindestens so viel, daß die Ordnung und das seelische Gefüge des Menschen seit dem Sündenfall durcheinander geraten sind. Augustin entwickelt die barocke Vorstellung, daß Adam im Paradiese, wenn er nicht gefallen wäre, die Möglichkeit gehabt hätte, die Kinder ohne chaotische Lust, in vollkommener Freiheit zu erzeugen, indem er seine Organe wie Arme und Beine nach Willkür bewegt hätte. Aber das bedeutet nicht, daß man die gegenwärtige Herrschaft der Triebe „manichäisch" erklären müßte durch die Annahme einer bösen Substanz. Das Böse als solches ist für Augustin immer noch ein Nichts, mag sich diese Nichtigkeit in der Verkehrung und Verwirrung der Natur und des Willens auch noch so handgreiflich als Macht erweisen. Dagegen bleibt es für ihn in der Tat schwierig anzugeben, wie die Vererbung der Ursünde auf alle Adamskinder gedacht werden könnte. Sie waren zwar alle noch „in" ihm, als Adam die verbotene Frucht aß, und insofern an seiner Sünde beteiligt. Aber der eigentliche Sitz der Sünde ist doch der menschliche

Geist, durch den sich Adam in Ungehorsam und „Hochmut" Gottes Herrschaft entzog. Augustin wagt es nicht, eine der leiblichen Zeu= gung analoge Zeugung der Seelen zu behaupten, die ihm Julian als neue Irrlehre ankreiden möchte. Gerade weil sich seine Erbsünden= lehre nicht in ihrer sinnlichen Bedeutung erschöpft, ist es für Augu= stin so schwierig, ihr Wesen zu bestimmen. Die Sünde ist zweifellos von Anfang an da, sie klebt dem Menschen „durch Ansteckung an und nicht durch Entscheidung" (op. imperf. IV 98) — und sie kommt doch nicht nur aus seiner sinnlichen Natur, sondern betrifft ihn ganz und wohnt gerade in seinem geistigen, wollenden Selbst.

Die entscheidende Erkenntnis, auf die es Augustin ankommt, ist, daß wir, auf uns selber gestellt, hilflos bleiben und daß Gottes Gnade nicht weniger als alles tun muß, um uns zu retten. Das heißt nicht, daß der Mensch überhaupt keine Willensfreiheit besäße, son= dern nur dies, daß der Wille von sich aus immer zur Sünde geneigt und außerstande ist, seine Richtung irgend zu ändern. Gottes Gnade kann also nicht durch unser gutes Wollen motiviert sein, sondern umgekehrt: „Der menschliche Wille erlangt nicht durch Freiheit die Gnade, sondern eher durch Gnade die Freiheit" (corr. et grat. 8, 17). Aber wenn er, durch Christus erlöst, zum Glauben zur Hoff= nung und zur Liebe zurückfindet, dann ist er allerdings wirklich be= freit. Hier zeichnet sich ein neuer, tieferer Begriff von Freiheit ab. Freiheit ist für Augustin nicht mehr durch die Fähigkeit des will= kürlichen Wählenkönnens definiert, sondern ist das Bestimmtsein durch das Gute und durch Gott. Gott selber ist ja darum, weil er nur gut sein kann, nicht etwa unfrei, sondern gerade umgekehrt im ab= soluten Sinne frei. „Unsere Freiheit besteht darin, daß wir der Wahr= heit unterworfen werden" (lib. arb. II 13, 37); das „Knechtsein" der Gerechtigkeit „ist selbst die wahre Freiheit" (enchir. 30). „Wir wer= den also dann erst wahrhaft frei, wenn uns Gott in seine bildende Hand nimmt, d. h. gestaltet und schafft — nicht zu Menschen(denn das hat er schon getan), aber dazu, daß wir gute Menschen werden, und das tut jetzt seine Gnade" (enchir. 31). Es gibt also so etwas wie eine gewirkte Freiheit. Gerade die vollkommene Freiheit und Menschlichkeit des Menschen ist von Gott gewirkt und bleibt doch Freiheit, die der Mensch bejaht, in sein eigenes Wollen aufnimmt und mitmacht. „Wir wollen also; aber Gott wirkt, daß wir wollen. Wir wirken also, aber Gott wirkt in uns auch das Wirken" (don. pers. 13, 33). Das Problem der Zuordnung von Gnade und Freiheit — ein neues Problem, das Julian nicht verstanden hatte und das auch die gesamte griechische Theologie niemals im Blick gehabt — wird von Augustin also in der Weise gelöst, daß er Freiheit und Gnade nicht mehr aufeinander abstimmt, sondern in eins schaut, wobei die Gnade durchaus die bestimmende, der Wille die be= stimmte und von Gott gehaltene Größe bleibt. Das schließt nicht aus, sondern ein, daß der befreite Wille nun wirklich auch selber das Gute tut und sich insofern auch „Verdienste" erwerben kann. Aber diese Verdienste hat er gleichwohl nicht sich selber zu dan=

ken: es ist Gottes Gnade, die in ihm lebt, die allen Stolz und „Ruhm der eigenen Werke" gänzlich ausschließt und den Menschen somit gerade demütig macht. „Wenn Gott unsere Verdienste krönt", erklärt Augustin immer wieder, „krönt er nur seine Geschenke" (conf. IX 34); denn Verdienste schafft die Gnade allein, und vor der Gnade gibt es kein menschliches Verdienst: „Was hast du, das du nicht empfangen hättest?" (I. Kor. 4, 7).

Aber wenn dem so ist, woher rührt dann, daß diese Freiheit der Erlösten tatsächlich nicht allen zuteil wird, daß so viele Menschen verloren gehen, ja daß auch solche Christen, die tatsächlich geglaubt und in der Liebe Christi gelebt haben, nachher wieder abfallen können und verderben? Darauf gibt es nur eine einzige Antwort: es liegt an Gott, der zwar niemals und nirgends das Böse will, der aber seine Gnade, ohne die niemand das Gute vermag, nach seinem freien Ermessen gewähren, versagen oder zurückziehen kann. Eben dadurch wird uns endgültig gezeigt, daß seine Gnade wirklich nichts als Gnade ist und daß das Heil „nicht an jemandes Wollen oder Laufen liegt, sondern an Gottes Erbarmen" (Röm. 9, 16). „Wie das leibliche Auge, auch wenn es ganz gesund ist, nur dann sehen kann, wenn ihm der Glanz des Lichtes zu Hilfe kommt, so kann auch der Mensch — und wäre er völlig gerecht gemacht — doch nur leben, wenn ihm durch das ewige Licht der Gerechtigkeit von Gott aus Hilfe zuteil wird" (nat. et grat. 26, 29). Die Prädestination ist im Sinne Augustins das abschließende Zeugnis von Gottes Herrlichkeit, von der bedingungslosen Souveränität seiner Gnade. Warum aber hat Gott die Nicht=Erwählten verdammt? „Warum sonst, als weil er es so gewollt hat. Warum hat er es aber gewollt? ,Mensch, wer bist du, daß du Gott zur Rede stellen willst?'" (ep. 186, 23). Mit dieser schon von Paulus (Röm. 9, 20) erteilten Antwort müssen wir uns in Demut zufrieden geben — und sollen gleichwohl wissen, daß Gott auf jeden Fall gut und gerecht bleibt, auch dort, wo wir ihn nicht verstehen.

Ganz hat sich Augustin mit diesem letzten „Ignoramus", zu dem er sich bekennt, indessen doch nicht begnügen mögen. Zumal in der Verteidigung versucht er es immer wieder, darüber hinauszugelangen und das Unbegreifliche von Gottes Ratschluß trotzdem irgendwie sichtbar zu machen und vernünftig zu beweisen. Die Frage nach Gottes Gerechtigkeit und nach der Schuld des Menschen soll wenigstens insoweit eine Antwort finden, daß zwar nicht die Erwählung der Erwählten — denn diese ist eben Gnade und weiter nichts —, wohl aber die Verwerfung der Verworfenen noch als „verdient" gelten kann. Dazu greift Augustin noch einmal auf „Adam" zurück, „in dem" alle im voraus gesündigt haben. Denn Adam war wirklich noch zum Guten wie zum Bösen „frei"; erst „die nachfolgende, zur Strafe verhängte Sündhaftigkeit machte aus der [ursprünglichen] Freiheit die Notwendigkeit [des Bösen]" (perf. iust. 4, 9). Und da er sich freiwillig für den Ungehorsam und die Auflehnung entschieden hatte, wurden er und seine Nachkommen=

schaft von Gott somit auch von Rechts wegen verdammt. Gott ist wohl unerklärlich in seinem Erbarmen, aber darum nicht ungerecht im Verdammen. Es hat für ein modernes Empfinden gewiß etwas höchst Unbefriedigendes, wie Augustin die Aporien seiner theologischen Existenzdeutung dadurch zu lösen sucht, daß er sie auf „Adam" zurückschiebt. Das leere Schemen einer „Wahlfreiheit", das er Julian für den gegenwärtigen Menschen mit Recht verwiesen hatte, taucht nun für den Menschen im Urstand von neuem auf, und der symbolisch deutende Mythos wird zur Behebung der moralisch=vernünftigen Einwände in einer Weise rationalisiert, die schlimmere Anstöße nach sich ziehen muß. Es erscheint, wenn man in der Bahn des augustinischen Denkens bleiben will, in der Tat konsequenter, dann schon Adams Fall durch Gottes Willen bestimmt sein zu lassen, also — wie die theologische Formulierung lautet — eine „supralapsarische" Prädestination zu lehren. Aber ist eine derartig fürchterliche Konsequenz religiös noch zu ertragen? Augustin hat das, wie wir sehen, jedenfalls nicht vermocht oder gewollt.

Es läßt sich nicht verkennen, daß die Prädestination bei Augustin, aufs Ganze gesehen, doch eine wesentlich andere Rolle spielt als in den biblischen Texten, auf die er sich beruft. Wohl dient sie, wie gesagt, auch bei ihm der Verherrlichung Gottes; aber der tröstliche und erhebende Charakter, den sie bei Paulus zeigt, ist ihr doch weithin verlorengegangen. Erst durch Augustin gewinnt der Prädestinationsgedanke seine düstere Geschlossenheit, durch die er „der Schrecken des christlichen Denkens aller Zeiten" geworden ist (Heinr. Barth). Woran liegt das? Die Antwort führt auf eine letzte Schwäche der augustinischen Theologie, die in der Gnadenlehre lediglich kulminiert. Im Urchristentum hängt das Heil des Menschen gleichfalls allein an Gottes Erwählen, dem ein Verdammen und Verstocken der Ungläubigen entsprechen muß und entspricht; aber diese Erwählung vollzieht sich dort niemals in abstrakter Ungreifbarkeit, sondern durch Jesus Christus als Gottes fleischgewordenes Wort. In der Begegnung mit Christus wird dem menschlichen Zweifel der Spielraum genommen; es tut sich hier ein bestimmter Weg auf, auf den der Glaube treten muß und treten kann. „Wer an den glaubt, der ist gerecht" (Röm. 10, 4) — der darf sich insofern auch als erwählt wissen, und die theoretischen Spekulationen verlieren von hier aus ihre Bedeutung und ihr Recht. Nun will auch Augustin die zentrale Stellung des Heilands selbstverständlich festhalten und bekennt sich mit Nachdruck zu ihr: „Außerhalb dieses Weges, der dem Menschengeschlecht niemals ganz gefehlt hat . . ., ist niemand je frei geworden, wird niemand befreit und wird auch niemand befreit werden" (civ. Dei X 32, 2). Aber dieser Christus und seine Gnade binden sich bei Augustin dennoch nicht ausschließlich an das gepredigte Wort. Christus gewinnt als Gottes ewige Wahrheit einen viel allgemeineren, fast zeitlosen Sinn, und sein Wirken wird unübersehbar. Die Theologie der Gnade folgt deshalb weithin ihrer eigenen theologisch=philosophischen Logik; sie wird zu einem selbständigen Prinzip des Denkens, das sich im Besonderen und In= dividuellen nicht mehr eindeutig anwenden läßt. Die Frage der per= sönlichen Heilsgewißheit bleibt in Augustins Theologie ausdrück= lich offen.

Von hier aus erscheint es theoretisch wohl möglich, den Gedan= ken der Prädestination auch gegen die konkrete Heilsgemeinschaft und Heilsvermittlung, d. h. gegen die Kirche, auszuspielen. Gottes Gnade folgt ja ihren eigenen, unerforschlichen Gesetzen, auch die Kirche besteht durchaus nicht aus lauter Erwählten, und wer kann es unter diesen Umständen wissen, ob er wirklich zu ihrer Zahl ge= hört? Augustin beobachtet mit Sorge die Wirkung seiner eigenen Gnadenlehre: sie droht zur falschen Sicherheit zu verführen, und ge= rade dieses soll sie nicht tun. Aber so ernst derartige Gedanken hervorgehoben werden, um den geistlichen Hochmut zu dämpfen — Augustin kehrt sie niemals gegen den Begriff der Kirche als sol= cher und gegen die Gewißheit des kirchlichen Heiles selbst. Er will, daß ihre Gnadenmittel und ihre Gemeinschaft vielmehr ernstge= nommen und in vertrauender Freude empfangen werden. Eine spi= ritualistische oder skeptische „Konsequenz" in die entgegengesetzte Richtung wäre schlechterdings nicht mehr augustinisch. Augustins Gnadenlehre kehrt sich ausschließlich gegen den Hochmut des in sich befangenen, sich selbst betrügenden Menschen. Ein Fromm= sein, das der Sünder sich selber bereitet und nicht in Demut von Gott empfängt, ist in seinen Augen heidnisch und dämonisch, auch wenn es sich noch so christlich gebärdet. Denn es verschmäht ja Christus und den heiligen Geist gerade dort, wo man ihrer am mei= sten bedarf: im eigenen Innern, in der Überwindung der Ichhaftig= keit und Verblendung unseres gottlosen Selbst. Der erlöste, der wahrhaft menschliche Mensch findet seinen Schwerpunkt und seine „Freiheit" nicht mehr in sich, sondern gleichsam außerhalb seiner= selbst. Die Quelle seines Lebens liegt in Gott. An die Stelle des „Selbstbewußtseins" und des Selbstvertrauens ist das Gottvertrauen getreten, das Glauben, Hoffnung und Liebe weckt. Damit ist das „Menschenbild" der Antike an der Wurzel getroffen, und auch die Religion verändert ihren Sinn und Begriff. Sie ist nicht mehr die Vervollständigung des Menschen, der sich nur dazu mit höheren Gewalten in Verbindung setzt, um sein eigenes Sein zu sichern oder zu vollenden, sondern Gott, der Herr der gesamten Wirklichkeit, ist auch des Menschen in einem neuen Sinne ganz Herr geworden. Gott ist für diesen nur dann wirklich da, wenn er auch sein Innerstes, d. h. seinen Willen, durchdringt und wenn er für den Menschen in demütiger Liebe sein Alles geworden ist. —

Je älter Augustin wird, um so wärmer und selbstverständlicher lebt er für seine Kirche und in seiner Gemeinde. Dies ist der Ort der erscheinenden Liebe Christi und der wechselseitigen Hilfe, da der heilige Geist wirkt und da die Wahrheit Gottes für alle Welt gepredigt und gelebt wird; hier fühlt er sich in den Vorhöfen seines

Gottes. Augustin liegt daran, daß Heiligkeit und Wunderkraft der Christenheit kein bloßer Gedanke bleiben, sondern sichtbar, werbend und überzeugend in Erscheinung treten. Er begrüßt es, daß jetzt, wo die Martyrien der Vergangenheit angehören, das Mönchtum neue Heilige stellt. Der aufkommende Heiligen- und Reliquienkult wird von ihm eifrig gefördert. Gerade seine Gnadenlehre bot dafür die notwendige theologische Rechtfertigung: wenn es Gott ist, der alle Gnaden und Wunder in seinen Gläubigen wirkt, so führt auch alle Verehrung, die man diesen zuteil werden läßt, ebenso wieder auf Gott zurück und raubt ihm nicht, sondern mehrt nur seine Ehre. Noch bezeichnender ist Augustins Interesse an realen Wundern, die sich besonders an den Märtyrergräbern ereignen. Daran erkennt man, daß die Beweise des Geistes und der Kraft, die das Urchristentum auszeichneten, auch aus der gegenwärtigen Kirche nicht gewichen sind und der Heilige Geist in ihr noch immer am Werke ist. Von der kühlen Zurückhaltung, mit der der junge christliche Philosoph diesen Phänomenen einst gegenüberstand, ist nichts mehr zu spüren. Damals hatte Augustin gemeint, „nachdem die katholische Kirche im ganzen Erdkreis verbreitet und gefestigt" wäre, seien die Wunder überflüssig geworden; Gott habe sie aufhören lassen, „damit der Geist nicht immer nach sichtbaren Dingen strebe und das Menschengeschlecht, das einst durch dies neuartige Geschehen in Glut geriet, nicht durch die Gewöhnung daran stumpf und kalt würde" (vera rel. 25, 47). Jetzt weiß er von einer Fülle von Wundern zu berichten, die sich zu seinen Lebzeiten allein in seiner Stadt, besonders in der Kapelle mit den Stephanusreliquien ereignet haben sollen. Er bemüht sich um ihre authentische Aufzeichnung, er läßt sie in den Gottesdiensten verlesen und kann es nicht begreifen, daß solche unerhörten Dinge von der Gemeinde selbst so gleichmütig hingenommen und so schnell wieder vergessen werden. Augustin ist von einer überraschenden, fast rührenden Naivität und Leichtgläubigkeit. Der große spekulative Denker zeigt in allen historischen Fragen kaum Ansätze der Kritik. Er hat dem wundergläubigen Mittelalter in dieser Hinsicht keinerlei Schwierigkeiten in den Weg gelegt.

Liest man die Biographie, die Possidius seinem verehrten Lehrer und Vorbild Augustin gewidmet hat, so erscheint dieser wie das Muster eines treusorgenden Bischofs und Hirten, als der Mann, der dem Mönchtum in Afrika die Bahn gebrochen und als gewissenhafter Verteidiger der katholischen Wahrheit gegen die Ketzer zur Rechten und zur Linken gestritten hat; doch wird in dem ganzen Buch nicht eine theologische Frage als solche zur Sprache gebracht. Es ist lehrreich, daß man Augustin aus nächster Nähe so sehen und schildern konnte; aber dieses Bild des Mannes bietet doch zu wenig — nicht nur in unserem Sinne, sondern auch im Sinne von Augustinus selbst. Augustin wußte, wer er war. Er wollte nicht bloß ein frommer Wahrer der rechtgläubigen Überlieferung sein, sondern fühlte sich durchaus als wegweisender Lehrer seiner Kirche. Dies

war die höchste Verantwortung, die er zu tragen und der er zu ent=
sprechen hatte. Das merkwürdigste Denkmal dieser Gesinnung sind
die „Retractationes", d. h. „Revisionen" seiner früheren Schriften,
die er, lange geplant, drei Jahre vor seinem Tode zu diktieren be=
gann, aber nur für die „Bücher" im engeren Sinne, nicht mehr für
die Briefe und Predigten zu Ende geführt hat. Augustin ist sich
darüber im klaren, daß seine Schriften in aller Welt gelesen und be=
achtet werden. Aber wie vieles läßt sich daraus zusammentragen,
das, wo nicht geradezu falsch, doch schief und der Verbesserung
bedürftig ist! Augustin fühlt sich auch jetzt, als Greis, nicht unfehl=
bar; aber er weiß doch, daß er „im Weiterschreiten geschrieben und
im Schreiben weiter vorangekommen" ist (ep. 143, 2). Es liegt ihm
daran, öffentlich festzustellen, daß er „auch sich selber nicht in al=
len Stücken gefolgt sei" (don. persev. 21, 55), und da er die einmal
ausgegangenen Bücher nun nicht mehr zurückholen kann, bleibt
ihm nichts anderes übrig, als seine „Richtigstellungen" in einem
neuen Buch zu veröffentlichen. Danach mag man, was er geschrie=
ben hat, „mit Nutzen lesen. Einiges muß man mir dabei nachsehen,
und wenn die Leute es nicht nachsehen wollen, so sollen sie sich
wenigstens nicht auf das versteifen, was darin verkehrt war" (retr.
prol. 3).

Natürlich sind diese Selbstverurteilungen und — im ganzen sel=
tenen — Selbstverteidigungen eine interessante Quelle für Augu=
stins „Fortschreiten" in seinen Grundsätzen und Überzeugungen.
Manche Korrekturen betreffen lediglich äußerliche, kleine Versehen,
besonders in den Zitaten, die ohne weiteres richtig gestellt werden
können. Tiefer greift der Widerruf bei einer Reihe von Äußerun=
gen, besonders in den Jugendschriften, in denen Augustin seiner
Rhetorik allzu freien Lauf gelassen, Schwulst und heidnische Flos=
keln gebraucht hat, die besser vermieden würden. Das Urteil über
die heidnische Mythologie, Literatur und Bildung hat sich verschärft;
Augustin strebt einem religiösen Purismus zu, der ihm früher fremd
war. Am lehrreichsten ist die Selbstkritik in den eigentlich dogmati=
schen Fragen. Sie betrifft besonders die Schöpfungslehre und die
Eschatologie. Die neuplatonische Verachtung des Leiblichen, Irdi=
schen und Sichtbaren widerspricht, wie Augustin jetzt deutlich er=
kennt, dem geschichtlichen und konkreten Denken der Bibel; diese
muß in ihren Äußerungen strenger und wörtlicher aufgenommen
werden. Von literarischer Eitelkeit und wichtigtuerischem Sich=sel=
ber=ernst=nehmen ist in dem knappen, völlig nüchtern geschriebe=
nen Buche nirgends etwas zu spüren. Es geht Augustin nicht um
seinen Nachruhm, sondern um die kirchliche Wahrheit, d. h. um die
Richtigkeit der Lehre, die er vertreten hat, und um ihren Schutz ge=
gen mögliche Irrtümer und Mißdeutungen. Darauf kommt es wahr=
haftig an. Wer dieses objektivierende dogmatische Streben des al=
ten Augustin nicht sieht, hat den Richtungssinn seiner Entwicklung
nicht verstanden.

Der Schulmeister von einst ist zum Lehrer der Kirche geworden.

Ihm liegt an der Ordnung des geistigen Besitzes, an der richtigen Erkenntnis und am richtigen Gebrauch des Wissens, das nicht durch sich selber „weise" macht; ihm liegt an der Unterscheidung des Wesentlichen vom Unwesentlichen. Wer den einen, wahren Lehrer Christus hört und nichts aus „Eigenem" hinzutut, der vermeidet das unnütze Geschwätz und das Vielreden, vor dem die Bibel warnt. Aber die Darstellung des Notwendigen darf man darum nicht für „Geschwätzigkeit" halten, auch wenn sie gegebenenfalls in die Breite geht und höchst ausführlich wird — „das sei ferne!" (retr. prol. 2). Schon in Cassiciacum hatte Augustin den Plan eines encyklopädischen Werkes entworfen, das nach dem Vorbild Varros, aber nunmehr im Geiste des Christentums die sieben traditionellen Zweige der „Wissenschaft", die „artes liberales" des Mittelalters, behandeln sollte. Damals war er über die Darstellung der Grammatik und des Rhythmus nicht hinausgelangt. Die Übernahme des geistlichen Amtes machte ihm, wie er klagt, die weitere Ausführung unmöglich. Aber später nimmt er die Arbeit in einem prinzipielleren Sinne wieder auf. Zur Zeit, da er die Retractationes beginnt, liegt seine neue christliche Bildungslehre bereits abgeschlossen vor. Es sind die vier Bücher über die „christliche Wissenschaft", de doctrina christiana.

Ein solches Werk hatte die Kirche bis dahin nicht besessen. Seine grundsätzliche Bedeutung geht weit über das hinaus, was darin im einzelnen geboten, z. T. auch nur skizziert wird, obschon es gleichfalls wesentlich ist. Das Problem der weltlichen Bildung und Schule hatte die Kirche seit dem Ausgang des zweiten Jahrhunderts ununterbrochen beschäftigt. Es war nicht aus der Welt zu schaffen, insofern die Christen auf die höhere Bildung nicht verzichten konnten, die Schule aber und die ganze Bildungstradition ihrer Umwelt heidnisch und gerade in ihrem „klassischen" Gehalt von der heidnischen Mythologie und Philosophie gar nicht zu trennen war. Die äußere Christianisierung des Reiches hatte an diesen Gegebenheiten zunächst nichts geändert. Man sieht es an den Konflikten, in die noch Hieronymus gestürzt wird, so gut wie an seinen spielerischen Versuchen, Jerusalem als christliches Athen, König David als christlichen Pindar oder Horaz zu präsentieren. Jetzt, bei Augustin ändert sich die Lage. Augustin war mehr als seine Vorgänger in der klassischen Bildung und Kultur zu Hause gewesen; aber er braucht sie nicht gewaltsam zu „verdrängen", weil er sie innerlich, in sich selbst überwunden hat. So wagt er den Entwurf einer neuen, vom Ziel her einheitlich bestimmten Bildung, die aus dem bisherigen Wissen das aufnimmt, was ihr nützlich erscheint, und das getrost beiseite läßt, was sie nicht mehr gebrauchen kann. So wie es nur noch eine Philosophie und Weisheit geben darf, die alle heidnische Philosophie überwunden und abgelöst hat, die Philosophie Christi, so gibt es hinfort auch nur ein wahres Wissen und eine „christliche Wissenschaft", die der christlichen Weisheit dient. Diese Wissenschaft ist die Wissenschaft von der Bibel, die Kunst des rechten Ver=

stehens von allem, was die Bibel sagt, und der rechten Verkündigung ihrer Wahrheit. Augustins Werk erscheint zunächst als eine Art Handbuch „für solche Personen, die sich um die heilige Schrift bemühen", in erster Linie also für die jungen Kleriker und Prediger der katholischen Kirche. Es zeigt ihnen, welches Wissen sie besitzen müssen, um ihrer geistlichen Aufgabe gerecht zu werden. Es zeigt, durchaus in traditionellen Bahnen, daß die bisher geforderten Kenntnisse in Grammatik, Rhetorik usw. bis hin zur Kenntnis der Musik auch dann notwendig bleiben, wenn man jetzt statt der klassischen Autoren ausschließlich die Schrift verstehen und verkündigen will. Anschließend entwickelt Augustin die Grundsätze der Auslegung (Hermeneutik) und der Predigt (Homiletik). Aber das Wissen, das er in dieser Weise fordert, ist trotzdem kein bloßes Fachwissen für die Theologen und Kirchenmänner; es ist in seinen Augen das „christliche" Wissen schlechthin, auf das es für jedermann ankommt und neben dem es letzten Endes nichts Wesentliches mehr gibt. Denn die Bibel ist das Buch der Wahrheit; sie ist das Ganze und für alle genug.

Das Neue in dieser Position ist die methodische Konsequenz, mit der die Erkenntnis der biblischen Wahrheit zum Orientierungspunkt und zur Grundlage des Wissens und des geistigen Lebens schlechthin gemacht wird. Darin wirkt Augustin wie ein erster „mittelalterlicher" Denker, was er sonst gewiß nicht gewesen ist. Dagegen ist sein vorbehaltloses Bekenntnis zur Bibel und zu ihrer bestimmenden Bedeutung für das gesamte Glaubensleben an und für sich keineswegs originell; er stimmt darin mit der ganzen alten Kirche völlig überein. Die Bibel ist Gottes Buch, von seinem Geiste inspiriert und diktiert und verdient uneingeschränktes Vertrauen. Während Bischöfe irren können, darf man „schlechterdings nicht zweifeln oder diskutieren, ob eine Sache wahr oder falsch sei, sobald nur dies entschieden ist, daß sie geschrieben steht" (bapt. II 3,4). Dieses Urteil gilt grundsätzlich auch hinsichtlich der nebensächlichen Daten und Angaben, die die Bibel enthält; es wird nicht auf die „heilsbedeutsamen" Dinge eingeschränkt. Aber das hindert Augustin — wie so viele Bibelgläubige — bezeichnenderweise durchaus nicht, sich in der Praxis, wo es nötig scheint, dennoch mit ziemlicher Freiheit zu bewegen. Er rechnet dann ganz unbefangen mit Übersetzungsfehlern oder Irrtümern der Abschreiber, unter Umständen auch mit nachträglichen Fälschungen; er betont, daß Gott beziehungsweise seine Propheten und Apostel sich natürlich auch an das Verständnis ihrer Hörer anpassen mußten, und beruft sich gegenüber „dunklen" Stellen auf die klareren oder auf das Ganze der Schrift, die ja immer nur der wahren Liebe zu Gott und zum Nächsten dienen will, wie es die Kirche lehrt. Natürlich spielt auch die Allegorese ihre Rolle, die Möglichkeit, auf einen höheren oder mehrfachen Schriftsinn auszuweichen und so in jedem Falle ein erträgliches Ergebnis zu gewinnen. Augustin bemüht sich auch um sprachliche, archäologische und chronologische Einzelheiten — dazu bedarf der Exeget eben der verschiedenen „Wissenschaften"; aber aufs Ganze gesehen ist er doch durchaus kein Philologe wie Hiero= nymus und hat dessen Bemühungen um den hebräischen Urtext so= gar mißbilligt. Augustin fragt nach dem theologisch Wesentlichen und Entscheidenden und hat dadurch immer wieder auch das sach= lich Richtige getroffen. „Laßt uns das Evangelium so hören, wie wenn der Herr zugegen wäre. Alle Kostbarkeiten, die aus seinem Munde tönten, sind ja um unseretwillen geschrieben und für uns aufbewahrt. Es wird um unseretwillen vorgelesen; es wird auch für unsere Nachkommen vorgelesen werden und bis ans Ende der Welt. Der Herr ist droben; aber auch hier ist die Wahrheit der Herr" (Joh. tr. XXX 1). So weitet sich von innen her der Horizont der Schrift. Sie ist für den, der die Wahrheit hören kann und die müßige „Neugier" beiseite läßt, wirklich das Buch der Bücher, welches alles enthält und auf alle Fragen, die uns wirklich angehen, auch die Ant= wort weiß.

Danach konzentriert sich der Begriff der Bildung, und der Um= fang des sinnvollen Wissens wird entsprechend reduziert. Das ge= schieht mit vollem Bewußtsein dessen, was diese Umkehr bedeutet. Man kann sagen, daß Augustin damit auch dem Bedürfnis seiner Epoche entgegenkommt. Die Spätantike ist ja die Zeit der norma= tiven Handbücher und des standardisierten Bildungsgutes; die Zeit trägt geistig nicht mehr das Vielzuviele einer alt gewordenen Kultur. Jetzt endlich wird ihr alle Weisheit und alles Wissen in einem ein= zigen Buch zur Verfügung gestellt, und von diesem Buche aus begreift man wieder, wozu ein gewisses Maß von Kenntnissen und traditio= neller wissenschaftlicher Schulung immer unentbehrlich bleibt. Das Christentum hatte den Eindruck der Unfruchtbarkeit und des „scho= lastischen" Leerlaufs der bisherigen grammatisch=theoretischen Aus= bildung verstärkt; jetzt wird die asketische Abkehr von Augustin gleichzeitig gerechtfertigt und begrenzt. „Eins ist not", und weni= ges ist genug, um diesem einen ernsthaft gerecht zu werden. Die Wissenschaften sind nicht mehr um ihrer selbst willen da; nur als biblische Hilfswissenschaften haben sie noch ein Recht. Ein „Wissen um des Wissens willen", das das letzte Ziel des Menschen nicht mehr kennt und im Auge hat, kann nicht der Wahrheit dienen, sondern dient nur dem Ehrgeiz und der Eitelkeit der Gelehrten. Vieles „Wis= sen bläst auf; aber die Liebe erbaut" (1. Kor. 8,1). Die Haltung Augu= stins erinnert hier nicht zufällig an die Stimmung des alten Plato; aber sein Begriff der Liebe führt über diesen hinaus und nimmt seiner Belehrung den mürrischen Unterton. Man braucht auch nur an die neue, lebensnahe Predigt der Kirche zu erinnern, für die es im Bereich der profanen Bildung kein Gegenstück gibt, um zu begreifen, daß das augustinische, kirchliche Bildungsideal keines= wegs unfruchtbar geblieben ist; es lebt und gestaltet das Leben. Aber es ist allerdings ein asketisches Ideal mit allen Gefahren, die in einem so straff begrenzten Planen auch geistig zu allen Zeiten beschlossen sind. Augustin hat diese Gefahren nicht mehr gefühlt.

Er hatte ja den ganzen Umkreis des geistigen Erlebens in seiner Ju=
gend in voller Freiheit durchmessen, um „alle Tiefen der Weisheit
und Erkenntnis" zuletzt bei Christus und in dessen Worte zu finden.
Hier setzt er nun entschlossen ein. Er will nur noch das Notwendige
festhalten und alle Umwege des geistigen Spiels wie eine Spielerei
vermeiden. Alle Umwege sind Irrwege. Das Resultat eines überrei=
chen Lebens wird ohne weiteres zur Basis und zur festen Richtschnur
für alle gemacht. Augustin fragt nicht, ob etwas Derartiges möglich
sei. Für ihn ist die Gerade zwischen zwei Punkten selbstverständ=
lich der „kürzeste Weg". Er hat seine Weisungen nur theologisch
begründet; aber diese Begründung zeigt noch einmal den ganzen
Augustin.

Die Liebe des Menschen soll nicht an dem und jenem hängen
bleiben, sondern hat in den ewigen und unveränderlichen Dingen
ihr Ziel, d. h. letzten Endes in Gott und erst in zweiter Linie in dem,
was um Gottes willen geliebt werden kann. Indem Gott den Befehl
gibt, ihn „von ganzem Herzen und von ganzer Seele und von gan=
zem Gemüt" zu lieben (Matth. 22,37), hat er unser ganzes Leben in
Beschlag genommen und uns „gleichsam keinen Raum gelassen,
ein anderes Ding genießen zu wollen; vielmehr sollte jeder
denkbare Gegenstand der Liebe, der sich unserem Herzen anbietet,
dorthin fortgerissen werden, wohin der ganze Sturm der Liebe eilt".
Das gilt auch von der Liebe zum Nächsten und von der Bejahung
des eigenen Ichs; die Liebe Gottes „duldet nicht, daß das kleinste
Bächlein von ihr weggeleitet werde, so daß ihre Fülle dadurch ge=
mindert würde" (doctr. I 22,21). Gott bleibt der einzige Gegenstand
letzter menschlicher Hingabe. Alle Liebe zur Kreatur, die wir nach
seinem Willen „gebrauchen" mögen, steht unter Vorbehalt. Es ist
der christliche Vorbehalt des unbedingten Gehorsams und der freu=
digen Unterwerfung unter den einen Schöpfer und Herrn, durch den
wir der Herrschaft dieser „Welt" entzogen und als seine Erlösten
„frei" geworden sind. Aber wie stets bei Augustin verbindet sich
damit der Vorbehalt des Geistesmenschen, der platonische Stolz,
der die niedere Wirklichkeit dieser Welt als Gegenstand seiner Sor=
gen und Liebe nicht wirklich anerkennt. Der Geist des Menschen
stammt von Gott, und Gott und dessen ewige Wahrheit sind darum
auch das einzige wahrhaft würdige Ziel seines Strebens, Forschens
und Liebens. Augustins Gottesliebe hat immer etwas von dem un=
gestümen Drängen eines sehnsüchtigen Liebhabers, der jeden Ge=
danken, der vom geliebten Gegenstand abführt und nicht unmittel=
bar um seinetwillen ergriffen und festgehalten wird, schon als Ver=
rat seiner Liebe empfindet. Sie hat nichts von der arglosen Gebor=
genheit der Kinder, die unter den Augen ihrer Mutter spielen
dürfen und darum ebenso ganz unter sich bei ihrem Spiel wie ganz
bei ihrer Mutter sind. Der weltflüchtige Zug dieser Frömmigkeit ist
bei Augustin noch stärker ausgeprägt als in dem von ihm mitbe=
stimmten Mittelalter, weil er, wie gesagt, keine Scheidung von Theo=
logie und Philosophie, von Gottes= und Weltweisheit duldet und

kennt. Die irdischen Dinge und „Wissenschaften" verlieren damit auch ihre relative Selbständigkeit und geistige Eigenbedeutung; es ist alles nur ein Durchgang zum Leben in Gott — aber Gott ist dafür auch der wirkliche und unmittelbare Sinn des Lebens und kann nirgends umgangen oder irgendwie an den Rand geschoben werden.

Es ist irreführend, wenn man Augustins Theologie als eine complexio oppositorum, als Vereinigung einander widerstrebender Elemente zu deuten sucht. Gewiß, Augustin war als Christ ein Platoniker, weil er als Platoniker zum Christen geworden war. Aber es geht ihm in seinem Denken und Leben immer nur um das Eine und Ganze seines Glaubens, das er in der Gnadenlehre vielleicht am schärfsten formuliert, aber nie aus den Augen verloren und niemals verleugnet hat. Man kann diese Theologie der unbedingten Gottesliebe in ihrer Vielseitigkeit nicht übernehmen und in neuen geistigen und geschichtlichen Umwelten zur Anwendung bringen, ohne daß sie sich dabei veränderte und in dieser Veränderung dann auch gedankliche Schwierigkeiten und Spannungen zum Vorschein kämen. Aber das teilt sie mit allen lebendigen geistigen Gebilden, die ja nicht für sich selber leben und wahr sind, sondern die bewegte Wirklichkeit treffen wollen und darum niemals völlig geschlossen sind. An seinem geschichtlichen Ort ist Augustin als Persönlichkeit gleichwohl unauflöslich und mit dem, was er sagen will und sagt, völlig unmißverständlich. —

Das Lebensende Augustins steht im Schatten des hereinbrechenden Vandalensturms, dessen Schrecken der greise Bischof, wie sein Biograph bemerkt, tiefer und schmerzlicher empfand und erlebte als die meisten Mitbürger; denn: „wo viel Weisheit ist, da ist viel Grämens, und wer viel lernt, der muß viel leiden" (Pred. 1,18). Ob er den beginnenden Untergang des abendländischen Reiches erkannt hat, bleibt trotzdem ungewiß. Bis zuletzt suchte er die staatlichen Beamten und Militärs zu energischer Ausübung ihrer Pflichten zu mahnen und zu ermuntern. Den Geistlichen verbot er grundsätzlich, ihre Gemeinden zu verlassen. Nur wenn alle bis zum letzten Mann geflohen waren, sollten sie sich anschließen dürfen. Er selbst sorgte für die Flüchtlinge, die sich im belagerten Hippo zusammendrängten, ließ die goldenen Geräte seiner Kirche einschmelzen, um der Not zu steuern, und fuhr „unausgesetzt, frisch und mutig" fort, das Wort Gottes zu predigen. Im dritten Monat der Belagerung befiel den Fünfundsiebzigjährigen die tödliche Krankheit. Augustin ließ sich die Bußpsalmen Davids vor seinem Lager an die Wand heften. Er fühlte sich als Büßer, weinte und betete. Zehn Tage vor seinem Ende bat er die Freunde, ihn nicht mehr zu besuchen. Sie durften das Zimmer nur dann noch betreten, wenn er ohnedies den Arzt empfangen mußte oder Arzneien und etwas zu essen bekam. Augustin wollte allein sein und blieb es bis zur Sterbestunde, wo alle wieder herzueilten, um ihr Gebet mit dem seinen zu vereinigen. Er war bei vollem Bewußtsein, am ganzen Leibe „unversehrt" und hatte bis zuletzt das klare Gesicht und Gehör behalten. Ein Testament hatte er nicht gemacht, weil er, der Arme Gottes, wie Possidius sagt, nichts besaß, worüber er hätte testieren können. Doch hatte er „stets Befehl gegeben, daß man die Bibliothek der Kirche und alle Bände sorgsam für die Nachwelt bewahren sollte" (Possid. 31). Es handelte sich dabei großenteils um seine eigenen Werke. Tatsächlich gelang es später, bei der Eroberung und dem Brande der Stadt, die Bücher zu retten. Wer die Schriften liest, sagt Possidius, bemerkt, daß Aurelius Augustinus ganz „für den Glauben, für die Hoffnung und für die Liebe der katholischen Kirche gelebt hat," und wird aus der Lektüre entsprechenden Gewinn ziehen. „Für mein Teil glaube ich jedoch" fügte er hinzu, „diejenigen haben noch mehr von ihm gehabt, die den Prediger in der Kirche selbst hören und sehen konnten, und die vor allem, die es noch erlebt haben, wie er mit den Menschen umging" (Possid. 31). Der Zauber des Persönlichen in Augustins Wesen ist keine moderne Erfindung oder Entdeckung; und er ist ihm, wie es scheint, bis ins höchste Alter erhalten geblieben.

Augustins Werke sind vollständig von den Maurinern (Paris 1679 ff.) herausgegeben und wiederholt, so bei Migne (ebd. 1841 f.) und jetzt auch in einer neuen lateinisch=französischen Ausgabe (ebd. 1949 ff.), z. T. auch schon im CC wieder abgedruckt worden. Das CSEL hat bisher wenig mehr als die Hälfte der Schriften herausgebracht und wird von vielen neuen Einzelausgaben bereits übertroffen. Diese sind so wenig zu zählen wie die Übersetzungen. In größerer Zahl finden sie sich deutsch besonders in der Kemptener Bibliothek und neuerdings in der großen Ausgabe der deutschen Provinz der Augustiner=Eremiten (Würzburg 1949 ff.), leider in meist einseitig katholischer Beleuchtung.

Wenn Possidius (cap. 18 o. S. 178) meinte, es sei kaum ein Gelehrter imstande, alle Werke Augustins zu lesen, so gilt dies erst recht von der in jeder Richtung uferlosen Augustin=Literatur. Sie wird in der Zeitschrift „Augustiniana" und „Revue des Etudes Augustiniennes" laufend zusammengestellt. Hier sei nur noch auf die Vorträge und Akten des Pariser Augustinuskongresses 1954 (Augustinus Magister I-III, Paris o. J.) und auf den Bericht über die „Augustinliteratur seit dem Jubiläum von 1954" von Rud. *Lorenz* in der Theol. Rundschau 25 (1959) 1—75 verwiesen. Mir selbst war es nicht möglich, jedesmal anzudeuten, wo ich anderen Autoren (und z. T. auch deren Übersetzungen) gefolgt bin. Ich greife im folgenden — mehr oder weniger zufällig — einige, besonders wichtige oder leichter zugängliche Werke heraus und lasse die systematisch=theologischen Untersuchungen hierbei gänzlich beiseite.

Eine umfassende Biographie Augustins ist seit Lenain de Tillemonts „Mémoires pour servir à l'histoire ecclésiastique" XIII (1701) nicht mehr verfaßt worden. Besonders reich ist die Literatur zur Geschichte der Bekehrung. Ich nenne: J. *Nörregaard*, Augustins Bekehrung (1923); R. *Guardini*, Die Bekehrung des hl. Aurelius Augustinus (1950[2]); P. *Courcelle*, Recherches sur les confessions de Saint Augustin (Paris 1950); J. *O'Meara*, The Young Augustine (London 1954). Eine prächtige Schilderung des Bischofs Augustin gibt F. *van der Meer*, Augustinus der Seelsorger (1952[2]), eine immer noch le=

senswerte, trotz ihrer Modernisierung in vieler Hinsicht kongeniale Gesamtdeutung der Persönlichkeit A. *v. Harnack* in seinem Lehrbuch der Dogmengeschichte II 2 (1931[5]) 59—236. H. J. *Marrou* berührt in seiner vorzüglichen Skizze „Augustinus in Selbstzeugnissen und Bilddokumenten" (1958) auch die Geschichte des Augustinismus (aber unter unzulänglicher Berücksichtigung der Reformation und des Protestantismus). Das großartige Dokument einer tiefen Augu=stinus=Gegnerschaft repräsentiert K. *Holls* Aufsatz über „Augustins innere Entwicklung" (1922, wieder abgedruckt: Ges. Aufs. III, 1928). Über Augustins Mönchtum s. Adol. *Zumkeller*, Das Mönchtum des heiligen Augustinus (1950, mit deutschen Übertragungen); zur Tri=nitätslehre: E. *Benz*, Marius Victorinus und die Entwicklung der abendländischen Willensmetaphysik (1932); zur „Civitas Dei": Wilh. *Kamlah*, Christentum und Geschichtlichkeit (1951[2]); Frz. Gg. *Maier*, Augustin und das antike Rom (1955); zur Gnadenlehre: Heinr. *Barth*, Die Freiheit der Entscheidung im Denken Augustins (1935); über Augustins Bildung und Stellung in seiner Zeit das große Werk H.=J. *Marrous*: Saint Augustin et la fin de la culture antique (1958[2]) mit seiner 1949 angehängten „Retractatio"; Rud. *Lorenz*, Die Wissenschaftslehre Augustins, Zeitschr. f. Kirchengesch. 67 (1955/56) 29—60; 213—251.

7. Kapitel

BOETHIUS

Das Jahrhundert nach dem Tode Augustins ist reich an theologi=
schen Schriftstellern, aber arm an hervorragenden Persönlichkeiten.
Die geistigen Anstöße, die Augustin seiner Mitwelt gegeben hatte,
wirken weiter; aber das seelische Niveau, auf das alle theologischen
Fragen durch ihn gehoben waren, läßt sich nicht halten. Die äuße=
ren politischen und wirtschaftlichen Verhältnisse sind der Überwin=
dung des Epigonentums nicht günstig und fördern den Niedergang.
Die germanische Völkerwanderung dringt unaufhaltsam weiter.
Sie überspült im Westen fast alle Provinzen des alten Reiches, und
die ungeheueren Anstrengungen zur Behauptung und Rückgewin=
nung, die gemacht werden müssen, erschöpfen die überanstrengten
Kräfte der Bevölkerung. Eine dauernde Wiederherstellung und Be=
friedung wird trotzdem nicht erreicht. In der Kirche breitet sich
während dieser Zeit das Mönchtum aus. Besonders in Gallien wer=
den seine Gedanken auch theologisch fruchtbar. Der Radikalismus
des orientalischen Ideals verbindet sich hier mit den moralistischen,
rationalistischen und organisatorischen Tendenzen des alt=abendlän=
dischen Christentums. Auch der asketische Gedanke verliert den
umfassend=lebendigen Sinn, den er bei Augustin gewonnen hatte.
Die Frömmigkeit tritt zu seiner Gnadenlehre in Spannung und ver=
bindet sich gleichzeitig mit den Ansprüchen und Erwartungen einer
streng kirchlichen Heilsvermittlung. Die „semipelagianischen Strei=
tigkeiten" sind der Ausdruck dieser unbewältigten Spannungen im
Gefolge augustinischer Theologie. Die Schwierigkeiten, um die es
geht, sind in den festgelegten Bahnen der gegebenen Fragestellung
nicht lösbar und werden niemals wirklich erledigt.

Die Umformung der Gesellschaftsordnung, die Barbarisierung
und Germanisierung der alten mittelmeerischen Kultur und Lebens=
welt fängt unterdessen an, auch die Kirche zu erreichen und zu be=
einflussen; aber noch ist die veränderte Lage nicht als Aufgabe und
neue Möglichkeit für ihr Wirken erkannt. Zwar stellen sich führende
Männer hier und da schon geschickt auf die neuen Gegebenheiten
ein, aber im allgemeinen fühlen sie sich noch durchaus als Römer,
Bürger und Vertreter des Reiches, seiner alten Rechtsordnung und
seiner Kultur. Während das abendländische Kaisertum erlischt (476)
und neue, germanische Staatsgebilde allenthalben entstehen, hält
man doch an der Fiktion eines fortdauernden Orbis Romanus, des
römischen Welt= und Herrschaftskreises, fest. Gerade die Männer
der Kirche blicken weiter nach Osten, wo der rechtgläubige Kaiser
regiert, der die Kirche zu schützen hat. Die germanischen Vasallen=
völker und ihre Könige sind keine katholischen Christen, sondern
hangen dem „arianischen" Bekenntnis an; sie sind damit auch
keine wirklichen Herren. Auch die theologische Literatur des fünften
Jahrhunderts atmet noch „antiken" Geist und Charakter.

Der Verfall während dieses Zeitraums ist keineswegs gleich=
mäßig und allgemein. Zum mindesten Italien erlebt unter der Herr=
schaft des Ostgotenkönigs Theoderich (493—526) noch einmal eine
lange Zeit des Friedens und einen Aufschwung, der auch der Kirche
und überhaupt dem kultürlichen Leben zugute kommt. Zwar lag
die militärische und politische Gewalt ausschließlich in Händen des
Königs und seiner germanischen Gefolgsleute; aber Theoderich ließ
die überkommene Ordnung der zivilen Verhältnisse daneben be=
stehen, ja er gefiel sich darin, selbst als Förderer der klassischen
Traditionen zu gelten, und tat, was in seinen Kräften stand, um
die alte Gesellschaft mit seiner klugen und wohltätigen Herrschaft
zu versöhnen. Der Kaiser hatte ihn anerkannt. Die Konsuln des
Jahres wurden nach wie vor im Einvernehmen zwischen den Höfen
ernannt; gerade die Stadt Rom mit ihrem Senat, mit ihren alten
Übungen, Ämtern und Spielen genoß noch einmal eine goldene Zeit.

In dieser Welt ist der Mann zu Hause, mit dem wir die Reihe der
lateinischen Kirchenväter schließen: Boethius. Es gibt, von Augustin
abgesehen, keinen zweiten christlichen Lehrer, bei dem die Kirche
des lateinischen Mittelalters so bewußt in die Schule gegangen wäre
wie gerade bei ihm. Man hat ihn sowohl den letzten Römer wie den
ersten Scholastiker genannt. Boethius war in der Tat beides; denn er
fühlte sich als Römer berufen, der ganzen lateinisch redenden Welt
die wahre Philosophie zu lehren, und tat dies in dem schulmäßigen,
„scholastischen" Sinne seiner Zeit. Aber obgleich er Christ war
und sogar theologisch geschriftstellert hat, hätte er sich selbst
schwerlich als „Kirchenvater" bezeichnen lassen. Dazu stand er nicht
bloß äußerlich allem im engeren Sinne kirchlichen Treiben zu fern.
Boethius wurzelte auch menschlich, geistig und religiös in älteren
Überlieferungen und war ihnen in einem ganz anderen Maße treu
als der afrikanische Christ und „Philosoph" Augustin. Boethius ist,
seiner Zeit und ihren Formen zum Trotz, im Kern seines Wesens
klassisch=antik geblieben, der letzte griechische Philosoph und ge=
rade in diesem Bewußtsein noch einmal ein römischer Aristokrat
und Bürger.

Alle politischen Stürme und Wandlungen hatten die Kontinuität
des stadtrömischen Lebens in der Öffentlichkeit nicht unterbrechen
können. Seitdem die Kaiser die nominelle Residenz des Reiches ver=
lassen hatten, hatte sich ihr alt=aristokratischer Charakter sogar
verstärkt, und der byzantinische Kasten= und Beamtengeist unter=
stützte noch diese Entwicklung. Ein kleiner, exklusiver Kreis unend=
lich reicher, grundbesitzender Familien, privilegiert und mit uralten
Namen geschmückt, hatte noch immer die Leitung der laufenden
Geschäfte in den Händen und trug die Bürde einer ehrwürdigen
Überlieferung und Repräsentation mit feierlichem Stolze durch die
veränderte Zeit. Ernsthafte politische Bedeutung kam dieser römi=
schen Adelsgesellschaft nicht mehr zu; aber im Bewußtsein aller
Reichsbewohner lag über den Konsuln und Senatoren noch immer
ein Glanz und eine geschichtliche Würde, die unvergleichlich und un=

ersetzbar schienen. Auch haben sich, aufs Ganze gesehen, diese letzten Römer ihrer Stellung und ihres hohen Namens nicht unwert gezeigt. Sie übernehmen nicht nur willig alle Lasten ihrer Stellung; sie pflegen auch die höhere Bildung, besonders das Griechische, das sonst im Abendland kaum mehr zu Hause ist, sie sorgen für die Bildungsanstalten und Bibliotheken. Die Überlieferung der klassischen Autoren an die spätere Zeit ist zum guten Teil ihnen zu danken. Einige zeigen auch ein eifriges kirchliches Interesse; denn im Laufe des fünften Jahrhunderts sind die letzten, lange widerstrebenden Familien ausnahmslos christlich geworden. Der Katholizismus ist für sie jetzt ebenso selbstverständlich, wie es einst die Bejahung der heidnischen Traditionen gewesen war; aber der Stolz auf die alte Überlieferung und das Gefühl der Verpflichtung durch sie hat sich trotzdem erhalten.

Boethius ist der größte Vertreter dieser späten römischen Gesellschaft und ihrer strengen und vornehmen, ein wenig überzüchteten Kultur. Um 480 ist er geboren. Die gens Anicia, der er angehörte, war erst in der späteren Republik emporgekommen und war dann im Laufe der Kaiserzeit zu außerordentlichem Reichtum und Einfluß gelangt. Sie zählte viele Konsuln und zwei Kaiser zu den ihren und war mit allen führenden Familien der Stadt verschwägert und verwandt. Äußere Not, Kampf um Ansehn oder Stellung hat Boethius nie kennengelernt. Einmal nennt er eine niedrige Herkunft an erster, den Mangel des gehörigen Vermögens an zweiter Stelle unter den ärgerlichen Nachteilen, die einem Menschen das Leben vergällen können (consol. II 4,13). Ihn selbst hatte die Fortuna mit beidem verschont. Sein Vater, der ältere Boethius, war Konsul gewesen und hatte verschiedene städtische Ämter bekleidet. Wenn er mit einem in Alexandrien genannten Präfekten Boethius identisch sein sollte, so hätte er vor dieser Zeit sogar im unmittelbaren Dienste des östlichen Kaisers gestanden; doch ist dies nicht auszumachen. Der jüngere Boethius, Anicius Manlius Severinus Boethius iunior, war noch ein Kind, als der Vater starb. Er fand im Hause seines Verwandten und späteren Schwiegervaters Quintus Aurelius Memmius Symmachus Aufnahme, des Urenkels jenes Symmachus, der einst im Namen des Senates für die heidnischen Kultstipendien aufgetreten und von Ambrosius zurückgewiesen worden war (o. S. 91). Symmachus war nicht nur Vormund des reichen Erben; er wurde sein Mentor und Freund, der ihn in die Welt der höheren Bildung, Literatur und Philosophie einführte, in der Boethius später zu Hause war. Boethius hat ihm verschiedene Schriften gewidmet und immer wieder bekannt, diesem Manne nahezu alles zu verdanken. Symmachus muß eine bedeutende Persönlichkeit gewesen sein. Er hat selbst eine (verlorene) römische Geschichte in sieben Büchern verfaßt, beherrschte das Griechische von Grund auf und war in Ost und West als glänzender Redner bekannt. Er wurde Stadtpräfekt, Konsul und Haupt des Senates und auch von Theoderich persönlich ausgezeichnet, obgleich — vielleicht auch: gerade weil — er nach

Odovakars Sturz im Senat gegen die Ausstoßung der von diesem ernannten Senatoren aufgetreten war. Aber Symmachus selbst hielt sich gegenüber den neuen germanischen Herren zurück. Ihm genügte die anerkannte Stellung unter seinen Standesgenossen und seine Beschäftigung mit der Philosophie und den Wissenschaften. Auch in dieser Hinsicht wurde Boethius sein Zögling.

Boethius muß sich unglaublich schnell entwickelt haben; er war, heißt es, ein unermüdlicher Leser, eine Art Wunderkind, „den sein Fleiß schon in den Knabenjahren seiner Jugend zum Trotz in einen Alten verwandelt hatte" (Ennod. ep. 7,13). Aufenthalte und Hemmungen gab es für ihn nicht. Als Vertrauter seines Schwiegervaters, mit dem er in allen wesentlichen Fragen übereinstimmte, genoß er bald das Glück selbständigen Forschens, das, wie er sich ausdrückt, durch diese Gemeinschaft zugleich „mit dem süßen Wohlgeschmack der Liebe gewürzt" war. Seine Ehe mit Symmachus' Tochter Rusticiana, die ihm mindestens zwei Söhne geschenkt hat, war gleichfalls glücklich. Noch am Abend des Lebens, da der Gestürzte und Verurteilte alle irdischen Güter in ihrer Nichtigkeit zu durchschauen wünscht, muß er bekennen, die berühmten Nachteile des ehelichen Lebens, den Kummer, den Frau und Kinder dem Manne bereiten können, persönlich niemals erfahren zu haben (consol. III 7,5). Auch sein äußeres Leben entwickelte sich völlig nach Wunsch. Ruhm und Bewunderung wurden ihm bald von allen Seiten zuteil. Boethius galt als vollkommener Redner, in griechischer wie in lateinischer Sprache. Er kannte nicht nur die Werke der Literatur, sondern war auch mit den konkreten wissenschaftlichen Disziplinen, „die man gemeiniglich ohne wirkliche Kenntnis handhabt" — Musik, Mathematik und den technischen Künsten —, gänzlich vertraut; er hatte sie, wie Cassiodor versichert, „am Born der Wissenschaft selbst" ergründet (Cassiod. var. I 45). Boethius selber rühmt die herrliche, mit Mosaik und Elfenbein geschmückte Bibliothek seines Palastes (consol. I 5,6), in der er in Ruhe für sich zu arbeiten und zu philosophieren pflegte (consol. I 4,3).

Doch darf man sich Boethius darum nicht als zurückgezogenen Sonderling vorstellen. Auch er betritt, sicher und selbstverständlich, die gewohnte Laufbahn eines römischen Aristokraten, dem alle Wege geebnet sind. Mit noch nicht dreißig Jahren sehen wir ihn bereits mit den erlauchtesten Titeln geziert, die sonst „Greisen versagt bleiben" (consol. II 4,7). Er ist Senator und Patricius und hat gewiß auch verschiedene hohe Ehrenämter bekleidet. Von Theoderich bekommt er einmal den Auftrag, bestimmte Zahlungen zu überwachen, bei denen über das Münzgewicht Klagen laut geworden sind. Ein anderes Mal bemüht er sich erfolgreich um Steuererlaß für die Provinz Campanien, die von einer Mißernte heimgesucht war. Im Jahre 507 bittet ihn der König in den schmeichelhaftesten Ausdrücken, eine Sonnen= und Wasseruhr zu beschaffen, die der Burgunderkönig als Geschenk erhalten soll; oder er muß — als Kenner der Musik — für den Frankenkönig Chlodwig einen Sänger und

Zitherspieler ausfindig machen. (Die Schreiben sind von Cassiodor stilisiert, Boethius' Vetter, der damals am Hofe Theoderichs in allen Verwaltungsfragen dessen rechte Hand war). Im Jahre 510 wird Boethius schließlich — ohne Kollegen — zum Konsul befördert, der höchsten Ehre, die einem Römer traditioneller Weise zuteil werden konnte. (Die Aufwendungen, die man in dieser Stellung für Spiele, Geschenke und dergleichen zu machen hatte, wurden etwas später, zur Zeit Justinians, auf zwanzig Zentner Goldes berechnet). Doch sind dies alles Funktionen, die Boethius nicht ausfüllen und die er mehr oder weniger nebenbei zu erledigen sucht. Seine wahre Le= bensaufgabe hat er schon längst im geistigen Raum gefunden, d. h. „im vollständigen Studium und in der Bearbeitung aller Zweige der Philosophie", die ihm den höchsten Trost und Genuß des Lebens bedeutet (hypoth. syllog., Migne LXIV 831 B). Die Planmäßigkeit und Stetigkeit, mit der er diesem Ziele nachgeht, ohne sich jemals abbringen und verwirren zu lassen, ist erstaunlich und für seinen wissenschaftlichen Charakter, seine feste, ruhige Art bezeichnend. —

Boethius ist sich der Bedeutung bewußt, die seinen Studien zu= kommt; sie erscheinen ihm geboten, eine dringende sachliche Not= wendigkeit. Denn er sieht den Abstand, den die lateinische Bildung noch immer zeigt, wenn man sie mit dem griechischen Osten ver= gleichen will, und fühlt, daß sich die Kluft in der Gegenwart noch zu vertiefen droht. Noch immer fehlt der lateinischen Welt die Mög= lichkeit zu einem wirklichen, wissenschaftlichen Studium der Philo= sophie, die als der Vorzug der Griechen erscheint. Dem soll seine Schriftstellerei begegnen und abhelfen. Als Konsul betont er, daß diese Aufgabe der Volksbelehrung sich sehr wohl zu seinem hohen Amte schicke, und daß er ihr darum treu bleiben wolle, soweit die Geschäfte ihm Zeit ließen. Der römische Staatsmann heute hat einen anderen Beruf als ehedem. Haben die Männer der Vorzeit mit mili= tärischer Kraft alle Staaten der einen Stadt unterworfen und dienst= bar gemacht, so bleibt jetzt „nichts mehr zu tun übrig", als auch das sittliche Leben des römischen Gemeinwesens weiterzubilden, und dazu ist die griechische Weisheit und Wissenschaft vor allem geeig= net; von jeher entsprach es ja der römischen Art, das Edle und Wert= volle, das andere Völker besitzen, von ihnen zu übernehmen und nachzuahmen (in categ. Arist. II praef.). Die traditionellen Wendun= gen über die weltbeherrschende civitas Romana sind nicht allzu ernstzunehmen. In Wirklichkeit wußte Boethius sehr wohl, wie es um die römische Herrlichkeit in der damaligen Welt bestellt war und wie bedeutungslos die stolzen Ämter geworden waren, die die Stadt zu vergeben hatte (consol. III 3,15). Aber wenigstens geistig soll Rom das Haupt des Weltkreises bleiben. „Wir müssen darauf sehen, uns selbst [immer] besser und sorgsamer zu entwickeln, [und das geschieht] nicht in dem Bereich, wo wir uns nicht einmal vom Vieh unterscheiden können, sondern im Abglanz himmlischer Tu= genden durch edles Handeln und Reden zu ewigem Ruhm" (in isag. Porphyr. A II praef.). Das ist eine seltsame Umdeutung und Subli=

mierung der alten römischen virtus und klingt ein wenig doktrinär. Aber Boethius ergreift so in der Tat die letzte Möglichkeit, die die Zeit den alten Wahrern römischer Größe noch „übrig gelassen" hat, und dieser Entschluß ist nicht ohne sittliche Größe und echten historischen Sinn. Es ist nicht schwer, ihn zu verspotten. Wir besitzen noch ein boshaftes Epigramm (carm. II 132), mit dem sich der spätere Bischof Ennodius von Pavia an Boethius zu rächen suchte, selbst einer der niedrigsten Schmeichler und Stellenjäger seines Jahrhunderts. Der alte Kriegsruhm, heißt es darin, sei heute vergessen, der römische Stolz dahin. Boethius habe das Schwert mit dem Spinnrocken vertauscht und lebe nur noch dem Trunk und Genuß. Aber dahinter steckt lediglich dies, daß Boethius die wiederholten Betteleien des schmierigen Poeten, der ein Haus in Mailand geschenkt haben wollte, erst höflich, dann kalt überhört hatte. Wir können wie Boethius selbst darüber hinweggehen.

Wenn Boethius von der Weisheit der Griechen spricht, die die Römer lernen und übernehmen sollen, so denkt er dabei, kurz gesagt, an die späteste, neuplatonische Fassung der klassischen Philosophie, die systematisch gegliederte Lehre einer umfassenden, Gott und Welt umspannenden Lehre der Wahrheit. Aber er möchte nicht ohne weiteres in diesen Höhen beginnen. Zuerst gilt es, eine propädeutische Einleitung zu geben. Sie besteht in den Disziplinen des bei ihm zuerst so genannten „Quadruvium", dem vierfachen Bildungsweg der propädeutischen Wissenschaften: Arithmetik, Musik, Geometrie und Astronomie. Nur so gelangt man „in den Fächern der Philosophie zur höchsten Vollkommenheit" (inst. arithm. 1,1). Dementsprechend behandelt Boethius zuerst die Arithmetik. Das Buch ist Symmachus gewidmet und stellt im wesentlichen eine gekürzte lateinische Bearbeitung der „Einführung in die Mathematik" dar, die der griechische Mathematiker Nikomachos von Gerasa im zweiten Jahrhundert nach Christus verfaßt hatte. Dann folgte ein Handbuch der Musik, in Wirklichkeit eher ein mahnender „Protreptikos" für diese Studien und eine Einführung in die Fragen der Akustik und Harmonik. Das rationale Verhältnis zu den Zahlen, die sittliche Wirkung, die von solchen Erkenntnissen eines vorbereitenden „instrumentum philosophiae" erwartet wird, hat mit den musikalischen Problemen im heutigen Sinne nur wenig gemein. Auch dieses Buch stützt sich in erster Linie auf Nikomachos, setzt sich aber auch mit anderen Autoren auseinander und sieht vor allem im großen Ptolemäus die maßgebende Autorität. Man spürt den Einfluß des alexandrinischen Neuplatonismus und seiner Schultradition. Das geometrische und das astronomische Handbuch sind — bis auf spärliche Reste der Geometrie — verlorengegangen.

Das schwülstige Widmungsschreiben zur Mathematik unterscheidet sich merklich von dem strengen und vornehm gedämpften Stil, den Boethius in seinen späteren Schriften wahrt, und erweist ihn noch als Anfänger. Seine bleibende Bedeutung gewinnt er überhaupt nicht als Lehrer des Quadruvium, sondern als der große Über=

setzer und Erklärer der griechischen Philosophie, speziell der logischen Schriften des Aristoteles. Dabei erscheint die „Dialektik" aus dem überlieferten engen Zusammenhang mit der Grammatik und Rhetorik gelöst und gilt schon als Anfang der eigentlich philosophischen Ausbildung. In einer berühmten Vorrede seines Kommentars zur aristotelischen Urteilslehre hat sich Boethius einmal selbst über den Gesamtplan seiner Arbeit ausgesprochen, wie er ihn damals vor sich sah. Zwar fehlte es, erklärte er, schon bisher nicht an ausgezeichneten Männern, die sich gemüht haben, die Dinge, die es jetzt zu bearbeiten gilt, der lateinisch redenden Welt näher bekanntzumachen; aber sie haben sich an keine rechte Ordnung gehalten und die philosophischen Disziplinen nicht in der gebotenen Reihenfolge Stufe um Stufe zur Darstellung gebracht. Dies soll nun geschehen. Boethius will ein Organon der gesamten Philosophie lateinisch zur Verfügung stellen, in dem sich Übersetzungen und Erläuterungen gegenseitig stützen sollen. „Ich will," sagt er, „das ganze Werk des Aristoteles, soweit es mir erreichbar ist" — ein vollständiger Aristoteles war also schon damals nicht mehr ohne weiteres zu haben —, „ins Römische übertragen und seine sämtlichen Äußerungen in lateinischer Sprache gewissenhaft vorlegen. Alles, was Aristoteles zur schwierigen Kunst der Logik, über das ernste Gebiet der sittlichen Erfahrungen und zur exakten Erfassung der natürlichen Dinge überhaupt geschrieben hat, werde ich in richtiger Ordnung übersetzen. Außerdem will ich dies alles durch klärende Erläuterungen verständlich machen. Und ich möchte Platons sämtliche Dialoge übersetzen und gleichfalls erläutern und so in lateinischer Gestalt vorlegen. Ist dies geschehen, werde ich mich's nicht verdrießen lassen, weiterhin nachzuweisen, daß die aristotelischen und platonischen Anschauungen durchaus zusammenstimmen und keineswegs, wie eine verbreitete Auffassung will, zueinander in völligem Widerspruch stehen; ich werde vielmehr zeigen, daß sie in den meisten und gerade in den philosophisch entscheidenden Punkten miteinander übereinstimmen. Dies ist die Aufgabe, der ich mich widmen will, sofern mir Leben und Arbeitsruhe erhalten bleiben. Ich weiß, daß sie ebenso nützlich wie allerdings auch mühsam ist und der Hilfe jener (Mächte) bedarf, denen Neid und Mißgunst immerdar fremd bleiben" (in Arist. de interpret. B II praef.).

Diese formelhafte Schlußwendung trägt — bei Boethius eine Ausnahme — noch heidnischen Charakter, ist darum aber nicht etwa als verstecktes antichristliches Bekenntnis zu werten. Fürwahr, eine Riesenaufgabe — eine echte scholastische „Summa" der gesamten Philosophie, die nur als eine gedacht werden kann und über den klassischen Texten der beiden größten Philosophen zu errichten ist! Das systematische Ziel, die vollständige Harmonisierung des platonischen und aristotelischen Denkens, ist nicht originell; es entspricht dem synkretistischen Programm der neuplatonischen Tradition. Plato bestimmt darin den weltanschaulichen Rahmen und Aufbau, Ari-

stoteles kommt mehr als Lehrer der Logik im engeren Sinne in Be=
tracht. (Doch ist dies ein Bereich, für den Boethius eine Vorliebe be=
sitzt und dem er immer wieder die größte wissenschaftliche Bedeu=
tung zuschreibt.) Hier aber soll die Arbeit nach einem einheitlich
entworfenen Grundriß tatsächlich bewältigt werden und zu literari=
scher Darstellung kommen. Man kann sich angesichts der Dimen=
sionen eines solchen Planes wohl fragen, ob er durch einen Einzel=
nen überhaupt zu erfüllen war; aber wenn überhaupt, so war Boe=
thius dazu der geeignete Mann. Die klare Übersicht, die sichere
Energie seiner Hingabe an die einmal ergriffene Aufgabe hat etwas
schlechthin Großartiges. Boethius ist nicht zu ermüden. Niemand,
meint er an der angeführten Stelle, der das Glück der Arbeit einmal
kennengelernt hat, kann sie je wieder fahren lassen, und „wer sei=
nen Mut überhaupt sinken ließe, der hätte ihn schon verloren." Mit
der gleichen Unerschütterlichkeit wie die großen Theologen und
Dogmatiker seiner Epoche glaubt auch der Philosoph an die objek=
tive Wirklichkeit und den ewigen Sinn der systematischen Wahr=
heitserkenntnis. Und so wie jene auf die Offenbarung und Tradi=
tion der Kirche bauen, vertraut auch Boethius der „unbesiegbaren
Autorität" der alten Lehrer und Meister — veterum virorum inex=
pugnabilis auctoritas (syllog. categ. II praef.).

Es läßt sich nicht sicher ausmachen, wie weit Boethius in der Aus=
führung seines Planes tatsächlich gelangt ist. Erhalten sind — nach
Ausscheidung verschiedener unechter „Boethius"=Schriften des Mit=
telalters — ein Kommentar zur Kategorienlehre und zwei Kommen=
tare zur Urteilslehre (de interpretatione) des Aristoteles: ein kurz=
gefaßter in zwei Büchern für die Anfänger und ein umfassend ge=
lehrter in sechs Büchern für fortgeschrittene Leser, die die Probleme
in ihrer ganzen Kompliziertheit zu erfassen wünschen. Die Kom=
mentare zur aristotelischen Analytik, Topik und Physik sind verlo=
rengegangen. Dagegen ist die in Boethius' Sinne unentbehrliche
„Einleitung" (Isagoge) des Porphyrios zur Urteilslehre in zwei bzw.
fünf Büchern wieder doppelt erhalten. Im älteren Kommentar ist
noch die frühere Übersetzung des Marius Victorinus zugrunde ge=
legt; in der zweiten, ausführlichen Fassung liefert Boethius dagegen
eine eigene, wörtlichere Übersetzung. Dazu kommt noch ein un=
vollständig überlieferter, weitschweifiger Kommentar zu Ciceros
„Topik", der Lehre von den Argumenten und Beweisen für Redner,
die ihrerseits die Topik des Aristoteles erläutern will. Endlich hat
Boethius noch fünf selbständige Arbeiten über logische Probleme
veröffentlicht. Besonders stolz war er auf seine Untersuchung über
das hypothetische Urteil, eine Monographie in zwei Bänden (de
syllogismo hypothetico), weil dieser Gegenstand von Aristoteles
noch nicht erörtert und von den Griechen seither nur unzureichend,
von den Lateinern überhaupt nicht behandelt sei. Sonst ist die
Abhängigkeit von den griechischen Vorbildern meist deutlich genug;
vielfach bietet Boethius nicht viel mehr als lateinische Paraphrasen
zu den Schriften seiner Vorgänger. Doch darf man ihn trotzdem

nicht als bloßen Abschreiber oder Kompilator betrachten. Das ab=
schätzige Urteil über seine philosophische Selbständigkeit und Be=
deutung hat sich in der neueren Forschung entschieden zu seinen
Gunsten gewandelt, nicht anders als das Urteil über die von ihm
abhängige Scholastik des Mittelalters. In der heutigen Logik findet
Boethius zum Teil wieder um seiner selbst willen ernsthafte Be=
achtung.

Unbestreitbar ist auf alle Fälle die historische Bedeutung dessen,
was Boethius mit seinen Übersetzungen, Kommentaren und eigenen
Untersuchungen geschaffen hat. Er vor allem hat die mittelalterliche
Hochschätzung des Aristoteles begründet; nur soweit er ihn über=
setzt hatte, blieb Aristoteles dem lateinischen Abendland bekannt.
Seine Kommentare wurden, auch in der literarischen Anlage, das
Vorbild der mittelalterlichen Aristoteles=Kommentare, und durch
seine Übersetzungen, die sich einbürgerten, hat Boethius die philo=
sophische Terminologie des gesamten Mittelalters geprägt. Er ist
damit auch „der Vater unserer logischen Terminologie" geworden
(Ernst Hoffmann). Auf ihn geht das berühmte Definitionsschema
der „quinque voces" zurück, der Gattung (genus), der Art (species),
des Unterschieds (differentia), der Eigentümlichkeit (proprietas) und
der hinzukommenden Eigenschaft (accidens), das in der Scholastik
so reichlich bemüht wurde. Der „Universalienstreit" über die mehr
oder weniger reale Seinsweise der Allgemeinbegriffe, ein Grundthe=
ma der gesamten mittelalterlichen Theologie, nimmt von einer Stelle
des Porphyrios=Kommentars seinen Ausgang. Es geht letzten Endes
auf die Vereinigung platonischer und aristotelischer Denkelemente
zurück, d. h. auf ein neuplatonisches Dogma, das durch Boethius für
den ganzen früh= und hochmittelalterlichen Aristotelismus bestim=
mend blieb.

Wer heute den Aristotelismus des Boethius mit dem echten Ari=
stoteles vergleicht, dem fällt freilich noch ein anderer Unterschied in
der ganzen Denkhaltung beider Männer sofort in die Augen. Der
innerlich bewegte, frei ausgreifende Schwung, mit dem Aristoteles
seine Probleme angeht und produktiv entfaltet, ist bei Boethius
einem ganz anderen, exakten, oft ein wenig pedantisch wirkenden
Ordnen, Disponieren und Systematisieren gewichen. Die Philoso=
phie ist eben schulmäßig, „scholastisch" geworden. Es ist bezeich=
nend, welchen Wert Boethius allenthalben auf eine genaue und im=
mer gleichbleibende Terminologie legt, derzufolge der einmal fest=
gelegte Sinn eines Wortes niemals schwanken oder in einem neuen
Lichte erscheinen darf. Es gilt ihm ebenso als schwerer Mangel im
System, wenn irgendwo noch „Lücken" bestehen. Er drängt überall
auf Vollständigkeit und ist unermüdlich im Verweisen und Verklam=
mern; immer wieder verbreitet er sich über die sachgemäße Anord=
nung des Stoffes, den methodischen Gang der Untersuchung und die
richtige Form der Unterweisung. Das entspricht freilich wieder der
allgemeinen Tendenz dieser Spätzeit, aber es steht auch mit dem be=
sonderen Anliegen seines ganzen Unternehmens in innerem Zusam=

menhang. Boethius fühlt sich als der Pädagoge des Abendlandes; er will seine Landsleute endlich zu einem wissenschaftlich gründlichen Studium erziehen, und dazu ist es erforderlich, daß alles so unmiß= verständlich und präzise wie nur möglich geboten wird, damit sich jeder ernsthaft Beflissene innerhalb des philosophischen Kursus so= fort orientieren und sicher zurechtfinden kann. Darum sollen auch die Übersetzungen so zuverlässig sein, daß sich ein Rückgang auf die Griechen künftig überhaupt erübrigt. Boethius ermahnt seine Leser mit Nachdruck, sie sollten seine umständlichen Darlegungen ja nicht für entbehrlich oder nebensächlich halten. „Habe ich mich trotz der großen Mühe nicht gescheut, ein so umfangreiches Werk zu schreiben," so sollten sich die Leute wohl auch bereit finden las= sen, es wenigstens in Ruhe zu lesen, und darüber nicht vorschnell aburteilen (in Aristot. de interpret. B VI praef.). Boethius liegt daran, die gängige rhetorische Halbbildung zu überwinden. Er weiß, daß er dabei auf Widerstand stoßen wird, und ist auf per= sönliche Kritik gefaßt. Aber den hohen Beruf seiner Wissenschaft darf man darum nicht in den Staub ziehen.

Der ersten Fassung seines Porphyrios=Kommentars hatte Boe= thius noch die Form des Dialogs gegeben. Die Szene des Gesprächs, das zwei Winternächte füllt, ist in die Einsamkeit einer Villa in den Bergen verlegt und nicht ohne Charme skizziert. In seinen späteren Arbeiten verzichtet Boethius auf solche gefällige Einkleidungen. Auch die in ihrer Art eleganten Vorreden, in denen er sich mitunter ein wenig über seine Absichten äußert, sind ganz knapp gehalten und gehen dann meist mit einem kurzen „Nun aber zur Sache" o. ä. fast unvermittelt in die wissenschaftliche Erörterung über. Man merkt es Boethius wohl an, daß er alle Feinheiten der Rhetorik be= herrscht; aber sie sind ihm nicht wesentlich. Denn „die sittlichen Fragen sind wichtiger als rednerische Fertigkeiten" (in Cicer. top. I praef.), und Boethius möchte auch logische Untersuchungen dem Pu= blikum zuliebe nicht für rhetorische Paradestücke mißbrauchen, son= dern vor allem Klarheit erzielen. „Ist mir dies geglückt, so habe ich meine Absicht vollkommen erreicht — auch dann, wenn die Form meiner Rede vielleicht sehr ungeschliffen wirkt" (syllog. categ. I praef.). Das ist bei Boethius nicht — wie so oft — selbst wieder eine rhetorische Phrase. Der Stil seiner philosophischen Abhandlungen ist zwar sorgsam und insofern nicht formlos, aber ebenso auch von einer nicht zu überbietenden sachlichen Nüchternheit, die ästhetische Nebengedanken gar nicht aufkommen läßt. Das ist umso imponie= render, als Boethius, wie wir noch sehen werden, in Wirklichkeit auch ein Redner, ja ein Dichter war und, wenn er wollte, seine Fähigkeiten auf diesem Gebiet sehr wohl ins Spiel bringen konnte. Hier aber folgt der Platoniker nicht dem Vorbild platonischer Dia= loge, die ja auch für Plato nicht das Ganze seines Unterrichts bedeuteten, und noch weniger hat er seiner Art nach etwas mit Cice= ros literarischer Lehrmethode gemein, dessen philosophische Essays er gleichwohl gekannt und geschätzt, in einem Fall, wie wir sahen, sogar kommentiert hat. Doch will er diese Arbeit, die vor allem der Dialektik zugute kommen soll, laut Vorrede nur aus Freundschaft für den Rhetor Patricius übernommen haben, der ihn dazu aufgefordert hatte und dem sie auch gewidmet ist. —

Aus dem auf das Konsulat folgenden Jahrzehnt ist über das äußere Leben des Boethius kaum etwas bekannt. Der größere Teil der besprochenen Arbeiten wird in diesem Zeitraum geschaffen sein. Boethius selber erschien er im Rückblick als eine Periode des Glücks, das ihn auf dem einmal eingeschlagenen Weg fast ohne Störungen weiter voran brachte. Wäre es ihm vergönnt gewesen, darin zu bleiben — vielleicht hätte er das große Werk, so wie es ihm vorschwebte, tatsächlich vollendet. Die Wendung seines Lebens kam aus der großen Politik. Sie sollte ihn zunächst auf die höchste Höhe des Ruhmes und Erfolges emportragen, um ihn dann in jähem Wechsel, den niemand vorausgesehen hatte, plötzlich zu stürzen und zu vernichten. Mit einem Mal zeigte es sich, wie künstlich und ungewiß die politischen Voraussetzungen in Wirklichkeit waren, auf die Theoderich seine ganze Herrschaft gebaut hatte und auf denen auch der glückliche Frieden beruhte, den Rom und Italien bis dahin genossen hatten. In diesem Zusammenhang gewinnen nun auch die kirchlichen Verhältnisse eine gewisse Bedeutung.

Wir erwähnten bereits, daß die römische Gesellschaft im sechsten Jahrhundert wie das ganze Reich selbstverständlich christlich geworden war und zwar katholisch christlich. Der Arianismus war in Italien ausschließlich Religion der gotischen Herrenkaste, und Theoderich selbst legte durchaus keinen Wert darauf, daß die konfessionelle Grenze, die damit gegeben war, durch Übertritte oder Angleichungen verwischt wurde. Andererseits war es ihm nicht unwillkommen, daß schon vor seinem Regierungsbeginn auch die katholische Gemeinschaft von Abend- und Morgenland gestört war und ganze fünfunddreißig Jahre lang nicht wiederhergestellt werden konnte. Der dogmatische Gegensatz in einer christologischen Frage hatte im Jahre 484 infolge der kaiserlichen Kirchenpolitik zwischen Rom und Konstantinopel zum Bruche geführt, und die hartnäckig aufrechterhaltene Verurteilung des seiner Zeit verantwortlichen byzantinischen Patriarchen Akakios durch den Papst hatte das sogenannte „akakianische Schisma" zwischen den Hauptstädten auch zu einer Frage ihres Prestiges gemacht. Solange dieser Streit nicht beigelegt war, hatten der Papst und die ganze katholische Kirche in Italien keinerlei Interesse, unter die direkte Botmäßigkeit des Kaisers zurückzukehren, und hielten um so loyaler zu ihrem neuen gotischen Herrn. Andererseits mußten diejenigen Kreise, die nach wie vor an der Einheit des Reiches interessiert waren, diesen Zwiespalt schon aus politischen Gründen bedauern. Zu ihnen dürften die Mehrheit des Senates und auch Symmachus und Boethius gehört haben. Die Anicier waren schon im vierten Jahrhundert, vor anderen römischen Adelsfamilien, Christen geworden, und selbstverständlich wollte auch Boethius als korrekter Katholik gelten.

Das heißt indessen nicht, daß er das päpstliche Vorgehen in jeder Hinsicht billigen mußte. Die Intransigenz des römischen Stuhles, der es sogar den heimlichen Anhängern der orthodoxen Lehre im Osten schwer machte, mit ihm in Gemeinschaft zu bleiben, wurde vielleicht der Anlaß für die erste theologische Abhandlung, die Boethius etwa im Jahre 512 verfaßt haben wird. Sie ist einem Diakon Johannes gewidmet und bespricht in eingehender Erörterung die christologischen Häresien des Eutyches und des Nestorios, d. h. die beiden extremen und gleich irrigen Standpunkte in der Frage, um die der Streit damals ging: wie nämlich das Verhältnis der einen Person Christi zu seinen zwei Naturen, der göttlichen und der menschlichen, richtig zu denken sei. Zwar spielt Boethius in der einleitenden Widmung nur leicht auf die schwebenden Auseinandersetzungen an und verschmäht es, auf die heftigen kirchenpolitischen Kontroversen einzugehen; er begnügt sich damit, die schwierigen logischen Probleme, die sich ergeben haben, vernünftig zu klären. Aber es scheint, daß er gerade so einen Beitrag zum Frieden liefern, zumindest theologisch ausgleichend wirken wollte. Das würde jedenfalls gut zu seiner politischen Richtung wie auch zu seiner allgemeinen geistigen Haltung passen. Tatsächlich haben seine christologischen Untersuchungen die Lösung vorbereitet, die sich später allgemein durchsetzen sollte.

Einige Jahre später war der offizielle Friede zwischen Rom und Konstantinopel geschlossen (519). Das Verdienst daran hatte in erster Linie Justinian, der Neffe des damals regierenden Kaisers Justin, der die entscheidende politische Bedeutung der kirchlichen Einigung offenbar richtig erkannt hatte. Indessen waren die theologischen Spannungen trotzdem nicht völlig behoben. In den sogenannten „theopaschitischen Streitigkeiten" drohten die Gegensätze von neuem aufzuleben; nur äußerten sie sich jetzt nicht mehr in rein christologischer Gestalt, sondern griffen als Frage nach der Leidensfähigkeit einer innertrinitarischen Person auf einen weiteren Bereich über. Dies veranlaßte Boethius auch die trinitarischen Probleme aufzugreifen. Er behandelte sie in drei kleineren Traktaten, von denen eines dem Symmachus, zwei wieder dem Johannes gewidmet sind. Die gewollte Zurückhaltung gegenüber dem Zank in der Öffentlichkeit, die ausschließliche Konzentration auf die systematischen Fragen als solche ist hier noch strenger durchgeführt als in der älteren Abhandlung. Die Symmachus gewidmete Schrift „Warum ist die Dreifaltigkeit nur ein Gott und nicht drei Götter?" treibt diese Zurückhaltung so weit, daß sie die strittigen Fragen mit einer z. T. neuartigen Terminologie in einer so überspitzten, scheinbar widersprüchlichen und absichtlich verwirrenden Weise darlegt, daß sie jeden unberufenen Leser sofort abschrecken mußte und auch abschrecken sollte. Dieser esoterische Stil sieht nicht danach aus, als habe Boethius mit seinen Arbeiten in die aktuelle Diskussion eingreifen und selbst eine Entscheidung herbeiführen wollen. Wir müssen es offenlassen, ob er an einer unmittelbaren Wirkung sei ner Traktate überhaupt interessiert war oder ob es ihn vielleicht nur reizte, die systematischen Möglichkeiten fast spielerisch um ihrer selbst willen zu entwickeln. In der Sache nahm er aber die bedrohten „Theopaschiten", die auch an den Senat appelliert hatten, gegen ihre römisch=kirchlichen Gegner tatsächlich in Schutz und befand sich somit wieder im Lager derer, die am Ausgleich und Frieden inter= essiert waren, d. h. nicht zuletzt des östlichen Kaisers selbst. Zu dessen Hof unterhielt der ganze Kreis um Symmachus von jeher nahe, im Sinne des heutigen politischen Sprachgebrauchs „herz= liche" Beziehungen.

Das Gefährliche der neuen Lage konnte Theoderich unmöglich verborgen bleiben. Der wiedergewonnene Kirchenfriede beseitigte eine wesentliche Garantie seines Regiments. Hinfort sahen die Ka= tholiken im Kaiser wieder ihren rechtgläubigen Oberherren, und die Goten konnten wieder als feindliche Besatzungsmacht gelten, Ketzer, an deren Herrschaft niemand gelegen war. Um so wichtiger wurde es, das gute Einvernehmen mit dem Kaiser zu betonen, und tat= sächlich kam auch dieser den Wünschen Theoderichs soweit entge= gen, daß er dessen Schwiegersohn in aller Form als Thronfolger an= erkannte und den dauernden Bestand der gotischen Dynastie sei= nerseits zu unterstützen schien. Aber gleichzeitig wurde die diplo= matische Aktivität gegenüber den kirchlich und römisch empfinden= den Kreisen des Westens weiter verstärkt, und in diesem Zeichen kam es zu einer neuen, wohl vom Kaiser vorgeschlagenen Auszeich= nung des Boethius, die etwas Außerordentliches darstellte und von der ganzen byzantinisch orientierten Adelsclique gewiß mit Freu= den begrüßt wurde. Für das Jahr 522 wurden die beiden Söhne des Boethius, Flavius Symmachus und Flavius Boethius, gemeinsam zu Konsuln ernannt. Beide waren noch Knaben, so daß die Ehrung in Wirklichkeit mehr ihrem Vater zuteil wurde. Bald darauf aber wur= de Boethius selbst von Theoderich zum magister officiorum ernannt, d. h. zum obersten Leiter aller Hof= und Staatsämter, und damit in verantwortlicher Stellung in seine unmittelbare Nähe berufen. Diese Beförderung eines Römers hielt sich nicht mehr im Rahmen der re= präsentativen Ehrungen; ihr kam politische Bedeutung zu und war darin erst recht ungewöhnlich. Für Boethius aber war dies der erste Schritt in die Katastrophe.

Boethius hätte kein Italiener sein dürfen, um das Glanzvolle des Konsulats seiner beiden Söhne nicht zu empfinden und in vollen Zügen zu genießen. Noch während seiner letzten Gefangenschaft erinnert er sich an diesen unvergleichlichen „Gipfel seines Glücks". Kein Unheil der Folgezeit, sagt ihm seine „Philosophie", darf und kann jemals das Licht jenes Tages verdunkeln, „da du deine zwei Söhne, beide gleichzeitig Konsuln, aus deinem Hause fahren sahst, mit dem dichten Gefolge der Senatoren, umgeben vom Jubel der Bevölkerung; da sie in der Kurie auf den kurulischen Stühlen Platz nahmen und du die Lobrede auf den König halten konntest, hoch= gerühmt um deines Geistes und deiner Redekunst willen; da du im

Zirkus zwischen den zwei Konsuln saßest und die Erwartungen einer ringsum wogenden Menge mit einer triumphalen Spende sät= tigtest" (consol. II 3,8). Einer solchen Situation war Boethius voll= kommen gewachsen. Etwas ganz anderes war die Übernahme des neuen Postens. Damit verließ er seine bisherige Lebensbahn und begab sich in einen gefährlichen Bereich. Bis dahin hatte Boethius dem eigentlich politischen Leben durchaus ferngestanden; er war kaum darauf vorbereitet und seiner ganzen grundsätzlichen Art nach gewiß nicht zum Hofmann geschaffen. Was hatte ihn trotzdem zu diesem verhängnisvollen Schritt bewogen? Er selbst hat sich später leidenschaftlich dagegen verwahrt, daß gemeiner Ehrgeiz auch nur von ferne mitgespielt habe. Die Übernahme des Amtes sei ihm vielmehr als seine Pflicht erschienen. In der Tat konnte er der Meinung sein, die Berufung gerade zu diesem Zeitpunkt nicht ablehnen zu dürfen. Am Hofe Theoderichs waren starke Kräfte am Werk, die dessen Politik des Ausgleichs nicht billigten. Die Stim= mung gegenüber der italischen Bevölkerung hatte sich bereits spürbar verschärft: ein allgemeines Waffenverbot für alle nicht= gotischen Untertanen war ergangen; auch auf kirchlichem Ge= biet war es zu Reibungen gekommen. Wenn sich Theoderich jetzt trotzdem entschloß, einen Vertreter des alten Römertums und des Reichsgedankens an eine maßgebende Stelle zu berufen — durfte Boethius da ablehnen, selbst wenn er es ohne weiteres gekonnt hätte? Im Grunde hatte er keine Wahl. Boethius war viel zu sehr Römer, um sich im entscheidenden Augenblick, seines Namens und seiner Tradition vergessend, der politischen Verantwortung zu ver= sagen und, mit dem bloßen Schein öffentlicher Geltung zufrieden, ins sichere Leben eines reichen Privatgelehrten zurückziehen zu können. Warum, fragt er, sollte das Regiment immer nur Stre= bern und Verbrechern überlassen bleiben, die es dann zum Scha= den ihrer Mitbürger mißbrauchen? Hatte ihn Platon nicht vielmehr gelehrt, „daß nur die Staaten glücklich sein würden, in denen die nach Weisheit Trachtenden regieren oder die Regenten nach Weis= heit trachten" (consol. I 4, 5)? Man spürt hinter diesen Deklamatio= nen leise auch ein schmerzlich=persönliches Moment des verhängnis= vollen Entschlusses: „Ich wollte das, was ich in stiller Sammlung" philosophisch „gelernt hatte, im Leben der öffentlichen Verwaltung zur Wirkung bringen" (consol. I 4, 7); „ich sehnte mich nach einer Gelegenheit, Taten zu vollbringen — warum sollte meine Mannes= kraft schweigend ergrauen und hingehen" (consol. II 7, 1)? So ge= sehen, gewinnt das Schicksal des Boethius einen wahrhaft tragischen Zug. Es war gerade sein Pflichtgefühl, das sich mit seinen heimlich= sten Wünschen verband und ihn so zu einem Schritt verführte, in dem er sich über die Möglichkeiten seiner Zeit nicht weniger täuschte wie über die eigenen Fähigkeiten, sich in ihr zu behaupten.

Es ist nicht zu bezweifeln, daß Boethius das Vertrauen Theode= richs zunächst in vollem Umfang besaß und bei ihm wiederholt auch gegen dessen gotische Ratgeber Unterstützung fand. In mehre=

ren, z. T. freilich schon weiter zurückliegenden Fällen hat sich Boe=
thius gegen die „Habgier" der Barbaren, wie er es nennt, jedenfalls
erfolgreich durchgesetzt: Die Ernennung eines gewissen Decoratus
vermochte er zu verhindern, weil er dem Charakter dieses Empor=
kömmlings mißtraute. (Nach seinem Sturz wurde Decoratus dann
allerdings sofort zum Quaestor palatii erhoben). Überhaupt kamen
die Schwierigkeiten, mit denen Boethius zu kämpfen hatte, wahr=
scheinlich von vornherein mehr aus den Kreisen seiner Mitarbeiter,
die den vornehmen Römer von außerhalb plötzlich als Chef akzep=
tieren sollten. Sein kühler republikanischer Stolz, sein persönliches
Überlegenheitsgefühl und die recht unbequeme Neigung, alle
Dinge von einem prinzipiellen, moralischen Standpunkt aus zu be=
urteilen und zur Entscheidung zu bringen, werden ihm am Hof ge=
wiß keine Freunde gewonnen haben. Dazu kam die Verschiedenheit
der politischen Gesinnung und Tradition. Boethius war zweifellos
entschlossen, dem Könige loyal zu dienen; aber die Anerken=
nung der gotischen Herrschaft war in seinen Augen doch immer ein
Akt der Resignation und eine bittere Notwendigkeit angesichts des
allgemeinen politischen Niedergangs. Es blieb nichts anders übrig,
als sich mit den Verhältnissen abzufinden so, wie sie eben waren; es
galt, für das Reich und seine Kultur das nach Möglichkeit Beste
daraus zu machen. Dagegen bestand unter den bisherigen Beamten
und Ratgebern Theoderichs eine ganz andere Einstellung. Sie wa=
ren mit ihm hoch gekommen, bewunderten seine Erfolge und sein
kluges Regiment und gaben ihm vielleicht auch vom national=ita=
lischen Standpunkt aus den Vorzug vor einer Herrschaft der By=
zantiner. Für die restaurativen Ideale der römischen Hocharisto=
kratie bestand jedenfalls keine Sympathie; man suchte hier den An=
schluß an die neuen Herren. So ließ der Referendarius Cyprian, ein
Hauptgegner des Boethius, seine Kinder schon damals im gotischen
Waffengebrauch ausbilden und die gotische Sprache erlernen. Diese
ganze Clique mußte sich durch den neuen Kurs, den die Ernennung
des Boethius einzuleiten schien, gekränkt und zurückgesetzt füh=
len und erschwerte ihm dadurch seine Tätigkeit.

Doch hätte dies gewiß nicht ausgereicht, ihn zu stürzen, wenn
nicht um dieselbe Zeit ein allgemeiner Umschwung erfolgt wäre.
Die Versöhnungspolitik gegenüber dem östlichen Kaiser war in dem
Augenblick, da Boethius sein Amt antrat, in Wahrheit bereits ge=
scheitert. Byzanz spielte offensichtlich ein doppeltes Spiel, auch
wenn es gegen Theoderich noch nicht offen Partei nahm. Die Van=
dalen in Afrika schlugen sich plötzlich auf die Seite des Kaisers,
und alle Goten im Lande wurden ermordet oder vertrieben. Die
Franken überfielen die benachbarten Burgunder, und nur ein Rest
ihres Reiches konnte durch Theoderichs Eingreifen noch eben geret=
tet werden. Durch den unerwarteten Tod des Thronfolgers war auch
die Nachfolgefrage wieder völlig unsicher geworden. Und dazu kam
die ungünstige Verschiebung der kirchlichen Verhältnisse in Italien
selbst -- die Möglichkeit einer byzantinisch=katholischen Recon=

quista begann sich abzuzeichnen. Man versteht, daß der greise Theoderich die Entwicklung mit Sorge verfolgte, daß sich seine Stimmung verdüsterte und er überall Gegner am Werke sah. „Der König," schreibt ein späterer Historiker, „traute den Römern böse Absichten zu . . . und glaubte falschen Zeugen mehr als den Senatoren" (anon. Vales XIV 87). Und obgleich er, wie der Grieche Prokop versichert, in Wirklichkeit kein Tyrann war und von Goten und Italikern darum wie ein rechter Kaiser geachtet wurde, beging er in dieser Stimmung „die erste und letzte Untat" seines Lebens. Boethius, den „böswillige Menschen" beneideten, wurde ihr Opfer (bell. Goth. I 1, 34. 39).

Im August des Jahres 523 war Papst Hormisdas gestorben. Unter seinem Pontifikat war das akakianische Schisma beendet worden; aber er selbst war immer ein treuer Anhänger des gotischen Regimes geblieben. So mußte es Theoderich höchst unerwünscht sein, daß Hormisdas in Papst Johannes I. einen Nachfolger erhielt, dessen Wahl einen eindeutigen Sieg derjenigen Gruppe darstellte, die griechisch und reichskirchlich orientiert war. Möglicherweise war es derselbe Johannes, dem Boethius, als er noch Diakon war, seine theologischen Abhandlungen gewidmet hat. Die römische Post, die aus diesem Anlaß nach Konstantinopel ging, wurde kontrolliert, und dabei kam ein Schreiben des Senators Albinus zum Vorschein, das, vielleicht im Namen des ganzen Senates abgefaßt, verdächtig wirkte. Wir kennen seinen Inhalt nicht mehr. Vielleicht enthielt es außer einem Wahlbericht noch weitere Mitteilungen zur kirchlichen und politischen Lage und brachte im Tone traditioneller Devotion und Ergebenheit das weitgehende Einverständnis mit allen kaiserlichen Wünschen allzu offenherzig zum Ausdruck. Den Absendern mochte ihr Schreiben harmlos und korrekt erschienen sein, auf die Regierungsbeamten machte es jedoch einen hochverräterischen Eindruck. Diese Zweideutigkeit lag an der seltsamen staatsrechtlichen Situation, die das Reich einerseits fortbestehen und durch den einen Kaiser repräsentiert sein ließ, andererseits aber den römischen Senat, der auf seine nominelle Unabhängigkeit stolz war, auch dem gotischen König unterstellt hatte. Die beschlagnahmten Papiere wurden Boethius vorgelegt, der sie prüfte und sich dann dazu entschloß, die Angelegenheit auf sich beruhen zu lassen. Er kannte seine Standesgenossen und teilte oder verstand doch ihre Gesinnungen, und andererseits fürchtete er wohl, das Mißtrauen der Barbaren erst recht aufzuregen, wenn man sie auf diese nicht für ihre Augen berechnete Korrespondenz besonders hinwies. Allein dies Vorgehen war zu kühn. Froh, seinem Rivalen etwas am Zeuge flicken zu können, begab sich Cyprian nunmehr von sich aus zum König. Er zeigte ihm den ganzen Vorfall in gefährlichstem Licht und fand damit Glauben. Albinus wurde sofort vor das königliche Konsistorium zitiert. Boethius, der daran teilnahm, hätte hier vielleicht noch vermitteln und das Schlimmste verhindern können. Es scheint aber, daß er, in seinem Stolz beleidigt, stattdessen vielmehr den unglücklichen Versuch machte, sein bisheriges Verhalten zu rechtfertigen und die Sache auch jetzt noch als eine Lappalie zu behandeln. Es heißt, er habe ausdrücklich erklärt, wenn man Albinus schuldig befinde, so sei er es auch — der ganze Senat stünde in dieser Angelegenheit mit ihm auf dem gleichen Standpunkt; die Anklage Cyprians sei eine Verleumdung. Damit war der Fall sofort zum äußersten getrieben. Der Referendar, welcher sich als pflichtbewußter Beamter fühlte und keinesfalls als Denunzianten beschimpfen lassen wollte, mußte nun seinerseits zum Angriff übergehen. Es wurden weitere — Boethius behauptet: gefälschte — Dokumente beigebracht, durch die er selbst verbotener Aktionen zugunsten des Senates und hochverräterischer Absichten bezichtigt wurde. Und nun folgten die Entscheidungen Schlag auf Schlag. Boethius wurde angeklagt, von seinem Amte suspendiert und dann durch ein königliches Gericht zur Verbannung, Konfiskation des Vermögens und zum Tode verurteilt. Eine letzte Hoffnung auf den Senat, der das Urteil bestätigen mußte, schlug fehl: selbst bedroht, traten ihm die Senatoren ohne Einwendungen bei — zum bitteren Schmerz des Gestürzten, der dieses Versagen als Treulosigkeit und Verrat empfand. Niemand wagte es, dem aufgebrachten König entgegenzutreten. Indessen wurde das Urteil — wie so oft in solchen Fällen — zunächst nicht vollstreckt. Boethius wurde lediglich in Pavia interniert; eine günstige Wendung der Dinge war noch nicht ausgeschlossen. Dann aber scheint irgendeine neue Verschärfung der Situation eingetreten zu sein. Im Herbst, vielleicht im Oktober, des folgenden Jahres erfolgte die Hinrichtung, wahrscheinlich gleichfalls in Pavia. Jetzt wurde auch Symmachus der Prozeß gemacht, und er folgte Albinus und Boethius in den Tod. Zuletzt fiel auch noch Papst Johannes in Ungnade, weil er eine kirchenpolitische Aktion in Konstantinopel nicht zu Theoderichs Zufriedenheit erledigt hatte, und starb im Gefängnis.

So hatte der Sturz des Boethius eine Kette furchtbarer Maßnahmen ausgelöst, die die letzten Lebensjahre des großen Gotenkönigs verfinsterten. Das gute Verhältnis zwischen Goten und Römern, auf dem der Bestand seiner Herrschaft geruht hatte, war zerbrochen. Die nachträgliche Rückgabe des väterlichen Vermögens an die Boethius-Söhne durch die Königin Amalaswintha, dann die Begnadigung seiner Witwe, die unter Totila Bildsäulen Theoderichs zertrümmern ließ, konnten diesen Eindruck nicht mehr verwischen. Bald nach Theoderichs Tode (526) hatte mit dem Angriff Justinians der dreißigjährige „Kampf um Rom" begonnen, in dem nicht allein die Gotenherrschaft, sondern auch die alte Tradition und Kultur des Landes für immer versank. Hinfort gibt es keinen alten Adel, keinen römischen Senat, keine Konsuln und keine Philosophie mehr; das „finstere" Mittelalter beginnt. Auf solchem Hintergrund rückt das Schicksal des Boethius unwillkürlich in eine feierliche, verklärende Beleuchtung. Boethius hat sich selbst als einen Märtyrer der höheren Gesittung und Vernunft, des Rechtssinnes und der Freiheit,

der aufrechten altrömischen Gesinnung gegenüber den Barbaren ge=
fühlt und so der Nachwelt geschildert. Diese Betrachtung ist auf alle
Fälle richtiger als die spätere legendarische Umdeutung seines To=
des in ein Martyrium für die katholische Rechtgläubigkeit: die kon=
fessionelle Frage hat während seines Prozesses überhaupt keine
Rolle gespielt. Aus der Nähe betrachtet, erscheint sein Fall gleich=
wohl in einem mehr oder weniger zweifelhaften, jedenfalls durch=
aus nicht eindeutigen Licht.

Wir sind über den Sturz des Boethius, von spärlichen Notizen
abgesehen, ausschließlich durch ihn selber orientiert und dies nur
in einer andeutenden und rhetorisch=idealisierenden Weise, wie sie
den besonderen Absichten seines letzten Werkes entspricht. Die
ausführliche sachliche Rechtfertigungsschrift an den König, die er
darin erwähnt, ist verlorengegangen. Das ist natürlich eine höchst
einseitige Berichterstattung. Trotz aller Klagen und Proteste, die
Boethius erhebt, und trotz der ähnlichen Stellungnahme Prokops
kann man seine Verurteilung schwerlich als einen Justizmord an=
sehen. Natürlich handelte es sich um einen politischen Prozeß, bei
dem die Frage nach der Schuld immer schwer zu bestimmen ist;
aber das eingeschlagene Verfahren scheint korrekt gewesen zu sein,
und wir hören von keiner direkten Beeinflussung. Die ungün=
stige Beurteilung stammt — wie das Greuelmärchen über eine sadi=
stische Form der Hinrichtung — aus späterer Zeit, da die Goten=
herrschaft im Elend der letzten Kämpfe längst alle Sympathien ver=
loren hatte. Zunächst scheint die öffentliche Meinung mindestens
geschwankt zu haben (consol. I 4, 44). Interessant ist, daß man
Boethius im Laufe des Prozesses auch des „sacrilegium" zum Zweck
der Amtserschleichung, der Dämonenbeschwörung und der Zauberei,
verdächtigt hat — Dinge, die er selbst als eines Philosophen un=
würdig gewiß mit vollem Rechte zurückweist. Die Philosophie selbst,
meint er, werde in seiner Person verleumdet und verklagt. Es
scheint, daß seine gelehrten Studien auf die Außenstehenden un=
heimlich und befremdend wirkten — in den Augen der Menge war
Boethius vielleicht schon so etwas wie ein Zauberer Vergil oder
Doktor Faust. Allein entscheidend war dies alles keinesfalls. Ent=
scheidend blieb der Verdacht politischer Konspiration, in die Boe=
thius mit Albinus und wohl noch weiteren Senatoren verwickelt
schien. Boethius wird beschuldigt, er habe die „Freiheit Roms er=
sehnt" und habe den Senat von sich aus beschützen wollen. Die Art,
wie er auf diesen doppelten Vorwurf reagiert, ist recht bezeichnend.
„Welche Freiheit läßt sich denn jetzt noch erhoffen? Ja, wäre sie in
irgendeiner Weise noch möglich gewesen!" Dann wäre jedenfalls
durch ihn ein Komplott niemals ans Licht gebracht worden (consol. I
4,27). Aber einer solchen politischen Kurzsichtigkeit dürfe man ihn
nicht bezichtigen. Dagegen ist der Vorwurf, er habe bei seinem Tun
das Wohl des Senats im Auge gehabt, in seinem Sinne überhaupt
nicht als Vorwurf zu werten; den Senat zu schützen, das ist seine rö=
mische Pflicht. Er ist für Boethius noch immer eine weit höhere und

heiligere Institution als die ganze Staatsmacht des barbarischen Königs. Wir wissen nicht, was sich hinter den allgemeinen Deklamationen an tatsächlichen Maßnahmen oder Absichten verbirgt; schwerlich kann es sich dabei nur um die lässige Behandlung der Albinus=Angelegenheit handeln. Aber daß eine derartige Haltung und Gesinnung eines leitenden Beamten vom gotischen Standpunkt aus als Verrat erschien, ist begreiflich. Vielleicht wollte Theoderich mit der Hinrichtung von Albinus und Boethius ein deutliches Exempel statuieren. Das war hart, vielleicht nicht ganz gerecht und jedenfalls politisch ein Fehler; aber als Akt der bloßen Willkür und Barbarei darf man das Urteil nicht ansehen. Boethius war kein Politiker; darum konnte er das gefährliche Spiel, in das er geraten war, im entscheidenden Augenblick nicht in die Hand nehmen und siegreich zu Ende spielen. In seinem Sinne war er kein Hoch=verräter und wollte es jedenfalls nie gewesen sein, als er sich gekränkt auf sein gutes Gewissen zurückzog. Aber er hatte seinem König nicht mit der Treue und Ausschließlichkeit gedient, die dieser von ihm erwarten konnte und sonst von seinen Gefolgsleuten gewohnt war. Boethius scheiterte an dem inneren Widerspruch zwischen der Vertrauensstellung, die er einnahm, und den Idealen, denen er gleichzeitig dienen wollte; so mußte er untergehen. Ihm selbst erschien sein tragisches Geschick aber noch in einer anderen, grundsätzlicheren Beleuchtung. Hatte er sich nicht doch verführen lassen, als ihm der Ruhm verantwortlichen Handelns höher erschienen war als sein philosophischer Beruf? Es war eine Schwäche gewesen, dem Verlangen nachzugeben, freilich eine Schwäche, wie sie „gerade hochstehende Naturen verleiten kann, wenn sie zur letzten Stufe der Tugend und Vollkommenheit noch nicht geführt sind" (consol. II 7, 2). Diese „letzte Stufe" hat Boethius erst in der Gefangenschaft erreicht, und hier hat er dann — gleichsam als Büßer — das Idealbild seiner wahren Persönlichkeit und seines philosophischen Glaubens für die Nachwelt festgelegt; dies hat ihn unvergeßlich gemacht und lebt weiter. —

Stellt man sich vor, Boethius wäre aus der Welt gegangen, ohne dieses letzte Wort an sie gerichtet zu haben, so hätte er zwar in allen Philosophie= und Dogmengeschichten seinen festen Platz; aber menschlich würde uns sein Name doch nicht mehr bedeuten als der eines beliebigen spätantiken Kommentators und Kompilators der neuplatonischen Schule. Er wäre für uns ein tüchtiger Kenner des Aristoteles, der sich mit bestimmten logischen, scholastischen Problemen befaßt hat, und weiter nichts. Wir hätten nie erfahren, welcher Freiheit des Empfindens und des temperamentvollen Ausdrucks dieser Mann gleichzeitig fähig war und welch ein geistiges Feuer in seinem streng verschlossenen Inneren in Wirklichkeit brannte. Davon zeugt allein das letzte Werk, „Die Tröstung der Philosophie", Philosophiae consolatio. Auch dies ist eine philosophische Schrift, aber zugleich ein Kunstwerk und ein Bekenntnisbuch, das sich seinem Rang nach sehr wohl neben Augustins Confessionen behaup=

ten kann. Wie diese ist es unzählige Male nachgeahmt, aber nie erreicht worden, weil es in seinem geistigen und persönlichen Gehalt unwiederholbar bleibt. Und wenn die Consolatio die Konfessionen auch nicht an Originalität erreicht, so übertrifft sie sie doch in der raffinierten Feinheit der künstlerischen Durchführung, in der leuchtenden Klarheit der vollendeten Komposition. Boethius hat dieses Buch in der peinvollen Lage des Verurteilten entworfen und in wenigen Monaten niedergeschrieben — nicht geradezu im „Kerker", wie die mittelalterlichen Ausleger und Illustratoren meinten, aber doch ohne den Luxus seiner gewohnten Umgebung, ohne seine Bücher und sonstigen Hilfsmittel, ohne Freunde und Austausch, in völliger Einsamkeit. Wenn man dies bedenkt, so grenzt seine Leistung beinahe ans Wunderbare.

Boethius begann die Arbeit an der Consolatio, als das Urteil über ihn bereits gefällt war. Zwar rechnete er damals, wie es scheint, noch nicht mit dem Schlimmsten; er wußte nichts von den Anklagen, die sich gegen seinen Schwiegervater wahrscheinlich schon zusammenzogen, und hoffte vielleicht noch auf Begnadigung. Aber von dem allen ist in seinem Buche weiter nicht die Rede. Statt sich in qualvollen Mutmaßungen zu ergehen, wendet Boethius der Welt, die ihn verraten hat, entschlossen den Rücken zu: er will sich über seine Lage, so wie sie jetzt geworden ist, im Angesicht der philosophischen Wahrheit Rechenschaft geben und von dem reden, was ihm unerschütterlich und für ewig bleibt. Die fünf Bücher der Consolatio sind, ähnlich wie Augustins Soliloquien, ein großes Selbstgespräch oder vielmehr: eine Zwiesprache, die er, so wie dort die Seele mit der „Vernunft", mit der Philosophie selber hält, der Lehrmeisterin, die ihn in früher Jugend erzogen hat und ihm jetzt als einzige die Treue hält. Die freundlichen „Musen" von einst können wohl seinen Schmerz teilen, aber nicht helfen. Boethius schildert zum Eingang seine ratlose Stimmung und Verlassenheit, als eine fremde, hohe Gestalt plötzlich das Zimmer betritt. Sie trägt Bücher in der einen und ein königliches Zepter in der anderen Hand und ein merkwürdiges selbstgewirktes Gewand. Boethius erkennt sie schnell — es ist die Philosophie. Die späte Antike hatte eine Vorliebe für solche Personifikationen, und auch Boethius geht in der Ausdeutung der allegorischen Einzelheiten ihrer Erscheinung etwas weit; aber, aufs Ganze gesehen, behält seine Schilderung etwas unmittelbar Einleuchtendes und packende Lebendigkeit. Die Göttin vertreibt zornflammenden Blickes die Musen, diese gemeinen „Theaterhuren", vom Lager ihres Zöglings. Boethius ist krank; er darf durch das süße Gift einer wehleidigen Gemütserregung nicht noch weiter geschwächt werden. Aber so streng die Rede klingt, die Philosophie ist nicht grausam; auch sie neigt sich, eine Heilandsgestalt, zu dem leidenden Jünger herab, sucht ihn zunächst nur zu beschwichtigen und zu stärken und führt ihn so langsam aus seiner inneren Wirrnis wieder zur Besinnung, weckt durch ihre Fragen und Antworten die Erinnerung an die wahren Lebensgüter von neuem

auf und leitet ihn schließlich in das Reich der vollkommenen Frei=
heit und Erkenntnis zurück, in dem seine Seele zur Ruhe kommt.
Nach den Stufen dieses Erkenntnisfortschritts gliedert sich der Dia=
log. Formal steht er natürlich in der platonischen Tradition, nähert
sich aber partienweise auch dem Stil der philosophischen Mahn=
schrift, nimmt bei der Verteidigung des Angeklagten die Gestalt
einer Gerichtsrede an usw. Boethius hat es offenbar darauf ab=
gesehen, die verschiedensten Literaturformen nacheinander ins Spiel
zu bringen und in jeder ein kleines Kabinettstück zu liefern. Entspre=
chendes gilt von den neununddreißig Gedichten, die, das Gespräch
belebend, zum Vortrag kommen: es finden sich hier mindestens elf
Versmaße, die sonst nirgends bezeugt sind.

Anfangs versucht Boethius noch, die Verzweiflung über sein Los
zu rechtfertigen, und gewinnt auf diese Weise Gelegenheit, sich
selbst zu verteidigen und die Niedertracht seiner Gegner entspre=
chend zu brandmarken. Aber die Philosophie zeigt ihm, wie unrecht
er tut, sich über den Wechsel des Glücks zu empören, das ihn früher
verwöhnt hat und niemals zur Treue verpflichtet war. Schrittweise
wird er durch ihre Fragen dazu gebracht, den Unwert und die Eitel=
keit aller äußeren Güter zu durchschauen, des Reichtums und des
Wohllebens, des Ruhmes und aller Erfolge. Der wirkliche Besitz
besteht allein in den inneren Gütern des Geistes und der Wahr=
heit und in der wahren sittlichen Zugehörigkeit zu diesen Werten.
Ein Liebhaber der Philosophie soll nicht klagen, sondern stolz dar=
auf sein, wenn er für seine Herrin und Geliebte leiden darf. Die
Menschen, die am Irdischen Genüge finden, haschen nach bloßen
Schattenbildern des Glücks; sie gleichen den Trunkenen, die den
Weg nach Hause im Rausche vergessen haben und ihre wahre Hei=
mat nicht finden können. Es gibt nur ein höchstes Gut, das alle un=
wissend suchen, eine wirkliche Macht, Schönheit, Güte und Voll=
kommenheit, die sich selber genügt und allein Genüge schenken
kann. Das ist das große Eine, das die Vielfalt des Alls harmonisch
bindet und erhält und „mit einem allen geläufigen Worte" Gott ge=
nannt wird (consol. III 12,8). Ihn, „den Vater aller Dinge", muß
man nach Platos Vorbild (Tim. 27c) betend anrufen, wenn man das
höchste Glück und Gut zu entdecken wünscht (consol. III 9, 32 f).
Die resignierenden Trostgründe der populären Philosophie bleiben
jetzt zurück. Boethius fühlt sich freier und richtet seinen Blick nach
oben und nach vorn. Jetzt nimmt er auch von sich aus am Gespräche
teil und führt es zur Freude seiner Lehrerin richtig weiter. Er er=
kennt das einheitliche Gesetz der Welt, dem die Tiere, die Pflan=
zen und noch die Steine und Kristalle, ihr Sein bewahrend, folgen
und das auch die Menschen im Grund begehren, wenn sie nach
Glück verlangen. Dieses Gesetz des geordneten Seins duldet keine
Ausnahme. „Das Böse ist also ein Nichts, da es der nicht begehen
kann, der nichts nicht kann" (consol. III 12,29). Die Welt ist Gottes,
und vom allmächtigen Gott aus gesehen, steht notwendig alles am
rechten Fleck, sie ist die beste und vollkommenste der Welten.

Was aber war dann das Leid, das Boethius getroffen hat? Wie läßt sich die unwidersprechliche Wahrheit des Gedankens, der jetzt erreicht ist, mit der erfahrenen Wirklichkeit des Unrechts und der Unordnung in der Welt in Einklang bringen? Darauf antwortet das vierte Buch mit einer ausführlichen, im platonischen Geist entfalteten Theodizee. In Wahrheit sind die Bösen nicht glücklich, sondern unglücklich; sie verfallen gerade durch das, was sie tun, dem Nichtigen und verlieren mit dem Gutsein ihr wirkliches Sein. Der Gute aber behält es und gewinnt sein Glück umso reicher und sicherer, je entschiedener er die Nichtigkeit alles dessen durchschaut, was ihn zunächst reizen und quälen wollte, je fester er sich dem einen wahren und höchsten Gute anschließt, in dem er geborgen ist. Gottes unzerstörbare Ordnung sorgt dafür, daß jeder Mensch in der Welt sich selbst seinen Lohn oder seine Strafe zuzieht, so wie er es verdient. Es kommt nur darauf an, daß sein Blick fest auf die ewige, göttliche Wirklichkeit gerichtet bleibt. Dies ist's, was schon die alte Orpheus=Geschichte bezeugen will:

> „Euch geht diese Geschichte an,
> die ihr aufwärts zum ob'ren Tag
> euren Geist zu erheben strebt.
> Wer zur Höhle des Tartarus
> unterliegend das Auge senkt,
> der verliert, was er Köstliches
> mit sich führt, wenn er Schatten schaut."

(consol. III m. 12, 52 ff.; K. Büchner)

Von hier aus führt das fünfte Buch noch auf ein letztes, schwieriges Problem: wie verträgt sich der Grundgedanke des moralischen Ausgleichs mit der Allmacht Gottes? Macht dessen „Vorsehung" nicht die Freiheit des Menschen zunichte, auf der alle Sittlichkeit beruht? Auch hier liegt die Lösung in der richtigen Sehweise. Man muß sich klar machen, daß Gottes Sein in der Ewigkeit steht, d. h. nicht in der Dimension der vergänglichen, irdischen Zeit, in der unser Tun verläuft. Was sich für uns als Vergangenheit, Gegenwart und Zukunft auseinanderlegt, das liegt vor seinem Blick gleichsam ewig gegenwärtig da. Darum sind die Entscheidungen seiner „Vorsehung" unserem freien Handeln in Wirklichkeit auch nicht voraus, sondern können ihm jeweils genau entsprechen. Es ist also keineswegs sinnlos, wenn wir nach ihm fragen und mit aller Kraft fortfahren, dem Guten nachzustreben. Dies ist das Fazit aller Überlegungen, das die „Philosophie" am Ende zieht: „Die Hoffnungen, die man auf Gott setzt, und die Gebete, die man an ihn richtet, sind nicht umsonst. Wenn sie recht sind, können sie auch nicht unwirksam bleiben. Weist also die Laster von euch, übt die Tugenden, erhebt den Geist zum rechten Hoffen und sendet demütige Gebete nach oben! Euch ist, wenn ihr ihr nicht ausweichen wollt, eine gewaltige Nötigung vor Augen gestellt rechtschaffen zu sein: ihr lebt im Angesicht dessen, der alle Dinge erblickt" (consol. V 6, 46 ff.). Nachdem Boethius, keiner Schwierigkeit ausweichend, seinen philosophischen Weg in strenger Folgerichtigkeit zu Ende gegangen ist, schließt er sein Werk mit einem unmittelbaren sitt=lich=religiösen Appell.

Die Consolatio ist alles andere eher als ein naives Werk. Das gilt von ihrem Inhalt wie von ihrer Form. Boethius hat sie bewußt zu seiner Verteidigung, als eine Apologie geschrieben, und auch das Bildnis seiner Persönlichkeit, das er dabei entwirft, ist bewußt stili=siert. Man erkennt das etwa an der Weise, wie er am Schluß seiner politischen Rechtfertigung mit vornehmen Stolze erklärt, auf jedes Eigenlob verzichten zu müssen — es würde dem „Geheimnis" eines aufrechten Gemütes zu nahe treten (consol. I 4, 33) — und sich dann im nächsten Abschnitt durch den Mund der Philosophie ausdrück=lich bescheinigen läßt, er sei zu bescheiden gewesen und habe seine objektiven Verdienste nicht gebührend gerühmt (consol. I 5, 7). Auch in dem Aufbau der Schrift und ihrem Gedankengang ist jede Einzelheit überlegt. Die Consolatio ist ein Buch für Gebildete; sie ist das mit Absicht und vollem Bewußtsein. Die Feinheit ihrer Mit=tel, ihrer Gruppierungen, Akzentuierungen und Verknüpfungen, die eingestreuten griechischen Zitate und die unzähligen An= und Nachklänge aus der älteren Literatur konnten sich schon damals nur dem kundigsten Leser völlig erschließen und machen das Buch noch heute zu einem idealen Übungsfeld des philologischen Spür=sinns und Stilgefühls. Es ist ein typisches Werk der Spätantike, in der sich Originalität fast nur noch als „eine Originalität der Syn=these von Traditionselementen" (Wolfgang Schmid) äußert. Aber während kleinere Geister unter der Last des übergroßen Erbes ver=kümmern und mit ihren künstlichen Produkten nur noch verschnör=kelt, gelehrtenhaft oder spielerisch wirken, ist Boethius dem ganzen Reichtum der Überlieferung innerlich verbunden geblieben und schaltet mit den geistigen und literarischen Möglichkeiten frei und „natürlich" wie ein Künstler und ein Herr.

Kommt man von der Lektüre der gelehrten Kommentare, so ist man zunächst überrascht, wie stark in der Consolatio die platoni=schen Elemente bestimmend sind; sie gewinnen ständig an Raum und beherrschen zum Schlusse das Feld allein. Aber nicht nur die Gedanken, auch der Geist und die Stimmung des Buches sind weit=hin platonisch oder genauer: neuplatonisch. Boethius geht in der Empfindsamkeit und Rhetorik und in der Direktheit seines religi=ösen Pathos über Plato hinaus. Ein neuer, leidenschaftlicher Akzent gibt dem ganzen Dialog einen fast dramatischen Reiz, weil die seeli=sche Entwicklung des Fragenden und die spekulative Entfaltung der objektiven Wahrheit unter der pädagogischen Gesprächsführung durch „die Philosophie" immer wieder in eins fallen. So sind auch die poetischen Einlagen, die „Lieder" des Dialogs, durchaus kein überflüssiger Schmuck. Indem sie die Gefühle spiegeln und klären, die Gedanken erst vorbereiten, dann auch zusammenfassen und weiterführen, sind sie zum Verständnis der geistigen Bewegung im Rahmen des Ganzen unentbehrlich. Gewiß war Boethius auch als

Dichter nicht „originell", sondern vor allem Verwalter eines Erbes. Wenn wir hören, daß er schon früher einmal mit einem „carmen bucolicum" hervorgetreten sei, einem idyllischen und vielleicht auch allegorischen Hirtengedicht, wie sie damals beliebt waren, so brauchen wir den Untergang dieser Verse schwerlich besonders zu beklagen. Aber die Gedichte der Consolatio sind zweifellos mehr als kunstgerechte Experimente in verschiedenen Dichtungsarten, obwohl sie dieses auch sind. Boethius zeigt sich hier als echter Ideenlyriker, ja er ist, wenn man von den Ansätzen bei Seneca u. a. absieht, vielleicht der typische Vertreter dieser Poesie in ihrer lateinischen Spätform. Weil sie seiner ganzen Art entspricht, handelt es sich um wirkliche Dichtung. Das gilt von dem schon erwähnten Orpheuslied und dem großen Gebet im dritten Buch, das gilt auch schon von der Klage des ersten Buches, da Boethius überall in der Natur Ordnung und Schönheit sieht, während nur in der Menschenwelt Harmonie und Gerechtigkeit fehlen:

„O erbarme dich doch der Erde Qual,
der der Dinge Recht du mit Banden knüpfst!
Des so mächtigen Werks nicht geringer Teil,
Die Menschen, schlägt ihres Schicksals Flut.
O du Lenker, bezwing das wütende Meer,
Und gleichwie du beherrschst das gestirnte Rund,
erhalt uns im Bund auch die Erde fest!"

(consol. I m. 5, 42 ff.) —

Wer ist der Mann, der diese Gebete verfaßt hat? In welchem Sinne war er als Philosoph zugleich Theologe? und war er überhaupt ein Christ? Das ist eine Frage, die schon oft gestellt worden ist, aber bis heute keine einheitliche Beantwortung findet. Ihr müssen wir uns abschließend zuwenden.

Es ist doch ein seltsamer Tatbestand, daß dieselbe Persönlichkeit, die das Mittelalter als Kirchenvater und Heiligen verehrt hat, in ihrer letzten, angesichts des nahen Todes verfaßten Schrift die „Philosophie" als Trösterin empfängt und Christus, den Heiland der Christen, nirgends erwähnt. Das läßt sich nicht als Formfrage beiseite schieben und allein mit dem traditionellen Stilgefühl erklären, das in einem philosophischen Dialog die Nennung Christi vermeiden möchte; denn es fehlt auch der Sache nach jede Bezugnahme auf eindeutig christliche Lehren und Vorstellungen. Das ist um so auffallender, als die Consolatio ein durch und durch religiöses, ja erbaulich gestimmtes Buch ist und die Philosophie, die hier das Wort ergreift, sich als eine ausgesprochen fromme Philosophie zu erkennen gibt. Sie will mit dem, was sie lehrt, Boethius nur an die eine Wahrheit erinnern, die er von jeher gekannt, geglaubt und vertreten habe. Zu dem, was er sonst geschrieben hat, besteht, soweit wir urteilen können, in der Consolatio tatsächlich nirgends ein Widerspruch. Damit entfällt die Möglichkeit, mit überraschenden Umbrüchen zu rechnen, die Boethius während seiner letzten Gefangenschaft erlitten haben könnte, sei es — auch hieran hat man seltsamerweise gedacht — eine nachträgliche „Bekehrung" zu ernsthaftem Christentum, sei es im Sinne einer endgültigen Preisgabe seiner früheren theologischen Überzeugungen zugunsten einer nunmehr ganz bewußt heidnischen Philosophie. Boethius hat im Glauben an das, was er als Wahrheit zu kennen meinte, in Wirklichkeit niemals geschwankt.

Früher war man vielfach geneigt, Boethius auf Grund seiner Consolatio kurzerhand zu einem Heiden zu erklären und seine theologischen Abhandlungen für eine mittelalterliche Fälschung zu halten. Seitdem sie durch das ausdrückliche Zeugnis Cassiodors gesichert sind, kommt eine so äußerliche Lösung der Frage nicht mehr in Betracht. Ein formelles Heidentum ist schon deshalb ausgeschlossen, weil im sechsten Jahrhundert ein Nicht=Christ zu den höchsten Staatsämtern niemals zugelassen worden wäre. Andererseits geben aber die theologischen Schriften für seine persönliche Gläubigkeit auch nicht so viel aus, wie man erwarten sollte. Von ihrer Veranlassung und ihrem streng dogmatischen Charakter war bereits die Rede. Boethius beschränkt sich darauf, gewisse christologische und trinitarische Probleme formal zu erörtern, und geht dabei ganz so, „wie es in der Mathematik und in den andern Wissenschaften üblich ist" (opusc. III praef.), von den anerkannten logischen Regeln und Grundsätzen aus. Diese sind für ihn unanfechtbar. Er will nicht, mit Anselm zu reden, in augustinischem Geiste „glauben, um zu erkennen", sondern versucht eher umgekehrt, den Glauben mit seinem vernünftigen Verständnis zu durchdringen und so erst im vollen, verantwortlichen Sinne wissenschaftlich glaublich zu machen. Das schließt natürlich nicht aus, daß Boethius „den katholischen Glauben" einschließlich der Verdammung aller Irrlehrer von vornherein als gültig ansieht und bejaht und Augustins Schriften — in erster Linie sein Werk über die Dreieinigkeit — auch seinerseits kennt und schätzt. Für seine eigene Untersuchung zu diesem Thema spricht er die Hoffnung aus, „die Samenkörner aus den Schriften des seligen Augustinus" möchten darin einige Frucht getragen haben (opusc. I praef.). Die Zurückhaltung, die Boethius, wie wir gesehen haben, in allen kirchlichen Parteikämpfen zu wahren sucht, darf nicht im Sinne heimlicher Skepsis gedeutet werden. Aber so, wie er nur eine einzige Philosophie kennen will und in ihrem Bereich gleichfalls allen Streit der Schulen verachtet, wird er auch die kirchliche Lehre als eine gegebene Form der Wahrheit anerkannt haben, die z. T. nur der strengen philosophischen Durchbildung entbehrt. Die biblischen Schriften hat er kaum beachtet und sich jedenfalls niemals zur Rechtfertigung seiner Sätze auf sie bezogen. Mit seiner intellektuellen Bemühung setzt er bei den großen Philosophen ein, und hier findet er auch die geistige Erhebung und seine eigentliche Religion. Wie viele Philosophen nach ihm haben sich ebenso verhalten und sich trotzdem als gute Christen gefühlt! Boethius konnte es umso getroster tun, als er mit seinen Anschauungen nirgends Anstoß erregte und mit seinen theologischen Abhandlun=

gen auch bei Klerikern, soweit sie sie verstanden, Zustimmung fand. So ist auch die Consolatio unseres Wissens von niemand kritisiert und jahrhundertelang mit Freuden von allen Christen gelesen worden.

Man sieht daraus, wie nah sich die neuplatonische Philosophie und das nachaugustinische Christentum jetzt auch im Abendlande gekommen sind. Das Christentum wird nicht mehr als antiphilosophisch und der Platonismus wird nicht mehr als heidnisch empfunden. Zwischen beiden besteht eine weitgehende Gemeinsamkeit der religiösen Stimmung und Weltanschauung. Das kommt auch bei Boethius zu vollem Ausdruck. Alle greifbar „heidnischen" Elemente des Glaubens sind aus der Consolatio verschwunden. Die klassischen Götter begegnen nur noch als poetische Personifikationen. Der strenge Monotheismus herrscht und besitzt gerade bei Boethius eine entschieden theistische Färbung: Gott erhört die Gebete und regiert als Vater die Welt. Nicht minder bezeichnend ist der weltflüchtige Zug seines Denkens. Persönlich ist Boethius kein Asket; aber die abwertende Beurteilung der irdischen Güter, an sich ein gewohntes Stück der gesamten antiken Trostliteratur, gewinnt im Lichte der neuplatonischen Religiosität eine tiefere Bedeutung und erinnert an Augustin. Der menschliche Geist darf nicht bei den äußerlichen Dingen verharren; erst bei Gott, d. h. in der geistigen Schau Gottes und seiner ewigen Vollkommenheit, ist er wirklich zu Hause. Von hier aus verlieren selbst die stolzen Erinnerungen und politischen Tugenden des Römertums ihren Glanz. Am Letzten gemessen, sind auch sie eitel und leer, ein Ausfluß der sinnlosen Ruhmbegier. Die Abkehr vom politischen Lebensideal wird nicht minder grundsätzlich gerechtfertigt und geht noch weiter als in der Civitas Dei Augustins. Das Leiden aber gewinnt an sittlicher Bedeutung und besitzt einen positiven Wert: „Meiner Meinung nach dient dem Menschen mehr ein feindliches als ein freundliches Geschick" (consol. II 8, 3). Noch im innersten Bereich der metaphysischen Problematik zeigt sich eine merkwürdige Konvergenz des Fragens: das ganze letzte Buch der Consolatio handelt von der Freiheit des Menschen in ihrem Verhältnis zu Gottes Allmacht. Boethius ist hier kaum von Augustin abhängig; jedenfalls faßt er das Problem der Freiheit immer noch als ein Problem der allgemeinen sittlichen Weltordnung, nicht der inneren Erfahrung des Menschen selbst, und bleibt insofern in der Linie der traditionellen philosophischen Diskussion. Tatsächlich streift er damit aber doch das große theologische Thema seines Jahrhunderts: die Frage nach der Prädestination.

Indessen kann die Entscheidung über das Christentum des Boethius nicht auf Grund solch allgemeiner geistesgeschichtlicher Berührungen gefällt werden — so wenig wie durch den bloßen Nachweis seiner kirchlichen Zugehörigkeit und seiner dogmatisch-theologischen Schriftstellerei. Die Consolatio selbst weist uns an, die Frage seines Glaubens in einer ernsteren Weise zu stellen; denn sie ist ja ihrem Thema nach das Buch vom ewigen Heil des Menschen, mehr noch: von seiner Rettung angesichts einer ihm feindlichen und ihn äußerlich vernichtenden Welt. Wie gewinnt der bedrängte Mensch in dieser äußersten Gefährdung seine Freiheit zurück? Die Antwort kann nur lauten: durch die Philosophie, d. h. durch die ruhige und vernünftige Betrachtung dessen, was sich jenseits der augenblicklichen Verwirrung als ewig wahr und beständig erweist: das Ganze der wohlgeordneten Welt, die Freiheit des sittlichen Ichs und über beiden, alles tragend und zusammenschließend, die Allmacht und Güte des einen Gottes selbst. Beim Kosmos beginnt Boethius seine Betrachtung. Er erkennt, wie lächerlich und unbedeutend seine kleinen irdischen Nöte, aber auch alle Herrlichkeit der Herrscher und ihrer vermeintlichen Weltreiche in Wirklichkeit sind, wenn man sie an den Räumen der Sterne, und alle menschlichen Taten, wenn man sie an der Ewigkeit mißt. Aber diese Entdeckung ist nur darum beglückend und befreiend, weil die ewige Ordnung und Gerechtigkeit auch im Geiste des Menschen besteht und wirkt. Es ist nur dies erforderlich, daß er sie wirklich erkennt und ihren Geboten entschlossen folgt. Dann erblickt er „die wahre Sonne", Gott selbst, der alles mit seinem Lichte durchdringt (consol. V m. 2, 14), und in diesem Lichte erkennt er endgültig alles Seiende als gut und alles Wirkliche als vernünftig. Diese Erkenntnis macht den Philosophen selig, versöhnt ihn mit seinem Leben und gründet sein sittliches Selbst für immer in der Wahrheit und in Gott.

Eine solche Erlösungslehre ist nicht christlich. Sie hat all das, was die Not des Christen ausmacht, beiseite geschoben: die Leiden und die geschichtlichen Kämpfe „dieser Zeit", die dämonische Macht des Bösen und die Unmöglichkeit, sie jemals aus eigener Kraft zu überwinden. Für Boethius besitzen all diese Dinge keine letzte Bedeutung. Er faßt sie wohl ins Auge, aber nur, um sie in ihrer Nichtigkeit zu durchschauen und theoretisch, durch die philosophische Betrachtung aufzulösen — sie werden „zerdacht". Darum fehlen bei Boethius auch all die Größen, die für den Christen das Heil begründen: er bedarf keiner von außen kommenden Hilfe und Offenbarung, keiner geschichtlichen Veränderung und Erneuerung in der Zeit, am wenigsten einer wirklichen Veränderung seiner menschlichen Person. Die trüben „körperlichen" Leidenschaften, die zu Beginn seines Dialogs sein Gemüt und seine sittliche Haltung verwirrten, sind ja nicht sein eigentliches, wesenhaftes Ich. Und dieses kann ihm niemals wirklich verloren gehen — es kann sich höchstens vergessen und in „Trunkenheit" verirren. Aber die Philosophie führt es zu sich zurück, und so gewinnt der Mensch wieder in sich selber Bestand. Boethius glaubt an sich, an seine Vernunft und seine sittliche Freiheit. Der ganze Sinn dessen, was in seinem Denken der „Prädestination" entspricht, läuft auf den Schutz dieser Freiheit hinaus und auf die Bewahrung der moralischen Weltordnung, die Lohn und Strafe gerecht verteilt. Dagegen war Augustins Prädestinations-

lehre die letzte Konsequenz seiner Gnadenlehre gewesen und ge=
rade der Ausdruck eines „schlechthinigen" sittlichen Angewiesen=
seins des sündigen Menschen auf Gott, das zugleich seine Seligkeit
ist. Augustin ist als Neuplatoniker Christ geworden; Boethius ist
als Neuplatoniker und christlicher Theologe im Grunde ein Heide
geblieben. Darum ist der philosophische Glaube hier sich selber ge=
nug. Er ist mehr fromme Betrachtung und hymnische Verehrung
des einen Göttlichen als im strengen Sinne „Glaube", der von Got=
tes Eingreifen alles erwartet und auf seine konkrete Verheißung
das Leben baut. Boethius bedarf weder des Wortes noch des Geistes
noch der Barmherzigkeit, weder der Kirche noch des Mitchristen,
um der zu bleiben, der er ist. Es ist darum kein Zufall, son=
dern völlig sinnvoll und richtig, daß sein letztes Bekenntnis auch
von Christus schweigt.

Boethius genießt noch heute in Pavia einen lokalen Kult. Es ist
wie ein Symbol, daß seine Reliquien und die Reliquien Augustins
hier in ein und derselben Kirche, San Pietro in Ciel d'Oro, vereinigt
sind. Die zwei letzten lateinischen Kirchenväter von Rang haben eine
Epoche der abendländischen Kirchengeschichte und Geschichte je in
ihrer Weise geistig zum Abschluß gebracht. Aber in ihrem Neben=
einander ist die alte Spannung von Tugendstreben und Demut, Ver=
nunft und Glaube, von Philosophie und Theologie, von heidnischer
und christlicher Antike immer noch lebendig. Die griechische Philo=
sophie, die Augustin die Brücke geworden war, gegen allen Mora=
lismus und Rationalismus seiner Kirche das Christentum als Evan=
gelium zu begreifen, hat bei Boethius gerade umgekehrt dazu ge=
führt, es mit einer höheren Form des heidnischen Menschentums
und seiner Religion zu verwechseln. Kurz nach Boethius kommt die
theologische Arbeit für Jahrhunderte zum Erliegen. Gregor der
Große († 604) und Isidor von Sevilla († 636) sind nur noch Nach=
zügler der klassischen Epoche und stehen auch innerlich in einer
veränderten, nicht mehr antik, sondern mittelalterlich gebildeten
Welt. Als das geistige Leben im karolingischen Reiche wie=
der erwacht, bemüht man sich darum, die goldene Zeit der Kirchen=
väter als innere Einheit zu begreifen. Aber sie war es in Wirk=
lichkeit niemals gewesen und schließt nicht mit einer fertigen Lösung
ab, sondern mit einer offenen Frage.

Die gelehrten philosophischen Schriften des Boethius müssen im
wesentlichen immer noch in dem Abdruck einer alten Ausgabe bei
Migne, patr. lat. 64 benutzt werden. Den Kommentar zu Ciceros
Topik haben J. C. Orelli und I. G. Baier, Ciceronis Opera V, 1 (Zü=
rich 1833) herausgegeben, die erhaltenen Quadruvium=Schriften
G. Friedlein 1867, die Porphyrios=Kommentare S. Brandt im CSEL
48, 1906. Die theologischen Opuscula findet man am besten bei H. F.
Stewart und E. K. Rand (Cambridge 1936[3]) zusammen mit dem Text
der Consolatio, deren letzte Ausgabe Ldw. Bieler im CC, Series La=
tina 94, 1957 vorzüglich besorgt hat. Nur die Consolatio ist wieder=
holt auch ins Deutsche übersetzt worden, am zuverlässigsten von K.

Büchner (Leipzig, Dieterich'sche Verlagsbuchhandlung o. J.) mit einer lesenswerten Einleitung von Fr. *Klingner.*

Die Boethius=Literatur behandelt meist historische, philologische und philosophische Einzelfragen. Den besten Überblick über Leben und Werk bietet M. *Cappuyns*, Art. Boèce 2 im Dictionnaire d'histoire et de géographie ecclésiastique IX (1937) 348—380. Für die biographischen und zeitgeschichtlichen Zusammenhänge vergl. noch besonders Joh. *Sundwall*, Abhandlungen zur Geschichte des ausgehenden Römertums (Helsingfors 1919) und E. *Stein*, Histoire du Bas=Empire II (1949) 107 ff., für die literarischen Fragen P. *Courcelle*, Les lettres grecques en occident (Paris 1948) 257—312, zu den theologischen Schriften V. *Schurr*, Die Trinitätslehre des Boethius im Lichte der „skythischen Kontroversen" (1935), zur geistesgeschichtlichen Einordnung des Boethius auch Ernst *Hoffmann*, Pädagogischer Humanismus (1955) 177 ff.

		197	Tertullians Apologeticum
202	Kaiser Septimius Severus verbietet den Übertritt zum Christentum		
250—251	Christenverfolgung des Decius	248/249	Cyprian wird Bischof von Karthago
257—259	Christenverfolgung Valerians	258	Cyprian †
284—305	Diokletian	317	Laktanz nach Trier berufen
324	Konstantin der Große Alleinherrscher		
325	Konzil von Nicaea		
353	Konstantius gewinnt das Abendland		
364—375	Valentinian I (Westen)	374	7/12. Ambrosius Bischof von Mailand
375—383	Gratian (Westen)		
378	Gotensieg bei Adrianopel		
379—395	Theodosius der Große (Westen, 393 Alleinherrscher)	381	Konzil von Aquileja
382—385	Hieronymus in Rom		
383—392	Valentinian II (Westen)	385/386	Kirchenkampf in Mailand
		387	Augustin in Mailand getauft
390	Kirchenbuße des Theodosius	391	Augustin zum Priester geweiht
395	Teilung des Reiches	395	Augustin Bischof von Hippo Regius
410	Alarich erobert Rom	397	4. 4. Ambrosius †
429	Die Vandalen in Afrika	419/420	Hieronymus †
476	Odovakar setzt Romulus Augustulus ab	430	28. 8. Augustin †
493—526	Theoderich König in Italien	510	Boethius Konsul
484—519	akakianisches Schisma	524	Boethius †

PERSONENREGISTER

Kohlhammer

Jürgen Becker u.a.

Die Anfänge des Christentums

Alte Welt und neue Hoffnung
Ca. 240 Seiten.
Kart. ca. DM 39,–
ISBN 3-17-001902-3

Die neue Religion, das Christentum, und die alte
römisch-hellenistische Welt haben sich auf der Ebene
von Staat, Gesellschaft, Kultur und Religion mannigfaltig
durchdrungen, wechselseitig beeinflußt, auch bekämpft.
Bis heute ist noch keine Geschichte des Urchristentums
geschrieben worden, die durchgehend und für die ganze
Zeit diese vielfältigen Gesichtspunkte bedenkt.

So hat sich hier ein internationales Team von Forschern
zusammengefunden, um einen entscheidenden Schritt
in diese Richtung zu tun und erstmals diese Aufgabe
einer Gesamtschau in Angriff zu nehmen. Das Ergebnis
ist der vorliegende Band: Neutestamentler aus Deutsch-
land, England und der Schweiz haben unter gleichen
Rahmenbedingungen jeweils einen Teilbereich des
Urchristentums beschrieben – von den vorösterlichen
Anfängen über die erste urchristliche Generation bis hin
zur nachapostolischen Zeit.

Verlag W. Kohlhammer
Stuttgart · Berlin · Köln · Mainz